Schriftenreihe zum deutschen und internationalen Wirtschaftsrecht

Herausgegeben von der Sozietät Gleiss Lutz

Band 61

Marcel Schmidt

# Die Rechtsfigur der hypothetischen Einwilligung und ihre Übertragbarkeit auf die Untreue (§ 266 StGB)

Nomos

**Die Deutsche Nationalbibliothek** verzeichnet diese Publikation in der Deutschen Nationalbibliografie; detaillierte bibliografische Daten sind im Internet über http://dnb.d-nb.de abrufbar.

ISBN 978-3-8487-5051-1 (Print)
ISBN 978-3-8452-9223-6 (ePDF)

1. Auflage 2018

# Vorwort

Die vorliegende Arbeit wurde im Sommersemester 2017 von der Fakultät für Rechtswissenschaft der Universität Hamburg als Dissertation angenommen. Rechtsprechung und Literatur wurden bis November 2017 berücksichtigt.

Besonders möchte ich mich bei meinem Doktorvater, Herrn LOStA PD Dr. iur. Ralf Peter Anders, bedanken. Ohne ihn, seine hervorragende Betreuung und seinen besonderen persönlichen Einsatz hätte ich die vorliegende Arbeit nicht erstellen können. Daneben danke ich ihm für die Anregung zum Thema meiner Dissertation.

Herrn Prof. Dr. iur. Wilhelm Degener danke ich für die Erstellung des Zweitgutachtens.

Außerdem möchte ich mich bei meinem Arbeitgeber, der Sozietät Gleiss Lutz, für die großzügige Förderung durch die Aufnahme in die Gleiss Lutz-Schriftenreihe bedanken.

Daneben danke ich vor allem meiner Mutter, Edith Schmidt, und meiner Frau, Jasmin Schmidt, die mich im Studium, während der Promotion und im Referendariat in besonderer Weise unterstützt haben. Zuletzt möchte ich die Arbeit meinem Sohn, Johann Maximilian Schmidt, widmen.

Hamburg, März 2018 *Marcel Schmidt*

Inhaltsverzeichnis

# A. Einleitung

Die Untreue hat sich zum wichtigsten Delikt des Wirtschaftsstrafrechts entwickelt.[1] Die Norm wird dabei teilweise als Zentralnorm des Wirtschaftsstrafrechts angesehen[2], was sich auch mit dem enormen Schädigungspotential der Untreue für das fremde Vermögen begründen lässt.[3] Es kommt daher nicht von ungefähr, dass die Strafverfolgungsbehörden immer wieder den Untreuetatbestand nutzen und entsprechende Strafverfahren einleiten. Allerdings wird hiergegen der Vorwurf erhoben, dass die Strafverfolgungsbehörden den Untreuetatbestand dazu gebrauchen, um in die jeweilige Unternehmenspolitik eingreifen zu können.[4] Die Untreue werde als „Allzweckwaffe" oder „Generalnorm" zur Bekämpfung von Wirtschaftskriminalität instrumentalisiert.[5]

Dabei ist der Anwendungsbereich des § 266 StGB sehr weit gefasst: Immer wenn Personenverschiedenheit zwischen dem Inhaber und dem Verwalter eines Vermögens besteht, sodass eine ständige Delegation von Verantwortlichkeit und Verfügungsbefugnis erfolgt, kann § 266 StGB zur Anwendung kommen.[6]

Daher ist der Untreuetatbestand „ins Gerede gekommen".[7] Es wird der Vorwurf erhoben, dass sich die Strafverfolgungsbehörden eine bestimmte Anomalie des Untreuetatbestandes zunutze machen.[8] Das Problem zeigt sich vor allem daran, dass viele Entscheidungen zu § 266 StGB einprägsame Namen tragen, was eigentlich eher typisch für das anglo-amerikani-

---

1 *Schünemann*, in: LK-StGB, § 266 Rn. 2.

2 So die Überschrift bei *Seier*, in: Achenbach/Ransiek/Rönnau, V 2 Rn. 1.

3 Nach Zahlen der polizeilichen Kriminalstatistik für die Bundesrepublik Deutschland 2016, S. 110 wurden im Jahr 2016 7.164 Fälle der Untreue begangen.

4 *Becker*, HRRS 2010, 383, 383; *Beulke*, in: FS-Eisenberg, S. 245 ff.; *Dahs*, NJW 2002, 272, 273; *Seier*, Jus 2011, 97, 97.

5 *Seier*, Jus 2011, 97, 97; *Wessing/Krawczyk*, NZG 2010, 1121, 1121; *Wittig*, § 20 Rn. 5; die Untreue sei ein „Oberschichtendelikt", so *Schünemann*, NStZ 2008, 430, 434.

6 *Beukelmann*, in: Volk-Verteidigung, § 18 Rn. 3.

7 *Dahs*, NJW 2002, 272, 272.

8 Vgl. *Dierlamm*, in: Müko-StGB, § 266 Rn. 3; so explizit *Seier*, Jus 2011, 97, 97, der den Zusammenhang zur Bestimmtheitsproblematik herstellt.

sche „case law" ist. In diesem Zusammenhang seien vor allem die Entscheidungen „Mannesmann"[9], „Trienekens"[10], „Siemens"[11], „Kanther"[12], „SSV Reutlingen"[13] genannt.[14] Diese Entscheidungen sind für die praktische Anwendung des Untreuetatbestandes entscheidend und daher jedem ein Begriff, der sich mit der Untreue beschäftigt.

Die Rechtsanwendung benötigt solche Leitentscheidungen zur Auslegung des Untreuetatbestandes, um dem Hauptproblem des § 266 StGB, seiner sog. „Unterbestimmtheit", begegnen zu können. Denn sein tatbestandlicher Anwendungsbereich kann nicht allein durch seinen Wortlaut bestimmt werden. Neben dem weiten Anwendungsbereich prägt daher seit langem die strukturelle Unterbestimmtheit des Tatbestandes die Diskussion.[15] Dennoch hat das Bundesverfassungsgericht in einigen Entscheidungen die Verfassungsmäßigkeit des § 266 StGB ausdrücklich festgestellt und insbesondere eine Verletzung des Bestimmtheitsgrundsatzes aus Art. 103 Abs. 2 GG verneint.[16] Das Bundesverfassungsgericht hat der Rechtsprechung allerdings aufgegeben, Unklarheiten über den Anwendungsbereich des § 266 StGB durch Präzisierungen und Konkretisierungen auszuräumen.[17]

Vor diesem Hintergrund stellt sich die Frage, ob die Rechtsfigur der hypothetischen Einwilligung eine solche Möglichkeit der Restriktion darstellen könnte, um damit den Anwendungsbereich des § 266 StGB weiter zu konturieren. Zumindest im Arztstrafrecht wurde die hypothetische Einwilligung entwickelt, um zu verhindern, dass ein Arzt für jede Verletzung der Aufklärungspflicht strafrechtlich sanktioniert wird.[18] Grundsätzlich gilt im Arztstrafrecht, dass die Behandlung durch einen Arzt als tatbestandliche Körperverletzung gewertet wird, die dann nicht mehr rechtswidrig ist, wenn eine Einwilligung des zu behandelnden Patienten vor der Tat vor-

---

9 BGHSt 50, 331.
10 BGHSt 55, 266.
11 BGHSt 52, 233.
12 BGHSt 51, 100.
13 BGHSt 47, 187.
14 Dies stellt lediglich eine Auswahl dar, die nicht abschließend ist. Sie macht aber deutlich, dass es einige Leitentscheidungen zu § 266 StGB gibt, die bei der Anwendung des Tatbestandes zu beachten sind.
15 So bereits *Dierlamm*, NStZ 1997, 534, 534.
16 BVerfG NJW 2009, 2370; BVerfGE 126, 170; BVerfG NJW 2013, 365.
17 BVerfGE 126, 170, 197.
18 *Rosenau*, in: FS-Maiwald, S. 683, 698.

liegt.[19] Wenn keine oder nur eine fehlerhafte Einwilligung erfolgt ist, könnte die Rechtswidrigkeit nach den Grundsätzen der hypothetischen Einwilligung aber entfallen, wenn der Patient der Behandlung durch den Arzt bei wahrheitsgemäßer Aufklärung zugestimmt hätte.[20]

Diese Restriktionsmöglichkeit kann aber nicht für die Untreue fruchtbar gemacht werden. Die Frage, ob die hypothetische Einwilligung auf das Einverständnis übertragbar ist, stellt sich insbesondere in den Fällen, in denen kein wirksames Einverständnis des Vermögensinhabers vorliegt, er aber bei ordnungsgemäßer Aufklärung sein Einverständnis zur Handlung des Vermögensbetreuungspflichtigen abgegeben hätte.[21] Zwar würde das hypothetische Einverständnis dazu führen, dass die Handlung des Vermögensbetreuungspflichtigen dann nicht mehr pflichtwidrig wäre.[22] Allerdings zeigt diese Arbeit, dass die Idee, den Untreuetatbestand anhand der hypothetischen Einwilligung zu konkretisieren, zu verwerfen ist. Zu schwer wiegt insgesamt die Kritik an einer hypothetischen Einwilligung und einer möglichen Übertragung in Form eines hypothetischen Einverständnisses in den Untreuetatbestand.

Warum diese Idee der Übertragung zu verwerfen ist, wird wie folgt untersucht: Zunächst wird (B.) der Ausgangspunkt dieser Untersuchung verdeutlich: Die Überlegung, die hypothetische Einwilligung auf die Untreue zu übertragen, könnte nämlich durch den Aufruf des Bundesverfassungsgerichts gerechtfertigt sein, den Untreuetatbestand einer Restriktion zu unterziehen. Entsprechende Vorgaben, die das Bundesverfassungsgericht in diesem Bereich macht, müssen daher bei der Auslegung des Untreuetatbestandes berücksichtigt werden. Danach (C.) wird die hypothetische Einwilligung sowohl im Zivilrecht als auch im Strafrecht dargestellt, wobei hier ein Augenmerk auf die entsprechende Entwicklung im Arztstrafrecht gelegt wird. Außerdem werden die Besonderheiten des Arzt-Patienten-Verhältnisses aufgezeigt um zu prüfen, ob sich dieses Verhältnis mit der Beziehung zwischen dem Vermögensbetreuungspflichtigem und dem Vermögensinhaber vergleichen lässt und ob sich hieraus entsprechende Rückschlüsse für ein hypothetisches Einverständnis bei der Untreue finden las-

---

19 Vgl. hierzu zunächst allein *Ulsenheimer*, Arztstrafrecht Rn. 325.

20 So die Formulierung des BGH in seiner Entscheidung zur hypothetischen Einwilligung im Strafrecht im sog. „Gastroskopie“-Fall, BGH NStZ 2012, 205.

21 Vgl. die entsprechenden Voraussetzungen der hypothetischen Einwilligung bei *Rönnau*, in: LK-StGB, Vor § 32 Rn. 230.

22 *Schünemann*, in: LK-StGB, § 266 Rn. 124.

sen. Nachdem die Grundlagen und Voraussetzungen des Einverständnisses bei der Untreue geklärt wurden (D.), wird anschließend die Frage untersucht, ob die hypothetische Einwilligung auf die Untreue in Form eines hypothetischen Einverständnisses möglich ist (E.). Neben dem Versuch, eine dogmatische Grundlage für das hypothetische Einverständnis bei der Untreue zu entwickeln und praktisch anzuwenden, wird insbesondere aufgezeigt, dass es keine Legitimation für die Übertragung der hypothetischen Einwilligung auf die Untreue gibt.

# B. Verfassungsrechtlicher Auftrag zu weiteren Restriktionen des Untreuetatbestandes

Der Untreuetatbestand ist seit langem dem Vorwurf ausgesetzt, dass dessen tatbestandliche Voraussetzungen zu unbestimmt seien. Dabei lehnen einige Autoren die Norm als insgesamt mit Art. 103 Abs. 2 GG unvereinbar ab[23] oder bezweifeln zumindest ihre Verfassungsmäßigkeit.[24] Schließlich wurde im Wege der Verfassungsbeschwerde das Bundesverfassungsgericht zu dieser Problematik angerufen. Diese Rechtsprechung ist zwingend bei der weiteren Auslegung des Untreuetatbestandes zu beachten. Sie dient daneben als Legitimation, über weitere Restriktionen des § 266 StGB nachzudenken.

## *I. Anforderungen des Bundesverfassungsgerichts an die Bestimmtheit nach Art. 103 Abs. 2 GG*

Grundsätzlich enthält Art. 103 Abs. 2 GG die Bestimmung, dass eine Tat nur bestraft werden kann, wenn die Strafbarkeit gesetzlich bestimmt war, bevor die Tat begangen wurde (*nulla poena sine lege*). Dies wurde einfachgesetzlich in § 1 StGB verankert.

Art. 103 Abs. 2 GG enthält mehrere Gewährleistungselemente und Rechtsgrundsätze, deren spezifische Inhalte sich erst aus dem Kontext der Verfassung, insbesondere unter Berücksichtigung des Rechtsstaats- und Demokratieprinzips in Art. 20 Abs. 3 GG, vollständig erschließen lassen.[25] Art. 103 Abs. 2 GG hebt die besondere Bedeutung des Strafrechts im Gefüge eines Staates hervor, indem er höhere Vorgaben für die Ausgestaltung des Strafrechts macht, als es die allgemeine Eingriffslehre aus Art. 1 Abs. 3 GG und Art. 20 Abs. 3 GG für das sonstige Recht tut.[26]

---

23 *Jakobs*, AT, 4/29 f.; *Kargl*, ZStW 113, 565, 589; *Labsch*, Untreue S. 348.

24 *Dierlamm*, in: Müko-StGB, § 266 Rn. 3 ff.; *Jescheck/Weigend*, AT, 15 I 3; *Sax*, JZ 1977, 663, 667; *Arzt*, in: FS-Bruns, S. 365, 367; *Ignor/Sättele*, in: FS-Hamm, S. 211 ff.; *Lüderssen*, in: FS-Schroeder, S. 569 f.

25 *Epping*, Rn. 960; *Schmidt-Aßmann*, in: Maunz/Düring-GG, Art. 103 Rn. 163.

26 *Schmidt-Aßmann*, in: Maunz/Düring-GG, Art. 103 Rn. 164.

Kern des Art. 103 Abs. 2 GG ist die Gesetzesbestimmtheit. Nach Ansicht des Bundesverfassungsgerichts enthält dieser Artikel für den Gesetzgeber ein striktes Gebot, Strafnormen so bestimmt wie möglich zu fassen, sowie ein korrespondierendes, an die Rechtsprechung gerichtetes Verbot, strafbegründende Analogien zu schaffen.[27] Einerseits soll der Gesetzgeber selbst abstrakt-generell festlegen, welches Verhalten strafbar ist (sog. kompetenzwahrende Funktion[28]). Andererseits geht es um den rechtsstaatlichen Schutz des Normadressaten (sog. freiheitsgewährende Funktion[29]). Es muss ihm möglich sein vorherzusehen, welches Verhalten unter eine Strafnorm fällt. Das Verhalten muss durch den Gesetzgeber so konkret beschrieben werden, dass die Tragweite und der Anwendungsbereich des Straftatbestandes erkennbar sind. Dies umfasst die Vorhersehbarkeit, Erkennbarkeit und die Verstehbarkeit über die Voraussetzungen einer Strafnorm[30], was im Regelfall bereits durch den Wortlaut einer Norm möglich ist.[31]

Es ist jedoch zulässig, dass diese Ziele erst durch eine Auslegung der jeweiligen Vorschrift erreicht werden.[32] Der Gesetzgeber wird nicht angewiesen, den Tatbestand in jeder Hinsicht so exakt und detailliert wie möglich zu bestimmen. Er kann hierzu auch normative bzw. allgemeine Begriffe verwenden und muss nicht auf deskriptive, exakt zu bestimmende Tatbestandsmerkmalen zurückgreifen.[33] Denn die Anforderungen, die mit der Bestimmtheit einhergehen, dürfen nicht dazu führen, dass der Gesetzgeber nicht mehr in der Lage ist, die Vielgestaltigkeit des Lebens und des jeweiligen Einzelfalls zu erfassen. Es reicht daher, wenn der Gesetzgeber die wesentlichen Voraussetzungen der Norm, wie die Art und das Maß der Strafe, bestimmt. Sonst besteht die Gefahr, dass die Gesetze zu starr und kasuistisch werden und dem Einzelfall nicht mehr gerecht werden können.[34] Der Gesetzgeber kann daher im Strafrecht auch wertausfüllende Begriffe bis hin zu Generalklauseln verwenden.[35] Die Anforderungen an die

---

27 BVerfGE 14, 174, 185; 73, 206, 234; 75, 329, 340; 126, 170, 194 f.

28 Zum Begriff *Schmidt-Aßmann*, in: Maunz/Düring-GG, Art. 103 Rn. 180.

29 Zum Begriff *Schmidt-Aßmann*, in: Maunz/Düring-GG, Art. 103 Rn. 179.

30 *Schmidt-Aßmann*, in: Maunz/Düring-GG, Art. 103 Rn. 179.

31 BVerfGE 48, 48, 56; 75, 329, 341; 87, 209, 223; 92, 1, 12; 126, 170, 195.

32 BVerfGE 75, 329, 341 f.

33 BVerfGE 45, 363, 371; 48, 48, 56; *Schmidt-Aßmann*, in: Maunz/Düring-GG, Art. 103 Rn. 186.

34 BVerfGE 14, 245, 251; 126, 170, 195.

35 BVerfGE 45, 363, 371; 48, 48, 56 f.; 92, 1, 12; 126, 170, 196.

Bestimmtheit steigen jedoch, je intensiver und länger die angedrohte Strafe ist.[36] Bei Schwierigkeiten hinsichtlich des Inhaltes und der Weite kann eine Norm durch eine gefestigte Rechtsprechung eine entsprechende Konkretisierung erfahren.[37] Die Rechtsprechung trifft daher eine besondere Verpflichtung, an der Erkennbarkeit der Voraussetzung einer Strafbarkeit mitzuwirken.[38]

## *II. Bestimmtheitsproblem des § 266 StGB*

Nachdem der allgemeine Maßstab des Art. 103 Abs. 2 GG geklärt wurde, soll auf die bisherige Kritik eingegangen werden, der der § 266 StGB unter Beachtung des Bestimmtheitsgrundsatzes ausgesetzt ist. Die bisherige Kritik fußt im Wesentlichen darauf, dass in der Treuebruchalternative des § 266 Abs. 1 Alt. 2 StGB auf eine Handlungsbeschreibung bzw. tatbestandliche Beschreibung ganz verzichtet worden ist. Um das Tatbestandsmerkmal der Pflichtwidrigkeit bzw. Vermögensbetreuungspflicht näher zu bestimmen, wird auf außerstrafrechtliche Normen verwiesen.[39] Auch die Feststellung eines Vermögensnachteils ist problematisch, insbesondere wenn man die Normativierungen des Schadensbegriffs in die Bestimmung des Vermögensnachteils einbezieht.[40]

Zu diesen Fragen gab es insgesamt drei Entscheidungen des Bundesverfassungsgerichts, nach denen § 266 StGB als noch bestimmt genug i.S.d. Art. 103 Abs. 2 GG angesehen wurde.[41] Es muss vor allem untersucht werden, ob diese Rechtsprechung überzeugend ist. Zunächst werden daher die wesentlichen Probleme des § 266 StGB im Hinblick auf den Bestimmtheitsgrundsatz und das jeweilige Urteil des Bundesverfassungsgerichts zu dem Tatbestandsmerkmal dargestellt, bevor eine entsprechende Bewertung erfolgt.

---

36 BVerfGE 75, 329, 342; 126, 170, 196.

37 BVerfGE 26, 41, 43; 87, 209, 226 f.; 92, 1, 18; 126, 170, 197.

38 BVerfGE 126, 170,199.

39 Vgl. *Fischer*, § 266 Rn. 5.

40 Vgl. *Saliger*, HRRS 2006, 10, 12 f.

41 BVerfG NJW 2009, 2370; BVerfGE 126, 170; BVerfG NJW 2013, 365.

### 1. Unbestimmtheit der Treuebruchhandlung und der Vermögensbetreuungspflicht

Zunächst ist das Tatbestandsmerkmal der Treuebruchhandlung bzw. der Begriff der Vermögensbetreuungspflicht problematisch. Insbesondere die Treuebruchalternative aus § 266 Abs. 1 Alt. 2 StGB setzt nach ihrem Wortlaut allein die Verletzung einer Vermögensbetreuungspflicht und das Vorliegen eines Vermögensnachteils voraus.

#### a) Wesentliche Kritik

Hierzu wird angemerkt, dass das Gesetz allein nicht festlege, was unter dem Tatbestandsmerkmal „Wahrnehmung fremder Vermögensinteressen" zu verstehen sei und wer sie in rechtlicher oder tatsächlicher Weise erfülle. Wenn aber das Verhalten, das zur Vermögensbetreuungspflicht führe, gesetzlich nicht beschrieben werden könne, dann könne auch die eigentliche Verletzung der Vermögensbetreuungspflicht selbst nicht hinreichend genau beschrieben werden. Der Gesetzgeber habe sich außerstande gesehen, ein solches Verhalten zu typisieren. Er habe daher die Pflicht zur Wahrnehmung fremder Vermögensinteressen normiert und selbst zur Tathandlung gemacht. Er mache damit die Bestimmung der ersten Unbekannten (das Verhalten) von der zweiten Unbekannten (die Vermögensbetreuungspflicht) abhängig, was so nicht auflösbar sei.[42]

#### b) Restriktionsansatz der Rechtsprechung und Literatur: Die besonders qualifizierte Pflichtenstellung

Um den Vorwurf der Unbestimmtheit zu kompensieren, versucht die Rechtsprechung, die Vermögensbetreuungspflicht restriktiv zu bestimmen. Die Vermögensbetreuungspflicht müsse, so die Rechtsprechung, gerade auf einer besonders qualifizierten Pflichtenstellung zum fremden Vermö-

---

42 *Gribbohm*, Jus 1965, 389, 390 f.; *Kargl*, ZStW 113 (2001), 565, 576; *Labsch*, S. 190 f.; *Sax*, JZ 1977, 663, 664 f.; dem anschließend *Lüderssen*, in: FS-Schroeder, S. 569, 571.

gen beruhen.[43] Es reiche daher nicht jede Beziehung zu einem fremden Vermögen aus, um auch eine Vermögensbetreuungspflicht begründen zu können. Denn erst die besondere Pflichtenstellung zum fremden Vermögen ermögliche die besondere Einwirkungsmacht des Täters auf das fremde Vermögen, die den Treuebruchtatbestand auszeichne.[44] Aus dieser Bestimmung der Vermögensbetreuungspflicht folgt die Bestimmung der Treuebruchhandlung.

Zur Annahme der besonders qualifizierten Pflichtenstellung reichen nicht die allgemeinen Pflichten aus, die sich aus jedem Vertrag ergeben.[45] Es wurden spezielle Kriterien entwickelt, die die Rechtsprechung mit weitgehender Zustimmung der Literatur heranzieht, um im Wege einer Gesamtbetrachtung die besonders qualifizierte Pflichtenstellung bestimmen zu können.[46] Notwendige Kriterien sind dabei die Fremdnützigkeit der Vermögensfürsorge[47], ob die Vermögensfürsorge die Hauptpflicht des Vertrages zwischen dem Vermögensinhaber und dem Verpflichteten darstellt[48] und ob dem Verpflichteten ein gewisser Ermessensspielraum bei Vermögensentscheidungen verbleibt.[49] Die Kriterien decken sich dabei weitgehend mit der Definition einer Geschäftsbesorgung i.S.d. § 675 BGB, wonach dies jede selbstständige Tätigkeit wirtschaftlicher Art zur

---

43 BGHSt 1, 186, 188; 33, 244, 251; BGH NJW 1991, 1069; NJW 1994, 151; wistra 2008, 427, 428.

44 BGH NStZ 1996, 540, 540; NStZ 1999, 558, 558; *Fischer*, § 266 Rn. 33; *Heger*, in: Lackner/Kühl, § 266 Rn. 11 f.; *Perron*, in: Schönke/Schröder, § 266 Rn. 23 f.; *Saliger*, in: SSW-StGB, § 266 Rn. 9 ff. 18 bzw. 24 ff.; *Schünemann*, in: LK-StGB, § 266 Rn. 58.

45 *Fischer*, § 266 Rn. 36a; *Saliger*, in: SSW-StGB, § 266 Rn. 11; *Wessels/Hillenkamp*, BT II, § 20 Rn. 770.

46 BGHSt 13, 315, 317 ff.; *Fischer*, § 266 Rn. 34; *Maurach/Schroeder/Maiwald*, § 45 II Rn. 34; kritisch *Seier*, in: Achenbach/Ransiek/Rönnau, V 2 Rn. 148.

47 BGH NJW 1991, 2574, 2574; 2004, 2448, 2448; *Fischer*, § 266 Rn. 38; *Hoyer*, in: SK-StGB, § 266 Rn. 47; *Heger*, in: Lackner/Kühl, § 266 Rn. 11; *Perron*, in: Schönke/Schröder, § 266 Rn. 23a; *Schünemann*, in: LK-StGB, § 266 Rn. 74 f.

48 BGHSt 1, 186, 189; 4, 170, 172; 13, 315, 317; 33, 244, 250; 41, 224, 229; *Fischer*, § 266 Rn. 36; *Heger*, in: Lackner/Kühl, § 266 Rn. 14; *Perron*, in: Schönke/Schröder, § 266 Rn. 23; *Schünemann*, in: LK-StGB; § 266 Rn. 88.

49 BGHSt 13, 315, 317; 13, 330, 332; 41, 224, 228; *Dierlamm*, in: Müko-StGB, § 266 Rn. 52; *Hoyer*, in: SK-StGB, § 266 Rn. 47; *Perron*, in: Schönke/Schröder, § 266 Rn. 23a; *Saliger*, in: SSW-StGB, § 266 Rn. 10; *Schünemann*, in: LK-StGB, § 266 Rn. 82.

Wahrnehmung fremder Vermögensinteressen ist.[50] Diese Definition soll nach einer Ansicht auch im Strafrecht angewendet werden[51], wobei immer die Besonderheiten des Strafrechts zu beachten seien.[52] Die besonders qualifizierte Pflichtenstellung ist nach der Rechtsprechung auch im Rahmen der Missbrauchsalternative als Restriktion notwendig zu bestimmen.[53] Die Literatur bemüht sich hier außerdem um eine „fallgruppenorientierte Systematisierung“, um konkretisieren zu können, wer als tauglicher Täter der Treuebruchalternative in Frage kommt.[54]

### c) Billigung durch das Bundesverfassungsgericht

Die gefestigte Rechtsprechung zur Vermögensbetreuungspflicht reicht nach Ansicht des Bundesverfassungsgerichts aus, um den Anwendungsbereich der Untreue im Hinblick auf Art. 103 Abs. 2 GG zu bestimmen.[55] Die besonders qualifizierte Pflichtenstellung ist durch die fremdnützige Vermögensfürsorge, die die Hauptpflicht in einem Betreuungsverhältnis darstellt, und durch eine gewisse Selbstständigkeit bei Vermögensentscheidungen gekennzeichnet. Durch sie wird sichergestellt, dass in vielen Lebenssituationen von vornherein feststeht, dass hier eine Strafbarkeit aus der Untreue ausscheidet. Diese gefestigte Rechtsprechung ist geeignet, den Anwendungsbereich des § 266 StGB weiter einzuschränken.[56] Auf der anderen Seite ist aber ein Kern auszumachen, bei dem zweifelsfrei feststeht, dass hier keine Vermögensbetreuungspflicht besteht, sodass eine Untreuestrafbarkeit ausgeschlossen ist.[57]

---

50 BGHZ 45, 223, 228 f.; BGH NJW-RR 2004, 989, 989; *Sprau*, in: Palandt, § 675 Rn. 2.
51 *Arzt/Weber* § 22 Rn. 60; vgl. auch *Kargl*, ZStW 113 (2001), 565, 583.
52 *Schünemann*, in: LK-StGB, § 266 Rn. 70.
53 BGHSt 24, 386; 33, 244.
54 Vgl. *Fischer*, § 266 Rn. 34 und insbesondere Rn. 48, 49.
55 BVerfGE 126, 170, 209.
56 BVerfGE 126, 170, 209.
57 BVerfGE 136, 170, 210.

## 2. Bestimmung der Pflichtwidrigkeit

Der zweite Kritikpunkt setzt an der Pflichtwidrigkeit der Handlung an. Sowohl die Missbrauchs- als auch die Treuebruchalternative setzen voraus, dass die Tathandlung pflichtwidrig begangen wurde. Inhalt und Umfang der Pflichtwidrigkeit bestimmen sich aber nach dem zugrunde liegenden Rechtsverhältnis.[58] Der Rückgriff ist insoweit notwendig, da der Tatbestand der Untreue selbst keine Bestimmung enthält, was unter „Pflichtwidrigkeit" zu verstehen sei.[59] Nach überwiegender Ansicht wird die Pflichtwidrigkeit akzessorisch zum außerstrafrechtlichen Recht bestimmt.[60]

Die Problematik, wann eine Handlung als pflichtwidrig zu qualifizieren ist, besteht vor allem dann, wenn keine konkreten Vorgaben des Vermögensinhabers bestehen, wie mit seinem Vermögen umzugehen sei. Dann ist auf gesetzliche Regelungen zurückzugreifen, die die Pflichtwidrigkeit einer Handlung im Verhältnis zwischen Vermögensinhaber und Vermögensbetreuungspflichtigen bestimmen. Meist sind solche Normen nicht exakt formuliert und geben lediglich ein Leitbild wieder, wie mit dem anvertrauten Vermögen umzugehen sei. Beispielhaft sind hier die Sorgfalt eines „ordentlichen" Geschäftsleiters in § 93 Abs. 1 S. 1 AktG, die Sorgfalt eines „ordentlichen" Geschäftsführers in § 43 Abs. 1 GmbHG, die Sorgfalt eines „ordentlichen" Kaufmanns (§ 347 HGB) oder die im Verkehr übliche Sorgfalt (§§ 27 Abs. 3, 84, 71, 276, 665, 677 BGB) zu nennen.[61] Diese Problematik stellt sich vor allem dann, wenn dem Vermögensbetreuungspflichtigen ein weiter Ermessensspielraum bei der Erledigung seiner Geschäfte zukommt. Dies ist insbesondere bei unternehmerischen Entscheidungen der Fall.[62]

---

58 *Fischer*, § 266 Rn. 58; *Kindhäsuer*, in: NK-StGB, § 266 Rn. 63; *Saliger*, in: SSW-StGB, § 266 Rn. 31; *Perron*, in: Schönke/Schröder, § 266 Rn. 18; *Rönnau*, ZStW 119 (2007), 887, 906.

59 *Saliger*, in: SSW-StGB, § 266 Rn. 31.

60 *Beulke*, in: FS-Eisenberg, S. 245, 250; *Kubiciel*, NStZ 2005, 353, 357; *Radtke*, GmbHR 2010, 1121, 1122; *Rönnau*, ZStW 119 (2007), 887, 906.

61 *Dierlamm*, in: Müko-StGB, § 266 Rn. 170; *Kindhäuser*, in: NK-StGB, § 266 Rn. 63; *Rönnau*, ZStW 119 (2007), 887, 908; *Saliger*, in: SSW-StGB, § 266 Rn. 33; *Schünemann*, in: LK.-StGB, § 266 Rn. 94.

62 *Dierlamm*, in: Müko-StGB, § 266 Rn. 175; *Saliger*, in: SSW-StGB, § 266 Rn. 47 f.

### a) Wesentliche Kritik

Teilweise wird vertreten, dass eine Verweisung auf außerstrafrechtliche Bestimmungen zur Ermittlung der Pflichtwidrigkeit einer Handlung nicht dem Bestimmtheitsgrundsatz genügen könne[63] bzw. es wird bemängelt, dass auf Normen verwiesen werde, die selbst inhaltlich sehr weit gefasst seien.[64] Ein außerstrafrechtliches Gesetz könne nicht dazu führen, dass aus § 266 StGB eine bestimmte Regelung werde.[65] § 266 StGB enthalte über das Merkmal der Pflichtwidrigkeit hinaus keine Angaben, wann eine pflichtwidrige Handlung vorliege.[66]

Angesprochen wird hier das Verhältnis zwischen Strafrecht und den jeweiligen Regelungen des Lebensbereichs, auf die sich das Merkmal der Pflichtwidrigkeit bezieht. Es ist nicht immer klar, wann die Verletzung der jeweiligen Regelungen auch eine strafrechtliche Pflichtverletzung darstellt. Die von der Rechtsprechung entwickelten Kriterien zur Ermittlung der strafrechtlichen Pflichtverletzung seien, so der Beschwerdeführer in der Verfassungsbeschwerde zur Untreue, außerdem nicht hinreichend, um dies bestimmen zu können. Die untreuerelevante Pflichtwidrigkeit werde daher nicht dem Gesetz entnommen, sondern aus einer Gesamtschau von Indizien festgestellt. Damit werde aber ein unbestimmtes Kriterien nur durch ein anderes ersetzt. Auch sei das Ergebnis der gerichtlichen Gesamtschau nicht vorhersehbar.[67]

### b) Restriktionsansätze

Zur weiteren Restriktion des Tatbestandes im Rahmen der Pflichtwidrigkeit wurde insbesondere durch die Rechtsprechung des 1. Senats des BGH vertreten, dass eine zivilrechtliche Pflichtverletzung strafrechtlich erst dann relevant werde, wenn die zivilrechtliche Pflichtverletzung als „gravierend“ anzusehen sei. Hierauf beziehen sich auch die Beschwerdeführer in der Verfassungsbeschwerde.[68] Der Anwendungsbereich der sog. gravie-

63 *Aldenhoff/Kuhn*, ZIP 2004, 103, 106.
64 *Ignor/Sättle*, in: FS-Hamm, S. 211, 211.
65 *Knauer*, NStZ 2002, 399, 410.
66 *Radtke*, GmbHR 2010, 1121, 1122.
67 BVerfGE 126, 170, 187 f.
68 BVerfGE 126, 170, 187.

renden Pflichtverletzung wurde in einer Reihe von Entscheidungen bestimmt, die maßgeblich durch den 1. Senats des BGH gefällt wurden. Diese Entwicklung soll kurz wiedergegeben werden, um der „gravierenden Pflichtverletzung“ eine Kontur geben zu können. Dabei werden zunächst nur die Restriktionsansätze genannt, die vor der Rechtsprechung des Bundesverfassungsgerichts zur Problematik der Bestimmtheit des § 266 StGB die Diskussion geprägt haben.

#### aa) Bisherige Rechtsprechung zur gravierenden Pflichtverletzung des 1. Senats

Der 1. Senat des BGH benutzte erstmals das Kriterium der gravierenden Pflichtverletzung, um über die Pflichtwidrigkeit bei der Vergabe risikobehafteter Kredite zu entscheiden. In der sog. „Kreditvergabe I“-Entscheidung[69] führte der BGH aus, dass nicht jeder Verstoß gegen die in § 18 KWG formulierten Prüfungs- und Informationspflichten genüge, um eine pflichtwidrige Handlung anzunehmen. Außerdem stellte der BGH Indizien auf, wann die Vergabe eines risikobehafteten Kredites eine pflichtwidrige Handlung darstellen könne.[70] In der sog. „Kreditvergabe-II“-Entscheidung[71] betonte der BGH zunächst, dass die Vergabe von Kredite ein von Natur aus risikobehaftetes Geschäft sei. Die Vergabe eines Kredites werde nicht dadurch pflichtwidrig, dass dieser später notleidend werde, solange eine sorgfältige Abwägung der Risiken bei der Vergabe des Kredites durchgeführt worden sei.[72]

Die nächste Entscheidung zur gravierenden Pflichtverletzung erfolgte zur Vergabe von Spenden durch den Vorstand einer Aktiengesellschaft.[73] In dieser sog. „SSV Reutlingen“-Entscheidung stellte der BGH klar, dass die Vergabe von Spenden zur Förderung von Kunst, Wissenschaft, Sozialwesen und Sport nur dann pflichtwidrig i.S.d. § 266 StGB sein könne, wenn diese zivilrechtliche Pflichtverletzung auch „gravierend“ sei. Im Verlauf dieser Entscheidung stellte der BGH einige Kriterien auf, die nach

---

69 BGHSt 46, 30.
70 BGHSt 46, 30, 34.
71 BGHSt 47, 148.
72 BGHSt 47, 148, 149.
73 BGHSt 47, 187.

seiner Ansicht eine gravierende Pflichtverletzung ausmachen können und dann Untreuerelevanz aufweisen.[74]

Die gravierende Pflichtverletzung spielte auch eine Rolle in der „Kinowelten"-Entscheidung des BGH.[75] Hier hatte der BGH darüber zu entscheiden, ob der Untreuetatbestand erfüllt ist, wenn Geldtransferierungen in einer Unternehmensgruppe stattfinden, obwohl hierfür keine ausreichenden Sicherheiten gewährt wurden.[76] Werde die äußere Grenze der unternehmerischen Entscheidungsfreiheit überschritten und damit eine Hauptpflicht gegenüber dem Vermögensinhaber verletzt, so der BGH, liege eine Verletzung von gesellschaftsrechtlichen Pflichten vor, die so gravierend sei, dass auch eine pflichtwidrige Handlung i.S.d. § 266 StGB vorliege.[77] Notwendig sei es daher, sich vor jeder Prognoseentscheidung eine ausreichende Entscheidungsgrundlage zu verschaffen. Zudem dürften nur wirtschaftlich noch vertretbare Entscheidungen für das Unternehmen getroffen werden. Dann scheide eine pflichtwidrige Handlung i.S.d. § 266 StGB aus.[78] Auch Teile der Literatur befürworten die gravierende Pflichtverletzung zur Feststellung der Pflichtwidrigkeit.[79]

#### bb) Der Fall „Mannesmann" und die Rechtsprechung des 3. Senats

In der schon als „berühmt" zu bezeichnenden „Mannesmann"-Entscheidung hat sich der 3. Senat des BGH eingehend mit der bisherigen Rechtsprechung des 1. Senats zur Feststellung der Pflichtwidrigkeit beschäftigt. Zunächst stellte der 3. Senat aber klar, dass auch nach dem 1. Senat nicht jede Verletzung von Informations- und Prüfungspflichten bei der Vergabe von risikobehafteten Krediten zur Annahme einer pflichtwidrigen Handlung i.S.d. § 266 StGB ausreiche. Hier bezog sich der 3. Senat ausschließlich auf die Rechtsprechung des 1. Senats zur Vergabe von risikobehafteten Krediten („Kreditvergabe II"-Entscheidung). Nach Ansicht des 3. Se-

---

74 BGHSt 47, 187, 197.
75 BGH NStZ 2006, 221.
76 BGH NStZ 2006, 221, 222.
77 BGH NStZ 2006, 221, 222.
78 BGH NStZ 2006, 221, 223.
79 *Beulke*, in: FS-Eisenberg, 245, 252 f.; *Deiters*, ZIS 2006, 152, 158; *Dierlamm*, in: Müko-StGB, § 266 Rn. 175; *Gehrlein*, NZG 2002, 463, 464; *Kiethe*, NStZ 2005, 529, 531 f.; *Krause*, StV 2006, 307, 308; *Kubiciel*, NStZ 2005, 353, 357; *Matt*, NJW 2005, 389, 390; *Schröder*, NJW 2010, 1169, 1171.

nats sei § 266 StGB immer dann anwendbar, wenn die Pflicht zur Wahrnehmung der Vermögensinteressen des Vermögensinhabers verletzt werde. Allerdings führt nach Ansicht des 3. Senats nicht jede zivilrechtliche Pflichtverletzung auch zu einer strafrechtlichen. Der 1. Senat habe eher den weiten unternehmerischen Entscheidungsspielraum für die Vergabe von Krediten konkretisiert.[80]

Mit Hinweis auf die „SSV-Reutlingen"-Entscheidung geht der 3. Senat davon aus, dass der 1. Senat bei Unternehmensspenden durch die Annahme einer gravierenden Pflichtverletzung betonen wolle, dass in diesem Fall ein weiter unternehmerischer Handlungsspielraum bestehe, sodass nicht aus jeder zivilrechtlichen Pflichtverletzung auch eine strafrechtliche Pflichtverletzung abgeleitet werden könne. Außerdem habe der 1. Senat Kriterien aufgestellt, wann eine unternehmerische Spende sich noch in einem unternehmerischen Ermessensspielraum befinde und damit nicht pflichtwidrig i.S.d. § 266 StGB sei.[81] Jedoch sei unabhängig davon, ob nach dem Urteil des 1. Senats eine „gravierende" Pflichtverletzung verlangt werde, nach Ansicht des 3. Senats in dem zu entscheidenden Fall kein vergleichbarer Sachverhalt gegeben. Er betonte, dass es in dem von ihm zu entscheidenden Sachverhalt um kompensationslose Anerkennungsprämien gehe, die sich ausschließlich negativ für den Vermögensinhaber ausgewirkt haben, sodass kein vergleichbarer unternehmerischer Handlungsspielraum bestehe. Auch nach der Rechtsprechung des 1. Senats stehe es in solchen Fällen außer Frage, dass eine Pflichtverletzung des Vermögensbetreuungspflichtigen vorliege, ohne dass es hierbei auf das Merkmal „gravierend" ankomme.[82]

In einer weiteren Entscheidung zur Vergabe von risikobehafteten Krediten (sog. „WestLB"-Entscheidung)[83] erwähnt der 3. Senat zwar nicht die Problematik der gravierenden Pflichtverletzung. Ansonsten zitiert er aber alle Kriterien und Entscheidungen, die der 1. Senat bzgl. der Vergabe von risikobehafteten Krediten aufgestellt hat, um eine untreuerelevante Pflichtverletzung bei der Vergabe von risikobehafteten Krediten festzustellen.[84]

---

80 BGHSt 50, 331, 343.
81 BGHSt 50, 331, 345.
82 BGHSt 50, 331, 346.
83 BGH wistra 2010, 21.
84 BGH wistra 2010, 21, 23 f.

### c) Analyse und Anmerkung des Bundesverfassungsgerichts

Das Bundesverfassungsgericht schließt aus dieser bisherigen Rechtsprechung, dass durch die fallgruppenorientierte Obersatzbildung die Pflichtwidrigkeit hinreichend konkretisiert sei. Erst im Zusammenspiel von außerstrafrechtlichen Normen und der Pflichtwidrigkeit werde das Verhältnis zwischen dem Vermögensinhaber und den Vermögensbetreuungspflichtigen ausgestaltet. Die außerstrafrechtliche Pflichtverletzung sei gerade notwendige Bedingung zur Erfüllung des Untreuetatbestandes.[85] Nicht das Merkmal der Pflichtwidrigkeit sei problematisch, sondern die Bestimmung durch außerstrafrechtliche Wertungen und Normen.[86] Die höchstrichterliche Rechtsprechung habe das Tatbestandsmerkmal der Pflichtwidrigkeit durch eine fallgruppenorientierte Obersatzbildung aber hinreichend konkretisiert, sodass die Strafbarkeit vorhersehbar sei. Ziel einer Auslegung müsse es sein, dass nur klare und deutliche (evidente) Fälle zu einer pflichtwidrigen Handlung i.S.d. § 266 StGB führen, um Wertungswidersprüche zu vermeiden und den Charakter des Untreuetatbestandes als ein Vermögensdelikt zu bewahren.[87] Die Rechtsprechung sei jedoch im Interesse der Berechenbarkeit und Voraussehbarkeit angehalten, durch Entwicklung entsprechender dogmatischer Mittel dieses Tatbestandsmerkmal handhabbar zu machen.[88]

Damit erkennt das Bundesverfassungsgericht die bisherige Rechtsprechung zur „gravierenden" Pflichtverletzung an. Es betont, dass dem Wortlaut des § 266 StGB zwar nicht zu entnehmen sei, dass die Pflichtverletzung „gravierend" sein müsse. Um den Anwendungsbereich des § 266 StGB zu beschränken, bestehe aber die Notwendigkeit, auf dieses dogmatische Mittel zurückzugreifen.[89]

## 3. Bestimmung des Vermögensnachteils

Das Tatbestandsmerkmal des Vermögensnachteils ist nach herrschender Ansicht grundsätzlich identisch zum Vermögensschaden in § 263 StGB zu

---

85 BVerfGE 126, 170, 204.
86 BVerfGE 126, 170, 204.
87 BVerfGE 126, 170, 210.
88 BVerfGE 126, 170, 210.
89 BVerfGE 126, 170, 211.

bestimmen.[90] Die Feststellung dieses Vermögensschadens erfolgt durch eine Gesamtsaldierung.[91] Hierfür wird die aktuelle Vermögenslage mit jener verglichen, die ohne treuwidrige Handlung bestehen würde. Zunächst ist zu untersuchen, ob das Vermögen nach der Saldierung gemindert ist, wobei der jeweilige Nachteil in Geld messbar sein muss [92]. Anschließend ist festzustellen, ob dem Vermögen durch die treuwidrige Handlung Vorteile zugeflossen sind, die einen möglichen Vermögensnachteil ausgleichen könnten.[93]. Ein nachträglicher Schadensausgleich spielt nach überwiegender Ansicht bei der Feststellung des Vermögensschadens keine Rolle, da allein der Zeitpunkt der Tat relevant ist.[94]

#### a) Kritik an den Normativierungen des Vermögensnachteils

Problematisiert wird im Rahmen des Vermögensnachteils vor allem, ob die Normativierungen des Schadensbegriffs, die Rechtsfiguren des „Gefährdungsschadens" und des „individuellen Schadenseinschlags", im Rahmen des Vermögensnachteils berücksichtigt werden können.[95]

##### aa) Schadensgleiche Vermögensgefährdung

Die Figur des „Gefährdungsschadens" oder „schadensgleichen Vermögensgefährdung" wurde ursprünglich im Rahmen des Schadensmerkmales des Betruges (§ 263 StGB) entwickelt. Sie wird von der überwiegenden Ansicht auch im Rahmen des Vermögensnachteils nach § 266 StGB ange-

---

90 BGHSt 47, 295, 301 f.; *Bittmann*, NStZ 2012, 57, 58; *Kindhäuser*, in: NK-StGB, § 266 Rn. 100 f.; *Saliger*, in: SSW-StGB, § 266 Rn. 67; *Schünemann*, in: LK-StGB, § 266 Rn. 168; *Wessels/Hillenkamp*, BT II, § 20 Rn. 775.

91 BGHSt 16, 220, 221; 16, 321, 325; 22, 88, 89; *Maurach/Schroeder/Maiwald*, § 41 Rn. 107; *Satzger*, in: SSW-StGB, § 263 Rn. 206; *Tiedemann*, in: LK-StGB, § 263 Rn. 158.

92 BGH NJW 1974, 1234, 1235; *Saliger*, in: SSW-StGB, § 266 Rn. 67.

93 *Dierlamm*, in: Müko-StGB, § 266 Rn. 202; *Kindhäuser*, in: NK-StGB, § 266 Rn. 100; *Heger*, in: Lackner/Kühl, § 266 Rn. 17; *Perron*, in: Schönke/Schröder, § 266 Rn. 40.

94 BGHSt 15, 342, 343 f.; 16, 220, 221; 51, 10, 15; *Perron*, in: Schönke/Schröder, § 266 Rn. 41; *Saliger*, in: SSW-StGB, § 266 Rn. 73; *Schünemann*, in: LK-StGB, § 266 Rn. 169; *Tiedemann*, in: LK-StGB, § 266 Rn. 161.

95 Vgl. *Saliger*, HRRS 2006, 10, 12.

wendet.[96] Beim Gefährdungsschaden liegt ein Schaden bzw. ein Vermögensnachteil bereits dann vor, wenn zwar ein Vermögensverlust noch nicht eingetreten ist, aber die Gefahr seines Eintritts das Vermögen bereits vermindert hat. Vermögensschaden und schadensgleichen Vermögensgefährdung stellen verschiedene Grade der Vermögensschädigung dar, die sich lediglich quantitativ unterscheiden.[97] Aber gerade ein wirtschaftlich denkender Vermögensinhaber sieht sein Vermögen bei einer schadensgleichen Vermögensgefährdung schon als vermindert an, da es mit entsprechenden Risiken behaftet ist, die jederzeit eintreten können. Die schadengleiche Vermögensgefährdung ist damit eine Konsequenz aus dem wirtschaftlichen Vermögensbegriff.[98]

Gegen die Anerkennung der schadensgleichen Vermögensgefährdung im Rahmen des § 266 StGB wird eingewendet, dass die Gefahr bestehe, dass bei der Untreue die Straflosigkeit des Versuchs durch die Anerkennung des Gefährdungsschadens unterlaufen werde, da so der Vollendungszeitpunkt der Untreue weit nach vorne verlagert werde. Hier sei der Bereich des Versuchs betroffen, der aber bei der Untreue nicht pönalisiert werde. Auch fehle das Korrektiv der Bereicherungsabsicht im subjektiven Tatbestand des § 266 StGB, der jedoch beim Betrug nach § 263 StGB gegeben sei.[99] Aus diesen Argumenten ergebe sich, dass durch die Anerkennung der schadensgleichen Vermögensgefährdung die Deliktsnatur des § 266 StGB von einem Erfolgsdelikt in ein Gefährdungsdelikt verändert werde, was mit Art. 103 Abs. 2 GG unvereinbar sei.[100] Auch sei die schadensgleiche Vermögensgefährdung an sich ein relativ unklares Kriterium, da hier noch Einzelheiten ungeklärt seien und sich diese Normativierung bedenklich auf § 266 StGB auswirke.[101]

Zudem sei die bisherige Bestimmung der schadensgleichen Vermögensgefährdung durch die Rechtsprechung problematisch: Diese habe nämlich teilweise schon eine schadensgleiche Vermögensgefährdung angenom-

---

96 BGHSt 44, 376, 384; 47, 148, 156; 48, 354, 356; 51, 100, 113; 53, 71, 79; *Fischer*, § 266 Rn. 150; *Perron*, in: Schönke/Schröder, § 266 Rn. 45; *Saliger*, in: SSW-StGB, § 266 Rn. 82; *Ransiek*; ZStW 114 (2004), 634, 667.

97 BGHSt 34, 394, 395 f.; *Cramer/Perron*, in: Schönke/Schröder, § 263 Rn. 143; *Tiedemann*, in: LK-StGB, § 263 Rn. 168; *Dierlamm*, in: Müko-StGB, § 266 Rn. 211; *Fischer*, § 260 Rn. 156.

98 *Arzt/Weber*, § 20 Rn. 97.

99 Vgl. B. IV. 3 b).

100 *Bernsmann*, GA 2007, 219, 229 f.

101 *Seier*, in: Achenbach/Ransiek/Rönnau, V 2 Rn. 190.

men, wenn der Vermögensinhaber nicht den wirtschaftlichen Wert eines Gegenstandes ausnutzen könne.[102] Das führe dazu, dass nicht nur das Vermögen von § 266 StGB geschützt werde, sondern auch die Dispositionsbefugnis des Vermögensinhabers. Dies stehe im Gegensatz zur bisherigen Rechtsprechung, wonach nur das Vermögen von § 266 StGB geschützt werde. § 266 StGB werde so zu einem abstrakten Gefährdungsdelikt, da es nicht mehr darauf ankomme, ob ein konkreter Vermögensnachteil vorliege. Viel eher werde mit Hilfe der schadensgleichen Vermögensgefährdung die bloße Gefährdung des Vermögens kriminalisiert.[103]

#### bb) Individueller Schadenseinschlag

Problematisiert wird auch die Anerkennung des individuellen Schadenseinschlages bei der Untreue. Denn grundsätzlich tritt kein Vermögensnachteil ein, wenn sich Leistung und Gegenleistung gleichwertig gegenüberstehen, sodass kein messbarer Nachteil im Vermögen eingetreten ist. Es kann aber angebracht sein, die individuellen Bedürfnisse und Verhältnisse des Geschädigten und die von ihm verfolgten Zwecke bei der Bestimmung eines Nachteils miteinzubeziehen, da ansonsten allein die Verfügungsfreiheit betroffen ist. Außerdem hat nicht jeder Gegenstand für den Einzelnen denselben Vermögenswert, sodass eine Individualisierung des Vermögens erfolgen muss.[104]

Ein Schaden liegt unter Berücksichtigung des individuellen Schadenseinschlages dann vor, wenn sich Leistung und Gegenleistung zwar gleichwertig gegenüberstehen, der Erwerber eines Gegenstandes aber zu vermögensschädigenden Folgemaßnahmen genötigt wird und so in wirtschaftliche Gefahr kommt, sodass er seine Verbindlichkeiten nicht mehr erfüllen kann oder ihm Mittel entzogen werden, die für eine seinen Lebensverhältnissen angemessene Wirtschafts- oder Lebensführung unerlässlich sind.[105] Zur Einschätzung dessen ist auf die Sicht eines sachlichen Beurteilers abzustellen.[106]

---

102 Vgl. *Saliger*, ZStW 112 (2000), 561, 581 unter Verweis auf BGHSt 44, 376, 386.
103 *Saliger*, ZStW 112 (2000), 561, 581 bzw. 587.
104 BGHSt 16, 321, 325 f.
105 BGHSt 16, 321, 325.
106 BGHSt 16, 321, 326.

Grundsätzlich wird die Anwendung des individuellen Schadenseinschlages von der herrschenden Ansicht in der Literatur bei § 263 StGB bejaht.[107] Auch beim Tatbestandsmerkmal „Vermögensnachteil" in § 266 StGB wird aufgrund der Parallelität zum Betrug (§ 263 StGB) die Anwendung des individuellen Schadenseinschlages befürwortet.[108] Wegen dieser subjektiven Betrachtung erfolgt eine Einschränkung der Gesamtsaldierung bei der Untreue.

Die verfassungsrechtlichen Einwände, die gegen die schadensgleiche Vermögensgefährdung erhoben werden, werden in ähnlicher Weise auch gegen den individuellen Schadenseinschlag vorgebracht: Durch diese Normativierung schütze die Untreue nicht mehr nur das Vermögen, sondern auch die Dispositionsfreiheit des Vermögensinhabers.[109] Eine Anerkennung komme einer Preisgabe des wirtschaftlichen Ausgangspunktes der Untreue gleich und sei daher abzulehnen.[110]

#### b) Konkretisierungen des Vermögensnachteils gerade durch die Normativierungen nach Ansicht des Bundesverfassungsgerichts

Allerdings geht das Bundesverfassungsgericht davon aus, dass die Normativierungen des Vermögensnachteils helfen, den Tatbestand zu konkretisieren, und erkennt damit beide Rechtsfiguren für § 266 StGB ausdrücklich an.

In seinem Beschluss v. 10.3.2009 stellt das Bundesverfassungsgericht zunächst klar, dass die Rechtsprechung das Tatbestandsmerkmal „Vermögensnachteil" restriktiv auslegen müsse, um den Untreuetatbestand weiter einzugrenzen. Dies gelte auch für die Anerkennung der Vermögensgefähr-

---

107 *Fischer*, § 263 Rn. 146 ff.; *Cramer/Perron*, in: Schönke/Schröder, § 263 Rn. 122; *Hefendehl*, in: Müko-StGB, § 263 Rn. 688 ff.; *Maurach/Schroeder/Maiwald*, § 41 Rn. 115; *Wessels/Hillenkamp*, BT II, § 13 Rn. 550; krit. *Kindhäuser*, § 263 Rn. 307; *Tiedemann*, in: LK-StGB, § 263 Rn. 171 f.

108 BGHSt 43, 293, 299; BGH NStZ-RR 2004, 54, 55; *Bittmann*, CCZ 2012, 144, 146; *Dierlamm*, in: Müko-StGB, § 266 Rn. 208; *Fischer*, § 266 Rn. 125; *Perron*, in: Schönke/Schröder, § 266 Rn. 43; *Seier*, in: Achenbach/Ransiek/Rönnau, V 2 Rn. 185; *Schünemann*, in: LK-StGB, § 266 Rn. 175; *Wessels/Hillenkamp*, BT II, § 20 Rn. 777.

109 *Rübenstahl/Wasserburg*, NStZ 2004, 521, 524; *Saliger*, ZStW 112 (2000), 563, 592; *ders.*, HRRS 2006, 10, 13.

110 *Saliger*, ZStW 112 (2000), 563, 592.

dung als Vermögensnachteil. Die Rechtsprechung gebe ausreichende Leitlinien vor, um eine Auslegung des Tatbestandsmerkmals „Vermögensnachteil“ zu gewährleisten, die dem Bestimmtheitsgrundsatz genüge. Der Gesetzgeber sei zudem vor die Aufgabe gestellt worden, den tatbestandlichen Erfolg zu beschreiben, sodass alle nach dem Normzweck strafwürdigen Folgen eines Handelns erfasst werden müssen. Der Begriff müsse aber insoweit offen bleiben, um wirtschaftliche Zusammenhänge, die sich erst in der Zukunft ergeben können, durch das Tatbestandsmerkmal „Vermögensnachteil“ erfassen zu können.[111] Es bestehen somit keine prinzipiellen Einwände gegen die Rechtsfigur der Vermögensgefährdung.[112]

Allerdings besteht das Bundesverfassungsgericht darauf, dass der Gefährdungsschaden sowie auch der Vermögensnachteil im Allgemeinen konkret zu beziffern seien, da ansonsten die strafbarkeitsbegrenzende Funktion des Merkmals „Vermögensnachteil“ unterlaufen werde. Außerdem dürfe keine „Verschleifung“ des Tatbestandsmerkmales „Pflichtwidrigkeit“ mit dem Merkmal „Vermögensnachteil“ erfolgen. Beide Tatbestandsmerkmale seien selbstständig festzustellen. Praktische Schwierigkeiten bei der Ermittlung dürften nicht dazu führen, dass eine eigenständige Feststellung unterbleibe.[113] Andernfalls werde durch die Verschleifung der Tatbestandsmerkmale „Pflichtwidrigkeit“ und „Vermögensnachteil“ die nicht bestehende Versuchsstrafbarkeit unterlaufen.[114] Die konkrete Bezifferung des Vermögensnachteils sei daher insbesondere bei der schadensgleichen Vermögensgefährdung zwingend geboten, da erst die konkrete wirtschaftliche Auswirkung eine Verlustgefahr zu einem Schaden mache.[115]

Das Bundesverfassungsgericht stellte daneben klar, dass normative Erwägungen bei der Bestimmung des Vermögensnachteils nicht dazu führen dürfen, dass § 266 StGB den Charakter als Vermögens- und als Erfolgsdelikt verliere, damit wirtschaftliche Erwägungen bei der Bestimmung des Vermögensnachteils nicht in den Hintergrund treten.[116]

Das Bundesverfassungsgericht geht in seinem Beschluss v. 1.11.2012 davon aus, dass der individuelle Schadenseinschlag helfe, das Tatbe-

---

111 BVerfG NJW 2009, 2370, 2371.
112 BVerfGE 126, 170, 226.
113 BVerfGE 126, 170, 211.
114 BVerfGE 126, 170, 227 f.
115 BVerfGE 126, 170, 229.
116 BVerfGE 126, 170, 212.

standsmerkmal des Vermögensnachteils weiter zu konkretisieren. Damit erkennt es auch die Anwendung dieser Rechtsfigur beim Vermögensnachteil an.[117]

### *III. Grundproblem: Die tatbestandliche Offenheit des § 266 StGB*

Das Bestimmtheitsproblem des § 266 StGB ist Ausdruck der Funktion des Untreuetatbestandes. Wie noch im Verlaufe der Arbeit zu zeigen sein wird, werden durch das moderne Wirtschaftsleben erhebliche Anforderungen an den Tatbestand des § 266 StGB gestellt. Der Gesetzgeber muss diese durch einen einzigen Tatbestand unter Berücksichtigung des Bestimmtheitsgrundsatzes erfüllen. Die Art und Weise, wie der Gesetzgeber dies löst und welche methodischen Konsequenzen eine Auslegung des § 266 StGB daraus erfährt, beeinflusst die Voraussetzungen für weitere Einschränkungsversuch. Nur wenn diese Voraussetzungen eingehalten werden, kann die Konkretisierung als Restriktion des § 266 StGB verstanden werden.

#### 1. Notwendigkeit der offenen Formulierung des § 266 StGB im Spannungsverhältnis mit dem Bestimmtheitsgrundsatz

Die verfassungsrechtliche Rechtsprechung ist vor dem Grundproblem des § 266 StGB zu betrachten: § 266 StGB muss sicherstellen, dass die Balance zwischen der Handlungsfreiheit des Vermögensbetreuungspflichtigen und dem Schutz der Rechtsgüter des Vermögensinhabers bestehen bleibt.[118] Der Versuch, einen zu offenen Tatbestand dafür zu formulieren, wird durch den Bestimmtheitsgrundsatz insofern begrenzt. Hieraus ergibt sich ein Spannungsverhältnis, das durch § 266 StGB gelöst werden muss.

---

117 BVerfG NJW 2013, 365, 367.

118 *Schünemann*, in: LK-StGB, § 266 Rn. 1.

### a) Die Untreue als wichtiges Delikt im Rahmen einer arbeitsteiligen Wirtschaft

Die Untreue ist in einem modernen, arbeitsteiligen Wirtschaftsleben nicht wegzudenken. Durch die Arbeitsteilung wird die „Managementtätigkeit" in vielen Fällen nicht mehr durch die Anteilseigner ausgeübt. Vielmehr wird das eigene Vermögen einem Dritten anvertraut, der dieses verwalten soll.[119] Dies zeigt sich besonders in einem Anwendungsfall der Untreue – der Organuntreue.[120] Die Untreue wird daher zunehmend als Wirtschaftsdelikt wahrgenommen.[121] Zudem erfährt die Arbeitsteilung eine stetige Intensivierung: Ständig wird die Verantwortlichkeit aufgeteilt und auf andere Ebenen delegiert, die mit unterschiedlichen Verfügungsbefugnissen über das fremde Vermögen ausgestattet werden[122], sodass mehrere unterschiedliche Personen eine Zugriffsmöglichkeit auf das Vermögen des Vermögensinhabers haben. Damit steigt aber auch die Gefahr für das anvertraute Vermögen.

Diese gesteigerte Gefahr äußert sich in den vielfältigen Anlagemöglichkeiten, in die das anvertraute Vermögen investiert werden kann. Das betreute Vermögen ist oftmals in Rentenpapieren, Anleihen, Aktien, Fondsanteilen und sonstigen Derivaten von Wertpapieren angelegt. Der Druck für den verwaltenden „Berater", die gewünschte Gewinnmarge zu erzielen, kann erheblich sein.[123] Dies führt dazu, dass die Verwalter und damit Vermögensbetreuungspflichtigen mehr Risiken eingehen, was nicht unbedingt im Interesse des Vermögensinhabers liegen muss. Dadurch vergrößert sich nicht nur der Anwendungsbereich der Untreue, sondern des Strafrechts im Allgemeinen. Dies könnte kritisch gesehen und daraus abgeleitet werden, dass die Wirtschaft eine zunehmende „Regulierung" durch das Strafrecht erfährt.[124]

Das Bundesverfassungsgericht berücksichtigt diese Komplexität des modernen Wirtschaftslebens.[125] Nach seiner Auffassung stelle sie einen

---

119 *Beckemper*, ZJS 2011, 88, 92; *Beukelmann*, in: Volk-Verteidigung, § 18 Rn. 3; *Saliger*, in: SSW-StGB, § 266 Rn. 3; *Schünemann*, in: LK-StGB, § 266 Rn. 2.

120 Vgl. *Dittrich*, S. 26.

121 *Saliger*, in: SSW-StGB, § 266 Rn. 5; *Seier*, in: Achenbach/Ransiek/Rönnau, V 2 Rn. 1.

122 *Beukelmann*, in: Volk-Verteidigung, § 18 Rn. 3.

123 *Beukelmann*, in: Volk-Verteidigung, § 18 Rn. 4.

124 *Ransiek/Hüls*, ZGR 2009, 157, 157.

125 BVerfGE 126, 170, 201.

Grund dar, warum der Tatbestand der Untreue eine abstrakte Formulierung erhalten habe und ein gesteigertes Bedürfnis nach seiner Auslegung bestehe.[126]

Dieser Ansicht ist zuzustimmen. Die diversen Begehungsmöglichkeiten eines einzelnen Tatbestandes wie die Untreue lassen sich nicht schriftlich fixieren. Eine Strafnorm bedarf einer gewissen Vagheit, da sonst nicht mehr auf den Einzelfall eingegangen werden kann.[127] Andernfalls würde eine Norm zu komplex werden, da versucht werden müsste, einen Tatbestand zu schaffen, der möglichst alle relevanten Details enthält[128], was in schriftlicher Form kaum möglich sein wird. Das führt zu der Problematik, dass ein an sich strafwürdiges Verhalten aufgrund der zu detaillierten Formulierung nicht mehr unter diesen Tatbestand subsumiert werden kann, da er diese Begehungsform möglicherweise nicht mehr erfasst. Der Tatbestand wäre dann durch die tatsächlichen Umstände überholt.[129]

Allerdings muss gerade die Untreue zukünftig weiterhin anwendbar bleiben und den Wandel der Verhältnisse berücksichtigen können.[130] Auf diese Zukunftsbezogenheit weist auch das Bundesverfassungsgericht hin.[131] Die Aufgaben des § 266 StGB können daher nur durch eine offene Formulierung des Tatbestandes erfüllt werden.

#### b) Gesetzlichkeitsprinzip als Grenze der Flexibilität

Die staatliche Gewalt ist durch das Gesetzlichkeitsprinzip in Art. 103 Abs. 2 GG verpflichtet, ein strafbares Verhalten durch ein Gesetz zu bestimmen. Ein Verhalten kann demnach nur dann bestraft werden,

---

126 BVerfGE 126, 170, 203.

127 *Dannecker*, in: LK-StGB, § 1 Rn. 199; *Eser/Heine*, in: Schönke/Schröder, § 1 Rn. 19; *Hassemer/Kargl*, in: NK-StGB, § 1 Rn. 18.

128 Vgl. *Gaede*, in: AnwK-StGB, § 1 Rn. 19; *Hassemer/Kargl*, in: NK-StGB, § 1 Rn. 18; *Schmitz*, in: Müko-StGB, § 1 Rn. 46.

129 Vgl. *Seier*, in: Achenbach/Ransiek/Rönnau, V 2 Rn. 14 f., sodass man schnell Abstand davongenommen hat, die möglichen Täter enumerativ im Tatbestand des § 266 StGB aufzuzählen.

130 Vgl. *Seier*, in: Achenbach/Ransiek/Rönnau, V 2 Rn. 20.

131 BVerfG NJW 2009, 2370, 2371.

wenn es vor Begehung der Tat als strafbar normiert wurde.[132] Das Bestimmtheitsprinzip beruht auf diesem Gesetzlichkeitsprinzip.[133]

Hinter dem Gesetzlichkeitsgrundsatz stehen folgende Überlegungen: Überwiegend wird davon ausgegangen, dass sich das Gesetzlichkeitsprinzip an alle staatlichen Gewalten richtet. Die Exekutive und die Rechtsprechung sollen an das abstrakte Gesetz gebunden werden, sodass willkürliche Entscheidungen vermieden werden[134] und damit allein der Souverän, das Staatsvolk, festlegen kann, welches Verhalten bestraft wird. Dies geschieht mittelbar durch die Gesetzgebung.[135] Gleichzeitig erfolgt hierdurch die demokratische Legitimation eines Gesetzes insbesondere in einem so grundrechtssensiblen und damit besonders wesentlichen Bereich wie dem Strafrecht.[136] Die Bindung der Exekutive und der Rechtsprechung gewährleistet es zudem, dass der Bürger vor möglichen willkürlichen Entscheidungen der beiden Gewalten geschützt wird, sodass das Vertrauen des Bürgers in die Berechenbarkeit und Sicherheit der Rechtsanwendung gestärkt wird.[137] Die staatlichen Entscheidungen werden so voraussehbar und messbar.[138]

Das Gesetzlichkeitsprinzip wendet sich zugleich an den Normadressaten: Dem potentiellen Täter muss es aufgrund eines Blicks ins Gesetz möglich sein, das strafbare Verhalten zu erkennen, sodass er sich danach richten kann. Nur so werden die Rechtstreue und das Vertrauen der Bevölkerung in die Rechtsordnung unter dem Aspekt der positiven Generalprävention gestärkt, wobei die Bevölkerung gleichzeitig im Sinne der negativen Generalprävention davor abgeschreckt wird, die strafbare Handlung durchzuführen. Dies ist aber nur möglich, wenn der Normadressat in der

---

132 *Degenhart*, in: Sachs-GG, Art. 103 Rn. 63; *Köhler*, AT, S. 74; *Roxin*, AT I, § 5 Rn. 2; *Schmidt-Aßmann*, in: Maunz/Düring-GG, Art. 103 Rn. 163.

133 *Dannecker*, in: LK-StGB § 1 Rn. 1; *Fischer*, § 1 Rn. 2; *Kindhäuser*, AT, § 3 Rn. 1; *Rengier*, AT, § 4 Rn. 9; *Roxin*, AT I, § 5 Rn. 11; *Wessels/Beulke/Satzger*, AT, Rn. 64.

134 BVerfGE 64, 389, 394; BVerfG NJW 1984, 225, 225; NJW 1998, 2589, 2590; *Dannecker*, in: LK-StGB, § 1 Rn. 52; *Degenhart*, in: Sachs-GG, Art. 103 Rn. 53; *Frister*, AT, Kapitel 4 Rn. 5; *Grünwald*, ZStW 76 (1964), 1, 14; *Pieroth*, in: Jarass/Pieroth-GG, Art. 103 Rn. 68; *Roxin*, AT I, § 5 Rn. 19; *Rudolphi*, § 1 Rn. 2; *Schulze-Fielitz*, in: Dreier-GG, Art. 103 Abs. 2 Rn. 1.

135 *Dannecker*, in: LK-StGB, § 1 Rn. 55; *Frister*, AT, Kapitel 4 Rn. 6; *Grünwald*, ZStW 76 (1964), 1, 14; *Roxin*, AT I, § 5 Rn. 20; a.A. *Rudolphi*, § 1 Rn. 2.

136 BVerfGE 123, 267, 408; 126, 170, 194.

137 *Dannecker*, in: LK-StGB, § 1 Rn. 52; *Rudolphi*, in: SK-StGB, § 1 Rn. 2.

138 *Degenhart*, in: Sachs-GG, Art. 103 Rn. 54.

Bevölkerung das pönalisierte Verhalten erkennen kann. Ist die gesetzliche Regelung unklar, stößt diese Regelung in der Bevölkerung auf Unverständnis und das Verhalten wird nicht nach diesem Gesetz ausgerichtet. Die bewusstseinsbildende Funktion einer Norm wird so nicht erreicht.[139]

### c) Spannungsverhältnis zwischen Flexibilität und Gesetzlichkeitsprinzip

Das Gesetzlichkeitsprinzip und damit der Bestimmtheitsgrundsatz müssen den oben genannten Erwartungen gerecht werden, sodass eine Norm so bestimmt wie möglich formuliert werden muss. Gleichzeitig darf der Bestimmtheitsgrundsatz nicht so weit gehen, dass die staatliche Gewalt nicht mehr in der Lage ist, auf die unterschiedlichsten Probleme des Alltages einzugehen. Der Bestimmtheitsgrundsatz steht demnach im Spannungsverhältnis von Präzision und Flexibilität.[140] Dabei muss beachtet werden, dass Art. 103 Abs. 2 GG gegenüber dem allgemeinen Bestimmtheitsgebot schärfer ausgestaltet ist.[141] Im Zweifel muss sich daher der Gesetzgeber für ein Mehr an Bestimmtheit gegenüber der Offenheit entscheiden.

In diesem Spannungsverhältnis bewegt sich auch § 266 StGB: Anders als mit allgemeinen Begriffen kann sein Tatbestand nicht formuliert werden, da er sonst nicht auf die unterschiedlichen Lebenssachverhalte Rücksicht nehmen kann.[142] Dies geht naturgemäß zu Lasten der Bestimmtheit. Zu untersuchen ist daher, wie der Tatbestand des § 266 StGB dieses Spannungsverhältnis zwischen Bestimmtheit und Flexibilität bewältigt und ob dies vor dem Bestimmtheitsgrundsatz noch zulässig ist.

## 2. Normative Tatbestandsmerkmale als Kompromiss

Um diese Flexibilität zu erreichen und dabei dem Gesetzlichkeitsprinzip zu genügen, werden in § 266 StGB sog. normative, d.h. wertausfüllende

---

139 BVerfGE 25, 269, 285; 26, 41, 42; 37, 201, 207; *Dannecker*, in: LK-StGB, § 1 Rn. 60; *Roxin*, AT I, § 5 Rn. 22, 23; *Wessels/Beulke/Satzger*, AT, Rn. 64.

140 *Hassemer/Kargl*, in: NK-StGB, § 1 Rn. 19; *Satzger*, in: SSW-StGB, § 1 Rn. 20.

141 BVerfGE 49, 168, 181; 78, 374, 381; 105, 135, 160; *Degenhart*, in: Sachs-GG, Art. 103 Rn. 67; *Kunig*, in: v. Münch-GG, Art. 103 Rn. 27; *Pieroth*, in: Pieroth/Jarass, Art. 103 Rn. 51; *Schultze-Fielitz*, in: Dreier-GG, Art. 103 Abs. 2 Rn. 39.

142 *Beckemper*, ZJS 2011, 88, 91.

Tatbestandsmerkmale gebraucht. Normative Tatbestandsmerkmale sind dabei von deskriptiven Merkmalen abzugrenzen: Normative Tatbestandsmerkmale müssen durch eine Wertung bestimmt werden[143], während deskriptive Merkmale einer sinnlich wahrnehmbaren Beschreibung zugänglich sind, sich daher auf natürliche Eigenschaften von Personen und Objekten beziehen und damit ohne, insbesondere juristische Wertung auskommen können.[144] Teilweise wird sogar davon ausgegangen, dass jedes Tatbestandsmerkmal sich in seiner Auslegung auf ein normatives zurückführen lasse[145], wobei sich die einzelnen Tatbestandsmerkmale meist nicht als rein deskriptiv oder normativ bezeichnen lassen.[146] Sicher als normativ können solche Tatbestandsmerkmale anerkannt werden, die ein juristisches bzw. soziales Normsystem voraussetzen.[147]

Dies ist nun auf den Untreuetatbestand anzuwenden. Wenn man davon ausgeht, dass ein normatives Tatbestandsmerkmal eine Wertung voraussetzt, sind nicht nur die Pflichtwidrigkeit einer Handlung, sondern auch die Tathandlung selbst, die Vermögensbetreuungsflicht und der Vermögensnachteil als normative Tatbestandsmerkmale zu qualifizieren. Keines dieser Tatbestandsmerkmale kann nur durch seine sinnliche Wahrnehmung bestimmt werden. Vielmehr muss bei diesen Tatbestandsmerkmalen eine eigenständige strafrechtliche Bewertung durchgeführt werden, sodass die Berücksichtigung außerstrafrechtlicher Wertungen allein nicht ausreicht.

Beim Tatbestandsmerkmal der Pflichtwidrigkeit wird teilweise sogar davon ausgegangen, dass es ein Blankett ist.[148] Bei einem Blankett wird vollständig auf außerstrafrechtliche Vorschriften ohne eine eigenständige strafrechtliche Bewertung verwiesen. Das Strafgesetz ist in solchem Fall durch weitere Angaben der Exekutive oder der Rechtsprechung konkretisierungsbedürftig.[149] Allerdings erfolgt bei § 266 StGB eine eigenständige strafrechtliche Bewertung dieser Ausfüllung, sodass die außerstrafrechtliche Ausfüllung nur einen Anknüpfungspunkt darstellt, um ein strafrechtli-

---

143 *Roxin*, AT I, § 10 Rn. 58; *Wessels/Beulke/Satzger*, AT, Rn. 192.

144 *Roxin*, AT I, § 10 Rn. 58; *Wessels/Beulke/Satzger*, AT, Rn. 189.

145 *Köhler*, AT, S. 156.

146 *Roxin*, AT I, § 10 Rn. 59.

147 *Engisch*, in: FS-Mezger, S. 147; *Roxin*, AT I, Rn. 60.

148 *Deiters*, ZIS 2006, 152; 159; *Dierlamm*, StraFo 2005, 397, 401; *Lüderssen*, in: FS-Schroeder, S. 569, 569; *Nelles*, S. 505; *Sax*, JZ 1977, 663, 664.

149 BGHSt 6, 30, 40; *Roxin*, AT I, § 5 Rn. 40; *Dannecker*, in: LK-StGB, § 1 Rn. 148; *Tiedemann*, Rn. 238; *Wittig*, § 6 Rn. 16.

ches Maß anzulegen.[150] Dieses Zusammenspiel macht den Tatbestand zwar kompliziert. Hieraus ergibt sich aber, dass § 266 StGB kein Blanketttatbestand ist.[151] Der Gesetzgeber hat vor allem auf normative Tatbestandsmerkmale zurückgegriffen, um den Tatbestand des § 266 StGB zu bestimmen, da bei all seinen Tatbestandsmerkmalen eine eigenständige strafrechtliche Bewertung erfolgt.

Wie weit die Flexibilität des Untreuetatbestandes mit Hilfe von normativen Tatbestandsmerkmalen geht, zeigt sich insbesondere bei der Untreuestrafbarkeit eines *directors* einer englischen *limited.* Im Zuge der *Inspire Art*-Entscheidung des EuGH[152] wurde die Niederlassungsfreiheit von Kapitalgesellschaften gestärkt: Trotz Sitzverlegung ist es weiterhin möglich, die Gesellschaft nach dem Recht ihres Gründungstaates zu betreiben.[153] Damit muss die Gesellschaft beispielsweise nicht die Mindestkapitalausstattung des Landes beachten, in dem sie nun ihren Sitz hat.[154] Dies machte es attraktiv, eine englische *Limited* anstelle einer deutschen GmbH für eine unternehmerische Tätigkeit zu gebrauchen. Die englische *Limited* ist zwar mit einer deutschen GmbH im Hinblick auf ihrer Haftungsbeschränkung vergleichbar. Zur Gründung einer solchen ist dagegen kein gesetzliches Mindestkapital vorgesehen. Darüber hinaus kann das Innenverhältnis freier gestaltet werden und die Gründung der Gesellschaft erfolgt schneller und kostengünstiger.[155]

Problematisch ist nun, wie § 266 StGB hierauf reagiert und wie hier insbesondere das Tatbestandsmerkmal der Pflichtwidrigkeit auszufüllen ist. Dabei wird vertreten, dass die Pflichtwidrigkeit einer Handlung des *directors* einer *limited* sich im Rahmen des § 266 StGB nach ausländischem Gesellschaftsrecht bestimmt, sodass das ausländische Gesellschaftsrecht die Pflichtwidrigkeit und damit auch den Tatbestand des § 266 StGB konkretisiert.[156]

---

150 Vgl. BGH NStZ 2010, 632, 634.

151 *Anders*, S. 126 f.; *Rönnau*, ZStW 119 (2007), 887, 904 f.

152 EuGH, Slg. 2003, I-10.155 = NJW 2003, 3331.

153 EuGH NJW 2003, 3331, 3334.

154 *Forsthoff*, EuZW 2015, 248, 249; ob dies vor dem Austritt Großbritanniens aus der EU durch den sog. „Brexit" am 23.6.2016 gilt, muss die Zukunft zeigen.

155 *Borges*, ZIP 2004, 733, 734; *Kasolowsky/Schall*, in: Hirte/Bücker § 4 Rn. 7 ff.; *Pattberg*, S. 1.

156 Vgl. nur BGH NStZ 2010, 632, 634; *Mankowski/Bock*, ZStW 120 (2008), 704, 709 ff.

Teilweise wird hiergegen eingewendet, dass das ausländische Gesellschaftsrecht nicht durch das deutsche Staatsvolk legitimiert sei und daher eine solche Auslegung nicht mit dem Demokratieprinzip vereinbar sei.[157] Für den Normadressaten sei nicht mehr erkennbar, wann ein Strafbarkeitsrisiko für ihn bestehe.[158] Zumal es auch so aussehe als vermischten die Gerichte deutsches und ausländisches Recht. Das erschwere für einen Täter die Vorhersehbarkeit, auf welches Recht es gerade ankomme. Der Bestimmtheitsgrundsatz stoße hierdurch hier an seine Grenzen.[159]

Hiergegen spricht aber, dass auch eine schuldrechtliche Vereinbarung zwischen dem Vermögensinhaber und dem Vermögensbetreuungspflichtigen geeignet ist, das Tatbestandsmerkmal der Pflichtwidrigkeit auszugestalten. Dieser schuldrechtliche Vertrag ist ebenfalls nicht demokratisch legitimiert. Die Pflichtwidrigkeit an sich ist ein normatives Tatbestandsmerkmal und daher durch ausländisches Gesellschaftsrecht auszufüllen[160], sodass es wie beim Fahrlässigkeitsdelikt auf die normausfüllenden Gegebenheiten ankommt.[161] Am Ende entscheidet das Strafrecht, welches durch den deutschen Gesetzgeber legitimiert ist, über die Strafbarkeit eines Täters.[162] Die bloße Anwendung von ausländischem Gesellschaftsrecht kann auch nicht dazu führen, dass der Schutz des Vermögens beschränkt wird. Wie gerade die Rechtsprechung des EuGH klargestellt hat, darf die Rechtswahl nicht zu einem Nachteil führen. Eine Einschränkung des Anwendungsbereiches des § 266 StGB wäre vor dem Hintergrund des Vermögensschutzes nicht zu rechtfertigen.[163]

## *IV. Präzisierung normativer Tatbestandsmerkmale durch Richterspruch*

Der Gesetzgeber darf trotz Verwendung von normativen Tatbestandsmerkmalen zur Erreichung einer gewissen Flexibilität den Bestimmtheitsgrund-

---

157 *Rönnau*, ZGR 2005, 832, 856; *Altenhain/Wietz*, NZG 2008, 569, 572; *Mosiek*, StV 2008, 94, 98; *Schlösser*, wistra 2006, 81, 88.

158 *Altenhain/Wietz*, NZG 2008, 569, 572.

159 *Altenhain/Wietz*, NZG 2008, 569, 571.

160 So auch *Beckemper*, ZJS 2010, 554, 557; *Perron*, in: Schönke/Schröder, § 266 Rn. 21e; *Ransiek/Hüls*, ZGR 2009, 157, 177; *Radtke*, GmbHR 2008, 729, 735 f.; *Schramm/Hinderer*, ZIS 2010, 494, 498.

161 Ähnlich *Ransiek/Hüls*, ZGR 2009, 157, 177.

162 *Pattberg*, S. 293.

163 Ähnlich *Schramm/Hinderer*, ZIS 2010, 494, 495.

satz nicht aus den Augen verlieren. Dies gilt gerade für § 266 StGB. Das Bundesverfassungsgericht kam zu dem Schluss, dass der Untreuetatbestand sehr weit gefasst sei und damit eine verhältnismäßig unscharfe Strafvorschrift darstelle.[164] Es ist daher zunächst zu untersuchen, ob und wie eine präzisierende Rechtsprechung nach Ansicht des Bundesverfassungsgerichts im Rahmen des § 266 StGB bislang gelungen ist und welche Bereiche des § 266 StGB einer weiteren Präzisierung bedürfen. Dabei fällt auf, dass es nach Ansicht des Bundesverfassungsgerichts keine absolute Bestimmtheit geben kann. Das Maß an Bestimmtheit muss aber zunehmen, je höher die sich aus der jeweiligen Strafnorm ergebene Bestrafung ist. Die Bestimmtheit orientiert sich daher am Verhältnismäßigkeitsgrundsatz.[165]

Durch die bisherige Rechtsprechung des Bundesverfassungsgerichts zur Frage, ob § 266 StGB i.S.d. Art. 103 Abs. 2 GG bestimmt genug ist, wird seine Auslegung beeinflusst. Das Bundesverfassungsgericht stellt hier Maßstäbe für die Rechtsfortbildung in einem Bereich auf, der nicht durch den Gesetzgeber konkretisiert ist. Damit gelten die nachfolgenden Grundsätze auch für eine mögliche hypothetische Einwilligung im Rahmen des § 266 StGB, da nicht damit zu rechnen ist, dass diese durch den Gesetzgeber normiert wird. Dies zeigt gerade die Normierung der hypothetischen Einwilligung in § 630h Abs. 2 BGB[166], da der Gesetzgeber es unterlassen hat, eine entsprechende Regelung im Strafgesetzbuch einzuführen.

### 1. Bewertung der bisherigen Rechtsprechung des BGH zur Untreue durch das Bundesverfassungsgericht am Maßstab der Bestimmtheit

Zunächst stellte das Bundesverfassungsgericht klar, dass § 266 StGB dem Vermögensschutz dient.[167] Folgerichtig verdeutlichte das Bundesverfassungsgericht auch, dass der Vermögensnachteil im Rahmen des § 266 StGB genau zu bestimmen ist.[168] Zudem müssen die Pflichtwidrigkeit einer Handlung und der Vermögensnachteil unabhängig voneinander festgestellt werden, sodass es nicht zu einer „Verschleifung“ von Tathandlung

164 BVerfGE 126, 170, 202.
165 *Schulz*, in: FS-Roxin, S. 305, 309.
166 Gesetz v. 20.2.2013, BGBl. I S. 277.
167 BVerfGE 126, 170, 200.
168 BVerfGE 126, 170, 212.

und Taterfolg kommt.[169] Häufig werde nämlich aufgrund des bestehenden Nachteils auf die Pflichtwidrigkeit der Tathandlung geschlossen.[170] Darüber hinaus legte das Bundesverfassungsgericht dar, dass Normativierungen des Vermögensnachteils nicht dazu führen dürften, dass § 266 StGB den Charakter eines vermögensschützenden Deliktes verliere.[171]

Damit zeigt sich, dass das Bundesverfassungsgericht hinsichtlich einer etwaigen Konkretisierung des § 266 StGB nur beim Tatbestandsmerkmal des Vermögensnachteils deutlich geworden ist und hierzu eigenständige Überlegungen getroffen bzw. feste Vorgaben insbesondere zum Charakter des § 266 StGB gemacht hat. Daraus kann geschlossen werden, dass die bisherige Rechtsprechung des BGH den Bestimmtheitsgrundsatz nicht deutlich genug berücksichtigt hat, sodass das Bundesverfassungsgericht gezwungen war, eine eigenständige Konkretisierung beim Tatbestandsmerkmal des Vermögensnachteils vorzunehmen.

Im Rahmen der Vermögensbetreuungspflicht und der Pflichtwidrigkeit hat das Bundesverfassungsgericht die bisherige Rechtsprechung des BGH als ausreichend anerkannt, die den Tatbestand des § 266 StGB konkretisiert, und die Senats des BGH dazu aufgerufen, diese präzisierende Rechtsprechung fortzuführen.[172] Das Bundesverfassungsgericht knüpft dabei insbesondere an die fallgruppenorientierte Obersatzbildung an, die sich aus der bisherigen Rechtsprechung des BGH zur Vermögensbetreuungspflicht und insbesondere zur Pflichtwidrigkeit ergeben hat.[173] Bei der Billigung der gravierenden Pflichtverletzung zeigt sich auch, dass dem Bundesverfassungsgericht nahezu jede Einschränkung des Tatbestandes recht ist, solange daraus eine Beschränkung der Strafbarkeit aus § 266 StGB folgt.[174] Worauf die Einschränkung basiert, spielt für das Bundesverfassungsgericht folglich keine Rolle. Dies führt aber nicht dazu, dass der Wortlaut des § 266 StGB bestimmter wird, sondern dass ein Mehr an Rechtsprechung beachtet werden muss, um seinen Anwendungsbereich

---

169 BVerfGE 126, 170, 211.

170 *Beukelmann*, in: Volk-Verteidigung, § 18 Rn. 98; *Fischer*, § 266 Rn. 64; *Dierlamm*, StaFo 2005, 397, 398; *Saliger*, in: SSW-StGB, § 266 Rn. 8; *Matt*, NJW 2005, 389, 390; *Rose*, wistra 2005, 281, 285.

171 BVerfGE 126, 170, 212.

172 BVerfGE 126, 170, 209 bzw. 210.

173 BVerfGE 126, 170, 210.

174 Vgl. BVerfGE 126, 170, 211.

konkretisieren und eine Aussage über eine daraus folgende mögliche Strafbarkeit treffen zu können.

Insgesamt lässt sich feststellen, dass das Bundesverfassungsgericht die Problematik der Bestimmtheit bzw. Unterbestimmtheit des § 266 StGB zwar erfasst hat. Den Tatbestand erklärt es dennoch nicht für verfassungswidrig, da das Gericht um die Notwendigkeit einer solchen Strafnorm weiß.[175] Es erkennt, dass der Gesetzgeber bewusst dieses weite Regelungskonzept gewählt hat, um die vielfältigen Probleme, die sich durch eine arbeitsteilige Wirtschaft ergeben, erfassen zu können.[176] Diese grundsätzlichen Ausführungen des Bundesverfassungsgerichts zu Beginn seiner Entscheidung[177] bringen zum Ausdruck, dass es davon ausgeht, dass es dem Gesetzgeber wohl nicht gelingen kann, den Tatbestand des § 266 StGB konkreter zu fassen, ohne gleichzeitig die notwendige Flexibilität aufzugeben. Für das Gericht reicht es daher aus, dass der Gesetzgeber den Tatbestand lediglich bestimmbar formuliert hat.[178] Zudem meint das Gericht, dass eine weitere konkretisierende Rechtsprechung bei § 266 StGB möglich sei[179], was die Voraussetzung für eine konkretisierende Rechtsprechung ist.[180] Deshalb delegiert das Bundesverfassungsgericht die weitergehende Konkretisierung des Tatbestandes auf die Rechtsprechung[181], da es den Gerichten möglich ist, im Einzelfall auf die Komplexität des Lebens zu reagieren, um so eine den Anforderungen des Art. 103 Abs. 2 GG genügende Bestimmtheit herzustellen. Damit erkennt das Bundesverfassungsgericht zugleich an, dass die bisherige konkretisierende Rechtsprechung mit ihren vielen relevanten Entscheidungen notwendig war, um den § 266 StGB bestimmbar zu machen, und dass eine Weiterentwicklung in diesem Bereich unumgänglich ist.

---

175 Vgl. *Beckemper*, ZJS 2011, 88, 92.
176 BVerfGE 126, 170, 202.
177 BVerfGE 126, 170, 202.
178 *Schulz*, in: FS-Roxin, S. 303, 311.
179 BVerfGE 126, 170, 208.
180 *Birkenstock*, S. 113 mit Verweis auf BVerfGE 47, 109, 121 ff.
181 BVerfGE 126, 170, 198.

## 2. Arbeitsteilung von Gesetzgebung und Rechtsprechung im Rahmen des Bestimmtheitsgrundsatzes

Da das Bundesverfassungsgericht die Rechtsprechung beauftragte, die notwendige Konkretisierung des § 266 StGB herzustellen, stellt sich die Frage, wie die Rechtsprechung dies erreichen kann. Denn grundsätzlich soll der Gesetzgeber selbst über die Strafwürdigkeit eines Verhaltens aufgrund des Gesetzlichkeitsprinzips entscheiden und nicht die Rechtsprechung, die über die Einhaltung der jeweiligen Norm wacht. Daher ist nach Ansicht des Bundesverfassungsgerichts die grundsätzliche Wertentscheidung des Gesetzgebers über den Anwendungsbereich eines Gesetzes auch für die darauf aufbauende Rechtsprechung bindend; eine konkretisierende Rechtsprechung kann nur auf dieser grundsätzlichen Entscheidung aufbauen.[182]

Das Gesetzlichkeits- und mithin das Bestimmtheitsprinzip gewährleisten, dass der Gesetzgeber mit dem Gesetz einen Rahmen vorgibt, der durch die Gerichte ausgefüllt wird. Dieser Rahmen darf durch die Rechtsprechung nicht überschritten werden.[183] Würde die Rechtsprechung den Anwendungsbereich der Vorschrift verlassen, was nach der herrschenden Ansicht insbesondere im Strafrecht dann der Fall ist, wenn der Wortlaut der jeweiligen Norm überschritten ist[184], würde eine solche Rechtsprechung eine strafbarkeitsbegründende Analogie darstellen.[185] Eine solche Analogie ist jedoch nach Art. 103 Abs. 2 GG unzulässig.

Bei der Ausfüllung dieses Rahmens kommt der Rechtsprechung die Aufgabe zu, den Anwendungsbereich der jeweiligen Norm zu konkretisieren. Es muss nun untersucht werden, welche Anforderungen an diese konkretisierende Rechtsprechung zu stellen sind.

---

182 BVerfGE 82, 236, 270; 87, 399, 411; 126, 170, 198.

183 *Krey*, S. 114; *Roxin*, AT I, § 5 Rn. 28.

184 BVerfGE 85, 69, 73; 105, 135, 157; *Eser/Hecker*, in: Schönke/Schröder, § 1 Rn. 54; *Fischer*, § 1 Rn. 24; *Kühl*, in: Lackner/Kühl, § 1 Rn. 6; *Satzger*, in: SSW-StGB, § 1 Rn. 29, 36; *Schmitz*, in: Müko-StGB, § 1 Rn. 73; *Roxin*, AT I, § 5 Rn. 28; *Zippelius*, § 12 I a); a.A. *Krey*, S. 146 ff.

185 Vgl. BVerfGE 14, 174, 185; *Roxin*, AT I, § 5 Rn. 28; *Schmidt-Aßmann*, in: Maunz/Düring-GG, Art. 103 Rn. 226.

### a) Methode zur Konkretisierung von normativen Tatbestandsmerkmalen und Überprüfung der konkretisierenden Rechtsprechung durch das Bundesverfassungsgericht

Um die notwendige Bestimmtheit durch die konkretisierende Rechtsprechung zu erreichen, betont das Bundesverfassungsgericht zum einen, dass die Rechtsfortbildung methodengerecht zu erfolgen hat.[186] Zum anderen erhöht es die verfassungsgerichtliche Kontrolle der Fachgerichte hinsichtlich dieser konkretisierenden Auslegung.[187]

#### aa) Notwendigkeit einer juristischen Methode bei der Konkretisierung einer Norm durch Richterspruch

Zwar ergibt sich die Verpflichtung des Richters, das Recht methodengerecht anzuwenden, bereits aus Art. 20 Abs. 3 GG.[188] Doch stellt sich die Frage, warum die Auslegung methodengerecht erfolgen muss und welchen Sinn eine solche Auslegung für das Strafrecht hat.

Des Weiteren muss geklärt werden, ob das Bundesverfassungsgericht deutlich macht, was unter einer methodengerechten Rechtsfortbildung zu verstehen ist und was bei einer solchen Auslegung zu beachten ist.

##### (1) Begründung für eine gesicherte Methode

Zunächst wird durch eine juristische Methode sichergestellt, dass der Normadressat bei vergleichbaren Sachverhalten gleich behandelt wird. Die Justiz ist durch Art. 3 GG hierzu verpflichtet. Allerdings kann eine gerichtliche Auslegung nur dann überprüft werden, wenn die Regeln zur Begründung des Auslegungsergebnisses durch das Gericht offengelegt werden. Nur dann ist ersichtlich, ob die Justiz bei gleichgelagerten Fällen Art. 3 GG in einem ausreichenden Maß Beachtung schenkt.[189] Durch die Offenlegung wird außerdem eine vertiefte wissenschaftliche Diskussion über die gefundenen Auslegungsergebnisse ermöglicht. Auf diese Ergeb-

---

186 BVerfGE 126, 170, 198.
187 BVerfGE 126, 170, 199.
188 *Schmidt-Aßmann*, in: Maunz/Düring-GG, Art. 103 Rn. 187.
189 *Rüthers/Fischer/Birk*, Rn. 650; *Zippelius*, § 12 I b).

nisse kann dann aufgebaut werden oder sie können zumindest geprüft und anschließend kritisiert werden.[190]

Zudem ist eine gesicherte Methode ein Ausdruck von Rechtsstaatlichkeit, da so ermöglicht wird, dass jeder von den jeweiligen staatlichen Stellen aufgrund der gesicherten Auslegung auch gleich behandelt wird.[191]

Deshalb ist eine gesicherte Methode insbesondere in einem so sensiblen Bereich wie dem Strafrecht unerlässlich, um die gerechte Anwendung des Strafrechts garantieren zu können. Der Forderung des Bundesverfassungsgerichts nach einer methodengerechten Auslegung ist daher zuzustimmen.

#### (2) Ausführungen des Bundesverfassungsgerichts zur anzuwendenden Methode

Das Bundesverfassungsgericht betont in seinen Ausführungen hinsichtlich der Methode zur Auslegung eines Gesetzes zunächst, dass es grundsätzlich Aufgabe des Gesetzgebers sei zu entscheiden, wie ein bestimmtes Rechtsgut mit den Mitteln des Strafrechts geschützt werde. Diese Entscheidung haben die Gerichte zu beachten.[192] Auch wenn bei wortlautgenauer Auslegung Fälle erfasst werden, die der Gesetzgeber bei der Schaffung der Norm nicht erfasst sah und nicht bestrafen wollte, führe dies noch nicht zur Verfassungswidrigkeit einer Norm, wenn und soweit eine restriktive und präzisierende Auslegung möglich sei.[193] Die Gerichte müssen durch eine restriktive Auslegung sicherstellen, dass die grundsätzliche Entscheidung des Gesetzgebers weiterhin Bestand hat.[194] Bei zu weit gefassten Tatbeständen und Tatbestandselementen ist es Aufgabe der Gerichte, durch Vermeidung von fernliegenden Interpretationen oder durch ein Normverständnis, welches keine Konturen mehr enthält, bestehende Unsicherheiten über das Verständnis einer Norm nicht zu erhöhen.[195] Die Rechtsprechung ist gerade dann dazu angehalten, Unklarheiten durch Präzisierungen und Konkretisierungen der Norm zu beseitigen, um so eine

---

190 *Rüthers/Fischer/Birk*, Rn. 652.
191 *Rüthers/Fischer/Birk*, Rn. 654.
192 BVerfGE 126, 170, 197.
193 Vgl. BVerfGE 87, 399, 411; 126, 170, 197.
194 BVerfGE 126, 170, 198.
195 Vgl. BVerfGE 71, 108, 121; 87, 209, 224 ff.; 92, 1, 18; 126, 170, 197.

gefestigte Grundlage für die Auslegung und Anwendung einer Norm zu schaffen.[196]

Hier setzt sich die bisherige Differenzierung zwischen der Konkretisierung der Vorgaben des Gesetzgebers innerhalb eines Rahmens und der Überschreitung dieses Rahmens fort: Der Wortlaut einer Norm ist stets zu beachten. Denn die Auslegung einer Norm darf nicht dazu führen, dass Handlungen bestraft werden, die eigentlich nicht von ihrem Tatbestand erfasst werden sollten. In diesem Fall würde die Auslegung die Vorgaben des Gesetzgebers missachten. Was aber genau unter einer „methodengerechten Auslegung" zu verstehen ist, bleibt unklar. Es wird keine „richtige" Methode durch das Bundesverfassungsgericht vorgegeben, die bei der konkretisierenden Rechtsprechung zu befolgen ist. Auch gibt es keine verfassungsgerichtliche Vorgabe, wann ein ausreichendes Maß an Konkretisierung erreicht wurde. Allenfalls das Ziel der methodengerechten Auslegung wird durch das Bundesverfassungsgericht bestimmt: Der Tatbestand des § 266 StGB solle eine Restriktion erfahren.

### (3) Methodengerechte Fortbildung

Unter einer methodengerechten Auslegung wird weithin die Auslegung eines Tatbestandes anhand des Wortlautes, der Systematik, der Vorstellung des historischen Gesetzgebers und die Auslegung nach dem Sinn und Zweck des Gesetzes verstanden[197], wobei der Schwerpunkt auf Letzterem liegt.[198] Nach diesen Vorgaben hat sich die Auslegung zu richten, wenn sie den vom Gesetzgeber vorgegebenen Rahmen ausfüllt.[199] Dabei müssen nicht nur die rechtsstaatlichen Anforderungsgrenzen an eine solche Auslegung abgesteckt, sondern auch das Verhältnis zwischen zivilrechtlicher und strafrechtlicher Auslegung bestimmt werden.

---

196 BVerfGE 126, 170, 199 f.

197 *Schmitz*, in: Müko-StGB, § 1 Rn. 78 ff.; *Roxin*, AT I, § 5 Rn. 41; *Zippelius*, § 8.

198 *Rüthers/Fischer/Birk*, Rn. 725.

199 *Zippelius*, § 13 III.

(a) Überschreitung der Vorgaben des Gesetzgebers: Grenze zwischen Gesetzeskonkretisierung und unzulässiger Analogie

Es gilt zu beachten, wann die Grenzen des vorgegebenen Rahmens überschritten sind und damit eine strafbarkeitsbegründende Analogie vorliegt, welche aufgrund des Gesetzlichkeitsprinzips unzulässig ist.[200]

Zunächst spielt der Wortlaut als äußerste Grenze der Auslegung eine Rolle, die nicht überschritten werden darf, da der Gesetzgeber hiermit bereits einen entsprechenden Rahmen vorgegeben hat.[201] Soweit das Gesetz Vorgaben macht, ist der Richter an diese gebunden, was insbesondere der Gewaltenteilungs- und Demokratiegrundsatz verlangen.[202]

Aber selbst wenn der Richter bei der Auslegung des Gesetzes den Wortlaut der jeweiligen Vorschrift beachtet hat, ist er nicht frei bei der Ermittlung des Zwecks einer gesetzlichen Regelung. Vielmehr ist der Richter nach Art. 20 Abs. 3 GG an „Recht und Gesetz gebunden" bzw. nach Art. 97 Abs. 1 GG dem Gesetz „unterworfen". Daher muss der Richter zuerst versuchen, den Willen des historischen Gesetzgebers zu ermitteln, um den Sinn und Zweck eines Gesetzes herausfinden zu können. Dies wird gemeinhin als „subjektive Auslegungstheorie" bezeichnet.[203] Die Auslegung nach dem subjektiven Willen des Gesetzgebers stellt ebenfalls sicher, dass die Auslegung die jeweiligen Wertungen, die den demokratisch legitimiert Gesetzgeber berufen haben, das Gesetz zu verabschieden, beachtet werden.[204]

Den Sinn und Zweck eines Gesetzes herauszufinden wird immer dann schwierig, wenn der historische Gesetzgeber in seinem verkörperten Willen nicht die Gegebenheit der Gegenwart berücksichtigt hat, was insbesondere bei alten Gesetzen der Fall ist. Dem historischen Gesetzgeber ist es schlicht unmöglich, zukünftige Entwicklungen mit letzter Sicherheit zu berücksichtigen. Dies gilt insbesondere für die Untreue, da dieser Tatbestand in seiner jetzigen Form bereits seit 1933 im Strafgesetzbuch vorhanden ist.[205] Die tatsächliche Entwicklung hat inzwischen viele Ansichten, die den historischen Gesetzgeber zum Erlass des Gesetzes bewegt haben,

200 Vgl. B. I.
201 B. IV. 2.
202 BVerfGE 85, 69, 73; 105, 135, 157; *Zippelius*, § 13 III.
203 Nachweise bei *Engisch*, S. 160; *Rüthers/Fischer/Birk*, Rn. 796.
204 vgl. *Engisch*, S. 160; *Rüthers/Fischer/Birk*, Rn. 796.
205 *Seier*, in: Achenbach/Ransiek/Rönnau, V 2 Rn. 14.

überholt. Nach der objektiv-teleologischen Auslegungstheorie sind bei der Ermittlung des Sinns und Zwecks eines Gesetzes auch die objektiven Zwecke des Rechts, die der Gesetzgeber bei der Verwirklichung des Rechts gesucht hat, wie eine gerechte Streitentscheidung oder eine gewisse „Ausgewogenheit“, zu beachten.[206] Neben diesen allgemeinen „rechtsethischen Prinzipien“ muss der historische Gesetzgeber auch zukünftige Strukturen und Veränderungen bedenken, die er vernünftigerweise im Zeitpunkt des Gesetzeserlasses berücksichtigen würde, wenn er hierzu in der Lage wäre.[207] Die objektive Theorie versucht daher, auch solche Gegebenheiten, die der historische Gesetzgeber nicht berücksichtigen konnte, in der Auslegung zu beachten. Allerdings beinhaltet diese Theorie auch einige Gefahren: Die objektive Theorie und deren Auslegung führen nicht dazu, dass die gefundenen Ergebnisse eine endgültige Richtigkeit haben.[208] Zudem besteht die Gefahr, dass diese Art der Auslegung es dem Rechtsanwender ermöglicht, seine gewollte Auslegung zu implizieren, ohne dabei Rücksicht auf die Intention des demokratisch legitimierten Gesetzgebers zu nehmen, da Begriffe wie „rechtsethische Prinzipien“ offen für abweichende Ansichten sind.[209]

Unabhängig von der Frage, wie die Auslegung anhand des Sinn und Zwecks zu erfolgen hat, darf eine solche Auslegung nicht dazu führen, dass diese zu Lasten des Täters erfolgt. Die Auslegung wird dadurch begrenzt, dass allein der demokratisch legitimierte Gesetzgeber nach Art. 103 Abs. 2 GG ein strafbares Verhalten durch eine Norm bestimmen darf, sodass seine gesetzliche Wertentscheidung zu berücksichtigen ist.[210]

Soweit diese Grenzen eingehalten werden, kann die Auslegung im Strafrecht frei durchgeführt werden, solange diese methodengerecht erfolgt. Es ist nämlich gerade die Aufgabe einer solchen Auslegung, das intendierte Regelungskonzept des Gesetzgebers zur Wirkung zu verhelfen, auch wenn sich die umgebenden Bedingungen einer Norm verändert haben. Dabei darf die Auslegung nicht die wesentlichen Ziele der Normen verfehlen oder gar ein eigenes Regelungskonzept anstelle des gesetzgebe-

---

206 *K. Larenz*, S. 333 f.; *K. Larenz / C. Canaris*, S. 153 ff.
207 *K. Larenz*, S. 333.
208 *Rüthers/Fischer/Birk*, Rn. 806 f.
209 *Rüthers/Fischer/Birk*, Rn. 810 f.
210 *Roxin*, AT I, § 5 Rn. 31.

rischen implementiert werden.[211] Der Richter ist nämlich gerade nicht frei in der Wahl der Auslegungsmethode[212], da er aufgrund des Gewaltenteilungsgrundsatzes an das bestehende Recht gebunden ist und daher das Recht nur methodengerecht fortbilden darf.[213] Dies hat das das Bundesverfassungsgericht ebenfalls gesehen. Es hat festgehalten, dass die Gerichte in solchen Fällen, in denen eine unterbestimmte Norm vorliegt, zu einer restriktiven Auslegung aufgerufen sind, um nicht zu bestrafen, was der Gesetzgeber nach seinem Regelungskonzept nicht bestrafen wollte.[214]

(b) Inhaltliche Anforderungen an eine konkretisierende Rechtsprechung

Darüber hinaus muss beachtet werden, dass es grundsätzlich die originäre Aufgabe des Gesetzgebers ist, ein Gesetz zu schaffen, das dem Bestimmtheitsgrundsatz genügt. Daher stellt sich die Frage, ob Vorgaben an die konkretisierende Rechtsprechung in Bezug auf den Bestimmtheitsgrundsatz zu machen sind. Wenn es zulässig ist, die Gesetzeskonkretisierung auf die Rechtsprechung zu verlagern, müssen grundsätzlich dieselben Vorgaben gelten wie bei der Schaffung eines Gesetzes durch den Gesetzgeber.[215] Dies wird durch Art. 1 Abs. 3 GG hinsichtlich der Beachtung von Grundrechten und durch Art. 20 Abs. 3 GG hinsichtlich der gesamten verfassungsmäßigen Ordnung garantiert.

Ob dies für das Rückwirkungsverbot gilt, ist nicht eindeutig. Durch das Rückwirkungsverbot ist der Gesetzgeber daran gehindert, gesetzliche Reglungen auf eine Tat anzuwenden, die bereits vor dem Erlass des Gesetzes begangen worden ist.[216] Das Gesetz wäre sonst in seiner verhaltenslenkenden Funktion sinnlos, da der Bürger sein Verhalten bei einer rückwirkenden Anwendung nicht entsprechend ausrichten kann. Zudem hätte der Bürger bei einer solchen Möglichkeit keine Rechtssicherheit, da er jeder-

211 BVerfGE 92, 1, 20; Sondervotum *Voßkuhle, Osterloh, di Fabio*, BVerfGE 122, 248, 283.

212 So aber *Hassemer*, Rechtstheorie 39 (2008), 1, 12.

213 *Rüthers/Fischer/Birk*, Rn. 706.

214 BVerfGE 126, 170, 197 f.

215 Sondervotum *Voßkuhle, Osterloh, di Fabio*, BVerfGE 122, 248, 286.

216 *Dannecker*, in: LK-StGB, § 1 Rn. 360; *Fischer*, § 1 Rn. 27; *Hassemer/Kargl*, in: NK-StGB, § 1 Rn. 42; *Roxin*, AT I, § 5 Rn. 51; *Schmidz*, in: Müko-StGB, § 1 Rn. 32.

zeit mit einer nachträglichen Bestrafung rechnen müsste.[217] Es wird allerdings von der überwiegenden Meinung abgelehnt, rückwirkende Rechtsprechungsänderungen unter das Rückwirkungsverbot des Art. 103 Abs. 2 GG zu stellen.[218] Denn eine Änderung der höchstrichterlichen Rechtsprechung sei keine rückwirkende Bestrafung, sondern lediglich die Verwirklichung des gesetzgeberischen Willens, der erst jetzt erkannt worden sei.[219] Auch sei eine Rechtsprechungsänderung nicht so schwerwiegend wie eine gesetzliche Änderung.[220] Außerdem verhindere eine feststehende Rechtsprechung die Fortentwicklung des Rechts bzw. mache diese immobiler[221] und hebe die Trennung von Rechtsprechung und Gesetzgebung auf.[222]

Selbst wenn das Rückwirkungsverbot aus Art. 103 Abs. 2 GG nach herrschender Ansicht keine Anwendung bei einer Rechtsprechungsänderung findet, besteht zumindest aufgrund von Art. 3 GG eine gewisse Verlässlichkeit in der Rechtsprechung.[223] Ein Verstoß gegen Art. 3 GG wäre gegeben, wenn ein mangelhaftes Differenzierungskriterium bei unterschiedlichen Urteilen vorliegen würde.[224] Dies gilt insbesondere bei der Auslegung und bei der Lückenfüllung eines Gesetzes.[225] Eine Verletzung von Art. 3 GG liegt bei Urteilen dann vor, wenn die Rechtsanwendung unvertretbar ist und willkürliche Erwägungen die Entscheidung beeinflusst haben.[226]

---

217 *Dannecker*, in: LK-StGB, § 1 Rn. 360; *Eser/Hecker*, in: Schönke/Schröder, § 2 Rn. 1 f.; *Hassemer/Kargl*, in: NK-StGB, § 1 Rn. 46; *Jescheck/Weigend*, AT, § 15 IV 1; *Pieroth*, in: Jarass/Pieroth-GG, Art. 103 Rn. 72.

218 BVerfGE 18, 224, 240; 32, 311, 319; BGHSt, 41, 101, 111; 48, 197, 205 f.; *Dannecker*, in: LK-StGB, § 1 Rn. 444; *Eser*, in: Schönke/Schröder, § 2 Rn. 7; *Fischer*, § 1 Rn. 31; Jakobs, AT 4/80 ff; *Jescheck/Weigend*, AT, § 15 IV 3 Fn. 46; *Kunig*, in: v. Münch-GG, Art. 103, Rn. 32a; *Roxin*, AT I, § 5 Rn. 61; *Satzger*, in: SSW-StGB, § 1 Rn. 58.

219 *Roxin*, AT I, § 5 Rn. 61.

220 *Roxin*, AT I, § 5 Rn. 61.

221 *Jakobs*, AT, 4/81; *Roxin*, AT I, § 6 Rn. 61.

222 *Eser*, in: Schönke/Schröder, § 2 Rn. 7.

223 *Becker*, HRRS 2010, 383, 387; *Brocker*, NJW 2012, 2996, 2997; *Voßkuhle*, in: v. Mangoldt/Klein/Starck-GG, Art. 93 Rn. 55; a.A. *Hillgruber*, in: Maunz/Düring-GG, Art. 97 Rn. 48.

224 *Becker*, HRRS 2010, 383, 387; *Voßkuhle*, in: v. Mangoldt/Klein/Starck-GG, Art. 93 Rn. 55.

225 BVerfGE 84, 197, 199; 101, 239, 269; *Jarass*, in: Pieroth/Jarass-GG, Art. 3 Rn. 37.

226 BVerfGE 86, 59, 63; 83, 82, 84; *Jarass*, in: Pieroth/Jarass-GG, Art. 3 Rn. 37.

Dieser durch Art. 3 GG begründete Vertrauensschutz darf jedoch nicht dazu führen, dass die Einzelfallgerechtigkeit geopfert wird und die Rechtsprechung nicht auf die jeweiligen Besonderheiten reagieren kann, also ein Stück an Flexibilität für den Einzelfall verloren geht.[227]

Wenn die Rechtsprechung aber zur Konkretisierung aufgerufen ist, erhöhen sich die Anforderungen in den Fällen, in denen die Rechtsprechung von einer bisher gefestigten Rechtsprechung abweichen will[228], um den Anforderungen an Art. 3 GG gerecht zu werden. Doch wenn sich der Bürger nicht mehr auf den Gesetzeswortlaut verlassen kann, muss er zumindest davon ausgehen können, dass die Rechtsprechung gleichgelagerte Fälle auch gleich behandelt. Eine sich ändernde Rechtsprechung muss daher voraussehbar sein und gleichmäßig erfolgen.[229]

#### (c) Abhängigkeit der strafrechtlichen Auslegung vom Zivilrecht

Darüber hinaus muss das Verhältnis zwischen der zivil- und strafrechtlichen Auslegung durch die jeweils zuständige Rechtsprechung bestimmt werden. Teilweise wird gefordert, dass es, wenn das Zivilrecht mehrere vertretbare Lösungen kennt, zu keiner strafrechtlichen Verurteilung kommen darf, sofern sich die handelnde Person für eine vertretbare Handlung entschieden hat. Das Strafrecht sei, so die Vertreter dieser Ansicht, insoweit an die zivilrechtliche Vertretbarkeit gebunden.[230] Dies ergebe sich aus der Akzessorietät des Strafrechts: Die Rechtsgüter werden zunächst durch das Zivilrecht definiert. Damit stelle das Zivilrecht die Regeln für den Umgang mit den Rechtsgütern auf, während das Strafrecht lediglich eine Sekundärmaterie darstelle, wenn es zum Schutz der Rechtsgüter erforderlich sei.[231]

Zwar hängt die strafrechtliche Auslegung vom Zivilrecht ab. Allerdings ist der Richter nur an Recht und Gesetz gem. Art. 20 Abs. 3, Art. 97 GG gebunden und nicht an eine bestimmte Auslegung.[232] Dem Richter steht

---

227 *Dannecker*, in: LK-StGB, § 1 Rn. 445; *Hassemer/Kargl*, in: NK-StGB, § 1 Rn. 50.
228 Ähnlich auch *Möllers*, JZ 2009, 668, 672.
229 *Schulz*, in: FS-Roxin, S. 305, 313.
230 *Dierlamm*, StraFo 2005, 397, 400.
231 *Dierlamm*, StraFo 2005, 397, 396.
232 *Rönnau*, ZStW 119 (2007), 887, 915.

mithin eine eigene Auslegungskompetenz zu, die unabhängig von der Auslegung eines anderen Richters ist. Im Zweifel müsste der Strafrichter ein Gutachten über die offene Frage erstellen lassen, was aber in seinem Ermessen liegt.[233]

Anders ist es lediglich dann, wenn die zivilrechtliche Ansicht auf einer methodengerechten Auslegung fußt. Diese Auslegung kann dann ein Strafrichter auch nicht damit ausräumen, dass er über eine eigenständige Auslegungskompetenz verfügt. Er kann höchstens durch eine eigene methodengerechte Auslegung zu einem anderen Ergebnis kommen. Dafür muss aber eine Orientierung an der bisherigen zivilrechtlichen Rechtsprechung erfolgen[234] und deren Gründe müssen nachvollzogen werden.

Auch um das gerichtliche Verfahren zu beschleunigen, ist es notwendig, dem Strafrichter eine alleinige Auslegungskompetenz zuzusprechen, da das Einholen einer anderen gerichtlichen Entscheidung das Verfahren unabsehbar verzögern könnte.[235] Zwar hat der Gesetzgeber im Rahmen der Grundrechte nach Art. 100 GG eine Vorlagepflicht eingeführt, wenn die Besorgnis besteht, dass die gesetzliche Regelung gegen Grundrechte oder grundrechtsgleiche Rechte verstößt. Wenn diese Besorgnis jedoch nicht besteht, ist der Richter zur Entscheidung aufgerufen. Zudem gibt es keine *in dubio pro reo*-Lösung bei Auslegungsregeln.[236] Der Strafrichter muss daher eigenständig über zivilrechtliche bzw. außerstrafrechtliche Vorfragen entscheiden.

#### bb) Verfassungsgerichtliche Kontrolle der Fachgerichte im Rahmen der präzisierenden Rechtsprechung

In seinen Entscheidungen zur Untreue befasst sich das Bundesverfassungsgericht eingehend mit der verfassungsgerichtlichen Kontrolle der konkretisierenden Rechtsprechung: Das Gericht sei nicht auf eine Vertretbarkeitskontrolle beschränkt, wenn es prüfe, ob die Strafgerichte den Vorgaben hinsichtlich Art. 103 Abs. 2 GG nachgekommen seien. Dieser strenge Gesetzesvorbehalt aus Art. 103 Abs. 2 GG erhöhe die verfassungsge-

---

233 *Rönnau*, ZStW 119 (2007), 887, 913; vgl. hierzu auch *Hellmann*, S. 59 in Bezug auf das Steuerstrafverfahren.

234 I. E. auch *Rönnau*, ZStW 119 (2007), 887, 914.

235 *Rönnau*, ZStW 119 (2007), 887, 914.

236 *Rönnau*, ZStW 119 (2007), 887, 915.

richtliche Kontrolldichte.[237] Sowohl die Überschreitung der Grenzen des Strafgesetzes als auch die Konturierung und Präzisierung ihres Inhaltes betreffen die Strafbarkeit eines Verhaltens und damit die Abgrenzung zwischen Rechtsprechung und Gesetzgebung. Über die Abgrenzung der beiden Gewalten zu entscheiden, sei gerade eine Aufgabe des Bundesverfassungsgerichts.[238]

Stützen die Gerichte ihre Auslegung und Anwendung eines Strafgesetzes auf ein gefestigtes Verständnis eines Tatbestandsmerkmals oder einer Norm, prüfe das Bundesverfassungsgericht das Bestehen eines solchen Verständnisses. Wenn die Strafbarkeit einer weitgefassten Norm durch fallgruppenorientierte Obersatzbildung eingegrenzt werde, prüfe das Bundesverfassungsgericht dieses ebenso. Im Einzelnen prüfe das Bundesverfassungsgericht, ob die Gerichte bei den bislang gebildeten Obersätzen geblieben seien, ob in deren Rahmen eine folgerichtige Weiterentwicklung vorgenommen worden sei und ob die Obersätze im jeweiligen Fall auch entsprechend folgerichtig angewendet worden seien.[239] Eine inhaltliche Kontrolle der konkretisierenden Obersätze erfolge allerdings nur dahingehend, ob die höchstrichterlichen Obersätze evident ungeeignet seien, den Anwendungsbereich von § 266 StGB weiter zu konturieren.[240]

Vor dem Hintergrund, dass das Bundesverfassungsgericht der Rechtsprechung eine Funktion übertragen hat, die eigentlich Aufgabe des Gesetzgebers ist, nämlich die notwendige Bestimmtheit eines Gesetzes sicherzustellen, erscheint es zunächst richtig, dass das Gericht die Kontrolldichte erhöht und das Bestimmtheitsgebot des Art. 103 Abs. 2 GG auch auf die Rechtsprechung und auf den Konkretisierungsversuch anwendet.[241]

Allerdings hält sich das Gericht bei der inhaltlichen Kontrolle zurück. Dies bestätigt noch einmal die Sicht, dass es dem Gericht nicht darauf ankommt, wie die Konkretisierung des Untreuetatbestandes erfolgt. Das „ob" der Kontrolle ist vollständig den Gerichten überlassen, solange die Auslegung inhaltlich nicht evident ungeeignet ist, um den Tatbestand weiter zu präzisieren. Evident ungeeignet dürfte eine Restriktion nach Ansicht

237 BVerfGE 126, 170, 199.
238 BVerfGE 126, 170, 199.
239 BVerfGE 126, 170, 201.
240 BVerfGE 126, 170, 202.
241 *Becker*, HRRS 2010, 383, 386; *Krüger*, NStZ 2011, 369, 372; *Roxin*, AT I, § 5 Rn. 79.

des Bundesverfassungsgerichts wohl nur dann sein, wenn sie keine strafbarkeitsbegrenzende Funktion hat. Denn es kommt dem Bundesverfassungsgericht insbesondere auf diese Funktion der Restriktion des § 266 StGB an.[242]

Daneben stellt die kompetenzrechtliche Abgrenzung zwischen erster und dritter Gewalt eine Verfassungsfrage dar. Die Rechtsprechung hat nämlich die grundsätzliche Regelungsentscheidung des Gesetzgebers hinsichtlich der jeweiligen Norm zu akzeptieren, ohne dass es auf die Zweckmäßigkeit oder Sachgerechtigkeit des Modells ankommt, das mit der jeweiligen Norm angestrebt wird.[243] Die gerichtliche Kontrolle muss daher auch bei inhaltlichen Fragen über eine bloße Evidenzkontrolle hinausgehen. Es reicht nicht aus, dass das Gericht lediglich prüft, ob die bisherigen Fallgruppen entsprechend richtig angewendet wurden. Das Bundesverfassungsgericht muss auch eine inhaltliche Prüfung übernehmen, ob die gesetzgeberische Grundentscheidung und eine anerkannte Methode bei der Fortentwicklung des Rechts beachtet wurden.[244] Auch beim Untreuetatbestand erfolgt eine im Hinblick auf Art. 103 Abs. 2 GG notwendige Gesetzeskonkretisierung durch das Gericht, was eigentlich Aufgabe des Gesetzgebers gewesen wäre. Daher muss hier ebenfalls eine vertiefte Kontrolle durch das Bundesverfassungsgericht erfolgen.

Da es hier um eine Verfassungsfrage geht, besteht außerdem nicht die Gefahr, dass das Bundesverfassungsgericht zu einer „Superrevisionsinstanz" verkommt. Diese Gefahr wird durchaus gesehen, wenn das Bundesverfassungsgericht eine inhaltliche Überprüfung von Rechtsfragen übernimmt und sich nicht auf die Frage beschränkt, ob eine bloße Wortlautüberschreitung i.S.d. Art. 103 Abs. 2 GG vorliegt.[245] Das Bundesverfassungsgericht bleibt allerdings darauf beschränkt, die Verletzung von Grundrechten oder grundrechtsgleichem Recht zu überprüfen, sodass der verfassungsgerichtlichen Kontrolldichte hier Grenzen gesetzt sind. Dies betrifft vor allem die Sach- und Zweckmäßigkeit der Rechtsfortbildung, da es allein um die kompetenzrechtliche Abgrenzung zwischen Gesetzgebung und Rechtsprechung geht. Der jeweilige Beschwerdeführer müsste daher noch immer geltend machen, dass ihn die kompetenzrechtliche Abgrenzung in Form einer inhaltlich unvertretbaren bzw. nicht methodenge-

242 Vgl. BVerfGE 126, 170, 212.
243 Abweichende Meinung *Voßkuhle, Osterloh, di Fabio*, BVerfGE 122, 248, 285.
244 Abweichende Meinung *Voßkuhle, Osterloh, di Fabio*, BVerfGE 122, 248, 286.
245 *Becker*, HRRS 2010, 383, 387; *Beulke*, in: FS-Maiwald, S. 21, 25 f.

rechten Rechtsfortbildung in seinen Grundrechten bzw. grundrechtsgleichen Rechten verletzt hat.

Wenn dies von den Gerichten und auch vom Bundesverfassungsgericht beachtet wird, kann die Widersprüchlichkeit und Willkürlichkeit einer konkretisierenden Rechtsprechung zumindest gemindert werden.[246] Die methodengerechte Fortbildung muss von den Gerichten beachtet werden, da dies vom Bundesverfassungsgericht überprüft werden kann. Dies übt einen entsprechenden Druck auf die Fachgerichte aus. Immerhin ruft bereits das Verfassungsgericht dazu auf, dass die Rechtsprechung durch eine klare Linie für Rechtssicherheit sorgen soll.[247]

#### b) Ergebnis: Notwendigkeit weiterer Restriktionen gerade auch im Bereich des Einverständnisses

Der weite Anwendungsbereich des Untreuetatbestandes wurde durch eine fallgruppenspezifische Auslegung und anderen Restriktionen eingeschränkt.[248] Die bisherigen Konkretisierungsansätze sind zudem durch das Bundesverfassungsgericht bestätigt worden. Das Bundesverfassungsgericht erkennt, dass der Untreuetatbestand zwingend auf normative und damit unterbestimmte Tatbestandselemente angewiesen ist, um genügend Flexibilität für neuartige Entwicklungen, die einer Überprüfung anhand des § 266 StGB bedürfen, aufzuweisen. Hierzu erhöht das Bundesverfassungsgericht zwar die Kontrollmöglichkeiten über die fachgerichtliche Rechtsprechung, aber es beschränkt sich unverständlicherweise auf eine Evidenzprüfung. Dies ist inkonsequent, wenn die Konkretisierung einer Norm von der Gesetzgebung auf die Rechtsprechung verlagert wird.

In diesem Zusammenhang fällt auf, dass sich die bisherige Diskussion um eine entsprechende Restriktion des Untreuetatbestandes hauptsächlich mit einer Konkretisierung der Vermögensbetreuungspflicht, der Pflichtwidrigkeit und des Vermögensnachteils beschränkt.[249] Hinsichtlich des Einverständnisses und dessen Restriktionen wurde noch keine breite Diskussion geführt. Der Auftrag des Bundesverfassungsgerichts, den Un-

---

246 *Rüthers/Fischer/Birk*, Rn. 240.

247 *Beckemper*, ZJS 2011, 88, 90.

248 Beispielsweise durch die gravierende Pflichtverletzung, vgl. B: II. 2. b).

249 *Wessing/Krawczyk*, NZG 2011, 1297, 1297; vgl. auch hierzu *Beukelmann*, in: Volk-Verteidigung, § 18 Rn. 43.

treuetatbestand weiter zu konkretisieren, besteht grundsätzlich für alle seine Bereiche.[250] Deshalb besteht auch im Rahmen des Einverständnisses die Notwendigkeit, den Anwendungsbereich im Interesse des Normadressaten weiter zu bestimmen und damit die Strafbarkeit aus § 266 StGB vorhersehbarer zu machen. Dies legitimiert diese Arbeit, indem versucht wird, die Frage zu klären, ob die hypothetische Einwilligung auch auf die Untreue übertragbar ist. Die Frage nach der Restriktion des Untreuetatbestandes bildet daher den Ausgangspunkt dieser Untersuchung.

250 Vgl. hierzu BVerfGE 126, 170, 210 zum Auftrag, den Untreuetatbestand weiter zu konkretisieren.

## C. Die hypothetische Einwilligung

Um die Frage zu klären, ob die hypothetische Einwilligung als eine weitere Restriktion des Untreuetatbestandes in Betracht kommt, müssen zunächst ihre Grundlagen erläutert und dargestellt werden. Bevor dies geschehen kann, soll die Einwilligung an sich in ihren Grundzügen erläutert werden, um anschließend auf ihre Surrogate (mutmaßliche und hypothetische Einwilligung) eingehen zu können.

### *I. Grundzüge der Einwilligung*

Nach überwiegender Ansicht schließt die Einwilligung die Rechtswidrigkeit einer Tat aus.[251] Sie wirkt also nicht auf der Ebene des Tatbestandes[252], sondern stellt einen Rechtfertigungsgrund dar. Allerdings geht die herrschende Ansicht davon aus, dass eine Zustimmung des Rechtsgutsinhabers bei einigen Delikten bereits auf Ebene des Tatbestands in Form eines Einverständnisses zu berücksichtigen ist.[253]

Trotz des Fehlens einer gesetzlichen Grundlage wird die Einwilligung gewohnheitsrechtlich anerkannt, auch wenn das Gesetz nur in § 228 StGB die Einwilligung bei Körperverletzungsdelikten vorsieht.[254] Als Quelle der Einwilligung kann daneben auf Art. 1 Abs. 1, 2 Abs. 1 GG verwiesen werden, da es zum Selbstbestimmungsrecht eines jeden Menschen gehören muss, über seine Rechtsgüter grundsätzlich frei verfügen zu können.[255]

---

251 BGHSt 16, 309, 310; 49, 34, 40; 49, 166, 169; *Fischer*, Vor § 32 Rn. 3b; *Kühl*, AT, § 9 Rn. 22; *Rosenau*, in: SSW-StGB, Vor §§ 32 ff. Rn. 34; *Jescheck/Weigend*, AT, § 34 I 3; *Lenckner/Sternberg-Lieben*, in: Schönke/Schröder, Vor §§ 32 ff. Rn. 33; *Wessels/Beulke/Satzger*, AT, Rn. 550.

252 *Roxin*, AT I, § 13 Rn. 12 ff; *Rönnau*, in: LK-StGB, Vor §§ 32 ff. Rn. 156; *Rudolphi*, ZStW 86 (1974), 68, 87.

253 Vgl. unten unter D. I. 1. insbesondere zum Einverständnis bei der Untreue und der Frage, ob dies auf Ebene des Tatbestandes oder erst bei der Rechtswidrigkeit zu berücksichtigen ist.

254 *Kühl*, AT, § 9 Rn. 20.

255 *Köhler*, AT, S. 247; *Kühl*, AT, § 9 Rn. 20.

Mit der Einwilligung ist daher überwiegend ein willentlicher Verzicht des Rechtsgutsinhabers auf Rechtsschutz für seine Rechtsgüter gemeint.[256]

Durch die Einwilligung repräsentiert der handelnde Täter den Rechtsgutsinhaber im Umgang mit dessen Rechtsgütern. Dies geschieht aufgrund der Selbstbestimmung des Rechtsgutsinhabers. Durch die Befolgung der Einwilligung wird ein abstraktes Gebot, die Rechtsgüter des anderen nicht zu verletzen, durch ein konkretes Gebot ersetzt, welches dem Willen des Rechtsgutsinhabers entspricht.[257] Daher leiten sich die inhaltlichen Voraussetzungen der Einwilligung aus dem Grundsatz der Selbstbestimmung ab, sodass die Einwilligung Ausdruck des Selbstbestimmungsrechtes des Rechtsgutsinhabers sein muss. Die Voraussetzungen der Einwilligung stellen dabei sicher, dass das Selbstbestimmungsrecht des Rechtsgutsinhabers tatsächlich zur Geltung kommt.[258] Die Einwilligung wird erst aufgrund ihrer besonderen Funktion, das Selbstbestimmungsrecht des Rechtsgutsinhabers zu verkörpern[259], zum Rechtfertigungsgrund.[260]

In diesem Zusammenhang muss die Aufklärung des Rechtsgutsinhabers betont werden: Die Eingriffsbefugnis begründet sich durch die autonome Reflexion des Rechtsgutsinhabers im Hinblick auf seine eigene Situation. Der Rechtsgutsinhaber muss zunächst einen entsprechenden Willen gebildet haben, der dann durch die Handlung des Täters repräsentiert wird.[261] Es besteht daher die Notwendigkeit, dass der Rechtsgutsinhaber zuvor über seine Situation und den bevorstehenden Eingriff des Täters reflektiert hat, um sich bewusst zu werden, ob dieser Eingriff seinem tatsächlichen Willen entspricht. Der Täter kann den Willen des Rechtgutsinhabers bei der Tat nicht repräsentieren, wenn dieser Wille noch nicht gebildet wurde.

---

256 BGHSt 17, 359, 360; *Amelung*, S. 29; *Geerds*, GA 1954, 262, 263; *Kühl*, in: Lackner/Kühl, Vor §§ 32 ff. Rn. 10; *Wessels/Beulke/Satzger*, AT, Rn. 551; *Tag*, ZStW 127 (2015), 523, 525..

257 *Köhler*, AT, S. 243.

258 *Köhler*, AT, S. 244.

259 *Wessels/Beulke/Satzger*, AT, Rn. 551.

260 *Köhler*, AT, S. 243.

261 *Köhler*, AT, S. 246.

## *II. Die Surrogate der Einwilligung und ihre Abgrenzung*

Anstelle der Einwilligung können zwei Surrogate treten: die mutmaßliche und die hypothetische Einwilligung.[262] Beide Surrogate sind zunächst von der Einwilligung abzugrenzen, bevor auf die hypothetische Einwilligung und deren Unterschiede bzw. Gemeinsamkeiten zur mutmaßlichen Einwilligung eingegangen werden kann.

### 1. Grundsätzliches zur mutmaßlichen Einwilligung

Man spricht von der mutmaßlichen Einwilligung, wenn eine rechtfertigende Einwilligung nicht oder nicht rechtzeitig eingeholt werden kann. In diesem Fall wird auf den wahrscheinlichen, daher mutmaßlichen Willen des Rechtsgutsinhabers abgestellt.[263] Durch eine mutmaßliche Einwilligung entfällt die Rechtswidrigkeit der tatbestandlichen Handlung, sodass ein eigenständiger Rechtfertigungsgrund vorliegt.[264]

Allerdings stellt die mutmaßliche Einwilligung eine normative Konstruktion dar, da man nicht wie bei der Einwilligung auf den geäußerten und damit tatsächlichen Willen des Einwilligenden abstellen kann, sondern diesen Willen vermuten muss. Dieser vermutete Wille braucht dann im Zweifel, da er sich lediglich aus den gegebenen objektiven Umständen ergeben kann, nicht einmal beim Rechtsgutsinhaber selbst tatsächlich vorhanden sein.[265] Die mutmaßliche Einwilligung kann daher zur Einwilligung lediglich subsidiär greifen, da sie einen nicht vorhandenen bzw. nicht geäußerten, ansonsten aber vorrangig zu behandelnden, tatsächlichen Willen ersetzt. Durch diese Subsidiarität wird sogleich sichergestellt, dass voranging der tatsächliche Wille des Rechtsgutsinhabers beachtet wird.[266] Wenn der tatsächliche Wille durch die Befragung des Rechtsgutsinhabers ermittelt werden kann, besteht kein Bedarf, den Willen des Rechtsgutsin-

---

262 *Sowada*, NStZ 2012, 1, 4 f.

263 *Fischer*, Vor. § 32 Rn. 4; *Jescheck/Weigend*, AT, § 34 VII 1; *Mitsch*, ZJS 2012, 38, 38; *Roxin*, AT I, § 18 Rn. 3; *Sowada*, NStZ 2012, 1, 4 f.

264 So die h.M.: BGHSt 16, 309, 312; 35, 246, 249; 40, 257, 263; *Jescheck/Weigend*, AT, § 34 VII 1; *Kühl*, AT, § 9 Rn. 46; *Lenckner/Sternberg-Lieben*, in: Schönke/Schröder, Vor §§ 32 ff. Rn. 54; *Fischer*, Vor. § 32 Rn. 4; *Roxin*, AT I, § 18 Rn. 3; *Schramm*, S. 235.

265 *Paeffgen/Zabel*, in: NK-StGB, Vor §§ 32 ff. Rn. 161; *Roxin*, AT I § 18 Rn. 4.

266 BGHSt 16, 306, 312; *Roxin*, AT I § 18 Rn. 10;.

habers anhand von objektiven Umständen zu bestimmen.[267] Ist es also möglich, den tatsächlichen Willen einzuholen, ist die Rechtfertigung durch eine mutmaßliche Einwilligung ausgeschlossen.[268] Hauptanwendungsfall der mutmaßlichen Einwilligung ist damit insbesondere der Notfall.[269]

Außerdem ist bei der mutmaßlichen Einwilligung zu beachten, dass diese ebenso auf dem Prinzip der besonderen Repräsentation beruht. Folglich muss auch die Handlung des Täters Ausdruck der Selbstbestimmung des Rechtsgutsinhabers sein, um durch eine mutmaßliche Einwilligung gerechtfertigt zu sein. Der Eingriff, der aufgrund einer mutmaßlichen Einwilligung erfolgt, hat daher dem Willen des Rechtsgutsinhabers zu entsprechen. Dies schließt die Rechtfertigung eines Eingriffs aus, der anderen Interessen dient, da in diesen Fällen nicht von einer Repräsentation des vermuteten Willens durch den Täter gesprochen werden kann.[270] Damit erklärt das Repräsentationsprinzip auch die Subsidiarität der mutmaßlichen Einwilligung, da in den Fällen, in denen die Einholung des tatsächlichen Willens möglich ist, eine wirkliche Repräsentation erfolgen kann.[271]

Vom rechtfertigenden Notstand nach § 34 StGB unterscheidet sich die mutmaßliche Einwilligung dadurch, dass es nicht auf die objektive Interessenlage ankommt, sondern auf den vermuteten Willen des Rechtsgutsinhabers.[272] Die mutmaßliche Einwilligung steht daher zwischen der Einwilligung und dem rechtfertigenden Notstand[273] und ist damit ein Rechtfertigungsgrund eigener Art.[274] Die Gegenansicht, die die mutmaßliche Einwilligung als einen Unterfall des § 34 StGB ansieht[275], verkennt gerade, dass es bei der mutmaßlichen Einwilligung nicht um eine Interessenabwä-

---

267 *Roxin*, AT I § 18 Rn. 10.

268 BGHSt 16, 309, 312; *Bollacher/Stockburger*, Jura 2006, 908, 911; *Lenckner/Sternberg-Lieben*, in: Schönke/Schröder, Vor §§ 32 ff. Rn. 54; *Rönnau*, in: LK-StGB, Vor §§ 32 ff. Rn. 222.

269 *Tag*, ZStW 127 (2015), 523, 537.

270 *Köhler*, AT, S. 244 f.

271 *Köhler*, AT, S. 245; ähnlich auch *Tag*, ZStW 127 (2015), 523, 537.

272 *Mitsch*, ZJS 2012, 38, 38 f.; *Roxin*, AT I, § 18 Rn. 4.

273 *Paeffgen/Zabel*, in: NK-StGB, Vor §§ 32 ff. Rn. 158; *Rosenau*, in: SSW-StGB, Vor §§ 32 ff. Rn. 44; *Roxin*, AT I, § 18 Rn. 4.

274 BGHSt 35, 246, 249; 40, 257, 263; BGH NJW 1988, 2310, 2310; 2000, 885, 886; *Fischer*, Vor § 32 Rn. 4; *Geppert*, JZ 1988, 1022, 1025; *Lenckner/Sternberg-Lieben*, in: Schönke/Schröder, Vor §§ 32 ff. Rn. 54; *Jescheck/Weigend*, AT, § 34 VII 1; *Rönnau*, in: LK-StGB, Vor §§ 32 ff. Rn. 214; *Müller-Dietz*, Jus 1989, 280, 281; *Roxin*, AT I, § 13 Rn. 8.

275 *Otto*, GK I, § 8 Rn. 131; *Zipf*, S. 52.

gung von objektiven Kriterien geht, sondern dass sich die Frage stellt, ob der Rechtsgutsinhaber mutmaßlich auf einen Rechtsgüterschutz verzichtet hätte, wenn er eine Einwilligung abgegeben hätte. Maßgeblich ist daher, dass auf die mutmaßliche subjektive Vorstellung des Rechtsgutsinhabers abgestellt wird[276], um die Repräsentation durch den Täter sicherzustellen. Objektive Kriterien haben dagegen höchstens eine indizielle Bedeutung zur Ermittlung des subjektiven Willens.[277]

Die mutmaßliche Einwilligung ist sowohl bei einem Handeln im fremden Interesse als auch bei Handlungen im eigenen Interesse möglich.[278] Bei der Ermittlung der Interessen des Rechtsgutsinhabers müssen seine individuellen Wünsche, Bedürfnisse und Wertvorstellungen im Zeitpunkt der tatbestandlichen Handlung beachtet werden.[279] Abgesehen davon hat die mutmaßliche Einwilligung dieselben Voraussetzungen wie die Einwilligung.[280]

### 2. Abgrenzung und Gemeinsamkeiten der hypothetischen Einwilligung mit anderen strafrechtlichen Instituten

Bei der hypothetischen Einwilligung ist im Unterschied zur mutmaßlichen Einwilligung die Einholung des tatsächlichen Willens möglich. Zudem kann eine hypothetische Einwilligung selbst dann erfolgen, wenn eine Einwilligung zwar eingeholt wurde, diese jedoch aufgrund von Willensmängeln beim Rechtsgutsinhaber unwirksam ist. Bei der hypothetischen Einwilligung geht es darum, ob der Rechtsgutsinhaber, der zunächst nicht oder nicht richtig aufgeklärt wurde, zu einer Handlung des Täters auch seine Einwilligung erteilt hätte, wenn er durch diesen über die bevorstehende Tat ordnungsgemäß aufgeklärt worden wäre.[281]

---

276 *Geppert*, JZ 1988, 1022, 1024; *Paeffgen/Zabel*, in: NK-StGB, Vor § 32 Rn. 158; *Roxin*, AT I, § 18 Rn. 5.

277 BGHSt 35, 246, 249.

278 *Lenckner/Sternberg-Lieben*, in: Schönke/Schröder, Vor §§ 32 ff. Rn. 55; *Wessels/Beulke/Satzger*, AT, Rn. 569.

279 BGHSt 45, 219; *Kühl*, AT, § 9 Rn. 47; *Rönnau*, in: LK-StGB, Vor §§ 32 ff. Rn. 214.

280 *Jescheck/Weigend*, AT, § 34 VII 3; *Rönnau*, in: LK-StGB, Vor §§ 32 ff. Rn. 220.

281 *Eser*, in: Schönke/Schröder, § 223 Rn. 40g; *Fischer*, Vor § 32 Rn. 4b; *Jansen*, ZJS 2011, 482, 484; *Paeffgen/Zabel*, in: NK-StGB, Vor 32 Rn. 168a; *Kuhlen*, in: FS-Müller-Dietz, S. 431, 435; *Kühl*, AT, § 9 Rn. 47a; *Mitsch*, ZJS 2012, 38, 43;

#### a) Unterscheidung zur mutmaßlichen Einwilligung

Die mutmaßliche Einwilligung unterscheidet sich zur hypothetischen Einwilligung anhand von zwei virulenten Punkten.

##### aa) Subsidiarität

Anders als bei der mutmaßlichen Einwilligung kann die hypothetische Einwilligung selbst dann noch erfolgen, wenn eine Einwilligung des Rechtsgutsinhabers eingeholt werden kann. Eine mutmaßliche Einwilligung würde in diesen Fällen ausscheiden.[282] Für die mutmaßliche Einwilligung ist grundsätzlich das Prinzip der Subsidiarität zu beachten, damit der tatsächliche Wille des Rechtsgutsinhabers vorrangig berücksichtigt wird. Dieser Beschränkung unterliegt die hypothetische Einwilligung nicht. Die hypothetische Einwilligung wäre selbst dann noch möglich, wenn die Einwilligung nicht oder nicht richtig durchgeführt wurde und der Täter es somit pflichtwidrig unterlassen hatte, eine wirksame Einwilligung einzuholen.[283]

##### bb) Ermittlung des maßgeblichen Willens des Rechtsgutsinhabers

Dies führt unmittelbar zum nächsten Unterschied zwischen mutmaßlicher und hypothetischer Einwilligung: Bei der mutmaßlichen Einwilligung muss der mutmaßliche Wille im Zeitpunkt der tatbestandlichen Handlung ermittelt werden. Damit kommt es zentral auf die Umstände an, die bereits *ex ante* im Zeitpunkt der tatbestandlichen Handlung vorliegen und auf den Willen des Rechtsgutsinhabers deuten. Der hypothetischen Einwilligung liegt dagegen ein *ex post*-Gedanke zugrunde: Maßgeblich ist der vom Rechtsgutsinhaber nach der Tat geäußerte Wille, ob er im Zeitpunkt der tatbestandlichen Handlung eingewilligt hätte, wenn er vor der Tat ord-

---

*Rönnau*, in: LK-StGB, Vor §§ 32 ff. Rn. 230; *Schlehofer*, in: Müko-StGB, Vor §§ 32 ff. Rn. 196; *Wessels/Beulke/Satzger*, AT, Rn. 581.

282 *Eisele*, in: FS-Strätz, S. 163, 170; *Kuhlen*, in: FS-Roxin, S. 331, 333; *ders.*, in: FS-Müller-Dietz, S. 431, 443; *Jansen*, ZJS 2011, 482, 484; *Mitsch*, in: FS-Achenbach, S. 299, 300; *Sowada*, NStZ 2012, 1, 5.

283 *Kuhlen*, in: FS-Müller-Dietz, S. 431, 443; *Rönnau*, JZ 2004, 801, 803.

nungsgemäß aufgeklärt worden wäre. Widerspricht die Handlung diesem nachträglich festgestellten Willen im tatbestandlichen Zeitpunkt, scheidet eine Straffreiheit aus.[284]

Die hypothetische Einwilligung kommt daher einer Genehmigung sehr nahe. Der Täter braucht nicht mehr eine Einwilligung des Rechtsgutsinhabers einzuholen oder sich an einem mutmaßlichen Willen des Rechtsgutsinhabers zu orientieren, sondern kann allein aufgrund einer nachträglichen Äußerung straffrei bleiben.[285]

### b) Vergleichbarkeit der hypothetischen Einwilligung mit der objektiven Zurechnung

Darüber hinaus weist die hypothetische Einwilligung nicht nur eine gewisse Ähnlichkeit zu den Rechtfertigungsgründen der Einwilligung und der mutmaßlichen Einwilligung auf, sondern zeigt auch eine Nähe zur objektiven Zurechnung.

#### aa) Grundlegendes zur objektiven Zurechnung

Die objektive Zurechnung begrenzt die naturalistische Kausalität durch normative Zurechnungskriterien, sodass eine Abgrenzung von „Unglück" und „Unrecht" erfolgt, um dem Täter den tatbestandlichen Erfolg auch normativ zurechnen zu können.[286] Danach ist eine Handlung nur dann eine tatbestandlich relevante Handlung, wenn sie eine rechtlich missbilligte Gefahr schafft, die sich im konkreten tatbestandlichen Erfolg realisiert hat.[287] Dass die objektive Zurechnung sowohl bei Vorsatz- als auch bei Fahrlässigkeitsdelikten zu berücksichtigen ist, wird in der Literatur über-

284 *Edlbauer*, S. 187; *Eisele*, in: FS Strätz, S. 163, 170; *Jäger*, in: FS-Jung, S345, 355; *Jansen*, ZJS 2011, 482, 491; *Kuhlen*, in: FS Müller-Dietz, S. 431, 443; *Rönnau*, JZ 2004, 801, 803; *Roxin*, AT I, § 13 Rn. 132; *Sowada*, NStZ 2012, 1, 5; *Wiesner*, S. 120.

285 *Sowada*, NStZ 2012, 1, 5.

286 *Eisele*, in: Schönke/Schröder, Vor § 13 Rn. 91; *Fischer*, Vor § 13 Rn. 24; *Kühl*, AT, § 4 Rn. 37; *Sowada*, NStZ 2012, 1, 5; *Walter*, in: LK-StGB, Vor § 13 Rn. 89; *Wessels/Beulke/Satzger*, AT, Rn. 246.

287 *Roxin*, AT I, § 11 Rn. 47; *Walter*, in: LK-StGB, Vor § 13 Rn. 89; *Wessels/Beulke/Satzger*, AT, Rn. 251.

wiegend angenommen.[288] Die Rechtsprechung dagegen hat die objektive Zurechnung nur in manchen Tatbestandsmerkmalen punktuell berücksichtigt[289] und sie damit nicht generell angewendet, sondern weitestgehend im Rahmen der Kausalität behandelt.[290]

Daneben ist im Rahmen der objektiven Zurechnung bei Fahrlässigkeitsdelikten der Pflichtwidrigkeitszusammenhang zu berücksichtigen.[291] Der Pflichtwidrigkeitszusammenhang fehlt, wenn der Erfolg auch bei einem gedachten rechtmäßigen Verhalten eingetreten wäre. Hinter dem Pflichtwidrigkeitszusammenhang steht der Gedanke, dass das Strafrecht dem Rechtsgüterschutz durch Verhaltensleitung nicht gerecht werden kann, wenn es auch bei rechtmäßigem Verhalten zu einer Rechtsgutsbeeinträchtigung gekommen wäre. Der Erfolg ist dem Täter dann nicht mehr objektiv zurechenbar.[292]

#### bb) Vergleich der hypothetischen Einwilligung mit dem Pflichtwidrigkeitszusammenhang

Die hypothetische Einwilligung wird in Verbindung mit dem Pflichtwidrigkeitszusammenhang gesehen. Die Voraussetzungen der hypothetischen Einwilligung liegen dann vor, wenn das Opfer bei ordnungsgemäßer Aufklärung in die Tat eingewilligt hätte, sodass es auf die ursprünglich fehlerhafte oder fehlende Einwilligung nicht mehr ankommt. Insoweit könnte

---

288 Vgl. *Eisele*, in: Schönke/Schröder, Vor § 13 Rn. 90 m. w. N.; vgl. auch *Fischer*, Vor § 13 Rn. 24; *Jescheck/Weigend*, AT; § 18 IV; *Kudlich*, in: SSW-StGB, Vor § 13 Rn. 48; *Kühl*, AT, § 4 Rn. 38; *Rudolphi*, in: SK-StGB, Vor § 1 Rn. 60; *Walter*, in: LK-StGB, Vor § 13 Rn. 89; *Wessels/Beulke/Satzger*, AT, Rn. 249.

289 Vgl. *Fischer*, Vor § 13 Rn. 31; *Kudlich*, in: SSW-StGB, Vor § 13 Rn. 48; *Wessels/Beulke/Satzger*, AT, Rn. 253 unter Verweis beispielsweise auf BGHSt 32, 262; 49, 34, 39 zur Beteiligung an einer eigenverantwortlichen Selbstgefährdung.

290 *Fischer*, Vor § 13 Rn. 31; *Jahn*, Jus 2009, 370, 371; vgl. auch *Roxin*, AT I, § 11 Rn. 46.

291 Ob das rechtmäßige Alternativverhalten auch bei Vorsatzdelikten gilt, ist umstritten, vgl. *Albrecht*, S. 299; *Otto*, GK, § 8 Rn. 134, die eine Übertragung ablehnen, vgl. *Rönnau*, JZ 2004, 800, 801, der die Anwendbarkeit durch Literatur als akzeptiert ansieht und auch *Roxin*, AT I, § 11 Rn. 44 f., der die Problematik bei der objektiven Zurechnung verortet und damit sowohl bei Vorsatz- als auch bei Fahrlässigkeitsdelikten berücksichtigt.

292 *Kühl*, AT, § 17 Rn. 50; *Sowada*, NStZ 2012, 1, 5; *Wessels/Beulke/Satzger*, AT, Rn. 294 bzw. 951.

die hypothetische Einwilligung mit dem im Rahmen des Pflichtwidrigkeitszusammenhangs diskutierten rechtmäßigen Alternativverhalten verglichen werden, da hier ebenfalls das rechtswidrige durch ein gedachtes rechtmäßiges Verhalten ersetzt wird. Wenn der Erfolg dann beim rechtmäßigen Verhalten eingetreten wäre, wäre er unvermeidbar und damit dem Täter nicht zurechenbar, sodass hieraus keine strafrechtliche Sanktionierung erfolgen kann.[293] Ebenso könnte man bei der hypothetischen Einwilligung gedanklich eine wirksame Einwilligung an die Stelle der nicht erfolgten oder unwirksamen Einwilligung setzen. Wenn der Rechtsgutsinhaber bei ordnungsgemäßer Einwilligung der Rechtsgutsbeeinträchtigung zugestimmt hätte, kann der tatbestandliche Erfolg ebenfalls nicht dem Täter zugerechnet werden, da sich der Aufklärungsmangel oder die fehlende Aufklärung im Ergebnis nicht ausgewirkt hätten.[294]

Der Vergleich zum rechtmäßigen Alternativverhalten stößt in der Literatur aber auch auf Ablehnung.[295]

## *III. Vorfragen der hypothetischen Einwilligung bedingt durch den ärztlichen Heileingriff und die notwendige Aufklärung*

Die hypothetische Einwilligung wurde sowohl im Strafrecht als auch im Zivilrecht im Rahmen der ärztlichen Haftung entwickelt. Dabei ist in beiden Rechtsgebieten maßgeblich, dass die Behandlung durch den Arzt einen Eingriff in die körperliche Integrität darstellt, der nur durch Einwilligung des Patienten gerechtfertigt werden kann.

### 1. Qualifikation des ärztlichen Heileingriffs

Ob der ärztliche Eingriff allerdings eine Verletzung der körperlichen Integrität darstellt, ist umstritten. Die jeweiligen Argumentationslinien lassen

---

293 Vgl. nur BGHSt 11, 1, 7; *Fischer*, § 15 Rn. 16c; *Wessels/Beulke/Satzger*, AT, Rn. 953.

294 *Kuhlen*, JR 2004, 227, 227; *ders.*, in: FS-Müller-Dietz, S. 431, 432 f.; *Kühl*, AT, § 9 Rn. 47a; *Rönnau*, in: LK-StGB, Vor §§ 32 ff. Rn. 230; *Rosenau*, in: FS-Maiwald, S. 683, 691; *Roxin*, AT I, § 13 Rn. 120; *Sowada*, NStZ 2012, 1, 5.

295 *Eisele*, in: FS-Strätz, S. 163, 178; *Sickor*, JR 2008, 179, 180.

sich sowohl im Strafrecht als auch im Zivilrecht auffinden und können daher gemeinsam dargestellt werden.

### a) Ärztlicher Heileingriff als tatbestandliche Körperverletzung

Die überwiegende Ansicht in Rechtsprechung und Literatur geht davon aus, dass die ärztliche Behandlung, auch wenn sie fachlichen Standards genügt, eine tatbestandliche Körperverletzung darstellt, gleichgültig ob diese Behandlung am Ende erfolgreich ist.[296] Jeder ärztliche Eingriff in die körperliche Integrität bedarf daher der Rechtfertigung durch eine Einwilligung des Patienten.

Die guten Absichten des Arztes, so die Vertreter dieser Ansicht, seien unerheblich, sodass es nicht darauf ankomme, ob der Eingriff *lege artis* durchgeführt worden sei oder ob der Eingriff die Gesundheit des Patienten verbessert habe.[297]

### b) Tatbestandslosigkeit des ärztlichen Eingriffs

In der Literatur werden einige abweichende Meinungen zu dieser Thematik vertreten.

#### aa) Kein Eingriff in die körperliche Integrität bei erfolgreichen Behandlungen (Erfolgstheorie)

Ein Teil der Literatur vertritt die Ansicht, dass der geglückte medizinische Eingriff keine tatbestandliche Körperverletzung darstellt.[298] Nach dieser

---

296 Für das Strafrecht: RGSt 25, 375, 376 ff.; BGHSt 11, 111, 112; 43, 306, 308; 45, 219, 221; *Arzt/Weber*, BT, § 6 Rn. 99; *Jakobs*, AT, 14/6 Fn. 9; *Paefgen/Zabel*, in: NK-StGB, § 228 Rn. 58; *Roxin*, AT I, § 13 Rn. 26; für das Zivilrecht: BGHZ 29, 46, 49; 106, 153, 156; 154, 205, 210; 163, 195, 197; vgl. nur *Giesen*, Arzthaftungsrecht, Rn. 204, 211 f.; *Teichmann*, in: Jauernig-BGB, § 823 BGB Rn. 3; *Müller*, in: FS-Steffen, S. 355, 367; *Terbille*, in: MHM, § 1 Rn. 253; *Wagner*, in: Müko-BGB, Vor § 630a Rn. 14; *Ziegler*, JR 2002, 265, 266.

297 Vgl. *Momsen/Momsen-Pflanz*, in: SSW-StGB, § 223 Rn. 26.

298 *Beling*, ZStW 44 (1924), 220, 230; *Joecks*, in: Müko-StGB, § 223 Rn. 47; *Kühl*, in: Lackner/Kühl, § 223 Rn. 8; *Knauer/Brose*, in: Spickhoff-Medizinrecht, § 223

Ansicht sei nicht auf den einzelnen Akt der körperlichen Behandlung abzustellen. Viel eher müsse man den Gesamtakt der Behandlung im Blick behalten.[299] Ein den körperlichen Zustand verbessernder Eingriff könne nicht als Körperverletzung angesehen werden.[300] Wenn keine Einwilligung vorliege, könne allenfalls der Tatbestand der Freiheitsberaubung oder der Nötigung erfüllt sein.[301]

Diese Theorie geht davon aus, dass allein das körperliche Interesse bzw. das Wohlbefinden Schutzgut der Körperverletzungsdelikte ist, nicht aber die körperliche Unversehrtheit. Körperverletzung ist nur die Abkürzung einer „Körperinteressenverletzung", sodass nur eine Verletzung des körperlichen Wohlbefindens maßgeblich ist.[302] Zudem kann eine Heilung nicht unter den Begriff der „Körperverletzung" subsumiert werden.[303]

#### bb) Keine tatbestandliche Körperverletzung bei lege artis durchgeführten Maßnahmen

Nach einer weiteren Ansicht liegt keine tatbestandliche Körperverletzung vor, wenn der ärztliche Heileingriff *lege artis* durchgeführt worden ist.[304]. Entscheidendes Differenzierungskriterium ist allein der Maßstab der ärztlichen Kunst. Die Einwilligung ist nach dieser Ansicht daher nur dann maßgeblich, wenn eine nicht kunstgerechte Behandlung durch den Arzt erfolgen soll.[305]

---

StGB Rn. 20; *Maurach/Schroeder/Maiwald*, § 8 Rn. 24; *Rönnau*, Willensmängel, S. 231; hierauf aufbauend vertritt insofern *Eser*, in: Schönke/Schröder, § 223 Rn. 31 ff. eine modifizierte Theorie.

299 *Joecks*, in: Müko-StGB, § 223 Rn. 47.

300 *Maurach/Schroeder/Maiwald*, § 8 Rn. 24.

301 *Bockelmann*, ZStW 93 (1981), 105, 127.

302 *Beling*, ZStW 44 (1924), 220, 225.

303 *Beling*, ZStW 44 (1924), 220, 225.

304 *Bockelmann*, NJW 1961, 945, 947; *Engisch*, ZStW 58 (1939), 1, 9; *Gallas*, ZStW 67 (1955), 1, 21 ff; *Kühl*, in: Lackner/Kühl, § 223 Rn. 8; *Lilie*, in: LK-StGB, Vor § 223 Rn. 5; *Sternberg-Lieben*, in: FS-Amelung, S. 325 ff.; für das Zivilrecht: nur *Büttner*, in: FS-Geiß, S. 353, 355 f.; *Esser/Weyers*, BT/2 § 55 I 1 b, S. 154; *Weyers/Mirtsching*, Jus 1980, 317, 320.

305 Vgl. *Wiesner*, S. 58.

### c) Schutz der körperlichen Integrität und des Selbstbestimmungsrechtes

Teilweise wird auch vertreten, dass die Tatbestände zum Schutz der körperlichen Unversehrtheit neben der körperlichen Integrität auch das Selbstbestimmungsrecht eines Menschen schützen. Da ein eigener Tatbestand gegen eigenmächtige Heilbehandlungen fehle, seien, so die Vertreter dieser Ansicht, auch zwei Arten des Eingriffs in § 223 StGB zu unterscheiden: der Eingriff in die menschliche Physis und der Eingriff in das Selbstbestimmungsrecht des Menschen. Damit der Tatbestand des § 223 StGB nicht erfüllt werde, müsse einerseits eine Gesundheitsverbesserung beim Patienten eintreten und bedürfe es andererseits einer Einwilligung des Patienten, um nicht die zweite tatbestandliche Alternative zu erfüllen.[306]

### d) Notwendige Beachtung des Selbstbestimmungsrechtes

Der herrschenden Ansicht ist zu folgen: Der Heileingriff eines Arztes stellt eine tatbestandliche Körperverletzung dar. Ein Argument, dass für die Diskussion wesentlich ist, ist das Selbstbestimmungsrecht des Patienten.

Würde man jeden ärztlichen Heileingriff, auch wenn er ohne die Einwilligung des Patienten erfolgt, sanktionslos lassen, würde auf das Selbstbestimmungsrecht des Patienten nicht im ausreichenden Maße Rücksicht genommen werden. Es muss aber das Recht des Patienten bleiben, selbst über sein körperliches Wohl zu bestimmen, da nur er bestimmen kann, was dies für ihn persönlich bedeutet und welche Behandlung für ihn am besten dazu beitragen kann. Beispielhaft ist auf den Zahnextraktionsfall zu verweisen: Ein Patient hatte sich alle Zähne entfernen lassen, da er der Auffassung war, dass dies zur Steigerung seines körperlichen Wohls führe.[307] Auch wenn die Argumentation des Patienten kaum nachvollziehbar ist, ist der Wunsch des Patienten zu akzeptieren. Es wäre verfehlt, das jeweilige körperliche Wohl allein nach der medizinischen Vernunft und da-

---

306 *Wolters*, in: SK-StGB, § 223 Rn. 35; ähnlich auch *Tag*, S. 91.

307 BGH NJW 1978, 1206, 1206, auch wenn der BGH zur Unwirksamkeit der Einwilligung kam, da der Geschädigte nicht die notwendige „Urteilskraft“ habe; aus der objektiven „Unvernünftigkeit“ könne dies aber nicht geschlossen werden, vgl. *Eser*, in: Schönke/Schröder, § 223 Rn. 38b.

mit nach fremden Maßstäben zu bestimmen, ohne dabei die Ansicht des Patienten bezogen auf sein persönliches Wohl zu berücksichtigen.[308] Diese Entscheidung darf ein Arzt dem Patienten nicht abnehmen.

Das Erfordernis einer Einwilligung kann nicht damit entkräftet werden, dass eine erfolgreiche Behandlung vorliegt, da der Zweck hier nicht die Mittel heilen darf. Weder „gute Absichten" noch eine medizinische Indikation können einen Eingriff rechtfertigen.[309] An dieser Ansicht, die jede ärztliche Behandlung als tatbestandliche Körperverletzung qualifiziert, ist festzuhalten, weil es keinen Tatbestand des eigenmächtigen Heileingriffs gibt, der die ohne Einwilligung *lege artis* durchgeführte ärztliche Behandlung allein wegen der Missachtung des Selbstbestimmungsrechtes sanktionieren könnte. Es könnte lediglich eine Sanktion aus den §§ 239, 240 StGB erfolgen. Aber diese werden in der Regel nicht tatbestandlich erfüllt sein[310], sodass ein Arzt nicht mit einer Sanktion rechnen muss, obwohl er das Selbstbestimmungsrecht missachtet hat.

### 2. Notwendigkeit der Einwilligung zur Rechtfertigung des ärztlichen Eingriffs

Nach den bisherigen Ausführungen stellt jede ärztliche Behandlung ein Eingriff in die körperliche Integrität dar, der nur dann nicht rechtswidrig ist, wenn eine entsprechende Einwilligung des Patienten vorliegt.

#### a) Wirkung erst auf Ebene der Rechtswidrigkeit

Dabei ist im Strafrecht problematisch, ob die Einwilligung bereits die Tatbestandlichkeit des Heileingriffs beseitigt oder ob durch die Einwilligung lediglich die Rechtswidrigkeit des Eingriffs entfällt.

Nach einer Ansicht ist durch eine Einwilligung bereits keine tatbestandliche Handlung mehr gegeben. Denn es könne keine Rechtsgutsverletzung vorliegen, wenn die Verletzung mit dem Willen des Rechtsgutsinhabers er-

308 *Köhler*, in: FS-Küper, S. 275, 282; ähnlich auch *Bosch*, JA 2008, 70, 71.
309 *Fischer*, § 223 Rn. 17.
310 *Riedelmeier*, S. 19; *Wiesner*, S. 64.

folgt sei.[311] Hintergrund ist, dass die Vertreter dieser Ansicht jedem Rechtsgut eine Autonomiekomponente zuweisen, sodass das nach Art. 2 Abs. 1 GG geschützte Selbstbestimmungsrecht in jedem Rechtsgut zu finden ist. Damit ist bei einer jeden Rechtsgutsverletzung auch eine Verletzung des Selbstbestimmungsrechtes gegeben. Dadurch wird eine entsprechende Einwilligung bei jedem Rechtsgut möglich und ggf. auch nötig.[312]

Überwiegend wird jedoch befürwortet, dass die Einwilligung erst auf Ebene der Rechtswidrigkeit greift.[313] Dies wird damit begründet, dass Rechtsgüter wie das Leben, die Ehre oder das Eigentum zunächst unabhängig vom Willen des Berechtigten durch die Rechtsordnung geschützt seien. Werde das Rechtsgut trotz Einwilligung des Inhabers beeinträchtigt, liege demnach eine tatbestandliche und damit strafrechtlich relevante Handlung vor, deren Relevanz erst durch den Willen des Rechtsgutsinhabers ausgeräumt werden könne. Daher müsse der zustimmende Wille einige Voraussetzungen erfüllen, bevor er anerkannt werde. Denn der Rechtsgutsinhaber müsse vor Schädigungen bewahrt werden, die daraus resultieren, dass er im Zeitpunkt der tatbestandlichen Handlung deren Folgen nicht überblicken konnte. Insbesondere setze die Einwilligung die Einsichtsfähigkeit des Rechtsgutsinhabers voraus.[314] Da durch den Eingriff der Täter gerade das Selbstbestimmungsrecht des Rechtsgutsinhabers repräsentiere, müsse dieser zunächst in die Lage versetzt werden, den Umgang mit seinen Rechtsgütern bestimmen zu können.[315]

Hier soll der letztgenannten Ansicht gefolgt werden. Das Strafrecht schützt die Rechtsgüter als Bezugsobjekt der Selbstbestimmung[316], sodass diese unabhängig vom Selbstbestimmungsrecht geschützt sind.[317] Dies gelingt nur, wenn die Einwilligung erst auf Ebene der Rechtswidrigkeit greift. Denn sonst wird nicht ausreichend berücksichtigt, dass den Rechtsgütern ein gewisser Wert unabhängig vom Willen des Rechtsgutsinhabers

---

311 *Hoyer*, in: SK-StGB, Vor §§ 32 ff. Rn. 30; *Rönnau*, in: LK-StGB, Vor §§ 32 ff. Rn. 156 auf Grundlage seines „Basismodell“; *Roxin*, AT I, § 13 Rn. 12; *Schlehofer*, in: Müko-StGB, Vor §§ 32 ff. Rn. 142 ff.; *Schroth*, in: Schroth/Roxin-Medizinstrafrecht, S. 32; *Tag*, S. 285.

312 *Kühl*, AT, § 9 Rn. 21; *Maurach/Zipf*, AT, § 17 Rn. 36; *Roxin*, AT, § 13 Rn. 14; vgl. hierzu auch *Rosenau*, in: SSW-StGB, Vor §§ 32 ff. Rn. 33.

313 Vgl. *Kühl*, in: Lackner/Kühl, Vor §§ 32 ff. Rn. 10.

314 *Jescheck/Weigend, AT*, § 34 I 3.

315 *Köhler*, AT, S. 244.

316 *Lenckner/Sternberg-Lieben*, in: Schönke/Schröder, Vor §§ 32 ff. Rn. 33a.

317 *Kühl*, AT, § 9 Rn. 22; *Rosenau*, in: SSW-StGB, Vor §§ 32 ff. Rn. 34.

zukommt.[318] Es besteht jedoch die Möglichkeit, durch die Verwirklichung des Selbstbestimmungsrechtes auf den Rechtgüterschutz zu verzichten, sodass der Täter durch die Einwilligung zum Repräsentanten des Selbstbestimmungsrechtes wird. Erst die Einwilligung beseitigt die Rechtswidrigkeit eines Eingriffs.

### b) Umfang der Aufklärungspflicht des Arztes

Obwohl der ärztliche Heileingriff sowohl im Strafrecht als auch im Zivilrecht durch eine Einwilligung des Patienten gerechtfertigt wird, sind die Grundlagen der Aufklärung im Zivil- und Strafrecht verschieden.

Im Zivilrecht wurde mit § 630e BGB die Aufklärungspflicht gesetzlich normiert. Danach ist der Behandelnde nach § 630e Abs. 1 S. 1 BGB verpflichtet, den Patienten über sämtliche für die Einwilligung wesentlichen Umstände aufzuklären. Insoweit ist die Aufklärung nach § 630d Abs. 2 BGB eine Voraussetzung für die Einwilligung. § 630e Abs. 1 S. 2 BGB benennt zudem einige wichtige Punkte, die die Aufklärung umfassen muss. Der Arzt muss danach über die Art, den Umfang, die Durchführung, die zu erwartenden Folgen und die Risiken der Maßnahme sowie ihre Notwendigkeit, Dringlichkeit, Eignung und Erfolgsaussichten im Hinblick auf die Diagnose oder die Therapie aufklären. Diese Punkte wurden zuvor durch die Rechtsprechung des BGH entwickelt.[319]

Im Gegensatz zum Zivilrecht sind im Strafrecht weder die Einwilligung noch die hierfür notwendige Aufklärung normiert. Allerdings ist es im Strafrecht anerkannt, dass die Einwilligung frei von wesentlichen Willensmängeln sein muss, um wirksam zu sein.[320] Der Patient muss als Träger des Rechtsgutes zumindest Kenntnis von Grund, Art und Umfang sowie von möglichen Folgen des ärztlichen Heileingriffs haben.[321] Er muss in

---

318 *Kühl*, AT, § 9 Rn. 22.

319 Vgl. Gesetz zur Verbesserung der Rechte von Patientinnen und Patienten, v. 20.2.2013, BT-Drucks. 17/10488, S. 24.

320 *Schreibner*, in: FS-BGH, S. 505, 513; *Eser*, in: Schönke/Schröder, § 223 Rn. 39; *Wessels/Beulke/Satzger*, AT, Rn. 557.

321 BGHSt 16, 308, 310;43, 306, 309; Fischer, § 228 Rn. 13; *Eser*, in: Schönke/Schröder, § 223 Rn. 40c; *Hirsch*, in: LK-StGB, 11. Aufl., § 228 Rn. 20; *Schöch*, in: Roxin/Schroth-Medizinstrafrecht, S. 53; *Sommer/Tsambikakis*, in: MHM, § 3 Rn. 29; *Ulsenheimer*, Arztstrafrecht, Rn. 340.

die Lage versetzt werden, über die bevorstehende Handlung in einem ausreichenden Maße reflektieren zu können. Nur so wird sein Selbstbestimmungsrecht beachtet. Damit gelten die wesentlichen Voraussetzungen für eine wirksame Einwilligung sowohl im Zivilrecht als auch im Strafrecht.

#### aa) Verhältnis Strafrecht und Zivilrecht beim Umfang der Aufklärungspflicht

Allerdings sind Inhalt und Umfang der Einwilligung in den jeweiligen Rechtsgebieten unterschiedlich ausgestaltet. Hierbei ist zu beachten, dass im Wesentlichen die zivilrechtliche Judikatur des BGH den Umfang der Aufklärungspflicht für das Strafrecht bestimmt hat.[322] Die vielen Einzelfallentscheidungen im Zivilrecht über den Umfang der Aufklärungspflicht sind für den Einzelnen kaum mehr zu überblicken, sodass es dem Arzt einige Probleme bereitet, eine rechtlich wirksame Aufklärung durchzuführen. Denn es gibt keine allgemein gültige Formel bzw. Regel über den Umfang der Aufklärungspflicht.[323] Gesetzlich wurde lediglich in § 630e Abs. 1 S. 1 BGB bestimmt, dass der Patient über die wesentlichen Umstände der Behandlung aufzuklären ist, und in § 630e Abs. 1 S. 2 BGB wurden die bereits genannten Kriterien für den Umfang der Aufklärungspflicht aufgeführt.

Da der Umfang der Aufklärung durch die Zivilgerichte maßgeblich bestimmt worden ist, ist auf die Besonderheiten der zivilrechtlichen Aufklärungspflicht im Unterschied zum Strafrecht hinzuweisen. Das Zivilrecht dient zunächst dem Ausgleich von materiellen und immateriellen Interessen beim Geschädigten, was durch die Gewährung von Schadensersatz und Schmerzensgeld erfolgt. Die Verletzung der Aufklärungspflicht führt damit zu einer Geldentschädigung.[324]

Im Strafrecht geht es primär um den Rechtsgüterschutz durch die Missbilligung und Sanktionierung von sozialschädlichem Verhalten.[325] Dies

---

322 *Ulsenheimer*, Arztstrafrecht, Rn. 335.

323 *Edlbauer*, S. 195; *Schöch*, in: Roxin/Schroth-Arztstrafrecht, S. 51; *Ulsenheimer*, Arztstrafrecht, Rn. 338.

324 *Edlbauer*, S. 195; *Eser*, in: Schönke/Schröder, § 223 Rn. 40b; *Hirsch*, in: LK-StGB, 11. Aufl., § 228 Rn. 19; *Sommer/Tsambikakis*, in: MHM, § 3 Rn. 28; *Ulsenheimer*, Arztstrafrecht, Rn. 340.

325 *Schöch*, in: Roxin/Schroth-Medizinstrafrecht, S. 54 f.

äußert sich auch durch die deutlichen Sanktionsmaßnahmen wie etwa die Freiheits- bzw. Geldstrafe. Eine solche Sanktion ist dann angemessen, wenn der Aufklärungsfehler für den Arzt in zumutbarer Weise vorhersehbar und vermeidbar war. Der Aufklärungsmangel muss daher so bedeutsam und erkennbar sein, dass er zur Unwirksamkeit der Einwilligung führt und damit eine strafrechtliche Sanktionierung rechtfertigt. Daraus folgt, dass nicht jeder zivilrechtliche Aufklärungsmangel auch die strafrechtliche Unwirksamkeit der Einwilligung nach sich zieht. Daher sind die jeweiligen strafrechtlichen Besonderheiten zu beachten.[326]

Die zivilrechtlichen Maßstäbe für eine ausreichende Aufklärung können aufgrund der genannten Besonderheiten nicht uneingeschränkt für das Strafrecht übernommen werden.[327] Auch der BGH in Strafsachen hat dies erkannt. In dem später noch zu erläuternden „Surgibone-Dübel"-Fall hat das Gericht angedeutet, dass die Aufklärungspflicht in einem Strafprozess durch das zu urteilende Landgericht wohl überspannt worden sei.[328] Viele gehen aufgrund dieser Rechtsprechung davon aus, dass dies eine Lockerung der Akzessorietät zwischen zivilrechtlicher und strafrechtlicher Aufklärungspflicht bedeutet[329], sodass der Umfang der Aufklärung im Strafrecht nicht so weit gehen kann wie im Zivilrecht.

#### bb) Umfang der strafrechtlichen Aufklärungspflicht

Trotzdem sind auch die strafrechtlichen Aufklärungspflichten für den Arzt vor einer medizinischen Behandlung enorm. Der Patient muss auch im Strafecht über den Anlass, die Dringlichkeit, den Umfang, die Schwere und etwaige Risiken der Behandlung aufgeklärt werden.[330] Die Aufklärung ist erst dann vollständig, wenn die Einwilligung einen Akt der Selbstbestimmung darstellt und der Patient alle entscheidungsrelevanten Details

---

326 BGH NStZ 1996, 35, 35; *Edlbauer*, S. 201; *Sommer/Tsambikakis*, in: MHM, § 3 Rn. 28; *Tröndle*, MDR 1983, 881, 887.

327 *Eser*, in: Schönke/Schröder, § 223 Rn. 40b; *Joecks*, in: Müko-StGB, § 223 Rn. 82; *Schöch*, in: Roxin/Schroth-Medizinstrafrecht, S. 54 f., *Schreibner*, in: FS-BGH, S. 503, 513.

328 BGH NStZ 1996, 34, 34.

329 Vgl. hierzu *Albrecht*, S. 89 f.; *Edlbauer*, S. 286; *Otto/Albrecht*, Jura 2010, 264, 270; *Ulsenheimer*, NStZ 1996, 132, 132.

330 *Sommer/Tsambikakis*, in: MHM, § 3 Rn. 29.

kennt.[331] Dabei kann der Umfang der Aufklärung je nach Einzelfall variieren, sodass die nötige Intensität abnimmt, je dringlicher der jeweilige medizinische Eingriff ist.[332] Am höchsten ist daher die Intensität bei medizinisch nicht notwendigen Eingriffen.[333] Insbesondere muss sich die Aufklärung über die Diagnose (Diagnoseaufklärung), die Methode der Behandlung (Methodenaufklärung), sicher auftretende Folgen (Sicherungsaufklärung) und mögliche Risiken und Nebenfolgen (Risikoaufklärung) erstrecken.[334] Die Risikoaufklärung erfasst dabei die Verlaufs- und Eingriffsaufklärung und stellt den Schwerpunkt der Selbstbestimmungsaufklärung dar.[335] Daher sind die Aufklärungspflichten im Strafrecht umfangreich und verlangen vom Arzt einiges, um eine wirksame Einwilligung durch den Patienten zu erhalten. Der Umfang der Aufklärung hängt jedoch vom Einzelfall ab, sodass es keine allgemeingültigen Maßstäbe gibt, ab wann eine Aufklärung als ausreichend anzusehen ist.

### *IV. Die Grundlagen der hypothetischen Einwilligung und Entwicklung im Zivilrecht*

Die grundsätzliche Tatbestandlichkeit der ärztlichen Heilbehandlung und der immense Umfang der ärztlichen Aufklärungspflicht sind die beiden Komponenten, um die Entwicklung der hypothetischen Einwilligung verstehen zu können. Dabei ist die hypothetische Einwilligung keine ursprünglich strafrechtliche Entwicklung. Ihren Ursprung findet diese Rechtsfigur im Zivilrecht und dort im Arzthaftungsprozess.[336]

---

331 *Knauer/Brose*, in: Spickhoff-Medizinrecht, § 223 StGB Rn. 26; *Paeffgen*, in: NK-StGB, § 228 Rn. 74; *Tag*, S. 337; vgl. *Ulsenheimer*, Arztstrafrecht, Rn. 338, 339.

332 *Eser*, in: Schönke/Schröder, § 223 Rn. 40d; *Hirsch*, in: LK-StGB, 11. Aufl., § 228 Rn. 20; *Schöch*, in: Roxin/Schroth-Medizinstrafrecht, S. 66 f.

333 *Schöch*, in: Roxin/Schroth-Medizinstrafrecht, S. 68.

334 *Fischer*, § 228 Rn. 13 ff.; *Schöch*, in: Roxin/Schroth-Medizinstrafrecht, S. 59 f.; *Ulsenheimer*, Arztstrafrecht, Rn. 341.

335 *Ulsenheimer*, Arztstrafrecht, Rn. 349.

336 Vgl. die Rechtsprechungszusammenstellung bei *Albrecht*, S. 63 ff., nach der sich die hypothetische Einwilligung bis hin zum Reichsgericht zurückverfolgen lässt.

## 1. Ursachen für die Entwicklung der hypothetische Einwilligung

Die Ursachen für die Entwicklung der hypothetischen Einwilligung im Zivilrecht hängen entscheidend mit dem zivilrechtlichen Haftungsregime und dem besonderen Verhältnis zwischen Arzt und Patienten zusammen.

### a) Beweislastverteilung beim Behandlungsfehler und Berufung auf die fehlerhafte Aufklärung in ärztlichen Haftungsfällen

Die Grundlage der ärztlichen Haftung im Zivilrecht bildet zunächst der Behandlungsvertrag. Der Arzt schließt ihn mit dem Patienten und ist dadurch verpflichtet, sich um die Heilung des Patienten zu bemühen. Er schuldet aber keinen Behandlungserfolg, sodass der Behandlungsvertrag einen speziellen Dienstvertrag darstellt.[337] Dieser Vertrag wurde in §§ 630a BGB ff. normiert. Da es keinen spezialgesetzlich normierten Tatbestand für die ärztliche Haftung gibt, muss der Patient auf die allgemeine vertragliche Anspruchsgrundlage aus §§ 280 ff. BGB bzw. zur Begründung deliktischer Ansprüche auf §§ 823 ff. BGB zurückgreifen, die in Anspruchskonkurrenz zueinander stehen.[338] Die daraus resultierenden Ansprüche sind jedoch inhaltlich weitestgehend gleich ausgestaltet.[339]

Da der Arzt lediglich die Bemühung schuldet, den Heilungserfolg herzustellen, kann sich die Haftung nicht aus einem bloßen Misserfolg bei der medizinischen Behandlung ergeben. Die Haftung ergibt sich vielmehr daraus, dass der Arzt bei der Behandlung nicht die üblichen medizinischen Standards eingehalten hat. Dies begründet erst einen haftungsrelevanten Behandlungsfehler. Die Pflicht zur Einhaltung des medizinischen Standards wurde in § 630a Abs. 2 BGB normiert und stellt eine Konkretisierung der verkehrsüblichen Sorgfalt in § 276 Abs. 1 BGB und damit des Verschuldensmaßstabes dar.[340] Dabei ist offensichtlich, dass die Einhal-

---

337 *Deutsch/Spickhoff*, IV Rn. 138; *Terbille*, in: MHM, § 1 Rn. 37.

338 *Greiner*, in: Spickhoff-Medizinrecht, § 839 BGB Rn. 1.

339 *Greiner*, in: Spickhoff-Medizinrecht, § 839 BGB Rn. 1; *Laufs/Kern*, in: Handbuch-Arztrecht, § 93 Rn. 17; *Müller*, in: Wenzel-Arzthaftungsprozess, Kapitel 2 Rn. 1408; *Wagner*, in: Müko-BGB, Vor § 630a Rn. 18.

340 *Katzenmeier*, NJW 2013, 718, 718 f.; *Müller*, in: Wenzel-Arzthaftungsprozess, Kapitel 2 Rn. 1409 bzw. 1425; *Terbille*, in: MHM, § 1Rn. 459.

tung des medizinischen Standards mit der Feststellung der Pflichtverletzung in einem Zusammenhang steht.[341]

Daneben ist es zwingend erforderlich, dass eine Einwilligung durch den Patienten erfolgt ist, um auch hier das Selbstbestimmungsrecht des Patienten zu wahren. Eine mangelhafte Aufklärung und fehlende Einwilligung stellen eine Verletzung des Behandlungsvertrages bzw. einen rechtswidriger Eingriff in die körperliche Unversehrtheit i.S.d. § 823 BGB dar.[342] So wird im Zivilrecht sichergestellt, dass der Patient stets Subjekt der Behandlung bleibt.[343] Die Pflicht zur Aufklärung wurde ebenfalls gesetzlich in § 630d Abs. 2 BGB normiert. Die Verletzung der Aufklärungspflicht kann einen selbstständigen Schadensersatzanspruch aus § 280 BGB begründen kann, da dies gemäß § 630d Abs. 2 BGB explizit eine eigenständige Pflicht aus dem Behandlungsvertrag darstellt.[344]

Für die Haftung des Arztes bestehen daher zwei selbstständige Anknüpfungsgründe: Einmal kann auf die Verletzung der ärztlichen Standards bei der Behandlung des Patienten abgestellt oder es kann auf die Verletzung der Aufklärungspflicht zur Begründung eines Schadensersatzanspruches zurückgegriffen werden, wenn die Behandlung aufgrund einer fehlenden oder fehlerhaften Einwilligung durchgeführt wird.

Problematisch für den Patienten ist jedoch die Beweislastverteilung in einem möglichen Zivilprozess zur Durchsetzung dieser Haftungsansprüche. Dies gilt besonders für einen Behandlungsfehler. Denn es besteht die allgemeine Beweislastregel, dass zunächst der Anspruchsteller die Voraussetzungen seines Anspruches zu beweisen hat.[345] Daher muss zunächst der Patient den Behandlungsfehler darlegen und beweisen, sodass dem Arzt eine schuldhafte Pflichtverletzung in Bezug auf seine Behandlung nachgewiesen werden muss, aus der dann auch die Gesundheitsschädigung resul-

---

341 *Deutsch/Spickhoff*, VII Rn. 304; *Spickhoff*, in: Spickhoff-Medizinrecht, § 280 BGB Rn. 4.

342 *Deutsch/Spickhoff*, VII Rn. 310; *Greiner*, in Spickhoff-Medizinrecht, § 839 BGB Rn. 200; *Laufs/Kern*, in: Handbuch-Arztrecht, § 93 Rn. 19; *Terbille*, in: MHM, § 1 Rn. 249, 253.

343 *Laufs/Kern*, in: Handbuch-Arztrecht, § 93 Rn. 29; *Müller*, in: Wenzel-Arzthaftungsprozess, Kapitel 2 Rn. 1409.

344 *Gehrlein*, Arzthaftungsrecht, C. Rn. 1.

345 *Foerster*, in: Musielak-ZPO, § 286 Rn. 35; *Prütting*, in: Müko-ZPO, § 286 Rn. 111.

tiert.[346] Insbesondere muss er darlegen und beweisen, dass die Verletzung seiner körperlichen Integrität durch die Nichtbeachtung des medizinischen Standards bedingt ist. Dies beinhaltet den Beweis für den Behandlungsfehler oder zumindest für den Sachverhalt, aus dem sich das Behandlungsverschulden ergibt.[347] Außerdem muss die Kausalität zwischen dem Behandlungsfehler und der Verletzung der körperlichen Integrität bewiesen werden.[348]

Dies ist dem Patienten aber kaum möglich, da ihm oft die medizinischen Kenntnisse fehlen, um die Behandlung durch den Arzt richtig einordnen zu können.[349] Allenfalls durch ein Sachverständigengutachten kann es dem Patienten gelingen, dies darzulegen und zu beweisen, wobei selbst ein solches Gutachten nicht immer zur Klärung des Sachverhaltes führt und vieles damit unaufgeklärt bleibt.[350] Zudem braucht der Arzt nicht jede Einzelheit zu dokumentieren, da es eine zügige und effektive Behandlung erfordern kann, möglichst ohne Verzögerung und damit Dokumentation durchgeführt zu werden.[351] Selbst aus einer missglückten medizinischen Behandlung kann nicht ohne weiteres auf eine Pflichtverletzung des Arztes geschlossen werden, da der ungünstige Therapieablauf auch auf die individuelle Konstitution des Patienten zurückzuführen sein kann.[352]

Darüber hinaus ist die umfassende Technisierung des ärztlichen Behandlungsprozesses zu beachten. Dies erschwert es, sich auf einen Behandlungsfehler zu berufen, da für den Patienten ohne Sachverstand nicht

346 *Greiner*, in: Geiß/Greiner-Arzthaftpflichtrecht, B. Rn. 200 ff.; *Katzenmeier*, in: Laufs/Katzenmeier/Lipp, XI Rn. 49; *Laufs/Kern*, in: Handbuch-Arztrecht, § 107 Rn. 24; *Müller*, in: Wenzel-Arzthaftungsprozess, Kapitel 2 Rn. 1411; *Terbille*, in: MHM, § 1 Rn. 579.

347 *Greiner*, in: Geiß/Greiner-Arzthaftpflichtrecht, B. Rn. 200 bzw. 213; *Laufs/Kern*, in: Handbuch-Arztrecht, § 107 Rn. 24.

348 *Greiner*, in: Geiß/Greiner-Arzthaftpflichtrecht, B. Rn. 216; *Laufs/Kern*, in: Handbuch-Arztrecht, § 107 Rn. 24.

349 *Hager*, in: Staudinger-BGB, § 823 Rn. I 43; *Müller*, in: Wenzel-Arzthaftungsprozess, Kapitel 2 Rn. 1412; *Terbille*, in: MHM, § 1 Rn. 580; *v. Strachwitz-Helmstatt*, in: Ehlers/Broglie-Arzthaftungsrecht, Kap. 6 Rn. 606.

350 *Simmler*, in: Wenzel-Arzthaftungsprozess, Kapitel 2 Rn. 1664.

351 *Laufs/Kern*, in: Handbuch-Arztrecht, § 107 Rn. 12; *v. Strachwitz-Helmstatt*, in: Ehlers/Broglie-Arzthaftungsrecht, Kap. 6 Rn. 606.

352 *Laufs/Kern*, in: Handbuch-Arztrecht, § 107 Rn. 12; *v. Strachwitz-Helmstatt*, in: Ehlers/Broglie-Arzthaftungsrecht, Kap. 6 Rn. 606.

kontrollierbar ist, was der Arzt bei der Behandlung tut.[353] Denn der Arzt hat eine besondere „technische" Kompetenz durch sein medizinisches Spezialwissen.[354]

Um in einem möglichen Schadensersatzprozess dennoch erfolgreich zu sein, wird häufig versucht, einen Schadensersatzanspruch dadurch zu begründen, dass die Aufklärungspflicht durch den Arzt nicht in einem hinreichenden Ausmaß beachtet wurde. Das hat den Vorteil, dass der Patient selbst dann einen Schadensersatzanspruch hat, wenn die Behandlung als solche fehlerfrei geblieben ist. Zudem ist der Arzt über das „ob" und „wie" der Einwilligung beweislastpflichtig, da dies eine für ihn günstige Tatsache darstellt.[355] Auch wenn die fehlende Aufklärung als eine Pflichtverletzung im Rahmen der §§ 280 ff. BGB gilt und damit eigentlich vom Gläubiger zu beweisen wäre, ist der Patient aufgrund der besonderen Situation in einem Arzthaftungsprozess, die sich aus dem Selbstbestimmungsrechts ergibt, nicht in der Pflicht, die fehlerhafte Aufklärung beweisen zu müssen.[356] Die Berufung auf eine fehlerhafte Aufklärung hat daher „Konjunktur"[357], da mit der Aufklärungsrüge im Gegensatz zur Berufung auf einen Behandlungsfehler ein Schadensersatzanspruch vergleichbar einfach begründet werden kann.

### b) Besonderes Verhältnis von Arzt und Patient unter Betonung der Eigenverantwortlichkeit des Patienten zur Begründung der weitgehenden Aufklärungspflicht des Arztes

Um die weitreichenden Aufklärungspflichten des Arztes gegenüber dem Patienten erklären zu können[358], die es besonders leicht ermöglichen, einen Schadensersatzanspruch zu begründen, ist es hilfreich, sich das Verhältnis zwischen Arzt und Patient vor Augen zu führen.

Aufgrund des besonderen medizinischen Sachverstandes des Arztes auf der einen Seite und dem Selbstbestimmungsrecht des Patienten auf der an-

---

353 *Glatz*, S. 21.

354 *Glatz*, S. 21.

355 BGH NJW 1982, 697, 698; 1990, 2928, 2929; 1992, 2354, 2356; *Greiner*, in: Spickhoff-Medizinrecht, § 839 BGB Rn. 200; *Laufs/Kern*; in: Handbuch-Arztrecht, § 107 Rn. 18; dies ist nun in § 630h Abs. 2 BGB normiert worden.

356 *Laufs/Kern*, in: Handbuch-Arztrecht, § 107 Rn. 18.

357 *Laufs/Kern*; in: Handbuch-Arztrecht, § 107 Rn. 17.

358 Vgl. C. III. 2. b).

deren besteht im Verhältnis zwischen Arzt und Patient die Gefahr, dass der Patient durch den Arzt bevormundet wird. Diese paternalistische Tendenz resultiert aus dem medizinischen Spezialwissen, über das der Arzt durch seine Ausbildung verfügt. Der Arzt könnte leicht der Ansicht sein, dass er aufgrund seiner fachlichen Qualifikation besser beurteilen kann, wie der weitere Behandlungsverlauf auszusehen hat. Den könnte der Patient ohne eine vorherige Aufklärung durch den Arzt nicht bestimmen, da ihm hierfür das notwendige Wissen fehlt.[359] Erfolgt eine Behandlung ohne die Notwendigkeit, eine vorherige Aufklärung einzuholen, braucht der Arzt bei der Behandlung, die dann lediglich am körperlichen Wohl des Patienten ausgerichtet ist, nicht auf den Willen des Patienten Rücksicht zu nehmen. Dies führt dazu, dass der Patient weniger Subjekt als Objekt der Behandlung ist.[360] In diesem Fall bleibt dem Patienten nichts anderes übrig, als den Ausführungen des Arztes zu vertrauen, was die paternalistische Situation noch einmal verstärkt.[361] Dies würde im Ergebnis dazu führen, dass der Weg für Zwangsbehandlungen frei wäre, die sich allein am „objektiven" Wohl des Patienten orientieren. Das körperliche „Wohl" könnte dann nach den Vorstellungen des behandelnden Arztes definiert werden, da sich die Behandlung nur hieran zu orientieren braucht. Es würde also von der Vernunfthoheit des Arztes abhängen.[362] Bei einem fortwährenden Paternalismus besteht damit die Gefahr, dass der Arzt bestimmt, wie das körperliche Wohl zu definieren ist. Damit könnte letztlich der Arzt entscheiden und auch bestimmen, wer in den Genuss einer ärztlichen Behandlung kommt.

Dieses paternalistische Bild des Arzt-Patienten-Verhältnisses hat sich jedoch im Laufe des 20. Jahrhunderts verändert. Dies resultierte aus dem Bedürfnis der Patienten, dass ihnen bei der Behandlung ein größeres Mitspracherecht eingeräumt wird.[363] Zudem vertraut der Patient nicht mehr einfach darauf, dass ihm der Arzt die richtige medizinische Behandlung vorschlägt, sondern hinterfragt diese.[364] Der Patient soll nach dem derzeitigen Verständnis der Arzt-Patienten-Beziehung eher ein verständiger und

---

359 *Jung*, ZStW 97 (1985), 47, 54.
360 *Loskot*, S. 5.
361 *Glatz*, S. 21.
362 *Eser*, ZStW 97 (1985), 1, 17.
363 *Loskot*, S. 6.
364 *Greiff*, S. 24.

damit eigenverantwortlicher Partner des Arztes sein.[365] Gleichordnung und Kooperation prägen damit nun das Arzt-Patienten-Verhältnis.[366] Mit der veränderten Position des Patienten in der Arzt-Patienten-Beziehung wird dem Arzt abgesprochen, allein den Heilauftrag zu bestimmen. Die Wertansprüche des Patienten müssen nun in diese Beziehung integriert werden.[367] Denn die Gesundheit eines Patienten kann nicht nur anhand biologischer Wertungen definiert werden. Vielmehr ist der selbstbewusst handelnde Mensch als „Geist-Leib-Einheit" zu verstehen.[368] Damit kann die Gesundheit nur über eine normative Komponente bestimmt werden, indem die organische Beeinträchtigung sich immer nachhaltig auf praktische Handlungsmöglichkeiten des Patienten auswirken muss, was nur durch ihn selbst bestimmt werden kann.[369] Deshalb kann der Patient bestimmen, wie der praktische Umgang mit seiner Krankheit erfolgt und wie die hierauf gerichtete Behandlung durchgeführt wird.[370] Um diese normative Komponente der Selbstbestimmung bewahren zu können[371], muss der Patient selbst Bedeutung und Tragweite der Behandlung durch den Arzt übersehen können. Daher muss eine detaillierte Aufklärung über den Umfang, den Verlauf sowie mögliche Risiken des Eingriffs durch den Arzt erfolgen.[372] Nur dann kann der Patient feststellen, ob die Behandlung mit seinen eigenen Wertmaßstäben übereinstimmt, sodass er sinnvoll Gebrauch von seinem Selbstbestimmungsrecht machen kann.[373]

Darüber hinaus ist der enorme technische Fortschritt in der Medizin zu beachten, der die Anforderungen an die Aufklärungspflicht noch einmal verschärft.[374] Der Arzt muss alle Entwicklungen verfolgen, alternative Behandlungsmethoden recherchieren und deren Anwendung auch verstehen. Darüber hinaus muss der Arzt dem Patienten das von ihm ausgearbeitete Behandlungskonzept verständlich erläutern.[375]

---

365 *Zabel*, GA 2015, 219, 220.
366 *Hengstenberg*, S. 73.
367 *Glatz*, S. 22 f.
368 *Köhler*, in: FS-Küper, S. 275, 281.
369 *Köhler*, in: FS-Küper, S. 275, 281.
370 *Köhler*, in: FS-Küper, S. 275, 282.
371 *Köhler*, in: FS-Küper, S. 275, 282.
372 *Zabel*, GA 2015, 219, 225.
373 *Glatz*, S. 23.
374 *Hengstenberg*, S. 2.
375 *Franz/Hansen*, S. 17; *Loskot*, S. 6.

Die genannten Besonderheiten begründen die weiten ärztlichen Aufklärungspflichten[376], die teilweise durch die Ärzteschaft als „unerfüllbar" angesehen werden.[377] Daher wird davor gewarnt, die ärztliche Aufklärungspflicht zu überspannen und die Ärzte in dieser Richtung zu überfordern.[378] Oftmals besteht kein Zusammenhang zwischen der Aufklärungspflicht und den medizinischen Belangen.[379] Außerdem wird der Patient überfordert, wenn das Maß an Aufklärung nicht von ihm aufgenommen werden kann.[380] Zudem fehlen eindeutige Handlungsanweisungen an die Ärzte, wie mit der Aufklärungspflicht umzugehen sei.[381]

In diesem Spannungsverhältnis zwischen paternalistischen Tendenzen des Arztes und der weitgehendenden Anerkennung der Eigenverantwortlichkeit des Patienten mit der einfachen Möglichkeit, durch die fehlerhafte Aufklärung einen eigenen Schadensersatzanspruch zu begründen, ist auch die Entwicklung der hypothetischen Einwilligung anzusiedeln.[382]

### 2. Zusammenhang zwischen Aufklärungsfehler und hypothetischer Einwilligung im zivilrechtlichen Arzthaftungsprozess

Der Arzt ist in der schwierigen Situation, die ordnungsgemäße Einwilligung beweisen zu müssen, wenn sich der Patient in einem zivilrechtlichen Arzthaftungsprozess auf die fehlende oder fehlerhafte Aufklärung beruft. Die hypothetische Einwilligung beugt dem Umstand vor, dass der Patient einen Aufklärungsmangel, der einem Arzt aufgrund der hohen Aufklärungspflichten unterlaufen kann, nachträglich missbraucht, um einen Schadensersatzanspruch zu begründen.[383] Aus diesem Grunde wurde die hypothetische Einwilligung durch die zivilrechtliche Judikatur ent-

376 Vgl. zum Umfang unter C. III. 2. b). bb).
377 *Katzenmeier*, Arzthaftung, S. 352; *Ulsenheimer*, Arztstrafrecht, Rn. 333.
378 *Ulsenheimer*, Arztstrafrecht, Rn. 333.
379 *Katzenmeier*, Arzthaftung, S. 352.
380 *Katzenmeier*, Arzthaftung, S. 352.
381 *Laufs*, in: Handbuch-Arztrecht, § 57 Rn. 13.
382 *Zabel*, GA 2015, 219, 220.
383 BGHZ 91, 104, 112; BGH NJW 1984, 1397, 1399; *Hengstenberg*, S. 12; *Wendehorst*, LMK 2003, 143, 144; *Wiesner*, S. 34.

wickelt[384] und trifft in der zivilrechtlichen Literatur auf überwiegende Zustimmung.[385]

### a) Beweislastverteilung durch die hypothetische Einwilligung

Im Zivilprozess kann der Arzt den Einwand der hypothetischen Einwilligung geltend machen. Dafür ist es unbeachtlich, ob zuvor eine ordnungsgemäße Einwilligung erfolgt ist.[386] Die Einwilligung kann sogar „zu spät" erfolgen, ohne die Möglichkeiten einer hypothetischen Einwilligung einzuschränken.[387] Das Verfahren der hypothetischen Einwilligung verläuft in drei Stufen.

#### aa) Erste Ebene: Einwand der hypothetischen Aufklärung

Im Rahmen einer Schadensersatzklage kann der Arzt bei einer Rüge der fehlenden oder fehlerhaften Aufklärung über den Eingriff den Einwand vorbringen, dass der Patient bei ordnungsgemäßer Aufklärung der Behandlung wirksam zugestimmt hätte, sodass letztendlich der Aufklärungsmangel nicht ursächlich für die Verletzung der körperlichen Integrität geworden ist. Hierfür trägt nun der Arzt die Beweislast.[388]

Der behauptende Arzt muss in dieser Situation darlegen können, dass der Patient bei ordnungsgemäßer Aufklärung die Behandlung ebenfalls bei ihm durchgeführt hätte. Bereits auf dieser ersten Ebene stellt die Rechtsprechung damit einen strengen Maßstab auf, um das Selbstbestimmungs-

---

384 Vgl. bereits RG JW 1907, 505, 506; BGHZ 29, 176, 176 ff.; 90, 103, 111; 172, 1, 13; 172, 254, 262; BGH NJW 1980, 1333, 1334; NJW 1990, 2928, 2929; NJW 1991, 1543, 1544.

385 *Deutsch*, NJW 1984, 1399, 1399; *Geiß/Greiner*, in: Geiß/Greiner-Arzthaftpflichtrecht, C. Rn. 144; *Hager*, in: Staudinger-BGB, § 823 I Rn. 123; *Lorz*, S. 153; *Martins/Winkhart*, in: Fallgruppenkommentar, A 1884; *Nüßgens*, in: FS-Nirk, S. 745, 751; *Schiemann*, in: Staudinger-BGB, § 249 Rn. 108; *Terbille*, in: MHM, § 1 Rn. 422.

386 Vgl. BGH NJW 1980, 1333, 1334; NJW 1984, 1397, 1399.

387 BGH NJW 1998, 2734, 2734; NJW 2003, 2012, 2014.

388 BGH NJW 1992, 2351, 2353; NJW 1994, 2414, 2415; NJW 1996, 3073, 3074; NJW 2005, 1718, 1719; NJW 2007, 2771, 2772.

recht zu wahren.[389] Dieser Maßstab erhöht sich dann noch, wenn der Patient den Eingriff zunächst abgelehnt hat.[390]

#### bb) Zweite Ebene: Darlegung eines Entscheidungskonflikts

Anschließend trifft den Patienten die Substantiierungspflicht: Er muss erklären, ob er bei vollständiger Aufklärung über Behandlungsrisiken bzw. Behandlungsalternativen zum damaligen Zeitpunkt in einen ernsthaften Entscheidungskonflikt gekommen wäre oder ob er der Behandlung zugestimmt hätte.[391] Mit dieser Schranke versucht die Rechtsprechung sicherzustellen, dass die Aufklärungsrüge nicht missbraucht wird, um einen Haftungsprozess gegen den Arzt zu begründen.[392]

Allerdings muss dieser Entscheidungskonflikt lediglich nachvollziehbar dargelegt werden, sodass keine allzu hohen Anforderungen an die Begründung gestellt werden, um das Selbstbestimmungsrecht des Patienten zu wahren.[393] Zudem kommt es nicht darauf an, ob ein „vernünftiger" Patient in einen Entscheidungskonflikt gekommen wäre, sondern maßgeblich ist allein, ob beim konkreten Patienten ein solcher Entscheidungskonflikt vorliegt. Hierzu ist der Patient persönlich durch den Tatrichter anzuhören.[394] Der Patient muss jedoch nicht darlegen, wie er sich in der konkreten Situation verhalten oder entschieden hätte. Maßgeblich ist allein, ob in der jeweiligen Situation beim Patienten ein Entscheidungskonflikt vorgelegen hätte.[395]

Allerdings erhöhen sich die Substantiierungspflichten zur Darlegung eines Entscheidungskonflikts für den Patienten, wenn die Gründe für die Ablehnung der Therapie nicht offensichtlich sind. Das ist der Fall, wenn eine medizinische Indikation für die Behandlung bestand oder die Erfolgs-

---

389 BGH NJW 1992, 2351, 2353; NJW 1994, 2414, 2415; NJW 2007, 2771, 2773.

390 BGH NJW 1994, 2414, 2415.

391 BGHZ 91, 104, 111; BGH NJW 1990, 2928, 2929; NJW 1991, 2344, 2345; NJW 1994, 2414, 2415; NJW 2005, 1718, 1719; NJW 2007, 2771, 2772.

392 Vgl. *Geiß/Greiner*, in: Geiß/Greiner-Arzthaftpflichtrecht, C. Rn. 137; *Wiesner*, S. 34.

393 Vgl. BGH NJW 2007, 2767, 2771; NJW 2007, 2774, 2776.

394 BGH NJW 1991, 1543, 1544; NJW 1994, 2414, 2415; NJW 1998, 2734, 2734; NJW 2005, 1718, 1719.

395 BGH NJW 1991, 1543, 1544; NJW 1991, 2344, 2345; NJW 1994, 2414, 2415; NJW 2005, 1718, 1719.

prognose für die Behandlung hoch ist und die Belastungen auf der anderen Seite für den Patienten verhältnismäßig gering ausfallen. Auch in diesem Falle muss ein konkreter Entscheidungskonflikt dargelegt werden, um zu vermeiden, dass die Aufklärungspflicht des Arztes zur Begründung von Haftungsansprüchen missbraucht wird.[396] Indes führt das Bestehen einer medizinischen Indikation nicht dazu, dass ein Entscheidungskonflikt ausgeschlossen ist, wenn der jeweilige Patient einer solchen Behandlung nicht zugestimmt hätte.[397]

#### cc) Dritte Stufe: Volle Beweislast beim Arzt und Entscheidung des Gerichts

Gelingt es dem Patienten darzulegen, dass er bei einer ordnungsgemäßen Aufklärung vor einem konkreten Entscheidungskonflikt gestanden hätte, trifft den Arzt wieder die volle Beweislast, dass der konkrete Patient trotz des dargelegten Entscheidungskonflikts in die Behandlung bei ihm eingewilligt hätte. Wichtig ist hierbei zu beachten, dass es allein auf den konkreten Patienten und nicht auf den Maßstab eines „durchschnittlichen" Patienten ankommt.[398] Der Arzt kann damit dennoch beweisen, dass im Einzelfall eine Einwilligung durch den Patienten erfolgt wäre.[399]

Schließlich hat das Gericht nach seiner freien Entscheidung über die Darstellungen des Arztes und des Patienten gem. § 286 ZPO zu entscheiden.[400] Dabei hat das Gericht alle Umstände, die für die hypothetische Einwilligung oder den Entscheidungskonflikt sprechen, umfassend zu würdigen, wobei für den Patienten auch „unvernünftige" Gesichtspunkte zu berücksichtigen sind.[401]

---

396 BGHZ 90, 104, 111.
397 BGHZ 172, 1, 15; BGH NJW 1980, 1333, 1334; NJW 1993, 2378, 2379; NJW 1994, 799, 801, NJW 2005, 1718, 1719.
398 BGHZ 172, 1, 15; BGH NJW 1980, 1333, 1334; NJW 1993, 2378, 2379; NJW 1994, 799, 801; NJW 2005, 1718, 1719.
399 Vgl. *Edlbauer*, S. 263; anders dagegen *Puppe*, GA 2003, 764, 773.
400 BGH NJW 1989, 2320, 2321; 1994, 2414, 2415; *Edlbauer*, S. 263; *Hengstenberg*, S. 31.
401 Vgl. BGH NJW 2007, 2271, 2773.

### b) Dogmatische Grundlage der hypothetischen Einwilligung im Zivilrecht

Nachdem die grundsätzliche Bedeutung der hypothetischen Einwilligung und deren Darlegung im Prozess dargestellt wurden, muss auf die dogmatische Grundlage der hypothetischen Einwilligung im Zivilrecht eingegangen werden. Die hypothetische Einwilligung war lange lediglich richterrechtlich ausgeprägt. Nun allerdings hat die hypothetische Einwilligung durch das „Gesetz zur Verbesserung der Rechte von Patientinnen und Patienten"[402] eine Normierung erhalten. Die genaue dogmatische Grundlage der hypothetischen Einwilligung war zuvor lange unklar. Ob die Normierung der hypothetischen Einwilligung in § 630h Abs. 2 S. 2 BGB hieran etwas geändert hat, wird nicht ganz deutlich.

#### aa) Hypothetische Kausalität

Die hypothetische Einwilligung ist zunächst von der hypothetischen Kausalität abzugrenzen. Im Rahmen der hypothetischen Kausalität kann der Arzt den Einwand vorbringen, dass der Schaden auch dann entstanden wäre, wenn er jede weitere Handlung unterlassen hätte.[403] Dies führt in Zusammenhang mit der Differenzhypothese zu einer Anspruchsminderung. Durch die Differenzhypothese wird im Zivilrecht zunächst der Umfang eines Schadensersatzanspruches ermittelt. Dies geschieht durch einen Vergleich der Ist-Vermögenslage mit der hypothetischen Soll-Vermögenslage ohne das schädigende Ereignis. Diese Differenz begründet dann den jeweiligen Schadensersatzumfang.[404] Bei der hypothetischen Soll-Lage sind aber nicht nur das schädigende Ereignis, sondern auch sonstige Ursachen zu beachten, die gleichfalls zu einem Vermögensschaden geführt hätten.[405] Die hypothetische Kausalität ist damit erst auf der Ebene der haftungsausfüllenden Kausalität zu beachten.[406]

---

402 Gesetz v. 20.2.2013, BGBl. I S. 277.

403 Vgl. BGHZ 179, 115, 118; BGH NJW 2012, 2024, 2025; *Gebauer*, S. 343; *Greiner*, in: Geiß/Greiner, Arzthaftpflichtrecht, C. Rn. 150; *Katzenmeier*, in: Laufs/Katzenmeier/Lipp, V Rn. 74.

404 BGHZ 86, 128, 130; 99, 182, 196; *Katzenmeier*, in: Laufs/Katzenmeier/Lipp, V Rn. 74; *Oetker*, in: Müko-BGB, § 249 Rn. 19; *Schiemann*, in: Staudinger-BGB, § 249 Rn. 7.

405 *Oetker*, in: Müko-BGB, § 249 Rn. 207.

406 *Oetker*, in: Müko-BGB, § 249 Rn. 208.

Die hypothetische Kausalität kann anspruchsmindernd eingeführt werden, wenn sich die hypothetische Vermögenslage bzw. „Gesundheitslage" auch ohne den Eingriff des Arztes verringert hätte. Insbesondere bei der Arzthaftung kann der Einwand der hypothetischen Kausalität mit Erfolg eingebracht werden. Denn die individuelle Beschaffenheit eines Patienten kann dazu führen, dass sich unvorhergesehene Veränderungen der körperlichen Konstitutionen ereignen, die völlig unabhängig vom ärztlichen Heileingriff sein können und sich ebenfalls auf die Gesundheit des Patienten ausgewirkt hätten.[407] Insofern wird eine Reserveursache geltend gemacht.[408]

Daher besteht eine gewisse Ähnlichkeit zur hypothetischen Einwilligung, da auch hier ein hypothetischer Einwand geltend gemacht wird, dass der Patient bei ordnungsgemäßer Einwilligung der Behandlung zugestimmt hätte. Wenn dies der Fall wäre, könnte eine Haftung des Arztes ebenso unbillig sein wie bei der hypothetischen Kausalität.[409] Ungeachtet dieser Vergleichbarkeit muss der Arzt den Einwand der hypothetischen Kausalität beweisen[410], sodass ein Teil der Beweislast nicht wie bei der hypothetischen Einwilligung mit der Darlegung des Entscheidungskonflikts auf den Patienten „umgelegt" werden kann.

Außerdem geht es bei der hypothetischen Einwilligung um die Frage, ob die haftungsbegründende Kausalität gegeben ist. Die hypothetische Kausalität wird erst bei der haftungsausfüllenden Kausalität beachtet.[411]

#### bb) Rechtmäßiges Alternativverhalten

Teilweise wird davon ausgegangen, dass die dogmatische Grundlage der hypothetischen Einwilligung das rechtmäßige Alternativverhalten ist.[412] Nach dieser Ansicht ist der Einwand daher nur in engen Grenzen möglich, wenn es um eine unwesentliche Förmlichkeit geht.[413]

---

407 *Katzenmeier*, in: Laufs/Katzenmeier/Lipp, V Rn. 74.

408 *Greiner*, in: Geiß/Greiner, Arzthaftpflichtrecht, C. Rn. 151.

409 *Gebauer*, S. 343; zustimmend *Laufs*, in: Handbuch-Arztrecht, § 63 Rn. 8.

410 BGH NJW 1987, 1481, 1484; *Greiner*, in: Geiß/Greiner, Arzthaftpflichtrecht, C. Rn. 152.

411 *Hengstenberg*, S. 24.

412 *Deutsch/Spickhoff*, VIII Rn. 517; *Nüßgens*, in: FS Nirk, S. 745, 749 f.

413 *Deutsch/Spickhoff*, VIII Rn. 517.

Der Schädiger macht beim rechtmäßigen Alternativverhalten geltend, dass der von ihm verursachte Schaden auch dann eingetreten wäre, wenn sein Verhalten rechtmäßig gewesen wäre.[414] Es ist aber umstritten, ob das rechtmäßige Alternativverhalten ein Anwendungsfall der hypothetischen Kausalität[415] ist oder eine eigenständige Fallgruppe[416] bildet.

Anders als bei der hypothetischen Kausalität steht in den Fallgruppen des rechtmäßigen Alternativverhaltens fest, dass die Handlung des Arztes für die Rechtsgutsverletzung beim Patienten kausal war. Dem Schädiger wird lediglich erlaubt darzulegen, dass die Verletzung auch bei einem hypothetisch rechtmäßigen Verhalten erfolgt wäre.[417]

Dieser Einwand liegt in ähnlicher Weise bei der hypothetischen Einwilligung vor. Hier erfolgt eine Berufung darauf, dass der Patient seine Einwilligung zur Behandlung abgegeben hätte, wenn er ordnungsgemäß aufgeklärt worden wäre. Somit wird das rechtswidrige Verhalten durch ein hypothetisch gerechtfertigtes Verhalten ersetzt, da der Behandlung eine hypothetische Einwilligung hinzugedacht wird, sodass sie nicht mehr rechtswidrig war. Der eigentliche Handlungsablauf wird aber nicht mit einem hypothetischen Handlungsablauf verglichen, sodass dieser weiterhin zur Verletzung der körperlichen Integrität führt. Das rechtmäßige Alternativverhalten setzt dagegen an der ganzen Handlung an und ersetzt diese durch einen hypothetisch rechtmäßigen Handlungsablauf, während die hypothetische Einwilligung nur die Einwilligung selbst betrifft. Dies unterscheidet die hypothetische Einwilligung vom rechtmäßigen Alternativverhalten.[418]

#### cc) Fehlender Schutzzweckzusammenhang

Die hypothetische Einwilligung ist auch von den Fällen des fehlenden zusammenhangs abzugrenzen.[419] Mit dem fehlenden Schutzzweckzusammenhang bei der ärztlichen Aufklärung sind zwei Fälle angesprochen:

---

414 *Schiermann*, in: Staudinger-BGB, Vor § 249 Rn. 102; *Oetker*, in: Müko-BGB, § 249 Rn. 217.

415 *Oetker*, in: Müko-BGB, § 249 Rn. 217.

416 *Lange*, in: Lange/Schiemann, S. 199 f.

417 *Terbille*, in: MHM, § 1 Rn. 634.

418 *Hengstenberg*, S. 23.

419 Vgl. *Hengstenberg*, S. 24.

Einmal klärt der Arzt zwar über ein bestimmtes Risiko nicht auf, beim Patienten realisiert sich im Ergebnis aber ein völlig anderes Risiko, über das aufgeklärt worden ist. Bei der zweiten Konstellation realisiert sich ein Risiko, über das der Arzt zwar aufgeklärt hat. Die Einwilligung war jedoch aus sonstigen Gründen unwirksam.[420]

Der BGH lässt diesen Einwand des fehlenden Schutzzweckzusammenhangs in engen Grenzen zu. Der BGH geht davon aus, dass der Schutzzweckzusammenhang zwischen Aufklärungsmangel und Verletzung der körperlichen Integrität fehlen könne, wenn zwar ein entsprechender Aufklärungsmangel vorliege, sich allerdings im Ergebnis nicht die Gefahr realisiert habe, über die vorliegend in der vorliegenden Behandlung aufgeklärt werden musste.[421] Dem Patienten sei der Eingriff zwar in seiner grundsätzlichen Bedeutung darzulegen, er müsse aber nicht unheilvoller dargestellt werden, als er tatsächlich sei. Der Patient brauche nur eine allgemeine Vorstellung von dem Eingriff zu erhalten und müsse nicht über jedes denkbare, auch weit entfernte Risiko aufgeklärt werden.[422]

Zudem sei es nach Ansicht des BGH irrelevant, ob auch über andere, möglicherweise noch unbekannte Risiken, die sich nicht verwirklicht haben, hätte aufgeklärt werden müssen, wenn sich ein Risiko verwirklicht habe, über das aufgeklärt werden müsse und über das tatsächlich aufgeklärt worden sei.[423] Dann könne dieser Fehler nicht dazu missbraucht werden, um eine Aufklärungsrüge für das aufgeklärte und realisierte Risiko zu begründen.[424]

Die hypothetische Einwilligung unterscheidet sich von den Fällen des fehlenden Schutzzweckzusammenhangs dahingehend, dass es beim fehlenden Schutzzweckzusammenhang um Fälle geht, bei denen die Aufklärung nicht ordnungsgemäß erfolgt ist, die Haftung aber aufgrund einer wertenden Betrachtung ausgeschlossen wird, da sich dieses Risiko der fehlerhaften Aufklärung im Ergebnis nicht realisiert hat. Bei der hypothetischen Einwilligung wird dagegen die fehlerhafte Einwilligung durch eine hypothetisch ordnungsgemäße Einwilligung ersetzt.[425]

---

420 *Katzenmeier*, in: Laufs/Katzenmeier/Lipp, V Rn. 66.
421 BGHZ 90, 96, 101 f.
422 BGHZ 90, 104, 108.
423 BGHZ 168, 103, 111.
424 *Hengstenberg*, S. 27.
425 *Hengstenberg*, S. 27.

#### dd) Auswirkungen durch Normierung in § 630h Abs. 2 S. 2 BGB

Die hypothetische Einwilligung hat nun in § 630h Abs. 2 S. 2 BGB eine Normierung erfahren. Wenn die Aufklärung nicht ordnungsgemäß erfolgt ist, kann sich der Behandelnde darauf berufen, dass der Patient auch im Fall einer ordnungsgemäßen Aufklärung in die Maßnahme eingewilligt hätte. Dabei hat der Gesetzgeber es unterlassen zu normieren, dass der Patient einen entsprechenden Entscheidungskonflikt darlegen muss.[426] Nach der Gesetzesbegründung wollte der Gesetzgeber aber die richterrechtliche hypothetische Einwilligung nur gesetzlich umsetzen.[427] Man kann daher davon ausgehen, dass der Gesetzgeber keine Änderung dieser zweiten Stufe wollte und der Patient daher weiterhin einen Entscheidungskonflikt darlegen muss.[428] Die Normierung hat zumindest im Zivilrecht keine grundsätzlichen Auswirkungen auf die dogmatische Grundlage der hypothetischen Einwilligung.

### 3. Beachtung des Selbstbestimmungsrechtes auch bei einer hypothetischen Einwilligung im Zivilrecht

Gegen die hypothetischen Einwilligung wird in der zivilrechtlichen Literatur nun der Einwand erhoben, dass das Selbstbestimmungsrecht des Patienten dadurch unterlaufen werde, zumal es gerade Sinn und Zweck der Aufklärung sei, das Selbstbestimmungsrecht des Patienten abzusichern.[429] Eine solche nachträgliche Autonomieverletzung sei zudem nicht heilbar.[430]

Jedoch zeigt sich hier, dass die Rechtsprechung bemüht ist, dem Selbstbestimmungsrecht ein größeres Gewicht einzuräumen. Die Rechtsprechung versucht nämlich, im Rahmen der hypothetischen Einwilligung beide Interessen zu berücksichtigen. Die Einschränkung des Selbstbestimmungsrechtes erfolgt somit nur in der Weise, dass für den Patienten dann

---

426 *Conrad/Koranyi*, Jus 2013, 979, 980; *Katzenmeier*, NJW 2013, 817, 822; *Preis/Schneider*, NZS 2013, 281, 286.

427 Gesetz zur Verbesserung der Rechte von Patientinnen und Patienten, v. 20.2.2013, BT-Drucks. 17/10488, S. 56.

428 *Conrad/Koranyi*, Jus 2013, 979, 981; *Katzenmeier*, NJW 2013, 817, 822.

429 *Esser/Schmidt*, Schuldrecht I/2, § 33 VI 2; *Giesen*, JZ 1991, 677, 678; *Frank/Löffler*, Jus 1985, 689, 693; *Hart*, in: FS-Heinrichs, S. 291, 316.

430 *Esser/Schmidt*, Schuldrecht I/2, § 33 VI 2.

eine Darlegungslast besteht, wenn der Arzt aufzeigen kann, dass der Patient bei ordnungsgemäßer Behandlung zugestimmt hätte. Erst dann trifft dem Patienten die Pflicht darzulegen, dass sein Selbstbestimmungsrecht auch wirklich betroffen war, da er sich in einem Entscheidungskonflikt befunden habe und damit sein Selbstbestimmungsrecht schutzbedürftig war.[431] Die Einwilligung verkommt damit nicht zum Selbstzweck[432], sondern wäre in dieser Situation zwingend geboten. Insoweit ist die Darlegungslast für den Patienten sogar gemindert, da er nicht einmal aufzeigen muss, wie er sich in der konkreten Situation entschieden hätte. Vielmehr muss er auf der zweiten Stufe nur darlegen, dass er sich in einem Entscheidungskonflikt befunden habe.[433] Das Selbstbestimmungsrecht kann damit durch den Patienten nicht missbraucht werden, um einen Schadensersatzanspruch für eine fehlende oder fehlerhafte Aufklärung zu begründen. Wenn allerdings ein Entscheidungskonflikt für den Patienten bestanden hat, der für den Tatrichter nachvollziehbar ist, wird es dem Arzt weiterhin schwer fallen, diesen zu widerlegen. Dies wird auch dadurch bestätigt, dass es bekanntlich nur einen Fall der wirksamen hypothetischen Einwilligung gab.[434]

Dem Zivilrecht gelingt damit die Balance zwischen Selbstbestimmungsrecht und Missbrauchskontrolle durch die Verlagerung der Beweislast mit Hilfe der hypothetischen Einwilligung. So kann einer Partei die Beweislast für eine bestimmte Behauptung auferlegt werden, ohne den grundsätzlich bestehenden Schutz des Selbstbestimmungsrechtes zu beeinträchtigen, um damit den Missbrauch einzudämmen. Die Rechtsprechung ist jedoch bemüht, das Selbstbestimmungsrecht nicht zu weit einzuschränken. Die Anforderungen für den Arzt bleiben hoch, sodass gar nicht der Anreiz besteht, die Aufklärung weniger sorgfältig durchzuführen.[435] Man kann daher grundsätzlich die hypothetische Einwilligung als einen Kompromiss zwischen Selbstbestimmungsrecht und Missbrauchsvorsorge im Zivilrecht ansehen.

---

431 Vgl. *Geiß/Greiner*, in: Geiß/Greiner-Arzthaftpflichtrecht, C. Rn. 144.
432 *Schiemann*, in: Staudinger-BGB, § 249 Rn. 108.
433 Vgl. C. IV. 2. a). bb).
434 *Albrecht*, S. 75 unter Verweis auf OLG Karlsruhe, VersR 2001, 860, 861.
435 *Schiemann*, in: Staudinger-BGB, § 249 Rn. 108.

### 4. Zusammenfassung der zivilrechtlichen Grundlagen

Die hypothetische Einwilligung stellt damit im Zivilrecht aufgrund des austarierten Systems im Beweisrecht einen gelungenen Versuch dar, die Haftung der Ärzte zu beschränken, ohne dass Selbstbestimmungsrecht der Patienten wesentlich zu beschränken. Dabei stellt der Rückgriff auf das Beweisrecht sicher, dass die ärztliche Haftung zunächst für den Patienten günstig bleibt und das Selbstbestimmungsrecht weiterhin Berücksichtigung und Schutz findet.[436] Denn der Arzt wird in einem Prozess trotz der Möglichkeit der hypothetischen Einwilligung nicht davon befreit zu beweisen, dass der jeweilige Patient trotz eines Entscheidungskonflikts in die Behandlung eingewilligt hätte. Die Hürden für den Arzt bleiben weiterhin hoch, sodass die hypothetische Einwilligung nur in Ausnahmefällen angewendet wird.[437] Dem Zivilrecht gelingt es damit, trotz der Einschränkung des Selbstbestimmungsrechtes die richtige Balance zwischen dieser Einschränkung und der Missbrauchsprävention zu finden.[438] Dies ist vor allem deshalb lohnenswert, da die ärztliche Aufklärungspflicht im Zivilrecht so umfassend ist, dass es den Ärzten oft schwerfällt, diese in ausreichendem Maße zu berücksichtigen und eine hinreichende Aufklärung vorzunehmen.

## *V. Die hypothetischen Einwilligung im Strafrecht*

Zur Darstellung der hypothetischen Einwilligung im Strafrecht können die bisherigen zivilrechtlichen Ergebnisse zwar benutzt werden. Es müssen jedoch die jeweiligen Besonderheiten des Strafrechts beachtet werden, wenn es um die Darstellung der hypothetischen Einwilligung im Strafrecht geht, die bei den Voraussetzungen und der dogmatischen Grundlage der hypothetischen Einwilligung zu berücksichtigen sind.

---

436 Vgl. auch *Sickor*, JA 2008, 11, 14.

437 *Schwartz*, S. 150.

438 „ausgewogener zivilprozessualer Beweislastregeln“, vgl. *Eser*, in: Schönke/Schröder, § 223 Rn. 40g.

### 1. Anerkennung der hypothetischen Einwilligung durch die Rechtsprechung

Die Rechtsprechung hat die hypothetische Einwilligung in einigen Urteilen im Strafrecht anerkannt. Dabei sollen diese Urteile zunächst dargestellt werden, bevor versucht werden soll, die dogmatische Grundlage der hypothetischen Einwilligung nach der Rechtsprechung zu erfassen und ihre Anwendungsvoraussetzungen zu beschreiben.

#### a) Rechtsprechung zur hypothetischen Einwilligung

Aus der bisherigen Rechtsprechung zur hypothetischen Einwilligung im Strafrecht können Rückschlüsse für ihre Voraussetzungen und ihre dogmatische Grundlage gefunden werden. Dabei lassen sich drei Entwicklungslinien bei der hypothetischen Einwilligung nachvollziehen.

##### aa) Die Anfänge der hypothetischen Einwilligung in der Rechtsprechung des BGH in Strafsachen

Zunächst lassen sich fünf Entscheidungen des BGH und eine Entscheidung des Reichsgerichts auffinden, in denen sich erste Ansätze hinsichtlich der Etablierung der hypothetischen Einwilligung im Strafrecht entdecken lassen, ohne dass der BGH die Bezeichnung „hypothetische Einwilligung" wählt. Auffällig ist dabei, dass sich diese ersten Entscheidungen insbesondere mit der hypothetischen Einwilligung im Zusammenhang mit der fahrlässigen Verletzung von Aufklärungspflichten befassen. Diese Entscheidungen sind vor allem deshalb relevant, weil der BGH in späteren Entscheidungen zum Teil wieder darauf Bezug nahm.

###### (1) Anfänge der hypothetischen Einwilligung im Strafrecht beim Reichsgericht und dem BGH

Zunächst gibt es zwei Urteile, die sich wie die hypothetische Einwilligung mit einem hypothetischen Ablauf beschäftigen. Sie sollen in aller Kürze dargestellt werden.

### (a) „Fußamputations“-Fall

Der „Fußamputations“-Fall v. 31.5.1894 fällt noch in Zeit des Reichsgerichts.[439] Hier hatte ein Arzt einem siebenjährigen Kind den an Tuberkulose erkrankten Fuß amputiert, obwohl sich der Vater des Kindes vehement gegen diese Operation ausgesprochen hatte. Während das Landgericht noch eine tatbestandliche Körperverletzung verneinte, da die Operation *lege artis* vorgenommen wurde und medizinisch indiziert war, sodass nach Ansicht des Landgerichts bereits begrifflich keine Körperverletzung i.S.d. § 223 StGB vorliegen konnte, hob das Reichsgericht dieses Urteil auf. Seitdem gilt jeder ärztliche Eingriff, der nicht durch eine Einwilligung gerechtfertigt ist, als tatbestandliche Körperverletzung.[440]

Relevant für die hypothetische Einwilligung ist hierbei die anfängliche Vermutung des Arztes, dass er den Vater des Kindes im Hinblick auf die Operation und deren Notwendigkeit nach der Operation noch umstimmen könne. Das Landgericht nahm daher an, dass die Rechtwidrigkeit der Tat in objektiver als auch subjektiver Weise fehle.[441] Das Reichsgericht lehnt dies jedoch mit der Begründung ab, dass die Zustimmung im Zeitpunkt nach der Operation nicht mehr möglich sei und daher die nachträgliche Zustimmung des Vaters lediglich eine „Verzeihung“ darstelle. Eine Einwilligung könne sich dagegen nur auf gegenwärtige oder zukünftige Ereignisse beziehen.[442] Das Reichsgericht stellte damit zunächst die Wichtigkeit des Selbstbestimmungsrechtes klar und verneinte, dass eine Genehmigung in diesem Zusammenhang denkbar ist.

Zudem knüpft die hypothetische Einwilligung bereits an den Zeitpunkt vor der tatbestandlichen Handlung an, um zu bestimmen, ob der Patient der Handlung zugestimmt hätte, wenn dieser vor der Tat ordnungsgemäß befragt worden wäre. Hier wurde der Vater des Kindes jedoch ordnungsgemäß über die Folgen der Operation aufgeklärt, sodass keine unwirksame oder fehlende Einwilligung gegeben und daher der Anwendungsbereich der hypothetischen Einwilligung auch nicht betroffen war. Vorliegend erteilte der Vater die Einwilligung nicht und der Arzt setzte sich darüber hinweg. Die hypothetische Einwilligung jedoch setzt eine unwirksame oder

---

439 RGSt 25, 375.

440 RGSt 25, 375, 378; vgl. hier insbesondere oben unter C. III. 1. a).

441 RGSt 25, 375, 378.

442 RGSt 25, 375, 383.

fehlende Einwilligung voraus.[443] Diese Entscheidung des Gerichts kann daher aufgrund des fehlenden Bezuges zur hypothetischen Einwilligung vernachlässigt werden.

### (b) „Darlehens"-Fall

Als nächstes ist der sog. „Darlehens"-Fall des BGH v. 24.2.1959 zu nennen.[444] Laut Sachverhalt hatte sich ein Referendar ein Darlehen verschafft, indem er unrichtige Angaben gegenüber dem Darlehensgeber gemacht hatte. Der Darlehensgeber gab jedoch an, dass die Angaben des Referendars für seinen Entschluss, das Darlehen zu geben, unerheblich gewesen seien. Ausschlaggebend sei für ihn gewesen, dass der Referendar auf einem Richterstuhl gesessen habe, auch wenn er kein Richter, sondern ein Referendar gewesen sei. Maßgeblich sei daher, so der BGH, dass der tatsächliche Verlauf der Willensbildung nicht sein Dasein oder seine rechtliche Bedeutung dadurch verliere, dass an seine Stelle ein anderer getreten, d.h. hypothetische Ursache gereteten wäre, diese aber tatsächlich nicht an diese Stelle getreten sei. Diese tatsächliche Äußerung bleibe vielmehr die wirkliche Grundlage der Vermögensverfügung. Die innere Verknüpfung zwischen Irrtum und der veranlassten Vermögensverfügung werde nicht dadurch aufgehoben, dass der Getäuschte andere Überlegungen angestellt hätte, die er in Wirklichkeit nicht angestellt habe.[445]

Teilweise wird angenommen, dass dieses Urteil gegen die Zulässigkeit der hypothetischen Einwilligung im Strafrecht spricht. Nach dieser Ansicht sei die hypothetische Einwilligung nur eine unbeachtliche Ersatzursache.[446] Zunächst ist es richtig, dass sich diese Entscheidung wie auch die hypothetische Einwilligung selbst mit hypothetischen Kausalverläufen beschäftigt.[447] Dann müsste sich die hypothetische Einwilligung aber auch mit der Frage der tatsächlichen Kausalität befassen.[448] Dies ist, wie sich im Verlauf der Untersuchung zeigt, aber nicht der Fall.

---

443 *Hengstenberg*, S. 77.
444 BGHSt 13, 13.
445 BGHSt 13, 13, 14.
446 *Puppe*, JR 2004, 469, 471.
447 *Hengstenberg*, S. 79.
448 *Hengstenberg*, S. 80.

### (2) „Zweiter Myom"-Fall

Den eigentlichen Anfang in der Übertragung der hypothetischen Einwilligung in das Strafrecht bildet das Urteil des BGH v. 28.10.1960[449], das im Zusammenhang mit dem „Ersten Myom"-Fall steht.[450] Teilweise wird in Zweifel gezogen, ob sich dieser Fall mit der hypothetischen Einwilligung als solches befasst.[451]

#### (a) Sachverhalt und Entscheidung durch den BGH

Der angeklagte Arzt operierte die Patientin an der Gebärmutter, da sich an dieser eine doppelfaustgroße Gebärmuttergeschwulst (Myom) gebildet hatte. Im Laufe der Operation stellte sich heraus, dass das Myom fest mit der Gebärmutter verbunden war. Der Arzt entfernte daher fachgerecht weite Teile der Gebärmutter, weil eine andere Entfernung des Myoms nicht möglich war. Er rechnete aber bereits vor der Operation damit, dass eine weitgehende Entfernung der Gebärmutter notwendig sei. Die Patientin wendete nach der Operation ein, dass sie mit einer so weitgehenden Entfernung weiter Teile der Gebärmutter nicht einverstanden gewesen wäre. Das Landgericht verurteilte den Arzt wegen fahrlässiger Körperverletzung, da er es versäumt hatte, über die Möglichkeit einer weitgehenden Entfernung der Gebärmutter aufzuklären und somit irrig davon ausging, dass eine Einwilligung der Patientin vorlag. Er hätte seinen Irrtum aber bei der Einhaltung der erforderlichen Sorgfalt erkennen können.

Der BGH hob dieses Urteil jedoch auf.[452] Er begründete seine Entscheidung neben formellen auch mit materiellen Gründen. Nach Ansicht des BGH genüge es nicht, eine fahrlässige Körperverletzung damit zu begründen, dass der Angeklagte es fahrlässig unterlassen habe, die Patientin hinreichend aufzuklären. Um einen Fahrlässigkeitsvorwurf begründen zu können, hätte es für den Arzt auch erkennbar sein können oder müssen, dass ein Patient, wenn er ordnungsgemäß aufgeklärt worden wäre, nicht in die Operation eingewilligt hätte. Der Angeklagte durfte aber im vorliegen-

---

449 BGHSt 15, 200.

450 BGHSt 11, 111 f., dieser Fall hatte sich bereits mit der Aufklärungspflicht eines Arztes befasst, ist jedoch für die hypothetische Einwilligung irrelevant.

451 *Hengstenberg*, S. 85; a. A. wohl *Rönnau*, JZ 2004, 801, 801.

452 BGHSt 15, 200, 201.

den Fall davon ausgehen, dass die Patientin mit der Entfernung einverstanden gewesen wäre, sodass es für ihn nicht erkennbar gewesen sei, dass die Patientin nicht ihre Einwilligung abgegeben hätte. Nach dem BGH begründete sich hieraus kein Fahrlässigkeitsvorwurf.[453]

(b) Einordnung der Entscheidung

In dieser Entscheidung lassen sich gewisse Ähnlichkeiten zur hypothetischen Einwilligung feststellen. Allerdings prüft der BGH die Voraussetzungen, die eine Ähnlichkeit zu denen der hypothetischen Einwilligung aufweisen, bereits beim Fahrlässigkeitsvorwurf.[454] Außerdem werden die Voraussetzungen der hypothetischen Einwilligung aus der Sicht des jeweiligen Patienten geprüft. Abweichend hiervon prüfte der BGH in diesem Fall den Fahrlässigkeitsvorwurf aus der Sicht des Arztes. Somit ist die Prüfungsperspektive im Vergleich zur hypothetischen Einwilligung eine ganz andere.[455] In späteren Entscheidungen prüft der BGH jedoch die hypothetische Einwilligung erst beim Pflichtwidrigkeitszusammenhang bzw. nimmt erst auf der Ebene der Rechtswidrigkeit eine Prüfung vor.

Im Ergebnis muss jedoch festgehalten werden, dass die grundlegende Prüfungsformel, die in diesem Fall verwendet wurde, bei der hypothetischen Einwilligung dieselbe ist und sich in deren weiteren Entwicklung nicht mehr grundlegend ändert. Man kann daher den „Zweiten Myom"-Fall durchaus als Beginn der Entwicklung der hypothetischen Einwilligung ansehen.

(3) „Hodenentfernungs"-Fall

Der Entscheidung des BGH v. 5.11.1963[456] können weitere erste Ansatzpunkte für die hypothetische Einwilligung entnommen werden.[457]

---

453 BGH, 4 StR 375/60, Rn. 13, zitiert nach juris; die amtliche Sammlung BGHSt 15, 200 enthält nicht diese Passagen bzgl. der materiellen Rechtverletzung im „Zweiten Myom"-Fall.

454 Vgl. *Hengstenberg*, S. 85.

455 *Hengstenberg*, S. 85.

456 BGH JZ 1964, 231.

457 Vgl. *Edlbauer*, S. 273 f.; *Hengstenberg*, S. 83; *Wiesner*, S. 83 f.

### (a) Sachverhalt und Entscheidung durch den BGH

Ein Patient beklagte sich über Schmerzen im Bereich der Hoden. Zur weiteren Untersuchung musste jedoch der Hodensack geöffnet werden. Der Arzt rechnete aufgrund des von ihm vermuteten Krankheitsbildes und des bisherigen Befunds vorher schon mit der Entfernung des linken Hodens, was er dem Patienten auch mitteilte. Über die Entfernung des rechten Hodens brauchte der Arzt nach seinem damaligen Erkenntnisstand nicht aufzuklären. Hinsichtlich des rechten Hodens gab der Arzt dem Patienten nach dessen Rückfrage aber zu bedenken, dass er zwar nicht alles abschneiden werde. Erst nach einer weiteren Untersuchung könne man aber entscheiden, inwiefern eine Entfernung des rechten Hodens aufgrund des Krankheitsbildes notwendig sei. Der Patient äußerte sich dazu nicht weiter, sodass der Arzt davon ausging, dass der Patient mit dieser Vorgehensweise einverstanden sei. Während der Operation stellte sich eine Tuberkuloseerkrankung des Patienten heraus, sodass es medizinisch notwendig war, auch den rechten Hoden zu entfernen. Dies tat der Arzt auch. Der Patient gab anschließend an, dass er mit der Operation nicht einverstanden gewesen wäre, wenn er Umfang und Tragweite dieser Operation gekannt hätte.

Der BGH hob die Verurteilung des Arztes wegen fahrlässiger Körperverletzung auf. Der Patient habe insofern in die Entfernung des Hodens eingewilligt, als dies medizinisch notwendig gewesen sei.[458] Außerdem erwähnt der BGH, dass der Fahrlässigkeitsvorwurf nur dann bestehe, wenn es für den Arzt erkennbar gewesen sei, dass der Patient seine Zustimmung verweigert hätte, wenn er ordnungsgemäß aufgeklärt worden wäre. Hierfür verweist der BGH auf den „Zweiten Myom"-Fall.[459] Zudem deutet das Gericht an, dass ein Aufklärungsmangel ausnahmsweise unbeachtlich sein kann, wenn die Operation doch letztlich dem Willen des Patienten entspricht.[460]

---

458 BGH JZ 1964, 231, 232.
459 BGH JZ 1964, 231, 232.
460 *Edlbauer*, S. 276, *Wiesner*, S. 82.

(b) Einordnung der Entscheidung

In diesem Urteil bestätigt der BGH seine Rechtsprechung aus dem „Zweiten Myom"-Fall und unterstreicht insbesondere, dass der Fahrlässigkeitsvorwurf voraussetze, dass es für den Arzt erkennbar gewesen sei oder dass er hätte erkennen müssen, dass eine hypothetische Ablehnung durch den Patienten bestehe.[461]

Zudem deutet der BGH an, dass für die Strafbarkeit eines Arztes nur dann Raum besteht, wenn die Operation letztendlich nicht dem Willen des Patienten entspricht.[462]

Selbst wenn es noch nicht um die hypothetische Einwilligung in ihrer heutigen Form geht[463], kann man dieses Urteil als weitere Andeutung des BGH verstehen, auch hypothetische Überlegungen zur Begrenzung der Strafbarkeit zu nutzen. Dies mündet schließlich in die hypothetische Einwilligung.

(4) „O-Bein-Korrektur"-Fall

Bei dieser Entscheidung vom 25.9.1990 hat der BGH erstmalig den Einwand der hypothetischen Einwilligung mit der bekannten Prüfungsformel zugelassen.[464]

(a) Sachverhalt und Entscheidung des BGH

Der Patient wollte seine O-Beine durch den angeklagten Chefarzt korrigieren lassen, den der Patient damals als den „Größten" ansah. Er war glücklich darüber, dass endlich ein Arzt seine Beine korrigieren würde. Sowohl der angeklagte Chefarzt als auch eine Assistenzärztin, die das Einwilligungsgespräch vor der Operation mit dem Patienten durchführte, nahmen aber keine entsprechende Risikoaufklärung über die möglichen Gefahren der Operation zur Korrektur der O-Beine vor. Diese Gefahren realisierten

---

461 Vgl. *Edlbauer*, S. 276.
462 *Hengstenberg*, S. 90; *Wiesner*, S. 84.
463 Vgl. *Hengstenberg*, S. 90.
464 BGHR StGB § 223 Abs. 1 Heileingriff 2, Az. 5 StR 342/90.

sich jedoch nachträglich, sodass der Patient seine Beine nur noch eingeschränkt nutzen kann.

Der BGH sprach den Chefarzt vom Vorwurf der fahrlässigen Körperverletzung frei, obwohl er davon ausging, dass die Aufklärung durch die Angeklagten pflichtwidrig gewesen sei. Die pflichtwidrige Aufklärung sei aber letztendlich nicht ursächlich für den Körperverletzungserfolg. Denn aufgrund des großen Vertrauens in das ärztliche Können des Angeklagten hätte der Patient selbst dann in die Operation eingewilligt, wenn er über alle Risiken vollständig aufgeklärt worden wäre, da er letztendlich froh gewesen sei, dass er endlich zur Korrektur seiner Beine operiert werde.[465]

(b) Einordnung der Entscheidung

Damit hat der BGH in diesem Fall die hypothetische Einwilligung bei einem fahrlässigen Aufklärungsfehler ausdrücklich zugelassen, auch wenn er die hypothetische Einwilligung letztendlich als solche nicht benannt hat.[466] Der BGH hat anders als im „Hodenentfernungs-Fall“ den Blickwinkel des Patienten eingenommen, was eine deutliche Annäherung an die heutige Prüfungsformel der hypothetischen Einwilligung bedeutet. In den vorangegangenen Entscheidungen war immer der Blickwinkel des Arztes entscheidend.[467]

Der BGH stützt dabei den Freispruch auf die Nichtursächlichkeit des Aufklärungsmangels, sodass der BGH anders als in den vorangegangenen Fällen keine vertiefte Prüfung des Fahrlässigkeitsvorwurfs mehr vornimmt, sondern eine Prüfungsebene „tiefer“ ansetzt. Weitere Erläuterungen insbesondere hinsichtlich einer dogmatischen Grundlage fehlen jedoch.[468]

Der BGH führte allerdings aus, dass sich der Patient unmittelbar vor der Operation in einer Paniksituation befand. Nach den zivilrechtlichen Grundsätzen hätte der Patient persönlich hinsichtlich seines Entscheidungskonfliktes durch den Tatrichter befragt werden müssen. Dies wurde durch die Revision auch explizit eingewendet. Der BGH ging darauf aber

---

465 BGHR StGB § 223 Abs. 1 Heileingriff 2, S. 3.
466 Vgl. *Wiesner*, S. 85.
467 *Hengstenberg*, S. 94.
468 *Edlbauer*, S. 278; *Hengstenberg*, S. 94; *Wiesner*, S. 85.

nicht ein, da sich der Patient am Ende beruhigt und doch seine Einwilligung erklärt habe.[469]

### (5) „Surgibone-Dübel"-Fall

Bei seiner Entscheidung v. 29.6.1995 beschäftigte der sich der BGH abermals mit der hypothetischen Einwilligung.[470]

#### (a) Sachverhalt und Entscheidung des BGH

Der angeklagte Arzt hatte eine abgenutzte Halsbandscheibe zu ersetzen. Nach deren Entfernung setzte er einen Rinderknochen („Surgibone") als Abstandshalter zwischen die angrenzenden Halswirbel ein, obwohl damals in der Bundesrepublik Deutschland üblicherweise Eigenknochen oder Kunststoff verwendet wurden. Zur Tatzeit war der Rinderknochen noch nicht als Arzneimittel zugelassen. Der Arzt ging jedoch davon aus, dass dies der Fall sei, da er die Rinderknochen über die Hausapotheke des Krankenhauses bezog. Über die unterschiedlichen Vor- und Nachteile der spezifischen Materialien wurden die Patienten auf Anweisung des Angeklagten aber nicht aufgeklärt, um diese nicht zu verunsichern. In allen Fällen hätten die Patienten nicht oder zumindest nicht sofort in die Verwendung des Materials eingewilligt, wenn sie ordnungsgemäß aufgeklärt worden wären.

Der BGH ging jedoch davon aus, dass über die Verwendung des Rinderknochens nicht eigenständig aufzuklären sei, weil von ihm im Vergleich zu den anderen Behandlungsmethoden kein gesteigertes Risiko ausgehe, sodass aus der Verwendung des Rinderknochens keine höheren Belastungen für die Patienten folgten.[471] Erst wenn von den unterschiedlichen Behandlungsmethoden andere Belastungsfolgen für den Patienten einhergehen, bestehe eine Aufklärungspflicht für den Arzt. Grundsätzlich sei es aber Sache des Arztes, welche Behandlungsmethode er wähle.[472] Dennoch nahm der BGH einen Aufklärungsmangel an, weil der Rinder-

469 Vgl. *Edlbauer*, S. 278; *Hengstenberg*, S. 94; *Wiesner*, S. 85.
470 BGH NStZ 1996, 34.
471 BGH NStZ 1996, 34, 34.
472 BGH NStZ 1996, 34, 34.

knochen zur Tatzeit nicht als Arzneimittel zugelassen war. Darüber hätte der Arzt aufklären müssen.[473]

Der BGH gab außerdem folgende Hinweise: Ein Aufklärungsmangel führt nur dann zur Strafbarkeit eines Arztes, wenn der Patient trotz ordnungsgemäßer Aufklärung nicht in den Eingriff eingewilligt hätte. Dies ist dem Arzt im Gegensatz zum Zivilrecht nachzuweisen. Bestehen weiterhin Zweifel, ist davon auszugehen, dass die Einwilligung bei ordnungsgemäßer Aufklärung erteilt worden wäre.[474]

Am Ende der Entscheidung gab der BGH einige allgemeine Hinweise in Bezug auf die Einschränkung der ärztlichen Haftung. Eine Einschränkung könne sich auch aus dem Schutzzweckgedanken ergeben, der entsprechend im Zivilrecht anerkannt sei. Der BGH verneint den Schutzzweckzusammenhang zwischen einer mangelhaften Aufklärungspflicht und einer tatbestandlichen Körperverletzung, wenn sich ein Risiko realisiert, das nicht in den Schutzbereich der Aufklärungspflicht fällt. Einzelheiten hierzu lässt er offen. Dies sei aber dann zu erwägen und ein fehlender Schutzzweckzusammenhang sei dann anzunehmen, wenn der Patient zwar nicht über eine Behandlungsalternative aufgeklärt worden sei, jedoch eine Grundaufklärung über Inhalt und Schwere des Eingriffs erhalten habe und auch über die schwerstmöglichen Risiken aufgeklärt worden sei.[475]

#### (b) Einordnung der Entscheidung

In dieser Entscheidung nähert sich der BGH der hypothetischen Einwilligung immer weiter an und verweist insbesondere auf die hypothetische Einwilligung im Zivilrecht. Dabei überträgt er die aus dem Zivilrecht bekannte Prüfungsformel ins Strafrecht. Zudem betont der BGH die unterschiedliche Beweislastverteilung im Straf- und Zivilrecht. In diesem Zusammenhang wendet er erstmalig den *in dubio pro reo*-Grundsatz an und führt hierzu aus, dass sich Zweifel hinsichtlich der Frage, ob der Patient der Behandlung zugestimmt hätte, im Strafrecht zu Gunsten des Arztes auswirken. Damit billigt der BGH die weitgehende Entlastung, die mit dem *in dubio pro reo*-Grundsatz einhergeht. Mit dieser Entscheidung überträgt er daher ausdrücklich die Grundsätze der hypothetischen Einwilli-

473 BGH NStZ 1996, 34, 35.
474 BGH NStZ 1996, 34, 35.
475 BGH NStZ 1996, 34, 35.

gung ins Strafrecht. Er nimmt mit dem *in dubio pro reo*-Grundsatz zugleich eine Korrektur in der Beweislastverteilung vor, da es diesen Grundsatz im Zivilrecht nicht gibt. Weiterhin lässt er offen, wie die hypothetische Einwilligung dogmatisch im Strafrecht zu verankern ist.[476] Daneben versucht der BGH mit der Erwähnung des Schutzzweckgedankens, andere haftungsbeschränkende Institute aus dem Zivilrecht in das Strafrecht zu übertragen, wohl um eine Beschränkung der ärztlichen Haftung für Aufklärungsfehler im Strafrecht zu erreichen.

#### bb) Vorsätzliche Aufklärungspflichtverletzungen und hypothetische Einwilligung

In den nachfolgenden Entscheidungen beschäftigt sich der BGH insbesondere mit der Frage, ob die hypothetische Einwilligung auch dann im Strafrecht möglich ist, wenn eine vorsätzliche Verletzung der Aufklärungspflicht anzunehmen ist. Diese Rechtsprechung des BGH stellte die zweite Entwicklungslinie der hypothetischen Einwilligung dar.

##### (1) „Bandscheiben"-Fall

In seiner Entscheidung v. 15.10.2003 bezog sich der BGH abermals auf die hypothetische Einwilligung. Sie stellt die erste Entscheidung in dieser Entwicklungslinie dar.[477]

##### (a) Sachverhalt und Entscheidung des BGH

Eine Oberärztin stellte bei einem Patienten einen Bandscheibenvorfall an zwei Wirbeln fest, wobei der eine Fall etwas leichter war als der andere. Der schwerere Vorfall sollte operativ behandelt werden. Die Oberärztin verwechselte die Vorfälle und operierte nur den leichteren Fall. Nach der Operation beklagte sich der Patient über Lähmungserscheinungen, sodass sich der Kunstfehler zeigte. Daraufhin benachrichtigte die Oberärztin den Chefarzt und gab ihm gegenüber zu, einen Fehler begangen zu haben. Die-

---

476 *Hengstenberg*, S. 102; *Wiesner*, S. 87.
477 BGH NStZ-RR 2004, 16.

ser riet ihr, eine erneute Operation durchzuführen, um den Fehler zu korrigieren. Jedoch sollte sie dem Patienten als Grund einen weiteren Bandscheibenvorfall nennen. Im Operationsbericht könnte sie dann vermerken, dass die Lähmungserscheinungen mit der ersten Operation zusammenhingen und im Zuge der zweiten Operation dann den schwereren Fall behandeln. Entsprechend wahrheitswidrig aufgeklärt, willigte der Patient in die weitere Operation ein.

Wie das Landgericht ging auch der BGH davon aus, dass die Einwilligung über die zweite Behandlung täuschungsbedingt unwirksam sei.[478] Der BGH führte zur hypothetischen Einwilligung aus, dass die Rechtswidrigkeit der Tat entfalle, wenn der Patient bei ordnungsgemäßer Aufklärung ebenfalls in die Operation eingewilligt hätte. Der nachgewiesene Aufklärungsmangel könne nur dann zur Strafbarkeit wegen der Körperverletzung führen, wenn bei ordnungsgemäßer Aufklärung die Einwilligung unterblieben wäre. Dies sei dem Arzt nachzuweisen und bestehende Mängel seien nach dem Grundsatz *in dubio pro reo* zu Gunsten des Arztes so auszulegen, als wäre die Einwilligung bei ordnungsgemäßer Aufklärung erfolgt.[479]

Zwar habe das Landgericht nach Ansicht des BGH keine Ausführungen dahingehend gemacht, ob der Aufklärungsmangel kausal für die fehlerhafte Einwilligung gewesen sei. Das Landgericht hätte aber nicht offen lassen dürfen, ob die Nebenklägerin in Kenntnis des Sachverhaltes in die erneute Operation eingewilligt hätte. Zur Feststellung der Kausalität sei auf den konkreten Patienten abzustellen. Unbeachtlich sei, ob ein „vernünftiger Patient" in die Operation eingewilligt hätte. Es reiche daher nicht aus, dass die Operation im Ergebnis dem Interesse oder dem Willen des Patienten entsprochen hat. Die Ausführungen und Begründungen für das Für und Wider einer Einwilligung des Patienten auch bei Kenntnis des entsprechenden Sachverhaltes seien aber entsprechend zu würdigen. Dafür sei maßgeblich auf den Zeitpunkt vor der Operation abzustellen.[480]

---

478 BGH NStZ-RR 2004, 16, 17.
479 BGH NStZ-RR 2004, 16, 17.
480 BGH NStZ-RR 2004, 16, 17.

### (b) Einordnung der Entscheidung

Anders als bei den bisherigen Entscheidungen musste der BGH erstmalig darüber entscheiden, ob eine hypothetische Einwilligung auch bei einer vorsätzlichen Verletzung der Aufklärungspflicht möglich ist, sodass sie damit selbst bei einer gewollten Verletzung des Selbstbestimmungsrechts des Patienten anwendbar wäre.[481] Ohne auf die zivilrechtliche Rechtsprechung einzugehen, benennt der BGH die hypothetische Einwilligung in dieser Entscheidung ausdrücklich. Damit ist die Prüfung der hypothetischen Einwilligung nun im Strafrecht fest integriert.

Der BGH wendet die Grundsätze der hypothetischen Einwilligung an, ohne auf die neue Situation des vorsätzlichen Aufklärungsfehlers einzugehen, was eine erhebliche Erweiterung des Anwendungsbereichs der hypothetischen Einwilligung darstellt.[482] Besonders dieser Punkt ist in der Literatur auf Kritik gestoßen.[483] Andere Teile der Literatur halten die Anwendung der hypothetischen Einwilligung auch bei der vorsätzlichen Verletzung der Aufklärungspflicht durchaus für vertretbar.[484]

Der BGH geht außerdem auf die jeweiligen Voraussetzungen dafür ein, wann die hypothetische Einwilligung bei einem Patienten anzunehmen ist. Dabei nimmt der BGH an, dass die Voraussetzungen der hypothetischen Einwilligung vorliegen, wenn bei ordnungsgemäßer Aufklärung die Einwilligung nicht unterblieben wäre. Es kommt damit nicht darauf an, ob durch die mögliche Einwilligung der tatbestandliche Erfolg ausgeblieben wäre.[485] Zudem beschäftigte sich der BGH mit der Ermittlung des hypothetischen Willens. Nach seinen Ausführungen komme es auf den konkreten Patienten in der jeweiligen Situation an, um zu ermitteln, ob der Patient der Behandlung durch den Arzt zugestimmt hätte, wenn er ordnungsgemäß aufgeklärt worden wäre.[486]

In dogmatischer Sicht geht der BGH widersprüchlich vor: Er geht davon aus, dass durch die hypothetische Einwilligung ein Zurechnungszusammenhang zwischen Aufklärungsmangel und Einwilligung unterbrochen wird. Dies kann man dahingehend interpretieren, dass grundsätzlich

---

481 *Hengstenberg*, S. 107.

482 *Wiesner*, S. 85.

483 Vgl. *Edlbauer*, S. 305; *Eisele*, in: FS-Strätz, 2009, S. 163, 176.

484 *Rönnau*, JZ 2004, 801, 803 f.

485 BGH NStZ-RR 2004, 16, 17.

486 Vgl. *Wiesner*, S. 89.

ein Pflichtwidrigkeitszusammenhang zwischen Aufklärungsmangel und Einwilligung bestehen muss.[487] Außerdem deutet der BGH mit der Formulierung, dass durch die hypothetische Einwilligung die Rechtswidrigkeit der Tat entfalle, die dogmatische Grundlage der hypothetischen Einwilligung an. Es bleibt aber offen, was genau hierunter zu verstehen ist. In diesem Zusammenhang ist es widersprüchlich, wenn der BGH andeutet, dass das Landgericht die Kausalität des Aufklärungsmangels nicht richtig geprüft habe. Eine endgültige Aussage über die dogmatische Grundlage hat der BGH mit dieser Entscheidung daher noch nicht getroffen.[488]

(2) „Bohrerspitzen"-Fall

Der BGH befasste sich in der Entscheidung v. 20.1.2004 mit einer weiteren vorsätzlichen Verletzung der Aufklärungspflicht, in deren Zusammenhang abermals die hypothetische Einwilligung angewendet wurde.[489]

(a) Sachverhalt und Entscheidung des BGH

Der angeklagte Arzt sollte die Schulter seines Patienten korrigieren, wofür er in das Gelenk bohren musste. Hierbei brach der Angeklagte die Spitze des Bohrers ab und diese verblieb in der Schulter des Patienten. Die Entfernung der Bohrerspitze misslang jedoch und der Arzt brach die Operation nach einiger Zeit ab. Den Abbruch der Bohrerspitze und der Verbleib der Spitze im Körper schilderte der Arzt dem Patienten nicht. Der Arzt versuchte jedoch, seinen Patienten zu einer weiteren Operation zu bewegen, da er befürchtete, dass die Bohrerspitze auf späteren Röntgenbildern zu sehen sei. Gegenüber dem Patienten gab er an, dass die Operation medizinisch notwendig sei, um die Schulter weiter zu stabilisieren. Der Patient willigte höchst widerwillig in diese Operation ein.

Zur hypothetischen Einwilligung führte der BGH aus, dass die Rechtswidrigkeit nicht entfallen könne, weil nach der Feststellung des Landge-

487 Vgl. *Gropp*, in: FS-Schroder, S. 197, 205 f.; *Hengstenberg*, S. 260.
488 *Edlbauer*, S. 300; *Hengstenberg*, S. 111.
489 BGH NStZ 2004, 442.

richts der Patient bei Kenntnis der wahren Umstände seine Einwilligung zu einer solchen Operation nicht gegeben hätte.[490]

(b) Einordnung der Entscheidung

Mit dieser Entscheidung bestätigte der BGH seine Ansicht, dass die hypothetische Einwilligung auch auf täuschungsbedingt unwirksame Einwilligungen anwendbar sei.[491] Hierzu verweist der BGH ausdrücklich auf den erwähnten „Bandscheiben"-Fall.[492]

Der BGH führte erneut aus, dass die Rechtwidrigkeit der Tat entfalle, wenn die hypothetische Einwilligung gegeben sei, ohne jedoch damit eine genauere dogmatische Einordnung vorzunehmen. Damit bleibt die dogmatische Grundlage der hypothetischen Einwilligung weiterhin unklar. Allerdings bezog der BGH nun keine Kausalitätserwägungen ein, was er noch in der vorherigen Entscheidung getan hatte.

cc) Die weitere Ausgestaltung der hypothetischen Einwilligung durch den BGH

Nachdem der BGH die hypothetische Einwilligung in ihren Grundsätzen sowohl für Fahrlässigkeits- als auch für Vorsatzdelikte eingeführt hatte, folgte eine Reihe von Urteilen, in denen der BGH die Voraussetzungen der hypothetischen Einwilligung weiter konturierte. Dies stellt die dritte Entwicklungslinie der hypothetischen Einwilligung dar.

(1) „Liposuktions"-Fall

In dieser Entscheidung des BGH v. 23.10.2007 wurde die Frage nach der hypothetischen Einwilligung erstmalig bei einem medizinisch nicht indizierten Eingriff virulent.[493]

---

490 BGH NStZ 2004, 442, 442.
491 Vgl. *Edlbauer*, S. 308.
492 *Hengstenberg*, S. 117.
493 BGH NStZ-RR 2007, 340.

(a) Sachverhalt und Entscheidung des BGH

Der angeklagte Arzt hatte bei einem Patienten eine Fettabsaugung („Liposuktion") durchgeführt, die von einer wirksamen Einwilligung gedeckt war. In einer zweiten Operation sollten Narbenstummel unter lokaler Anästhesie beseitigt und auf Vorschlag des Arztes auch weiteres Fett abgesaugt werden. Eine erneute Aufklärung über etwaige Risiken fand nicht statt. Eine Einwilligungserklärung wurde nicht unterschrieben.

Bei Beginn des Eingriffs klagte der Patient über Schmerzen. Das veranlasste den Arzt, die Schmerz- und Narkosemittel höher zu dosieren, sodass der Patient in einen tiefen Schlaf fiel. Dem angeklagten Arzt war nicht bewusst, dass eine Überdosierung der verabreichten Medikamente zu einer schweren Atemdepression führen könnte, worauf der tiefe Schlaf des Patienten hindeutete. Zudem war die Sauerstoffmaske beschlagen, was ein zusätzliches Anzeichen für eine Atemdepression darstellt. Diese Anzeichen ignorierte der Arzt und operierte weiter, obwohl die Operation sofort hätte abgebrochen werden müssen. Erst als nach weiteren 20 Minuten das Überwachungsgerät einen Alarm abgab, leitete der Arzt Notmaßnahmen ein. Diese waren aber nicht mehr erfolgreich, sodass der Patient schließlich verstarb. Das Landgericht verneinte die vorsätzliche Körperverletzung aufgrund einer hypothetischen Einwilligung des Patienten und verurteilte den Arzt wegen fahrlässiger Tötung.

Der BGH nahm an, dass auch der medizinisch nicht indizierte Eingriff eine tatbestandliche Körperverletzung darstellt, zu deren Rechtfertigung grundsätzlich eine Einwilligung des Patienten vorliegen muss. Der BGH führte zur hypothetischen Einwilligung aus, dass das Landgericht zu Recht davon ausgehe, dass keine wirksame Einwilligung vorliege, da der Arzt keine Aufklärung vorgenommen habe. Trotzdem könne die Rechtswidrigkeit durch eine hypothetische Einwilligung des Patienten entfallen sein, wenn der Patient bei ordnungsgemäßer Aufklärung in die Operation eigewilligt hätte. Das Landgericht begründete die hypothetische Einwilligung damit, dass der Patient bereits vor der ersten Operation aufgeklärt wurde und einverstanden gewesen sei, sodass auch bei der zweiten Operation anzunehmen sei, dass er mit dieser einverstanden gewesen wäre. Dem entgegnete der BGH, dass sich die erste Einwilligung nur auf eine *lege artis* durchgeführte Operation beziehe. Die zweite Operation sei dies aber von Anfang an nicht gewesen, denn weder die Narkose noch das Patientenmonitoring waren regelgerecht. Das gleiche gelte auch für die Notfallvorbereitungen. Das Landgericht hätte untersuchen müssen, ob der Patient selbst dann eingewilligt hätte, wenn er die von der ersten Operation abweichenden Umstände gekannt hätte. Dies dürfte, da es sich um eine nicht eilbedürftige und medizinisch nicht notwendige Operation gehandelt habe, die damit höheren Aufklärungspflichten unterliegen, nicht der Fall gewesen sein.[494]

(b) Einordnung der Entscheidung

Zunächst ist hier festzustellen, dass es bei diesem Fall wieder um eine vorsätzliche Körperverletzung geht. Die Operation war nicht medizinisch indiziert und diente allein kosmetischen Zwecken. Teilweise wird aus den Ausführungen des BGH bezweifelt, ob der Rückgriff auf die hypothetische Einwilligung bei medizinisch nicht indizierten Eingriffen überhaupt notwendig sei. Denn der Eingriff des Arztes sei zudem, so die Vertreter dieser Ansicht, durch die Sorgfaltsverstöße nicht kunstgerecht durchgeführt worden, sodass der Rückgriff auf die hypothetische Einwilligung entbehrlich sei, da eine solche Behandlung immer eine Körperverletzung darstelle.[495] Allerdings ist eine Einwilligung in eine medizinische Behandlung auch dann möglich, wenn die Operation nicht *lege artis* durchgeführt wurde. Dann würde die Behandlung durch den Arzt keinen rechtswidrigen Eingriff darstellen, auch wenn dieser nicht *lege artis* gehandelt hat. Dies kann auch den Ausführungen des BGH entnommen werden, wonach sich eine Einwilligung nur auf einen *lege artis* durchgeführten Eingriff bezieht, solange keine „weitergehende" Aufklärung erfolgt ist.[496] Es kann daher nicht festgestellt werden, dass der BGH die hypothetische Einwilligung bei nicht medizinisch indizierten Eingriffen pauschal verweigert.

Erfolgt ein ärztlicher Heileingriff unter Verletzung der medizinischen Standards, muss für eine hypothetische Einwilligung geprüft werden, ob der Patient bei Kenntnis der abweichenden Umstände dennoch in die Behandlung eingewilligt hätte. Der mögliche Anwendungsbereich einer hypothetischen Einwilligung erstreckt sich damit auch auf Behandlungen, die nicht dem medizinischen Standard entsprechen.

Daneben ist zu beachten, dass der BGH das Vorliegen einer hypothetischen Einwilligung prüft, obwohl über den Eingriff nicht, auch nicht vor-

494 BGH NStZ-RR 2007, 340, 341.
495 *Bosch*, JA 2008, 70, 71.
496 *Hengstenberg*, S. 125 f.

sätzlich falsch, aufgeklärt wurde. Der Arzt muss daher nicht einmal zur Aufklärung angesetzt haben, um sich später auf eine hypothetische Einwilligung berufen zu können. Im vorliegenden Fall ist davon auszugehen, dass die Aufklärung fahrlässig versäumt wurde, weil der Arzt wohl davon ausging, dass die Einwilligung aus der vorherigen Operation ausreichend gewesen sei.

Aufgrund seines Todes kann der Patient nach der Operation nicht mehr hinsichtlich seines hypothetischen Willens befragt werden. Es stellt sich deshalb die Frage, wie der hypothetische Wille des Patienten in einem solchen Fall ermittelt werden kann. Hierauf geht der BGH nicht gesondert ein und konkretisiert damit nicht die Anforderungen an die Ermittlung des hypothetischen Willens.[497] Nach der Lösung des BGH kam es auf diese Frage nicht an, da der Umfang der Aufklärungspflicht bei der zweiten Operation trotz des abweichenden medizinischen Standards der Behandlung nicht erweitert wurde. Die hypothetische Einwilligung käme nur dann in Betracht, wenn der Patient bei Kenntnis dieser abweichenden Umstände dennoch eingewilligt hätte. Diese Kenntnis hatte der verstorbene Patient nicht. Da die Operation dazu nicht medizinisch notwendig war, konnte der BGH annehmen, dass in Anbetracht der Umstände eine hypothetische Einwilligung ausscheidet, obwohl der Wille des Patienten nicht eindeutig festgestellt wurde.

Wie bei den vorherigen Entscheidungen betont der BGH erneut, dass durch die hypothetische Einwilligung die Rechtswidrigkeit entfalle. Ob damit eine generelle dogmatische Einordnung der hypothetischen Einwilligung erfolgt ist, ist aber wiederum zweifelhaft. Der BGH geht nicht von einer „Rechtfertigung“ aus, sondern betont, dass die Rechtswidrigkeit der Tat entfalle.[498] Zudem fehlen auch in dieser Entscheidung eindeutige Ausführungen zur dogmatischen Grundlage der hypothetischen Einwilligung.

---

497 *Hengstenberg*, S. 127.

498 *Hengstenberg*, S. 128 sieht hier bereits eine Änderung der dogmatischen Grundlagen und geht davon aus, dass der BGH die hypothetische Einwilligung als Rechtfertigungsgrund auffasst.

(2) „Turboentzugs"-Fall

In seiner Entscheidung v. 23.10.2007 beschäftigte sich der BGH mit der Frage, ob eine hypothetische Einwilligung auch bei der Anwendung einer sog. Außenseitermethode denkbar ist. [499]

(a) Sachverhalt und Entscheidung des BGH

Der später verstorbene Patient begab sich zum angeklagten Arzt, um einen medikamentengestützten Opiat- und Medikamentenentzug durchführen zu lassen. Im Vorfeld der Maßnahme fragte der Patient den Arzt außerdem, ob es bei dessen bisherigen Behandlungen Komplikationen gab. Der Arzt verneinte dies, obwohl bereits einer seiner vorherigen Patienten bei dieser Behandlung verstorben war. Auch auf seinen vorher ausgehändigten Aufklärungsblättern verneinte der Arzt, dass es bislang zu Komplikationen bei der Behandlung gekommen sei. Der Patient willigte daraufhin ein und die Behandlung wurde durchgeführt. Die geplante Behandlung dauert mehrere Stunden, in denen der Patient überwacht werden musste. Diese Überwachung war jedoch mangelhaft, da der Arzt nicht genügend Personal zur Verfügung gestellt hatte und daher die Überwachung des Patienten allein vornehmen musste. Dies wurde dem Patienten jedoch verschwiegen. Nach der Behandlung kam es aufgrund der vielen Medikamente zusammen mit den bereits vorhandenen Giftstoffen im Körper des Patienten zu erheblichen Komplikationen. Es bildete sich schließlich ein Lungenödem. Zudem lag eine Lungenentzündung vor, die durch die Aspiration von Erbrochenem entstanden war, da denn der Patient hatte sich bei der Narkose erbrochen. Nachfolgende Rettungsbemühungen durch den angeklagten Arzt blieben jedoch erfolglos und der Patient verstarb anschließend. Allerdings konnte das Landgericht nicht mit letzter Sicherheit feststellen, welche Ursache schließlich zum Tod führte. Eine weitere Ursache schloss es jedoch aus. Bei hinreichender Überwachung hätten aber beide Ursachen bemerkt und behandelt werden können. Es stellte sich heraus, dass der Patient seine Einwilligung nicht abgegeben hätte, wenn er gewusst hätte, dass bei einer früheren Behandlung des Arztes bereits ein Patient verstorben war, dass die spätere Überwachung allein durch den Angeklagten vorgenommen

499 BGH StV 2008, 464.

werden würde und dass der Angeklagte bzgl. der Art und Weise der Behandlung eine Mindermeinung einnahm und damit eine sog. Außenseitermethode anwendete.

Der BGH bekräftigte zunächst, dass die Behandlung durch den Arzt eine tatbestandliche Körperverletzung darstelle und dass die Einwilligung des Patienten aufgrund der genannten Mängel unwirksam gewesen sei.[500] Zur hypothetischen Einwilligung führte der BGH kurz aus, dass sich eine Einwilligung in einen ärztlichen Heileingriff zumindest bei Fehlen jeglicher weiterer Aufklärung nur auf einen *lege artis* durchgeführten Eingriff beziehen könne. Die Prüfung der hypothetischen Einwilligung habe daher zu unterstellen, dass der Patient gewusst habe, dass die Überwachung unzureichend durchgeführt werde. Dann hätte der Patient aber gewollt, dass die Behandlung verschoben wird, sodass eine hypothetische Einwilligung nicht angenommen werden kann.[501]

(b) Einordnung der Entscheidung

Der 1. Senat des BGH bestätigt damit, dass sich die Einwilligung eines Patienten zunächst lediglich auf einen kunstgerechten Eingriff beziehen kann, sodass er die Ansicht des 4. Senats teilt[502], und dass dasselbe grundsätzlich auch für eine hypothetische Einwilligung gilt. Weicht die Behandlung durch den Arzt vom medizinischen Standard ab, muss bei der Prüfung der hypothetischen Einwilligung unterstellt werden, dass der Patient alle relevanten Umstände, die andernfalls zu einem Aufklärungsmangel führen, kennt. Es muss dann weiter geprüft werden, ob der Patient auch bei Kenntnis dieser Umstände in die Behandlung eingewilligt hätte. Der BGH bestätigt damit, dass sich die hypothetische Einwilligung nicht nur auf kunstgerechte Maßnahmen beschränkt[503], wobei die Prüfungsformel entsprechend anzupassen ist. Eine klare dogmatische Einordnung der hypothetischen Einwilligung durch den BGH fehlt allerdings auch in dieser Entscheidung.[504] Die Erörterungen hinsichtlich der hypothetischen Einwilligung erfolgen aber auch hier hinsichtlich einer vorsätzlichen Körperver-

500 BGH StV 2008, 464, 465.
501 BGH StV 2008, 464, 465.
502 *Hengstenberg*, S. 132.
503 *Hengstenberg*, S. 133; *Wiesner*, S. 93.
504 *Hengstenberg*, S. 134.

letzung, da der BGH erst anschließend auf die Verurteilung wegen einer fahrlässigen Tötung eingeht.[505] Damit wird abermals bestätigt, dass die hypothetische Einwilligung bei einer vorsätzlichen Verletzung der Aufklärungspflicht möglich und auch grundsätzlich bei einer nicht *lege artis* durchgeführten Behandlung denkbar ist.

#### (3) „Gastroskopie"-Fall

In seiner Entscheidung v. 11.10.2011 befasste sich der BGH mit der Frage, wie der hypothetische Wille des Patienten im Rahmen der hypothetischen Einwilligung ermittelt werden könne.[506]

##### (a) Sachverhalt und Entscheidung des BGH

Der angeklagte Arzt hatte bei einem 85-jährigen Patienten eine Darmspiegelung durchzuführen. Der Patient wurde über die Risiken einer solchen Behandlung aufgeklärt und willigte in die Behandlung ein. Durch die Darmspiegelung konnte jedoch keine Auffälligkeit festgestellt werde, sodass sich der Angeklagte entschloss, auch eine Magenspiegelung (sog. Gastroskopie) durchzuführen. Der Arzt wollte eine erneute Sedierung des Patienten vermeiden und führte die Gastroskopie im Anschluss an die Darmspiegelung durch. Für die Gastroskopie hatte der Patient allerdings keine Einwilligung erteilt und konnte dies aufgrund der Narkotisierung auch nicht wirksam tun, was dem Angeklagten auch klar war. Der Angeklagte führte die Magenspiegelung dennoch durch, wobei die Einführung des Endoskops nicht richtig gelang, da der Patient dies durch fehlende Schluckbewegungen nicht unterstützen konnte. Es war dem Angeklagten bewusst, dass es dadurch zu einer Perforation der Speiseröhre kommen könnte, die ihrerseits zu einer lebensbedrohlichen Mittelfellentzündung führen könnte. Trotzdem versuchte der Angeklagte mehrfach und auch nach einigen Pausen das Endoskop in den Magen des Patienten einzuführen. In der Folge kam es zu einer Perforation der Speiseröhre, was schließlich zum Tod des Patienten führte. Dem Angeklagten war dabei durchaus bewusst, dass die Magenspiegelung nicht medizinisch indiziert war.

---

505 Vgl. BGH StV 2008, 464, 465.
506 BGH NStZ 2012, 205.

Das Landgericht sprach den Arzt wegen einer hypothetischen Einwilligung frei. Das Landgericht nahm an, dass eine hypothetische Einwilligung anzunehmen sei, da der Patient der Magenspiegelung zugestimmt hätte, wenn er ordnungsgemäß aufgeklärt worden wäre. Der BGH bemängelte aber die Beweisführung auch hinsichtlich der hypothetischen Einwilligung. Denn aufgrund der Narkosemittel sei der Patient nicht in der Lage gewesen, eine ordnungsgemäße Einwilligung abzugeben, was durch ein entsprechendes Sachverständigengutachten bestätigt wurde. Gleichwohl habe das Landgericht aus Gesprächen während der Narkose Indizien für eine hypothetische Einwilligung abgeleitet. Der BGH führt dazu aus, dass daraus keine Indizien für eine hypothetische Einwilligung abgeleitet werden können, da der Patient zu diesem Zeitpunkt einwilligungsunfähig gewesen sei.[507]

Der BGH hob schließlich das Urteil auf und verwies es zurück. Dabei gab er dem neuen Tatrichter zu bedenken, wenn festgestellt werde, dass der Angeklagte irrig angenommen habe, dass der Patient der Erweiterung des Eingriffs zugestimmt hätte, liege ein Erlaubnistatbestandsirrtum vor, sodass der Vorsatz der Tat nach § 16 StGB analog entfalle. Die Rechtswidrigkeit einer Tat entfalle, wenn der Patient bei wahrheitsgemäßer Aufklärung in die Behandlung eingewilligt hätte. Dass die Einwilligung in diesem Fall unterblieben wäre, sei dem Arzt nachzuweisen. Bei Zweifeln sei nach dem Grundsatz *in dubio pro reo* zu Gunsten des Arztes davon auszugehen, dass die Einwilligung bei ordnungsgemäßer Aufklärung erfolgt wäre.[508]

#### (b) Einordnung der Entscheidung

Zunächst ist darauf hinzuweisen, dass der BGH nur dann Hinweise des Patienten in Bezug auf eine hypothetische Einwilligung zulässt, wenn diese vom Patienten in einem Zustand abgegeben wurden, in dem der Patient einwilligungsfähig war. Dies lässt darauf schließen, dass an die Ermittlung des hypothetischen Willens grundsätzlich dieselben Voraussetzungen zu stellen sind wie bei der Ermittlung des Willens bei einer tatsächlichen Einwilligung.

507 BGH NStZ 2012, 205, 205.
508 BGH NStZ 2012, 205, 206.

Zu beachten sind auch die Hinweise des BGH an den Tatrichter, dass ein Erlaubnistatbestandsirrtum vorliege, wenn festgestellt werde, dass der Angeklagte irrig angenommen habe, dass der Patient der Erweiterung des Eingriffs zugestimmt hätte. Ob der BGH die hypothetische Einwilligung damit zumindest in die Nähe eines anerkannten Rechtfertigungsgrundes rückt[509], da ein Erlaubnistatbestandsirrtum nur dann vorliegt, wenn der Täter über die tatsächlichen Umstände eines Rechtfertigungsgrundes irrt[510], ist jedoch fraglich. Denn hiermit könnte auch die mutmaßliche Einwilligung des Patienten gemeint sein, über deren Voraussetzungen sich der Täter geirrt haben könnte. Dies wird dadurch gestützt, dass der BGH auch eine frühere Entscheidung aus dem Jahr 1988 zitiert, wo es ebenfalls um einen Erlaubnistatbestandsirrtum bei einer mutmaßlichen Einwilligung im Zusammenhang mit einer Operationserweiterung ging.[511] Anschließend erkennt man wieder bekannte Formulierungen des BGH, wonach die Rechtswidrigkeit einer Tat entfalle, wenn eine hypothetische Einwilligung vorliege. Und er bezieht ausdrücklich den Grundsatz *in dubio pro reo* mit ein, sodass man von einer weiteren Verfestigung der Rechtsprechung ausgehen kann.[512] Beachtet werden muss auch, dass die Revision eine Verurteilung wegen Körperverletzung mit Todesfolge anstrebte, sodass eine nach § 11 Abs. 2 StGB vorsätzliche Tat angenommen wurde. Damit betreffen die Ausführungen des BGH wieder eine vorsätzliche Tat.

#### (4) „Neulandmethoden"-Fall

In seiner Entscheidung v. 20.2.2013 hatte der BGH erstmalig über die Anwendung der hypothetischen Einwilligung bei einer alternativen Behandlungsmethode zu entscheiden.[513]

509 So *Hüttenrauch*, NJ 2013, 39, 39.
510 Vgl. *Kühl*, AT, § 13 Rn. 67; *Sternberg-Lieben/Schuster*, in: Schönke/Schröder, § 16 Rn. 14.
511 *Hengstenberg*, S. 140; *Jäger*, JA 2012, 70, 71.
512 *Hengstenberg*, S. 141.
513 BGH NJW 2013, 1688.

(a) Sachverhalt und Entscheidung des BGH

Ausweislich des Sachverhaltes begab sich ein Patient aufgrund seines langjährigen Alkoholmissbrauchs mit einer Leberzirrhose in Behandlung. Zu diesem Zeitpunkt hatte er bereits mehrere lebensbedrohliche Krankheitsschübe erfahren. Er lehnte jedoch eine als Standardmethode durchgeführte Lebertransplantation ab, da er kein fremdes Organ wollte, möglicherweise lange auf ein solches Organ warten müsste und man ihm von einer solchen Transplantation aufgrund seines Zustandes generell abriet.

Auf der Suche nach einer alternativen Behandlungsmethode begab er sich in die Obhut der angeklagten Ärzte, die eine Leberzellentransplantation anboten. Gegenüber den Ärzten betonte der Patient, dass er die Leberzellentransplantation als seine letzte Rettung ansehe und sie trotz der geringen Erfahrungswerte durchführen lassen wolle. Die Aufklärung war bezüglich des Nutzens eines solchen Eingriffs jedoch nicht hinreichend tief genug, obwohl die Angeklagten subjektiv davon ausgingen, dass die Aufklärung ausreichend sei. Der Patient gab dennoch seine Einwilligung zur Behandlung. Er verstarb jedoch nach der Operation an einem Multiorganversagen. Das Landgericht sprach die Angeklagten frei. Von einer vorsätzlichen Körperverletzung sei nicht auszugehen, da die Angeklagten von der Wirksamkeit der Aufklärung ausgingen. Zudem liege eine hypothetische Einwilligung vor.[514]

Der BGH bestätigte das Vorliegen der hypothetischen Einwilligung, da der Patient deutlich gemacht habe, dass er eine Lebertransplantation aufgrund der genannten Gründe nicht gewollt habe. Zudem habe er die Leberzellentransplantation als seine letzte Chance angesehen, sodass ihn auch die geringen Erfahrungswerte nicht umgestimmt hatten. Bei der Ermittlung des hypothetischen Willenskonnten auch die Angaben der Witwe hinzugezogen werden. Der BGH betonte aber zugleich, dass an die Voraussetzungen der hypothetischen Einwilligung strenge Anforderungen zu stellen seien. Eine andere Sicht sei nur dann gegeben, wenn der Patient gezielt über die Erfolgsaussichten der Alternativmethode getäuscht worden sei.[515] Hierzu verwies der BGH ausdrücklich auf den „Bandscheiben"-Fall.

---

514 BGH NJW 2013, 1688, 1689.
515 BGH NJW 2013, 1688, 1689.

Hinsichtlich der fahrlässigen Tötung betonte der BGH, dass aufgrund der hypothetischen Einwilligung von der Straffreiheit der Angeklagten auszugehen sei, weil durch die hypothetische Einwilligung der Pflichtwidrigkeitszusammenhang zwischen Aufklärungspflichtverstoß und Tod des Patienten unterbrochen worden sei. Hier verweist der BGH im Hinblick auf die erforderliche Vorhersehbarkeit ausdrücklich auf den „Zweiten Myom“-Fall und den „Hodenentfernungs“-Fall.[516]

(b) Einordnung der Entscheidung

Zunächst ist festzustellen, dass der BGH den Anwendungsbereich der hypothetischen Einwilligung auch auf eine alternative Behandlungsmethode ausgeweitet hat. Dies verwundert jedoch nicht, da der BGH bereits die Anwendung auf den nicht nach ärztlichen Standards durchgeführten Eingriff zugelassen hat.

Darüber hinaus macht der BGH weitere Ausführungen zur Ermittlung der hypothetischen Einwilligung. Erstmals erwähnt der BGH zwischen zwei Gedankenstrichen, dass strenge Anforderungen an die Voraussetzungen der hypothetischen Einwilligung zu stellen sind. Ob damit aber in Zukunft strengere Voraussetzungen an die hypothetische Einwilligung gestellt werden, ist zweifelhaft.[517] Zumindest in dieser Entscheidung wurden keine Einschränkungen hinsichtlich der hypothetischen Einwilligung erhoben, sondern die bekannten Formulierungen verwendet.

Der BGH führt weiter aus, dass sich hinsichtlich der hypothetischen Einwilligung eine andere Bewertung hätte ergeben können, wenn eine gezielte Täuschung über die Erfolgsaussichten durch die Angeklagten stattgefunden habe. Hiermit kann nicht gemeint sein, dass der BGH den Anwendungsbereich der hypothetischen Einwilligung generell auf fahrlässige Verletzungen der Aufklärungspflicht beschränken will. Dies würde im Widerspruch zu seiner bisherigen Rechtsprechung stehen. Dagegen spricht auch der ausdrückliche Verweis des BGH auf den „Bandscheiben“-Fall, indem eine hypothetische Einwilligung bei einer vorsätzlichen Verletzung der Aufklärungspflicht durch den BGH angenommen wurde. Eher ist davon auszugehen, dass die euphorischen Äußerungen des Patienten hin-

516 BGH NJW 2013, 1688, 1689.
517 *Valerius*, HRRS 2014, 22, 23.

sichtlich der Operation, auf denen die hypothetische Einwilligung aufbaut, anders bewertet werden müssten, wenn diesen Äußerungen eine gezielte Täuschung der Angeklagten über die Erfolgsaussichten der Leberzellentransplantation zugrunde liegen würde.[518] Bekanntlich liegt der Bezugspunkt der Täuschung im Bandscheibenfall nicht bei den Erfolgsaussichten der Behandlung, sondern bei der Frage, warum diese Behandlung medizinisch notwendig ist.[519] Bei der zukünftigen Anwendung der hypothetischen Einwilligung ist daher genau darauf zu achten, worauf sich die Täuschung des Angeklagten bezieht und ob dies zu einer Beeinflussung des hypothetischen Willens geführt hat.

Außerdem gibt der BGH einen Hinweis darauf, wie der hypothetische Wille zu ermitteln ist, wenn der Patient bei der Operation verstarb. Der BGH hat im vorliegenden Fall auch die Aussage der Witwe herangezogen. Dies verwundert nicht, wenn man hinsichtlich der Ermittlung des hypothetischen Willens dieselben Voraussetzungen heranzieht wie bei der mutmaßlichen Einwilligung. Denn zur Ermittlung des mutmaßlichen Willens können auch frühere Äußerungen des Rechtsgutsinhabers herangezogen werden.[520] Wobei dies allenfalls ein Indiz darstellen kann, da nicht ausgeschlossen ist, dass der Patient seine Meinung geändert hat.[521] Da jedoch der Patient nicht mehr befragt werden kann, ist wie bei der mutmaßlichen Einwilligung der hypothetische Wille aus den bisherigen Äußerungen des Rechtsgutsinhabers und aus weiteren Vermutungen in diesen Zusammenhang zu ermitteln.

Problematisch sind jedoch die Äußerungen des BGH hinsichtlich der dogmatischen Einordnung der hypothetischen Einwilligung. Der BGH führt aus: „Es ist von Rechts wegen nicht zu beanstanden, dass die Strafkammer sich bei dieser besonderen, durch Tatsachen fundierten Sachlage keine Überzeugung dahingehend hat bilden können, dass der Geschädigte bei vollständiger Aufklärung die Einwilligung in den Eingriff verweigert hätte, oder dass die Angeklagten mit einer solchen Verweigerung gerechnet hätte." Anschließend verweist der BGH auf den Zweifelsgrundsatz und auf den „Gastroskopie"-Fall, den „Bandscheiben"-Fall und „Surgibone-Dübel"-Fall.

---

518 *Valerius*, HRRS 2014, 22, 24.

519 Vgl. *Valerius*, HRRS 2014, 22, 24.

520 *Kühl*, AT, § 9 Rn. 47; *Mitsch*, ZJS 2012, 38, 42.

521 Vgl. *Roxin*, AT I, § 18 Rn. 24.

Aus dieser Überlegung wird nun geschlossen, „dass für eine Strafbarkeit des behandelnden Arztes wegen vorsätzlicher Tat allein dessen Vorstellung genügt, dass der Patient bei ordnungsgemäßer Aufklärung nicht in den durchgeführten Eingriff eingewilligt hätte", sodass der BGH nach dieser Ansicht wohl davon ausgeht, dass die hypothetische Einwilligung einen Rechtfertigungsgrund darstellt, wenn ein subjektives Rechtfertigungselement beim Arzt vorliegt.[522]

Dies ist nicht eindeutig. Der BGH macht diese Ausführungen im Zusammenhang mit der Ermittlung des hypothetischen Willens des Patienten. Da die Sachlage in diesem Fall eindeutig war, brauchten keine weiteren Ermittlungen diesbezüglich angestellt werden. Darum passt auch der Verweis auf den *in dubio pro reo*-Satz. Die Anwendung des Zweifelsgrundsatzes war aber bei der Beweislage in diesem Fall nicht mehr nötig. Der Hinweis muss daher so verstanden werden, dass erhebliche Anstrengungen unternommen werden müssten, um doch noch nachweisen zu können, dass im Zweifel nicht die hypothetische Einwilligung erfolgt wäre. Rückschlüsse auf die dogmatische Grundlage können hieraus aber nicht gezogen werden.

In diesem Zusammenhang ist auch drauf hinzuweisen, dass der BGH bei Fahrlässigkeitsdelikten weiterhin davon ausgeht, dass die hypothetische Einwilligung den Pflichtwidrigkeitszusammenhang zwischen Aufklärungsmangel und Taterfolg unterbricht. Dies lässt eher vermuten, dass der BGH für die hypothetische Einwilligung von unterschiedlichen dogmatischen Grundlagen für Vorsatz bzw. Fahrlässigkeitsdelikte ausgeht.

### b) Zusammenfassung: Grundlage und Voraussetzung der hypothetischen Einwilligung nach der Rechtsprechung

Die hypothetische Einwilligung wurde in der recht umfangreichen Rechtsprechung des BGH im Strafrecht fest etabliert und ist damit in der Rechtsprechungspraxis angekommen. Daher sind zunächst die Ansichten des BGH zu den bisherigen dogmatischen Grundlagen und den Anwendungsvoraussetzungen der hypothetischen Einwilligung zusammenzufassen.

---

522 *Valerius*, HRRS 2014, 22, 24.

#### aa) Dogmatische Grundlage

Zwar sind die Ausführungen des BGH zur dogmatischen Grundlage kurz, doch lassen sich einige Eckpunkte feststellen. Zunächst fallen die unterschiedlichen Formulierungen auf, die der BGH verwendet, wenn er prüft, ob eine hypothetische Einwilligung vorliegt. Allerdings lässt sich aus den bisherigen Ausführungen keine eindeutige dogmatische Grundlage entnehmen. Man kann daher insgesamt nur Vermutungen darüber anstellen, wie die dogmatische Grundlage nach Ansicht des BGH aussieht.

Allerdings deutet einiges darauf hin, dass der BGH hinsichtlich der dogmatischen Grundlagen zwischen Fahrlässigkeit- und Vorsatzdelikten unterscheidet, auch wenn bei beiden Deliktsgruppen die gleiche Frage zur Prüfung der hypothetischen Einwilligung gestellt wird.[523] Dies begründet sich insbesondere mit dem „Neulandmethoden“-Fall, der ausdrücklich zwischen einem fahrlässigen und vorsätzlichen Anwendungsbereich der hypothetischen Einwilligung unterscheidet. Auch aus dem „Gastroskopie“-Fall kann entsprechendes entnommen werden.

##### (1) Fahrlässigkeitsdelikte

Bei der Frage, wie die dogmatische Grundlage bei Fahrlässigkeitsdelikten aussieht, sind besonders die ersten vier Entscheidungen sowie die letzte Entscheidung des BGH einzubeziehen. Der BGH betont in diesen Entscheidungen beharrlich, dass die hypothetische Einwilligung den Pflichtwidrigkeitszusammenhang zwischen Aufklärungspflichtverstoß und tatbestandlichen Erfolg unterbreche.[524]

Bei den Fahrlässigkeitsdelikten müssen zunächst der „Zweite Myom“-Fall und der „Hodenentfernungs“-Fall berücksichtigt werden, da die hypothetische Einwilligung hier in ihren Grundzügen angedeutet wurde. In diesen Entscheidungen lässt sich nämlich der Grundgedanke der hypotheti-

---

523 vgl. *Hengstenberg*, S. 156.

524 Im „Bandscheiben“-Fall ist es dem BGH dagegen auf den Zusammenhang zwischen Aufklärungsfehler und Einwilligung angekommen. Allerdings ging es bei diesem Fall um eine vorsätzliche Verletzung der Aufklärungspflicht. Darüber hinaus hat der BGH in den nachfolgenden Entscheidungen wieder den Zusammenhang zwischen Aufklärungsfehler und Taterfolg betont, vgl. NJW 2013, 1688, 1689 („Neulandmethoden“-Fall).

schen Einwilligung bei Fahrlässigkeitsdelikten finden. Nicht umsonst verweist der BGH auch im „Neulandmethoden"-Fall auf diese Entscheidungen. Jedoch hat der BGH den Prüfungsort verändert: In diesen beiden ersten Fällen ging es noch darum, ob dem Arzt ein Fahrlässigkeitsvorwurf zu machen ist, wenn er nicht erkennt oder wenn er hätte erkennen müssen, dass der Patient bei ordnungsgemäßer Aufklärung nicht in die Behandlung eingewilligt hätte. Nun stellt der BGH die Frage, ob durch die hypothetische Einwilligung der Pflichtwidrigkeitszusammenhang zwischen Aufklärungsfehler und tatbestandlichen Erfolg unterbrochen wurde. Allerdings verweist er für den Maßstab der erforderlichen Vorhersehbarkeit wieder auf den „Zweiten Myom"-Fall und den „Hodenentfernungs"-Fall.

Der Pflichtwidrigkeitszusammenhang wird allerdings im objektiven Tatbestand bei Fahrlässigkeitstaten geprüft.[525] Mithin wird die Prüfung der hypothetischen Einwilligung bei Fahrlässigkeitsdelikten auch durch den BGH auf diese Tatbestandebene verlagert. Insoweit könnte der BGH zumindest bei Fahrlässigkeitsdelikten auf derselben Linie wie ein großer Teil der Literatur stehen, die die hypothetische Einwilligung in die Nähe des rechtmäßigen Alternativverhaltens rückt.[526] Dann könnte die hypothetische Einwilligung zumindest als eigenständige Fallgruppe im Rahmen des Pflichtwidrigkeitszusammenhangs bei Fahrlässigkeitsdelikten erörtert werden, was teilweise unter dem Stichpunkt „Zurechnungsansätze" bereits getan wird. Dies könnte die dogmatische Integration dieser Rechtsfigur zumindest bei einer fahrlässigen Verletzung einer Aufklärungspflicht erleichtern. Die Entscheidung des BGH zum „Neulandmethoden"-Fall dürfte zumindest die Diskussion darüber beenden, ob der BGH die hypothetische Einwilligung im Rahmen einer „Kausalitätslösung" anwenden will oder ob er die hypothetische Einwilligung als eigenständigen Rechtfertigungsgrund anerkennt.[527]

#### (2) Vorsatzdelikte

Anders sieht dagegen eine mögliche dogmatische Grundlage bei Vorsatzdelikten bzw. bei einer vorsätzlichen Verletzung der Aufklärungspflicht aus. Hier betont der BGH, dass durch die hypothetische Einwilligung die

---

525 C. II. 2. b). bb).
526 Vgl. C. II. 2. b). bb).
527 Zur näheren dogmatischen Ausformung, vgl. C. V. 2.

Rechtswidrigkeit der Tat entfalle. Dies lässt die einfache Vermutung zu, dass die Prüfung der hypothetischen Einwilligung auf Ebene der Rechtswidrigkeit vollzogen wird.

Zwar hat der BGH im grundlegenden „Bandscheiben"-Fall bereits betont, dass die hypothetische Aufklärung die Rechtswidrigkeit der Tat entfallen lasse. Allerdings spricht der BGH in diesem Fall gleichzeitig davon, dass die „Kausalität des Aufklärungsmangels" zu prüfen sei. Im „Bohrerspitzen"-Fall findet sich jedoch kein solcher Hinweis. Im „Liposuktions"-Fall, im „Turboentzugs"-Fall wie auch im „Gastroskopie"-Fall wird lediglich darauf hingewiesen, dass durch die hypothetische Einwilligung die Rechtswidrigkeit der Tat entfalle. Die Begrifflichkeit „Kausalität des Aufklärungsmangels" dürfte daher keine Rolle mehr spielen, da der BGH dies auch im „Neulandmethoden"-Fall nicht mehr aufgegriffen hat.

Dass die hypothetische Einwilligung nach der Rechtsprechung keinen eigenständigen Rechtfertigungsgrund darstellt[528], lässt sich allerdings aus der Formulierung entnehmen, dass die Rechtswidrigkeit entfalle. Bei einem Rechtfertigungsgrund würde der BGH in seinen Urteilen die Formulierung wählen, dass der Täter durch einen Rechtfertigungsgrund „gerechtfertigt" wäre.[529] Die bloße Formulierung, dass die Rechtwidrigkeit der Tat entfalle, kann damit nicht als Anzeichen dafür gewertet werden, dass die hypothetische Einwilligung nach der Rechtsprechung einen eigenständigen Rechtfertigungsgrund darstellt. Insbesondere fehlt bei den bisherigen Prüfungen der hypothetischen Einwilligung auch die Erwähnung einer subjektive Komponente, die bei jedem Rechtfertigungsgrund zwingend[530] vorhanden sein muss.[531]

Welche genauen dogmatischen Überlegungen hieraus zu ziehen sind, hat der BGH nicht vorgegeben, sodass es der Literatur überlassen ist, dies herauszuarbeiten.

---

528 So aber *Albrecht*, S. 252 ff.; *Jansen*, ZJS 2011, 482, 485; *Otto/Albrecht*, Jura 2010, 264, 269.

529 vgl. zu § 227 BGB und § 32 StGB, BGH NJW 2008, 571 ff.

530 So zumindest die h.M, vgl. *Kühl*, AT, § 6 Rn. 11 ff.; *Lenckner/Sternberg-Lieben*, in: Schönke/Schröder, Vor §§ 32 ff. Rn. 13.

531 *Böcker*, JZ 2005, 925, 927; *Hengstenberg*, S. 207.

### bb) Anwendungsvoraussetzungen der hypothetischen Einwilligung

Neuerdings geht der BGH davon aus, dass an die Voraussetzungen der hypothetischen Einwilligung grundsätzlich strenge Voraussetzungen zu knüpfen seien. [532] Hier muss sich aber erst zeigen, wie sich dies genau auswirkt, da der BGH in dem besagten Urteil keine verschärfte Prüfung vollzogen hat. Im Folgenden sollen die Voraussetzungen der hypothetischen Einwilligung nach der bisherigen Rechtsprechung des BGH zusammengefasst werden.

#### (1) Anwendungsbereich der hypothetischen Einwilligung

Es zeigt sich, dass die hypothetische Einwilligung nicht nur auf ärztliche Eingriffe begrenzt ist, die der ärztlichen Kunst entsprechen. Möglich ist eine hypothetische Einwilligung auch bei Schönheitsoperationen („Liposuktions"-Fall)[533], bei Durchführung einer sog Außenseitermethode („Turboentzugs"-Fall)[534] oder sogar bei einer sog. Neulandmethode („Neulandmethoden"-Fall)[535]. Ob die Aufklärungspflicht dabei jeweils fahrlässig oder vorsätzlich durch den Arzt verletzt wurde, spielt dabei keine Rolle. Auch bei einer bewusst falschen Aufklärung ist eine hypothetische Einwilligung möglich.[536] Es ist damit unerheblich, ob die Aufklärung vorsätzlich oder fahrlässig nicht ordnungsgemäß durchgeführt wurde. Die hypothetische Einwilligung kann also bei jedem ärztlichen Eingriff angewendet werden, unabhängig davon wie dieser durchgeführt und in welcher Weise die Aufklärungspflicht durch den Arzt verletzt wurde.

#### (2) Unwirksamkeit der eigentlichen Aufklärung

Zunächst ist festzustellen, dass sich die Frage nach der hypothetischen Einwilligung nur dann stellt, wenn eine ordnungsgemäße Einwilligung bedingt durch die fehlerhafte Aufklärung nicht erfolgt ist. Nach der Recht-

---

532 BGH NJW 2013, 1688, 1689.
533 BGH NStZ-RR 2007, 340, 341.
534 BGH StV 2008, 464, 465.
535 BGH NJW 2013, 1688, 1689.
536 Vgl. BGH NStZ-RR 2004, 16, 17; BGH NStZ 2004, 442, 442.

sprechung des BGH spielt es keine Rolle, ob durch den behandelnden Arzt überhaupt versucht wurde, eine Aufklärung durchzuführen. Die hypothetische Einwilligung kann nach Ansicht des BGH auch erfolgen, obwohl nicht zu einer Aufklärung angesetzt wurde.[537] Hier liegt ein deutlicher Unterscheid zur mutmaßlichen Einwilligung vor. Diese hätte in den o.g. Fällen nicht erfolgen können, da es tatsächlich möglich gewesen wäre, die Einwilligung einzuholen.

Teilweise wird jedoch vertreten, dass die hypothetische Einwilligung nur dann angewendet werden dürfe, wenn der Arzt vorher zur Aufklärung angesetzt und damit zumindest versucht habe, eine Einwilligung einzuholen. Nach dieser Ansicht stehen sich mutmaßliche und hypothetische Einwilligung in einem Exklusivitätsverhältnis gegenüber, sodass die hypothetische Einwilligung nicht in Betracht komme, wenn kein äußerer Zustimmungsvorgang des Opfers erkennbar sei.[538] Ohne den Versuch zur Aufklärung fehle nämlich der Anknüpfungspunkt für eine hypothetische Einwilligung, da diese nur dann vorliegen könne, wenn der Patient bei einer ordnungsgemäßen Aufklärung in die Handlung eingewilligt hätte. Ohne den Aufklärungsversuch könne nicht untersucht werden, wie der Patient sich verhalten hätte, wenn die fehlerhafte Einwilligung durch eine ordnungsgemäße ersetzt worden wäre. Zudem stelle sich bei Fahrlässigkeitsdelikten die Frage, ob der Pflichtwidrigkeitszusammenhang zwischen Aufklärungsmangel oder tatbestandlichen Erfolg durch die hypothetische Einwilligung unterbrochen werde. Aber ein Aufklärungsmangel setze gerade begrifflich voraus, dass überhaupt ein Einwilligungsversuch unternommen wurde.[539]

Nach dieser Auffassung ist es notwendig, dass der Arzt zumindest zur Aufklärung angesetzt hat bzw. vorher schon einmal der Versuch einer Ein-

---

537 BGH NStZ-RR 2007, 340, 341.

538 *Edlbauer*, S. 186; vgl. auch *R. Merkel*, in: NK-StGB, § 218a Rn. 39.

539 *Hengstenberg*, S. 399; ebenso *Kuhlen*, in: FS-Roxin, S. 331, 339, der darauf verweist, dass die hypothetische Einwilligung nach seinem Modell nur dazu führen könne, dass die hypothetische Einwilligung nur einzelne *Rechtfertigungsmängel* korrigiere, die dazu geführt haben, dass der eigentliche Rechtfertigungstatbestand nicht erfüllt sei. In seiner weiteren Darstellung fehlt zudem der Fall, dass gar nicht erst versucht wurde, eine Einwilligung einzuholen; ähnlich auch *Kuhlen*, in: FS-Müller-Dietz, S. 431, 440, hier wird das Fehlen einer Zustimmung als bloßer Rechtfertigungsmangel qualifiziert und nicht als Einwilligungsmangel, der den Pflichtwidrigkeitszusammenhang auf Ebene der Rechtswidrigkeit unterbricht. Aber nur bei Einwilligungsmängeln sei nach seiner Ansicht eine Korrektur durch hypothetische Einwilligung möglich.

willigung durch den Arzt unternommen worden ist, um den Anwendungsbereich der hypothetischen Einwilligung zu eröffnen. Der BGH ist daher bei der Anwendung der hypothetischen Einwilligung weitaus großzügiger als Teile der Literatur.

#### (3) Ermittlung des hypothetischen Willens

Darüber hinaus hat der BGH weitergehende Ausführungen zur Ermittlung des hypothetischen Patientenwillens bei der hypothetischen Einwilligung gemacht: Für die hypothetische Einwilligung sei grundsätzlich auf den hypothetischen Willen im Zeitpunkt vor der Tat abzustellen. Allerdings werde dieser Wille erst nach der Tat ermittelt. Zur Ermittlung des hypothetischen Willens sei eine Gesamtwürdigung aller zur Verfügung stehenden Mittel vorzunehmen.[540] Die Aussagen des Patienten seien aber lediglich ein, wenn auch ernstzunehmendes, Indiz für den hypothetischen Willen im Zeitpunkt der tatbestandlichen Handlung.[541]

Werde der Patient nach der Operation danach gefragt, ob er dem Eingriff auch dann zugestimmt hätte, wenn er alle aufklärungsrelevanten Umstände gekannt hätte, sei diese Äußerung entsprechend durch das Gericht zu würdigen. Denn der Patient könne sowohl unter dem Eindruck einer misslungenen Operation als auch der Verletzung der ärztlichen Aufklärungspflicht stehen.[542] Daneben sei zu beachten, dass im Strafrecht nicht darauf abgestellt werden dürfe, was ein vernünftiger Patient tun würde. Es sei allein das maßgeblich, was der konkrete Patient in der jeweiligen Situation getan hätte.[543]

Hinsichtlich der Ermittlung des hypothetischen Willens sei nach dem BGH zu beachten, dass nur auf solche Momente abgestellt werden dürfe, in denen der Patient einwilligungsfähig gewesen sei.[544] Insoweit ist zu folgern, dass die Ermittlung des hypothetischen Willens des Rechtsgutsinhabers bei der hypothetischen Einwilligung unter den gleichen Voraussetzungen erfolgen muss wie bei der tatsächlichen Einwilligung. Der Patient muss insbesondere einwilligungsfähig sein und keinen (rechtsgutsbezoge-

540 BGH NStZ-RR 2004, 16, 17.
541 *Eisele*, in: FS-Strätz, S. 163, 171.
542 Vgl. BGH NStZ-RR 2004, 16, 17.
543 Vgl. BGH NStZ-RR 2004, 16, 17.
544 BGH NStZ 2012, 205, 206.

nen) Willensmängeln unterliegen, wenn er sich zu seinem Willen äußert.[545] Daher ist es konsequent, wenn es der BGH im „Gastroskopie"-Fall verweigert hat, aus den Äußerungen des Patienten, die im einwilligungsunfähigen Zustand erfolgt sind, Anhaltspunkte für eine hypothetische Einwilligung zu ziehen.[546]

Sei die Ermittlung des hypothetischen Willens nicht mehr möglich, so der BGH, weil der Patient beispielsweise verstorben sei, sei dieser hypothetische Wille zu mutmaßen und entsprechende Hinweise in die Gesamtwürdigung einzubeziehen. Hierzu können auch Äußerungen gegenüber Dritten, beispielsweise den Angehörigen, berücksichtigt werden.[547] Ähnlich wie bei der mutmaßlichen Einwilligung kommt es auf die individuellen Interessen des Einzelnen an, die durch eine entsprechende Auslegung der bisherigen Umstände ermittelt werden müssen.[548] Der hypothetischen und mutmaßlichen Einwilligung liegt daher ein vergleichbarer Sachverhalt zugrunde.[549] Allerdings kann sich bei der mutmaßlichen Einwilligung ergeben, dass, obwohl der Rechtsgutsinhaber aktuell keinesfalls mit der Behandlung einverstanden gewesen wäre, aus seinen bisherigen Äußerungen auf eine mutmaßliche Einwilligung für eine Behandlung geschlossen werden kann. Selbst dann ist der Behandelnde durch eine mutmaßliche Einwilligung gerechtfertigt. Insbesondere darf gemeinhin bei der mutmaßlichen Einwilligung, wenn der subjektive Wille nicht einzuholen ist, darauf abgestellt werden, was ein vernünftiger Rechtsgutsinhaber in der Situation getan hätte.[550] Bei der hypothetischen Einwilligung kommt es dagegen auf die konkrete Entscheidung des Rechtsgutsinhabers an, sodass hier keine Mutmaßungen unternommen werden dürfen und allein das *ex post* zu ermittelnde Ergebnis zählt.[551] Allerdings werden vergleichbare Methoden zur Ermittlung des vermeintlichen Willens bei mutmaßlicher und hypothetischer Einwilligung angewendet, wenn ein Dritter hinsichtlich des Willens des Rechtsgutsinhabers befragt werden kann. Teilweise wird nun an-

---

545 Vgl. *Hengstenberg*, S. 401 ff.

546 Vgl. BGH NStZ 2012, 205, 206.

547 BGH NJW 2013, 1688, 1689.

548 Vgl. *Fischer*, Vor § 32 Rn. 4; *Rönnau*, in: LK-StGB, Vor §§ 32 ff. Rn. 214.

549 *Mitsch*, in: FS-Achenbach, S. 299, 306.

550 *Eser*, in: Schönke/Schröder, § 223 Rn. 38h; *Saliger*, in: FS-Beulke, S. 257, 265.

551 BGH NStZ-RR 2004, 16, 17; *Roxin*, AT I, § 13 Rn. 132.

genommen, dass es deshalb zu einer „Verschleifung" von mutmaßlicher und hypothetischer Einwilligung komme.[552]

Könne der hypothetische Willen nicht zweifelsfrei ermittelt werden, so der BGH, gehen die Zweifel gemäß des *in dubio pro reo*-Grundsatzes zu Lasten der Anklage. Dem Arzt sei zweifelsfrei zu beweisen, dass der Patient, wenn er alle entscheidungsrelevanten Umstände gekannt hätte, nicht in die Behandlung eingewilligt hätte.[553]

Zu berücksichtigen sei nach Ansicht des BGH auch, dass sich die hypothetische Einwilligung grundsätzlich nur auf eine *lege artis* durchgeführte ärztliche Behandlung beziehe. Weiche die Behandlung von diesem Standard ab, sei dies bei der Prüfung der hypothetischen Einwilligung zu berücksichtigen. Es stelle sich dann die Frage, ob der Patient auch dann eingewilligt hätte, wenn er die vom ärztlichen Standard abweichenden Umstände gekannt hätte.[554] Die Prüfung der hypothetischen Einwilligung muss in diesem Fall entsprechend modifiziert werden. Vor der Ermittlung des hypothetischen Willens ist daher immer zu fragen, ob und wie weit die Maßnahme vom ärztlichen Standard abweicht, um den Umfang der Aufklärung und auch der hypothetischen Einwilligung ermitteln zu können.

### c) Bewertung der Rechtsprechung zur hypothetischen Einwilligung

Mit einer langen Kette von Urteilen demonstriert der BGH, dass die hypothetische Einwilligung in der Rechtsprechung angekommen ist, sodass die hypothetische Einwilligung zumindest im Arztstrafrecht nicht mehr wegzudenken ist. Dabei ist die Diskussion in der Literatur im Laufe der Zeit sehr unübersichtlich und zerstritten geworden.[555]

Wurde die hypothetische Einwilligung anfangs nur bei einer fahrlässigen Verletzung der Aufklärungspflicht bejaht, folgten schnell Entscheidungen, in denen die Aufklärung vorsätzlich falsch durchgeführt oder gänzlich ausgelassen wurde und trotzdem eine hypothetische Einwilligung durch den BGH angenommen wurde. Inzwischen wendet der BGH die hypothetische Einwilligung auch bei Operationen und Behandlungen an, die

---

552 *Saliger*, in: FS-Beulke, S. 257, 265.

553 BGH NStZ 1996, 34, 35; BGH NStZ 2012, 205, 206; BGH NJW 2013, 1688, 1689.

554 BGH StV 2008, 464, 465.

555 *Saliger*, in: FS-Beulke, S. 257, 257.

nicht medizinisch indiziert waren und sogar nicht *lege artis* durchgeführt wurden. Damit ist eine schrittweise Expansion des Anwendungsbereiches der hypothetischen Einwilligung erfolgt.[556] Dies wird bei der Prüfung des hypothetischen Willens in der Weise berücksichtigt, dass der Prüfungsmaßstab zu seiner Ermittlung entsprechend angepasst wird. Es wird dann gefragt, ob der Patient trotz Kenntnis dieser Umstände in die Behandlung eingewilligt hätte.

Auch wenn der BGH immer wieder das Selbstbestimmungsrecht des Patienten betont hat, um das Erfordernis einer umfassenden Aufklärung und anschließenden Einwilligung zu begründen, macht er im „Surgibone-Dübel"-Fall deutlich, dass nicht jeder Aufklärungsfehler des Arztes als Körperverletzung sanktioniert werden darf.[557] Damit zeigt der BGH, dass die Haftung der Ärzteschaft für Aufklärungsmängel beispielsweise mit Hilfe der hypothetischen Einwilligung beschränkt werden soll. Deutlich wird dies auch an einer anderen Stelle des „Surgibone-Dübel"-Falls, wo der BGH versucht, andere zivilrechtliche Institute, die die Haftung eines Arztes für Aufklärungsmängel beschränken, in das Strafrecht zu übertragen.[558] Diese Erkenntnis zeigt sich zudem im „Hodenentfernungs"-Fall. Hier gab der BGH an, dass ein Aufklärungsmangel dann unbeachtlich sei, wenn die Operation letztendlich dem Willen des Patienten entspräche.[559] Außerdem erkennt der BGH, dass es im Strafrecht durch den *in dubio pro reo*-Grundsatz keine materielle Beweislast gibt, sondern Zweifel hinsichtlich einer beweispflichtigen Frage immer zu Lasten der Anklage gehen. Der BGH wendet die hypothetische Einwilligung mit den gegenüber dem Zivilrecht für den Arzt vereinfachten Beweisgrundsätzen ausdrücklich an, obwohl ihm dieser Unterschied in den Beweisgrundsätzen durchaus bewusst ist.[560] Daraus wird deutlich, dass der BGH versucht, die weitreichenden Folgen eines Aufklärungsmangels für den Arzt im Strafrecht sogar weiter zu beschränken, als es im Zivilrecht der Fall ist. Denn der BGH ist offenbar davon überzeugt, dass der Patient in vielen Fällen einer Behandlung zugestimmt hätte, wenn er entsprechend aufgeklärt und ihm die Konsequenzen aus der Behandlung bewusst gemacht worden wären. Anders als im Zivilrecht wird damit das Verhältnis von Selbstbestimmungs-

---

556 *Tag*, ZStW 127 (2015), 523, 533.
557 BGH NStZ 1996, 34, 35.
558 BGH NStZ 1996, 34, 35.
559 Vgl. C. V. 1. a). aa). (3).
560 Vgl. hierzu den „Surgibone-Dübel"-Fall, C. V. 1. a). aa). (5).

recht und ärztlicher Haftungsbeschränkung einseitig durch den BGH zu Lasten der Selbstbestimmung beeinträchtigt.[561]

Hier zeigt sich eine paternalistische Tendenz in der Rechtsprechung des BGH, da der BGH dem Arzt die Kompetenz zuweist, im Zweifel das Beste für die Gesundheit des Patienten zu kennen. Deshalb liegt es nahe, die tatsächliche Einwilligung durch eine hypothetische zu ersetzen, wenn der Eingriff medizinisch notwendig ist.[562] Dies hätte der Patient dann nach Ansicht des BGH eingesehen, wenn er ordnungsgemäß aufgeklärt worden wäre. Insbesondere wenn das Risiko für den Patienten bei einer Operation gering ist und es keine Alternativen zu einer Operation gibt, scheint es auch nach Teilen der Literatur gerechtfertigt, den Arzt nicht haften zu lassen bzw. ihn nicht zu bestrafen.[563]

Zwar versucht der BGH diese Tendenz, das Selbstbestimmungsrecht zu Gunsten der Ärzte einzuschränken, zumindest dahingehend zu limitieren, dass es auf die Entscheidung des individuellen Patienten hinsichtlich einer hypothetischen Einwilligung ankommt. Allerdings werden die Äußerungen des Patienten nach der Tat gewürdigt, um zu verhindern, dass diese Äußerungen unter dem Eindruck der Operation stehen. Wenn jedoch die Möglichkeit einer Würdigung durch den Richter besteht, lassen sich leicht Entscheidungen herbeiführen, die nicht unbedingt im Sinne des Selbstbestimmungsrechtes sind. Der Schutz des Selbstbestimmungsrechtes kann hier nicht in vollen Umfang gewährleistet werden.

Die Anwendung und Entwicklung der hypothetischen Einwilligung kann zumindest durch das besondere Verhältnis zwischen Arzt und Patient begründet werden. Dies macht es wohl aufgrund des *ultima ratio*-Prinzips auch nötig, die Aufklärungspflichten des Arztes gegenüber dem Patienten zumindest im Strafrecht zu reduzieren. Dies gelingt aber nur auf Kosten des Selbstbestimmungsrechtes, sodass die hypothetische Einwilligung einen zwanghaften Versuch darstellt, den Arzt nicht für jeden Aufklärungsfehler haften zu lassen. Denn der Arzt kann den Patienten nicht oder nicht richtig bzw. bewusst falsch aufklären und dennoch auf eine hypothetische Einwilligung hoffen, mit der er dann straffrei bleibt. Der Arzt muss also bei der Durchführung einer Behandlung nicht das Selbstbestimmungsrecht des Patienten beachten und darf trotzdem hoffen, dass die Operation dem Willen des Patienten entsprechen würde, wenn er diesen

561 *Tag*, ZStW 127 (2015), 523, 534.
562 *Renzikowski*, in: FS-Fischer, S. 365, 367.
563 *Roxin*, AT I, § 13 Rn. 120.

ordnungsgemäß aufgeklärt hätte. Die Möglichkeit ist durchaus wahrscheinlich, da der Patient oftmals nicht über den medizinischen Sachverstand verfügt, die Entscheidung des Arztes nachzuvollziehen, sodass er in vielen Fällen auf den Arzt vertraut. Aufgrund dieses Vertrauens würde er wohl die Frage, ob er seine Einwilligung erteilt hätte, wenn er ordnungsgemäß aufgeklärt worden wäre, auch bejahen. Mit der Anerkennung der hypothetischen Einwilligung besteht daher die Gefahr, dass paternalistische Tendenzen bedient werden und der Arzt durch die Anerkennung der hypothetischen Einwilligung hierzu sogar ermutigt wird.

Problematisch ist weiterhin, dass sich in der Rechtsprechung zur hypothetischen Einwilligung eine gewisse Flexibilisierung zeigt, wenn es um die Dogmatik der hypothetischen Einwilligung geht. Der BGH bleibt eine eindeutige Bestimmung hierzu schuldig.[564] Mit dieser flexiblen Handhabung der Dogmatik wird es für den BGH möglich, eine konfliktorientierte Deutung des Arzt-Patienten-Verhältnisses vorzunehmen, um die Verantwortung des Arztes für Aufklärungsmängel beschränken zu können.[565] Damit hat der BGH im Arztstrafrecht ein flexibles Mittel zur Konfliktlösung im Arzt-Patienten-Verhältnis geschaffen, das sich jedoch zu Ungunsten des Selbstbestimmungsrechtes auswirkt. Diese flexible Mittel in Form der hypothetischen Einwilligung ist nichts anderes als die ärztliche Vernunft, die in einem neuen Gewand als mögliche Rechtfertigung ärztlicher Handlungen herangezogen werden kann.[566]

### 2. Dogmatische Verortung der hypothetischen Einwilligung in der Lehre

Die genaue dogmatische Verortung der hypothetischen Einwilligung im Strafrecht bleibt nach den bisherigen Äußerungen des BGH unklar. Die genaue dogmatische Grundlage ist jedoch nötig, um die hypothetische Einwilligung weiter zu konturieren und deren Anwendungsbereiche voraussagen zu können. Solange es die Rechtsprechung nicht unternimmt, ist dies Aufgabe der Literatur[567], die hinsichtlich der dogmatischen Grundlage eine Vielzahl von Ansichten vertritt.

---

564 Vgl. *Zabel*, GA 2015, 219, 222.
565 Vgl. *Zabel*, GA 2015, 219, 222.
566 *Tag*, ZStW 127 (2015), 523, 538.
567 *Yamanaka*, in: FS-Maiwald, S. 865, 868.

### a) Lösung auf Ebene des Tatbestandes

Zunächst sollen die Lösungen auf Ebene des Tatbestandes dargestellt werden. Nach diesen Ansichten würde eine wirksame hypothetische Einwilligung bereits den Tatbestand eines Delikts ausschließen.

#### aa) Kausalitätslösung

Zunächst ist die Kausalitätslösung zu nennen. Es wird teilweise angenommen, dass sich die Rechtsprechung dieser Ansicht durch die Formulierung, dass die Pflichtwidrigkeit des Aufklärungsmangels nicht „ursächlich“ für den Körperverletzungserfolg sei, angeschlossen habe, sodass durch die hypothetische Einwilligung der objektive Tatbestand nicht erfüllt werde.[568]

Nach der überwiegenden Ansicht innerhalb dieser Meinung entfällt durch eine hypothetische Einwilligung die Kausalität des Aufklärungsmangels[569], weil der Ursachenzusammenhang zwischen der fehlerhaften Aufklärung und der tatbestandlichen Körperverletzung durch die hypothetische Einwilligung unterbrochen werde.[570] Der Aufklärungsmangel sei dann nicht kausal für die Rechtsgutsverletzung gewesen. Dabei erfolgt die Bestimmung, zwischen welchen Punkten der Pflichtwidrigkeitszusammenhang genau liegt, uneinheitlich: Während der BGH im „Bandscheiben“-Fall von der Kausalität zwischen Aufklärungsmangel und Körperverletzungshandlung ausging[571], stellt die Literatur weitere Bezugspunkte zur Ermittlung der Kausalität in den Vordergrund.[572] So wird teilweise gefordert, dass der Aufklärungsmangel kausal für den bewilligten Eingriff werden müsse.[573]

Diese Lösung wird zum Teil nur bei einer fahrlässigen Verletzung der Aufklärungspflicht vertreten.[574]

---

568 *Alberecht*, S. 168 ff.

569 *Geppert*, JZ 1988, 1024, 1025 Fn. 8, der insofern die Kausalität des Aufklärungsmangels verlangt, anders aber in JK 12/04, § 223/3 StGB; *Eser*, in: Schönke/Schröder, 26. Aufl., § 223 Rn. 40.

570 Vgl. *Otto/Albrecht*, Jura 2010, 264, 267.

571 Vgl. BGHR § 223 Heileingriff 2. S. 2, 3.

572 Vgl. die Zusammenstellung bei *Hengstenberg*, S. 161.

573 *Bauer*, S. 175.

574 *Ulsenheimer*, NStZ 1996, 132, 133; vgl. auch *Ulsenheimer*, Arztstrafrecht, 4. Aufl., § 1 Rn. 132a Fn. 1013, wo die Meinung wieder aufgegeben wurde.

### bb) Ausschluss der Zurechnung auf Ebene des Tatbestandes

Zum Teil wird angenommen, dass die hypothetische Einwilligung bereits auf Ebene des Tatbestandes die objektive Zurechnung ausschließt.[575] Nach dieser Meinung ändert die hypothetische Einwilligung nichts an der Rechtswidrigkeit der Rechtsgutsverletzung. Der Erfolg sei jedoch schon auf der Ebene des Tatbestandes nicht zurechenbar.[576] Hierbei ist aber zu berücksichtigen, dass insbesondere *Roxin* die Einwilligung auf der Ebene des Tatbestandes prüft, da nach seiner Ansicht in jedem Rechtsgut der Autonomiegedanken zu finden sei.[577] *Roxin* geht davon aus, dass mit der hypothetische Einwilligung die Übertragung der objektiven Zurechnung auf die Einwilligung erfolge, was er ausdrücklich begrüße.[578] Anders als die Rechtsprechung, die bekanntlich bei Zweifeln den *in dubio pro reo*-Einwand zulässt, will *Roxin* in diesen Fällen jedoch die Risikoerhöhungslehre anwenden. Die Strafbarkeit des nicht aufklärenden Arztes sei demnach schon dann anzunehmen, wenn nur die konkrete Möglichkeit bestehe, dass der Patient bei ordnungsgemäßer Aufklärung der Behandlung nicht zugestimmt hätte.[579] Die Strafbarkeit des Arztes sei in Zweifelsfällen nicht gegeben, wenn im Fall einer ordnungsgemäßen Aufklärung die Einwilligung mit Sicherheit erfolgt wäre. Dann könne keine Zurechnung des Aufklärungsmangels erfolgen.[580]

### cc) Hypothetische Einwilligung als Anwendungsfall im Rahmen des Pflichtwidrigkeitszusammenhangs

Mit einer anderen Begründung verneint folgende Ansicht die objektive Zurechnung auf Ebene des Tatbestandes. Wie bereits angedeutet, rücken viele Autoren die hypothetische Einwilligung in die Nähe des rechtmäßigen Alternativverhaltens auf Ebene des Pflichtwidrigkeitszusammenhangs bei Fahrlässigkeitsdelikten. Im Arztstrafrecht kann eine fahrlässige Tat zwei Anknüpfungspunkte haben: Einmal kann die Einwilligung fahrlässig

575 *Roxin*, AT I, § 13 Rn. 122.
576 *Roxin*, AT I, § 13 Rn. 123.
577 Vgl. *Roxin*, AT I, § 13 Rn. 12; hierzu auch unter D. I. 1.
578 *Roxin*, AT I, § 13 Rn. 120.
579 *Roxin*, AT I, § 13 Rn. 124.
580 *Roxin*, AT I, § 13 Rn. 125.

nicht ordnungsgemäß durchgeführt worden sein, sodass die fahrlässige Pflichtverletzung einen Anknüpfungspunkt auf der Ebene der Rechtwidrigkeit hat. Andererseits kann die fahrlässige Tat auch auf einem Sorgfaltspflichtverstoß auf Ebene des objektiven Tatbestandes beruhen, wenn die Behandlung nicht ordnungsgemäß durchgeführt wurde.[581] Daher wird angenommen, dass der Zurechnungszusammenhang zwischen Aufklärungsfehler und tatbestandlichem Erfolg auf Ebene des Tatbestandes durch eine hypothetische Einwilligung zu verneinen sei. Die hypothetische Einwilligung sei bei Fahrlässigkeitsdelikten als Anwendungsfall des Pflichtwidrigkeitszusammenhangs zu begreifen.[582] Das greift auch der BGH auf, wenn er im „Neulandmethoden"-Fall explizit zwischen vorsätzlichen und fahrlässigen Delikten unterscheidet.[583]

### b) Hypothetische Einwilligung auf Ebene der Rechtswidrigkeit

Nachfolgend sollen die Meinungen dargestellt werden, die vertreten, dass die hypothetische Einwilligung erst auf der Ebene der Rechtswidrigkeit zu berücksichtigen ist.

#### aa) Hypothetische Einwilligung als eigenständiger Rechtfertigungsgrund

Zum Teil wird vertreten, dass die hypothetische Einwilligung in der Rechtsprechung als eigener Rechtfertigungsgrund behandelt wird.[584] Das wird damit begründet, dass die hypothetische Einwilligung oft mit der mutmaßlichen Einwilligung gleichgesetzt wird, sodass der Eindruck entsteht, dass auch in der hypothetischen Einwilligung ein Rechtfertigungsgrund zu sehen ist.[585] Überwiegend wird jedoch die Qualifizierung als ei-

---

581 Vgl. *Hengstenberg*, S. 186 unter Verweis auf *Ulsenheimer*, Arztstrafrecht, 4. Aufl., § 1 Rn. 37, 53 ff.

582 *Böcker*, JZ 2005, 925, 927 Fn. 19; *Bollacher/Stockburger*, Jura 2006, 908, 912; *Eisele*, in: FS-Strätz, S. 1163, 183; *Hengstenberg*, S. 186 f.

583 BGH NJW 2013, 1688, 1689.

584 So *Albrecht*, S. 252 ff. unter Verweis auf den „Bohrerspitzen"-Fall, „Liposuktions"-Fall und den „Turboentzugs"-Fall; *Haas*, GA 2015, 147, 148 f.; *Hüttenrauch*, NJ 2013, 39, 39.

585 So bspw. *Jahn*, Jus 2007, 1145, 1146; *Kraatz*, NStZ-RR 2012, 361, 365; *Wessels/Beulke/Satzger*, AT, Rn. 582.

genständiger Rechtfertigungsgrund bereits aus dogmatischer Sicht abgelehnt.[586]

### bb) Hypothetische Einwilligung als Zurechnungsausschluss auf Ebene der Rechtswidrigkeit

Vor allem wurde in der Literatur vertreten, dass durch die hypothetische Einwilligung die objektive Zurechnung auch auf die Ebene der Rechtswidrigkeit zu übertragen und daher auf dieser Ebene eine neue Prüfungsstufe zu etablieren sei. Dem wird vielfach zugestimmt.[587] Zu diesen Ansichten wurde zahlreich publiziert, sodass man davon ausgehen kann, dass diese Lösung unter den Befürwortern der hypothetischen Einwilligung die herrschende Ansicht für eine dogmatische Grundlage darstellt. Die hypothetische Einwilligung unterbricht demnach die objektive Zurechnung auf Ebene der Rechtswidrigkeit. Zur genauen dogmatischen Grundlage auf dieser Ebene gibt es aber unterschiedliche Meinungen.

#### (1) Lösung nach Kuhlen

Insbesondere *Kuhlen* hat in der laufenden Diskussion vertreten, dass die hypothetische Einwilligung die objektive Zurechnung des Erfolgsunrechtes auf Ebene der Rechtswidrigkeit ausschließe.[588] Die Lehre der objektiven Zurechnung müsse nach *Kuhlen* auch auf die Ebene der Rechtswidrigkeit übertragen werden, wenn die Normbefolgung keinen Beitrag zum bezweckten Rechtsgüterschutz leisten könne.[589] Der Ansatz *Kuhlens* beschränkt sich damit nicht nur auf das Arztstrafrecht, sondern stellt eine grundlegende Überlegung zur Rechtswidrigkeit dar.

Nach Ansicht von *Kuhlen* könne auf der Ebene des Tatbestandes nur *prima facie* entschieden werden, ob ein Verhalten pflichtwidrig sei, sodass

---

586 Vgl. *Bollacher/Stockburger*, Jura 2006, 908, 913; *Böcker*, JZ 2005, 925, 927; *Edlbauer*, S. 364 ff.; *Hengstenberg*, S. 206; *Wiesner*, S. 99 f.

587 *Kühl*, AT, § 9 Rn. 47; *Rosenau*, in FS-Maiwald, S. 683, 694; *Roxin*, AT I, § 13 Rn. 120; *Wessels/Beulke/Satzger*, AT, Rn. 584.

588 *Kuhlen*, in: FS-Roxin, S. 331, 337; *ders.*, in: FS-Müller-Dietz, S. 431, 431 ff.; *ders.*, JR 2005, 713, 713 ff.

589 *Kuhlen*, in: FS-Roxin, S. 331, 331.

erst auf der Ebene der Rechtswidrigkeit endgültig geklärt werden könne, ob das Verhalten auch „definitiv“ pflichtwidrig sei.[590] Die hypothetische Einwilligung sei daher eine Ausprägung des in der Tatbestandslehre anerkannten Zurechnungsausschlusses bei fehlendem Pflichtwidrigkeitszusammenhang. *Kuhlen* geht davon aus, dass die Übertragung der objektiven Zurechnung auf die Ebene der Rechtswidrigkeit eine „strukturelle Analogie“ sei, da sich auf Ebene der Rechtswidrigkeit die strukturell gleichen Probleme stellen würden wie auf Ebene des Tatbestandes. Dadurch wären die Kriterien, die auf Ebene des Tatbestandes gelten, auch auf Ebene der Rechtswidrigkeit relevant. Auf der Ebene der Rechtswidrigkeit sei daher zu prüfen, ob der Pflichtwidrigkeitszusammenhang und Risikozusammenhang zwischen Aufklärungsmangel und Erfolg vorliege.[591]

Die Frage nach der objektiven Zurechnung auf Ebene der Rechtswidrigkeit stellt sich immer dann, wenn die Handlung den Tatbestand eines Delikts erfüllt und nicht durch einen Rechtfertigungsgrund gedeckt ist.[592] In diesem Fall kann das Unrecht einer vollendeten Tat dadurch ausgeschlossen werden, dass die objektive Zurechnung des Erfolgs auf Ebene der Rechtswidrigkeit nicht vorliegt, da der Erfolg nicht auf einem Rechtfertigungsmangel beruht.[593]

Die Kriterien, die zur Prüfung der objektiven Zurechnung auf Ebene der Rechtswidrigkeit anzuwenden sind, sind dabei die gleichen wie auf Ebene des objektiven Tatbestandes, nur dass die tatbestandlich relevante Handlung durch eine tatbestandliche und nicht gerechtfertigte Handlung ersetzt wird.[594] Die Kriterien der objektiven Zurechnung kommen jedoch nur dort zur Anwendung, wo das Vorliegen des objektiven Elementes eines Rechtfertigungsgrundes durch „zurechnungsrelevante Rechtfertigungsmängel“ ausgeschlossen ist. Auf solchen zurechnungsrelevanten Rechtfertigungsmängeln muss der tatbestandliche Erfolg auch objektiv beruhen, da andernfalls keine vollendete Tat vorliegt. Bei zurechnungsrelevanten Mängeln stellt sich daher die Frage, ob der Zurechnungszusammenhang und damit die objektive Zurechnung unterbrochen werden kann. Bei anderen, nicht zurechnungsrelevanten Mängeln, die zur Nichterfüllung des Rechtfertigungstatbestandes führen, bleibt dieses ohne Auswirkung

---

590 *Kuhlen*, in: FS-Roxin, S. 331, 332; *ders.*, in: FS-Müller-Dietz, S. 431, 432.
591 *Kuhlen*, in: FS-Roxin, S. 331, 337 f.; *ders.*, in: FS-Müller-Dietz, S. 431, 432.
592 *Kuhlen*, in: FS-Roxin, S. 331, 338.
593 *Kuhlen*, in: FS-Roxin, S. 331, 338.
594 *Kuhlen*, in: FS-Roxin, S. 331, 338.

für die objektive Zurechnung.[595] Diese zurechnungsrelevanten Rechtfertigungsmängel sind daher von den „zurechnungsirrelevanten tiefgreifenden Rechtfertigungsdefiziten“, wie dem Fehlen einer Notwehr- oder Notstandslage, abzugrenzen.[596] Die Frage nach der objektiven Zurechnung auf Ebene der Rechtswidrigkeit stellt sich damit nicht, wenn keine Anhaltspunkte für einen Rechtfertigungsgrund vorliegen.[597]

Bei der Übertragung dieses Ansatzes auf den ärztlichen Aufklärungsfehler ergibt sich nach *Kuhlen* für die Einwilligung folgendes Bild: Auch wenn eine tatbestandliche Körperverletzung vorliegt, die nicht durch eine wirksame Einwilligung gerechtfertigt ist, fehlt doch das Unrecht einer vollendeten Tat, wenn die Einwilligung lediglich an zurechnungsrelevanten Mängeln leidet und der Erfolg nicht objektiv zurechenbar auf diesen Mängeln beruht. Dies ist der Fall, wenn der Erfolg entweder ohne den Einwilligungsmangel eingetreten wäre (fehlender Pflichtwidrigkeitszusammenhang) oder wenn sich im Erfolg nicht das spezifische Risiko des Einwilligungsmangels realisiert habe (fehlender Risikozusammenhang).[598] Durch eine hypothetische Einwilligung besteht kein objektiver Zurechnungszusammenhang zwischen einem Einwilligungsmangel und dem Verletzungserfolg, da der Pflichtwidrigkeitszusammenhang durch die hypothetische Einwilligung unterbrochen wurde.[599]

Beim Rechtfertigungsgrund der Einwilligung kann der Pflichtwidrigkeits- oder Risikozusammenhang fehlen, wenn ein Einwilligungsmangel vorliegt, der zugleich einen zurechnungsrelevanten Rechtfertigungsmangel darstellt, sodass der objektive Zurechnungszusammenhang fehlt.[600] Die fehlende Information aufgrund einer fehlenden oder fehlerhaften Aufklärung stellt einen solchen zurechnungsrelevanten Rechtfertigungsmangel dar. Die fehlende Information führt dazu, dass die Einwilligung *ex ante* gesehen nicht vorliegt, sodass die Handlung des Arztes nicht gerechtfertigt ist und damit eine Versuchsstrafbarkeit besteht. Allerdings wird das Unrecht einer vollendeten Tat ausgeschlossen, da bei normgemäßem Verhalten des Arztes, der eine ordnungsgemäße Aufklärung durchgeführt hat, das geschützte Rechtsgut nicht weniger oder doch nur zufällig weniger be-

595 *Kuhlen*, in: FS-Roxin, S. 331, 339f.
596 *Kuhlen*, in: FS-Müller-Dietz, S. 431, 434.
597 *Kuhlen*, in: FS-Müller-Dietz, S. 431, 433.
598 *Kuhlen*, in: FS-Müller-Dietz, S. 431, 434.
599 *Kuhlen*, in: FS-Müller-Dietz, S. 431, 436.
600 *Kuhlen*, in: FS-Müller-Dietz, S. 431, 439.

einträchtigt worden wäre. Das geschützte Rechtsgut bei den Körperverletzungstatbeständen ist das der körperlichen Integrität und der Gesundheit. Selbst wenn der Arzt den Patienten ordnungsgemäß aufgeklärt hätte, wäre es zu einer Beeinträchtigung dieser Rechtsgüter gekommen.[601]

Dies sei bei der fehlenden Zustimmung oder bei einer Einwilligung eines Einwilligungsunfähigen nicht der Fall. Sie stellen keine bloßen Einwilligungsmängel dar, sodass in diesen Fällen nur eine mutmaßliche Einwilligung in Betracht kommt.[602] Denn für einen Rechtfertigungsmangel kommt allein ein Umstand in Frage, der sich auf die Unwirksamkeit der Einwilligung beziehe.[603] Die *ex post* erfolgte hypothetische Einwilligung kann nach dieser Ansicht den Zurechnungszusammenhang zwischen dem Einwilligungsmangel und dem Unrecht der Tat beseitigen, sodass der Pflichtwidrigkeitszusammenhang zwischen tatbestandmäßiger Handlung und Unrecht der Tat unterbrochen wird und eine Verurteilung nur noch wegen einer versuchten Körperverletzung möglich ist.[604] Der Erfolg kann dem Täter daher *ex post* nicht zugerechnet werden, wenn der Patient bei fiktiver ordnungsgemäßer Belehrung dem Eingriff zugestimmt hätte.[605]

Zusammengefasst ist die hypothetische Einwilligung nach dem Verständnis von *Kuhlen* als ein Anwendungsfall des Pflichtwidrigkeitszusammenhangs auf Ebene der Rechtswidrigkeit zu verstehen. Die fehlerhafte Einwilligung führt zunächst dazu, dass aus der *ex ante*-Perspektive keine Rechtfertigung vorliegen kann. Die hypothetische Einwilligung kann aber dafür sorgen, dass der tatbestandliche Erfolg nicht mehr auf diesem Rechtfertigungsmangel beruht. Den Grund dafür sieht *Kuhlen* darin, dass der tatbestandliche Erfolg unabhängig vom Aufklärungsmangel eingetreten oder vielleicht zufällig weniger stark wäre, wenn der Patient ordnungsgemäß aufgeklärt worden wäre.

#### (2) Lösung nach Rönnau

*Rönnau* vertritt einen von *Kuhlen* abweichenden Ansatz. Im Grundsatz geht aber auch *Rönnau* davon aus, dass durch die hypothetische Einwilli-

---

601 *Kuhlen*, in: FS-Müller-Dietz, S. 431, 442.
602 *Kuhlen*, in: FS-Müller-Dietz, S. 431, 441.
603 *Kuhlen*, in: FS-Müller-Dietz, S. 431, 440.
604 Vgl. *Kuhlen*, in: FS-Müller-Dietz, S. 431, 442.
605 *Kuhlen*, JR 2004, 227, 227.

gung die objektive Zurechnung auf Ebene der Rechtswidrigkeit angesprochen wird. Durch die hypothetische Einwilligung entfällt auch nach *Rönnau* der „normative Zurechnungszusammenhang“.[606]

Anschließend weicht *Rönnau* aber von der Ansicht *Kuhlens* ab: Durch die hypothetische Einwilligung fehle es am Zusammenhang zwischen dem pflichtwidrigen Verhalten und der Einwilligung.[607] Ein Zusammenhang zwischen Rechtfertigungsmängeln und Erfolgsunrecht sei zumindest „überflüssig“. Denn unter „Unrechtsgesichtspunkten“ sei allein bedeutsam, „dass beim Vorliegen der objektiven Voraussetzungen eines Rechtfertigungsgrundes das Erfolgsunrecht“ entfalle.[608]

In der Situation einer hypothetischen Einwilligung fehle der Tat das Erfolgsunrecht, da der Einwilligung selbst dann unrechtskompensierende Wirkung zukomme, wenn sie *ex post* betrachtet bei rechtmäßigem Alternativverhalten erteilt worden wäre.[609] Hier fehle es am Zurechnungszusammenhang zwischen fehlerhafter Aufklärung und der Einwilligung, sodass der eingetretene Erfolg hier nicht als haftungsrelevantes Unrecht angesehen werden könne, da der Rechtsgutsinhaber den Eingriff gestattet hätte. In diesem Fall komme nur eine Bestrafung wegen eines Versuchs in Betracht.[610]

### (3) Lösung nach Mitsch

Ebenso wie *Kuhlen* geht auch *Mitsch* davon aus, dass die hypothetische Einwilligung auf der Ebene der objektiven Zurechnung im Rahmen der Rechtswidrigkeit zu beachten sei.[611]

*Mitsch* will aber vor Prüfung der objektiven Zurechnung auf Ebene der Rechtswidrigkeit noch eine weitere Prüfungsstufe einbauen. Der Anwendungsbereich der objektiven Zurechnung eröffne sich nach seiner Ansicht erst, wenn die unrechtbegründende Qualität des Erfolges festgestellt wor-

---

606 *Rönnau*, JZ 2004, 801, 801; allerdings hat *Rönnau* diese Ansicht nun aufgegeben und lehnt sogar die hypothetische Einwilligung gänzlich ab, Jus 2014, 882, 885.

607 *Rönnau*, JZ 2004, 801, 801.

608 *Rönnau*, JZ 2004, 801, 801 Fn. 12 und *Rönnau*, in: LK-StGB, Vor §§ 32 ff. Rn. 230 Fn. 923; beide Fundstellen verweisen jeweils auf *Kuhlen*, in: FS-Roxin, S. 331, 339.

609 *Rönnau*, JZ 2004, 801, 802; *ders.* in: LK-StGB, Vor §§ 32 ff. Rn. 230.

610 *Rönnau*, JZ 2004, 801, 802.

611 *Mitsch*, JZ 2005, 279, 283.

den sei. Bei Erfolgen ohne Erfolgsunwert stelle sich die Frage nach der objektiven Zurechnung nicht.[612] In Folge dessen verkenne *Kuhlen*, dass bei der objektiven Zurechnung auf Ebene der Rechtwidrigkeit von einer anderen Definition des Erfolgs auszugehen sei als bei der objektiven Zurechnung auf Ebene des Tatbestandes. Aus der Erfolgsdefinition für den objektiven Tatbestand fehlen alle Elemente, die systematisch erst auf Ebene der Rechtswidrigkeit relevant seien, was entsprechend zu berücksichtigen sei. Beim ärztlichen Heileingriff sei dies vor allem der Aspekt der Heilungschance. Wenn die ärztliche Behandlung eine Heilungschance bringe, stehe der Erfolg nicht mehr im Widerspruch zur Rechtsordnung, sodass der tatbestandliche Erfolg kein Erfolgsunrecht innehabe. Denn wenn im Zeitpunkt des Erfolgseintritts Umstände vorliegen, aus denen auf eine „hypothetische Einwilligung“ geschlossen werden könne, hätte der Patient seine Zustimmung zum Ergebnis und damit zur Behandlung abgegeben. Nach *Mitsch* liegt dann eine mutmaßliche Einwilligung vor. Die Tat sei dann einwilligungsfähig, sodass die Frage nach der objektiven Zurechnung nicht mehr sinnvoll gestellt werden könne.[613]

Ob eine Handlung ein Erfolgsunrecht verursache, werde daher maßgeblich durch das Vorliegen von Rechtfertigungsgründen beeinflusst. Erst bei deren Fehlen stelle sich die Frage nach der objektiven Zurechnung auf Ebene der Rechtswidrigkeit.[614] Bei einer ärztlichen Behandlung sei dies nur der Fall, wenn die Behandlung ohne Heilungschance oder Heilungseffekt bleibe. In diesen Fällen stelle der Erfolg wegen Fehlens der erfolgsbezogenen Rechtfertigungsmerkmale endgültiges Erfolgsunrecht dar, sodass sich die Frage nach der objektiven Zurechnung erst dann stelle.[615]

Die objektive Zurechnung müsse zwischen dem nicht gerechtfertigten und damit endgültigen Erfolgsunrecht und dem jeweiligen Rechtfertigungsmangel festgestellt werden. Diese objektive Zurechnung könne durch die hypothetische Einwilligung aber unterbrochen sein, da durch die hypothetische Einwilligung der Pflichtwidrigkeitszusammenhang ausgeschlossen werde.[616]

Nicht zu Unrecht wird klarstellend festgehalten, dass *Mitsch* die hypothetische Einwilligung nach seinem Lösungsmodell zweimal prüft. Denn

612 *Mitsch*, JZ 2005, 279, 283.
613 *Mitsch*, JZ 2005, 279, 283.
614 *Mitsch*, JZ 2005, 279, 283.
615 *Mitsch*, JZ 2005, 279, 284.
616 *Mitsch*, JZ 2005, 279, 284.

er stellt zunächst die Frage, ob sich die Heilungschance verbessert hat, da dann eine hypothetische Einwilligung vorliegen würde, was das Erfolgsunrecht ausschließt. Später prüft er im Rahmen der objektiven Zurechnung auf Ebene der Rechtswidrigkeit die hypothetische Einwilligung erneut und verneint bei deren Vorliegen die objektive Zurechnung auf Ebene der Rechtswidrigkeit.[617] Zudem wendet *Mitsch* die hypothetische Einwilligung unterschiedlich an und schreibt ihr unterschiedliche Rechtsfolgen zu, sodass auf ein abweichendes Verständnis der hypothetischen Einwilligung geschlossen werden kann.[618]

#### c) Alternative Lösungsmöglichkeiten für die dogmatische Grundlage der hypothetischen Einwilligung

Daneben wurde eine Reihe von alternativen Lösungsmöglichkeiten für die hypothetische Einwilligung entworfen, die hier ebenfalls Erwähnung finden sollen.

##### aa) Hypothetische Einwilligung als Strafbarkeits- oder Strafaufhebungsgrund

Insbesondere *Böcker* erwägt, die hypothetische Einwilligung ganz außerhalb des dreistufigen Deliktsaufbaus als Strafbarkeits- oder Strafaufhebungsgrund zu behandeln, um so einer Versuchsstrafbarkeit, die bei einer erfolgreichen hypothetischen Einwilligung greife, zu entgehen.[619] Nach dieser Ansicht kann auch erreicht werden, dass der Gleichlauf zwischen Zivilrecht und Strafrecht wieder hergestellt wird, da dann in beiden Rechtsgebieten den Arzt keine Verantwortung trifft. Um jedoch zu vermeiden, dass das Selbstbestimmungsrecht des Patienten zu sehr beeinträchtigt werde und die Rechtsfertigungsgründe „Einwilligung" bzw. „mutmaßliche Einwilligung" ihre Bedeutung verlören, sollten die Voraussetzungen der hypothetischen Einwilligung nach *Böcker* enger gefasst werden.[620]

---

617 *Hengstenberg*, S. 251; *Wiesner*, S. 104.
618 *Hengstenberg*, S. 252 ff.
619 *Böcker*, JZ 2005, 925, 929.
620 *Böcker*, JZ 2005, 925, 929.

#### bb) Hypothetische Einwilligung als Einstellungsgrund nach §§ 153 ff. StPO

Teilweise wird auch erwogen, die hypothetische Einwilligung als Einstellungsgrund nach den §§ 153 ff. StPO zu berücksichtigen.[621] Dies wird damit begründet, dass man so flexibel nachträgliches oder sogar zufälliges Geschehen anders bewerten kann, ohne in die Deliktsprüfung wertend eingreifen zu müssen, um die hypothetische Einwilligung anwendbar zu machen.[622] So kann man leichter auf die Interessen der Ärzte Rücksicht nehmen.[623]

### d) Zwischenergebnis: kein klares Verständnis der dogmatischen Grundlage der hypothetischen Einwilligung

Aus dieser Zusammenstellung wird ersichtlich, dass die Frage über die dogmatische Grundlage der hypothetischen Einwilligung nicht geklärt ist und nicht einmal die Literatur es schafft, diese Frage eindeutig zu beantworten. In vielen Einzelheiten unterscheiden sich die Ansichten nicht nur inhaltlich, sondern es fehlen vertiefte dogmatische Grundkonzeptionen. Wenn man die hypothetische Einwilligung auf die Untreue übertragen will, müsste daher noch ein schlüssiges dogmatisches Konzept entwickelt werden.

Es ist für Anwendung der hypothetischen Einwilligung problematisch, wenn es keine gesicherte Dogmatik zu diesem Rechtsinstitut gibt. Eine belastbare Dogmatik würde gewährleisten, dass die hypothetische Einwilligung widerspruchsfrei und damit gleichmäßig angewendet werden kann, sodass gerichtliche Entscheidungen vorhersehbar bleiben.[624] Die Widerspruchslosigkeit bei der Anwendung der hypothetischen Einwilligung ist damit allerdings nicht garantiert.[625]

---

621 Etwa *Böcker*, JZ 2005, 925, 932; *Puppe*, GA 2003, 764, 776; *Wiesner*, S. 164 f.

622 *Böcker*, JZ 2005, 925, 932; *Wiesner*, S. 164.

623 *Puppe*, GA 2003, 764, 776.

624 *Rüthers*, Rechtsdogmatik und Rechtspolitik, S. 28.

625 Vgl. die Widersprüchlichkeit in der Anwendung eines Rechtsinstitutes kann gerade mit Hilfe einer entsprechenden Dogmatik ermöglicht werden, vgl. *Rüthers*, Rechtsdogmatik und Rechtspolitik, S. 29.

### 3. Begründung für und wesentliche Kritik gegen die hypothetische Einwilligung

Anschließend sollen nun die Argumente dargestellt werden, die für die Anwendung der hypothetischen Einwilligung sprechen. Dabei deutet sich jedoch an, dass die Übernahme der hypothetischen Einwilligung ins Strafrecht nicht nur auf Zustimmung stößt, sondern großer Kritik ausgesetzt ist.

#### a) Erwägungen für eine Befürwortung der Rechtsfigur der hypothetischen Einwilligung

In der Literatur, die die Anwendung der hypothetischen Einwilligung befürwortet[626], werden zwei Argumente geltend gemacht, um die Anwendung der hypothetischen Einwilligung auch im Strafrecht zu begründen.

##### aa) Begrenzung der Strafbarkeit von Ärzten wegen Aufklärungspflichtverletzungen

Zunächst wird geltend gemacht, dass durch die Rechtsfigur der hypothetischen Einwilligung die Strafbarkeit der Ärzte für Aufklärungsfehler begrenzt wird. Das Strafrecht solle weiterhin *ultima ratio* bleiben, sodass eine Übernahme der hypothetischen Einwilligung ins Strafrecht notwendig sei.[627] Denn die hypothetische Einwilligung sei im Zivilrecht entwickelt worden, da man erkannt habe, dass sich die Haftung der Ärzte wegen Aufklärungsmängeln ausbreite. Einerseits sei im Zivilrecht die Haftung wegen der Verletzung einer Aufklärungspflicht in vielen Fällen missbraucht worden, um einen Haftungsanspruch gegen die Ärzte begründen zu können. Auf der anderen Seite seien die Anforderungen an eine ordnungsgemäße Aufklärung, die die Grundlage für eine wirksame Einwilligung bilde, immer weiter durch die zivilrechtliche Rechtsprechung erhöht worden, was

---

626 *Hengstenberg*, S. 378 ff., zumindest bei Fahrlässigkeitsdelikten; *Garbe*, S: 309; *Kühl*, AT, § 9 Rn. 47a; *Kuhlen*, in: FS-Roxin, S. 331, 331 ff.; *ders.*, in: FS-Müller-Dietz, S. 431 ff.; *G. Merkel*, JZ 2013, 975, 979; *Mitsch*, JZ 2005, 279, 279 ff.; *Rönnau*, in: LK-StGB, Vor §§ 32 ff. Rn. 230; *ders.*, JZ 2004, 800 f.; *Rosenau*, in: FS-Maiwald, S. 683, 689 ff.; *Roxin*, AT I, § 13 Rn. 119 ff.; *Ulsenheimer*, Arztstrafrecht, Rn. 560; *Wessel/Beulke/Satzger*, AT, Rn. 384a; *Wiesner*, S. 168 ff.

627 *Rönnau*, JZ 2004, 800, 802.

auch die entsprechenden Aufklärungspflichten im Strafrecht erhöhe. Die hypothetische Einwilligung sei daher entwickelt worden, um sich diesen Missbrauchsgesichtspunkten entgegenzustellen, wodurch auch die Übernahme in das Strafrecht geboten sei.[628]

Außerdem müsse das Strafrecht das letzte Mittel bleiben, um ein sozialschädliches Verhalten zu sanktionieren. Es könne mit der Freiheitsstrafe besonders schwerwiegend auf ein missbräuchliches Verhalten reagieren. Um damit nicht jeden kleinen Aufklärungsfehler eines Arztes zu sanktionieren, sei die Übernahme der hypothetischen Einwilligung ins Strafrecht geboten. Man müsse sich hierbei bewusst machen, dass ein Arzt einen besonders sanktionsträchtigen Beruf ausübe.[629] Vor dem Charakter des Strafrechts und insbesondere des *ultima ratio*-Prinzips scheine es geboten, nicht jeden Aufklärungsfehler strafrechtlich zu sanktionieren.[630]

Zur Übernahme der hypothetischen Einwilligung gebe es, nach dieser Ansicht, keine Alternativen. Denn die Aufklärungspflicht des Arztes, die aus dem Zivilrecht stamme und dort für die Schadensausgleichsfunktion ihre Berechtigung habe, könne nicht auf einen für das Strafrecht angemessenen Maßstab reduziert werden.[631] Es wird angeführt, dass es in Deutschland noch keinen Straftatbestand der eigenmächtigen Heilbehandlung gebe.[632] Vor diesem Hintergrund sei es daher geboten, die zivilrechtliche Einschränkung der Haftung für Aufklärungspflichten auch im Strafrecht zu berücksichtigen.[633]

### bb) Einheit der Rechtsordnung

Die Übernahme erscheine auch deshalb notwendig, da im Strafrecht die gleichen Aufklärungspflichten zwischen Arzt und Patient bestehen wie im Zivilrecht. Da das Zivilrecht die Entlastungsmöglichkeit durch die hypothetische Einwilligung kenne, müsse, um die Einheit der Rechtsordnung zu gewährleisten, die hypothetische Einwilligung auch ins Strafrecht über-

---

628 *Rosenau*, in: FS-Maiwald, S. 683, 698.
629 *Wiesner*, S. 169.
630 *Rönnau*, JZ 2004, 801, 802.
631 *Rosenau*, in: FS-Maiwald, S. 683, 698.
632 *Rosenau*, in: FS-Maiwald, S. 683, 698.
633 *Rosenau*, in: FS-Maiwald, S. 683, 698.

nommen werden.[634] Das Strafrecht müsse diese zivilrechtliche Figur anwenden, solange es kein eigenständiges System zur Begrenzung eines ärztlichen Aufklärungsmangels habe.[635]

Zudem sei es problematisch, wenn die Rechtsfigur im Zivilrecht Anwendung finde und daraufhin die Klage in einem Haftungsprozess gegen den Arzt abgewiesen werde, sich dieser im Strafrecht allerdings für seine Tat verantworten müsse.[636] Insoweit sei hier auch wieder das *ultima ratio*-Prinzip zu beachten: Das Strafrecht könne kein Verhalten sanktionieren, das zivilrechtlich erlaubt sei.[637]

### b) Kritische Auseinandersetzung mit der Rechtsfigur der hypothetischen Einwilligung

Die hypothetische Einwilligung wird vielfach und mit gewichtigen Argumenten kritisiert, sodass es nicht verwundert, dass die hypothetische Einwilligung in der Literatur überwiegend auf Ablehnung stößt.[638]

#### aa) Keine Beachtung des Selbstbestimmungsrechtes durch die hypothetische Einwilligung

Die fehlende Beachtung des Selbstbestimmungsrechtes stellt einen der Kernkritikpunkte gegen die hypothetische Einwilligung dar. Dieser Kritikpunkt zeigt sich in unterschiedlichen Facetten.

---

634 *Rosenau*, in: SSW-StGB, Vor §§ 32 ff. Rn. 53; *ders.*, in FS-Maiwald, S. 683, 698; *Wiesner*, S. 106.

635 *Rosenau*, in: SSW-StGB, Vor §§ 32 ff. Rn. 53.

636 *Böcker*, JZ 2005, 925, 928; *Rosenau*, in: SSW-StGB, Vor §§ 32 ff. Rn. 53; *Sternberg-Lieben*, StV 2008, 190, 192; *Wiesner*, S. 168.

637 *Böcker*, JZ 2005, 925, 928; *Wiesner*, S. 168.

638 *Albrecht*, S. 349; *Bollacher/Stockburger*, Jura 2006, 908, 913; *Böcker*, JZ 2005, 925, 931; *Duttge*, in: FS-Schroeder, S. 179, 188; *Eisele*, JA 2005, 253; *Gropp*, in: FS-Schroeder, S. 197, 201 f.; *Hüttenrauch*, JR 2013, 39, 40; *Jäger*, in: FS-Jung, S. 345, 359; *Jansen*, ZJS 2011, 482, 494; *Lenckner/Sternberg-Lieben*, in: Schönke/Schröder, Vor §§ 32 ff. Rn. 54; *Otto/Albrecht*, Jura 2010, 264, 269; *Paeffgen/Zabel*, in: NK-StGB, Vor §§ 32 ff. Rn. 168a; *Puppe*, GA 2003, 764, 768; *Schlehofer*, in: FS-Puppe; S. 953, 969; *Sickor*, JR 2008, 179, 184; *Sowada*, NStZ 2012, 1, 6 f.; *Yamanaka*, in: FS-Maiwald, S. 865, 883; *Zabel*, GA 2015, 219, 235.

### (1) Beeinträchtigung des strafrechtlichen Selbstbestimmungsschutzes

Gegen die hypothetische Einwilligung wird häufig eingewendet, dass die Anerkennung dieser Rechtsfigur das Selbstbestimmungsrecht des Patienten beeinträchtigt.[639]

Auch wenn man den Patienten nachträglich befrage, ob er mit der Behandlung durch den Arzt einverstanden gewesen wäre, beeinträchtige die Möglichkeit zur hypothetischen Einwilligung den Patienten in seinem Selbstbestimmungsrecht. Dies sei selbst dann der Fall, wenn der Patient nachträglich willkürlich über die Strafbarkeit des Arztes entscheiden könne.[640] Die Patientenautonomie könne nachträglich nicht wiederhergestellt werden.[641] Der Arzt könne den Patienten sogar bewusst täuschen, damit das Selbstbestimmungsrecht des Patienten verletzen und trotzdem mit Hilfe der hypothetischen Einwilligung darauf hoffen, dass sein Verhalten nicht sanktioniert werde.[642] Die Unbeachtlichkeit des tatsächlichen Patientenwillens dürfe nicht hingenommen werden[643], da andernfalls der Rechtsgutsinhaber keinen Einfluss mehr auf den Rechtsgüterschutz habe.[644] Jede Rekonstruktion des Patientenwillens bedeute, diesem fremde Wertmaßstäbe aufzuzwingen.[645]

Die hypothetische Einwilligung sei außerdem im Zivilrecht als Rechtsfigur im Beweisrecht entwickelt worden, sodass der Arzt die hypothetische Einwilligung zu beweisen habe, wenn der Patient plausibel machen könne, dass er bei einer ordnungsgemäßen Aufklärung in einen Entscheidungskonflikt gekommen wäre. Das Strafrecht kenne aber aufgrund des *in dubio pro reo*-Grundsatzes keine materielle Beweislast, sodass der Arzt nicht mehr die Voraussetzungen der hypothetische Einwilligung beweisen müsse. Vielmehr werde zu Gunsten des Arztes davon ausgegangen, dass

---

639 *Bollacher/Stockburger*, Jura 2008, 908, 913; *Eisele*, JA 2005, 252, 254; *Eser*, in: Schönke/Schröder, § 223 Rn. 40h; *Haas*, GA 2015, 147, 151; *Hüttenrauch*, JR 2013, 39, 40; *Jansen*, ZJS 2011, 482, 489; *Kühl*, AT, § 9 Rn. 47a; *Otto*, Jura 2004, 679, 683; *Riedelmeier*, S. 80; *Sternberg-Lieben*, StV 2008, 190, 192; *Sturm*, S. 198; *Sowada*, NStZ 2012,1, 6 f.; *Weber*, in: FS-Puppe, S. 1059, 1064.

640 *Sowada*, NStZ 2012, 1, 7.

641 *Otto*, Jura 2004, 679, 683; *Puppe*, JR 2004, 469, 471; *Sowada*, NStZ 2012, 1, 7; *Sternberg-Lieben*, StV 2008, 189, 192.

642 *Sowada*, NStZ 2012, 1, 7.

643 *Jansen*, ZJS 2011, 482, 490; *Riedelmeier*, S. 80.

644 *Hüttenrauch*, JR 2013, 39, 40.

645 *Haas*, GA 2015, 147, 151.

die Einwilligung auch bei ordnungsgemäßer Aufklärung erfolgt wäre. Dies führe zu einer zu starken Entlastung im Vergleich zum Zivilrecht und damit zu einer stärkeren Einschränkung des Selbstbestimmungsrechtes.[646] Da man mit dem Zweifelsgrundsatz fast immer zu einer Straflosigkeit des Arztes komme, sei die Selbstbestimmungsaufklärung folglich *ad absurdum* geführt. Nur in seltensten Fällen komme es noch zu einer Strafbarkeit des Arztes, denn bereits bei Zweifeln müsse zu seinen Gunsten der *in dubio pro reo*-Grundsatz angewendet werden.[647]

Zugleich sei zu beachten, dass es im Strafrecht keinen prozessualen Interessenausgleich zwischen Behandlungs- und Aufklärungsfehler gebe, da beide Problematiken in § 223 Abs. 1 StGB behandelt werden und deshalb nicht separat geklärt werden können. Auf eine solche Möglichkeit könne aber das Zivilrecht zurückgreifen, sodass auch die hypothetische Einwilligung hier integriert werden könne. Um einen angemessenen Ausgleich zwischen den Interessen der Ärzte und der Patienten finden zu können, müssen daher andere Wege gewählt werden.[648]

Zweifelhaft sei auch die Argumentation, dass durch die hypothetische Einwilligung lediglich die Zurechenbarkeit des Erfolgsunrechts entfalle, sodass das verbleibende Handlungsunrecht mit Hilfe der Versuchsstrafbarkeit sanktioniert werden könne. Hier stelle sich die Frage, ob die Versuchsstrafbarkeit kriminologisch ausreichend sei, um das vorliegende Unrecht, das aus der Verletzung des Selbstbestimmungsrechtes resultiere, zu erfassen. Wenn der Arzt unwiderleglich davon ausgehe, dass der Patient nachträglich erklären werde, er hätte bei ordnungsgemäßer Aufklärung zugestimmt, fehle häufig auch der Tatentschluss.[649]

#### (2) Auswirkung auf das Verhältnis zur mutmaßlichen Einwilligung

Die mangelnde Beachtung des Selbstbestimmungsrechtes zeige sich auch im Verhältnis zur mutmaßlichen Einwilligung. Um die grundsätzliche Subsidiarität der mutmaßlichen Einwilligung gegenüber der tatsächlichen

646 *Eisele*, in: FS-Strätz, S. 162, 168; *Paeffgen/Zabel*, in: NK-StGB, Vor 32 Rn. 168 a; *Saliger*, in: FS-Beulke, S. 257, 263; *Sowada*, NStZ 2012, 1, 7; *Tag*, ZStW 127 (2015), 523, 537.

647 *Riedelmeier*, S. 81.

648 *Zabel*, GA 2015, 219, 223.

649 *Sowada*, NStZ 2012, 1, 8.

Einwilligung zu wahren, werde vorausgesetzt, dass die tatsächliche Einwilligung nicht eingeholt werden könne.[650] Da die hypothetische Einwilligung gerade nicht verlange, dass die tatsächliche Einwilligung nicht mehr eingeholt werden könne, werde die Subsidiarität der mutmaßlichen Einwilligung umgangen. Es komme damit nicht mehr auf die umfangreiche Ermittlung des *ex ante* vorliegenden mutmaßlichen Willens an. Der Täter werde eher durch die hypothetische Einwilligung straffrei, die noch dazu *ex post* ermittelt werde, ohne dass dabei der wirkliche Willen des Opfers vor der Tat erforscht werde. Dies müsse bei der mutmaßlichen Einwilligung zwingend durch den Täter erfolgen.[651] Mit der hypothetischen Einwilligung solle festgestellt werden, wann ein strafrechtlicher Schutz des Patienten ausnahmsweise nicht zu erfolgen brauche.[652] Auch wenn bei der mutmaßlichen Einwilligung auf den vernünftigen Patientenwillen abgestellt werden dürfe, wenn der konkrete Patientenwille nicht mehr rekonstruiert werden könne, mache dies die mutmaßliche Einwilligung im Vergleich zur hypothetischen Einwilligung nicht selbstbestimmungsfeindlich.[653] Denn die Frage nach der mutmaßlichen Einwilligung stelle sich erst, wenn die Einholung einer tatsächlichen Einwilligung nicht möglich sei. Diese Subsidiarität beachte die hypothetische Einwilligung aber gerade nicht.[654]

Das Selbstbestimmungsrecht des Menschen verlange es, dass entweder eine Einwilligung eingeholt werde oder dass, wenn die Einwilligung nicht eingeholt werden könne, Umstände vorliegen, aus denen auf eine Einwilligung geschlossen werden könne.[655] Unsichere Spekulationen über Alternativverhalten können daher ausschließlich im Rahmen der mutmaßlichen Einwilligung relevant sein, um den Grundsatz der Subsidiarität nicht zu beschränken.[656]

---

650 *Duttge*, in: FS-Schroeder, S. 179, 184 Fn. 49; *Eisele*, in: FS-Strätz, 163, 169; *Haas*, GA 2015, 147, 151.

651 *Bollacher/Stockburger*, Jura 2006, 908, 913; *Eisele*, JA 2005, 252, 254; *ders.*, in: FS-Strätz, 163, 169; *Eser*, in: Schönke/Schröder, § 223 Rn. 40h; *Haas*, GA 2015, 147, 151; *Hüttenrauch*, JR 2013, 39, 40; *Ridelmeier*, S. 86; *Wiesner*, S. 100.

652 *Tag*, ZStW 127 (2015), 523, 537.

653 *Rosenau*, in: FS-Maiwald, S. 683, 697.

654 *Saliger*, in: FS-Beulke, S. 257, 265.

655 *Bollacher/Stockburger*, Jura 2006, 908, 913.

656 *Eser*, in: Schönke/Schröder, § 223 Rn. 40e.

### bb) Problematische Ermittlung des hypothetischen menschlichen Willens

Ein weiteres Argument gegen die hypothetische Einwilligung wird im Zusammenhang mit der Ermittlung des hypothetischen Patientenwillens eingewendet. Anders als im Zivilrecht, wo der Arzt im Zweifel aufgrund der Beweislastverteilung darlegen muss, dass der konkrete Patient auch bei ordnungsgemäßer Einwilligung in die Behandlung zugestimmt hätte, gibt es im Strafrecht eine solche Beweislastverteilung nicht. Viel eher gehen Zweifel, ob der Patient die Einwilligung erklärt hätte, aufgrund des *in dubio pro reo*-Grundsatzes zu Gunsten des angeklagten Arztes.

Gegen die hypothetische Einwilligung wird vorgebracht, dass der menschliche Wille sich nicht nachträglich bestimmen lasse, sodass man nicht davon ausgehen könne, dass der Patient im Zweifel seine Einwilligung zur Behandlung abgegeben hätte. Die Frage, ob der Patient in die Behandlung eingewilligt hätte, könne nämlich nicht beantwortet werden. Insbesondere könne der Grundsatz *in dubio pro reo* nicht auf diese Frage angewendet werden, da sich nicht voraussagen lasse, wie sich ein Mensch im Zweifel verhalten hätte. Bei der hypothetischen Einwilligung gehe es um den Bereich der psychologisch gesteuerten, menschlichen Entscheidung, bei der strikte allgemeine Gesetze fehlen, anhand derer vorausgesagt werden könne, welche Entscheidung eine Person getroffen hätte. Dies gelte insbesondere für existentielle menschliche Entscheidungen wie die Frage, welches Heilverfahren ein Mensch über sich ergehen lassen wolle. Diese Freiheit dürfe durch ein Postulat nicht in Frage gestellt werden, sodass man darüber, ob der Patient eingewilligt hätte, nicht spekulieren dürfe. Die Frage, wie sich der Patient bei einer ordnungsgemäßen Aufklärung verhalten hätte, sei daher „sinnlos", denn es gebe keine Methode, um über diese Frage entscheiden zu können.[657] Ein realer Kausalverlauf könne eben nicht mit einem hypothetischen und damit fiktiven Verlauf verglichen werden, sodass in diesem Punkt auch keine Vergleichbarkeit mit dem rechtmäßigen Alternativverlauf bestehe.[658]

Der menschliche Wille sei nicht naturgesetzlich zu bestimmen.[659] Der Mensch könne zudem ganz irrationale Entscheidungen hinsichtlich seiner

657 *Puppe*, GA 2003, 764, 769, zustimmend: *Gropp*, in: FS-Schroeder, S. 197, 200; *Jäger*, in: FS-Jung, S. 345, 354; *Otto*, Jura 2004, 679, 683; *Paeffgen/Zabel*, in: NK-StGB, Vor §§ 32 ff. Rn. 168a; *Sternberg-Lieben*, StV 2008, 190, 192.

658 *Puppe*, GA 2003, 764, 767 ff.

659 *Puppe*, JR 2004, 470, 470.

persönlichen Gesundheit treffen.[660] Dieser höchstpersönlichen Charakter der Entscheidung, die nicht naturgesetzlich determiniert sei, schließe auch den *in dubio pro reo*-Grundsatz aus, da dem Patienten sonst fremde Wertmaßstäbe auferlegt werden, mit denen immer eine Fremdbestimmung einhergehe.[661]

Lasse man jedoch den *in dubio pro reo*-Grundsatz zu, könne sich ein Arzt nicht nur im Einzelfall darauf berufen, dass der Patient in die Behandlung bei ordnungsgemäßer Aufklärung über die Behandlungsmethode eingewilligt hätte, da es auch keine Methode gebe, diese menschliche Entscheidung vollständig auszuschließen. Der Arzt könne sich generell darauf stützen und müsse nicht mehr jeden Einzelfall darlegen. Ein Arzt wäre mit dem *in dubio pro reo*-Einwand in jedem Fall freizusprechen.[662]

Auch wenn diese Kritik teilweise in ihrer Vehemenz bezweifelt werde, stelle sich doch die Frage, wie ein Gericht den hypothetischen Willen eines Patienten bei ordnungsgemäßer Aufklärung ermitteln könne. Hierfür könne eigentlich nur der Patient selbst als Zeuge in Betracht kommen, dessen Aussagesituation aber eine ganz andere sei als zuvor, da er nun unter den Eindrücken der Behandlung stehe.[663] Besonders schwierig sei es, wenn der Patient nicht mehr befragt werden könne, da er verstorben sei. Dann könne auf ein wesentliches Mittel zur Bestimmung seines Willens nicht zurückgegriffen werden.[664]

#### cc) Dogmatische Einwände gegen die hypothetische Einwilligung

Neben inhaltlichen Einwänden werden im Wesentlichen auch drei dogmatische Argumente gegen die hypothetische Einwilligung geltend gemacht.

---

660 *Paeffgen/Zabel*, in: NK-StGB, Vor §§ 32 ff Rn. 168a.

661 *Puppe*, GA 2003, 764, 769; *dies*., JR 2004, 470, 470; insoweit auch *Haas*, GA 2015, 147, 151.

662 *Puppe*, GA 2003, 764, 769.

663 *Sowada*, NStZ 2012, 1, 6; hierzu auch *Gropp*, in: FS-Schroeder, S. 197, 200; *Jäger*, in: FS-Jung, S. 345, 356; *Saliger*, in: FS-Beulke, S. 257, 263.

664 *Tag*, ZStW 127 (2015), 523, 538.

### (1) Ex post-Betrachtung läuft auf eine Genehmigung hinaus und Strafbarkeit steht zur Disposition des Patienten

Es wird kritisiert, dass die hypothetische Einwilligung auf eine *ex post*-Betrachtung abstellt und daher einer Genehmigung gleich kommt. Zu einer Rechtfertigung bzw. zu einer Straffreiheit des Täters komme es aber nur durch eine vorherige Zustimmung. Durch eine nachträgliche Zustimmung erfolge kein Strafbarkeitsausschluss.[665]

Auch wenn man die hypothetische Einwilligung von einer Genehmigung unterscheiden könne, komme sie doch, da sie eine höchstpersönliche Entscheidung sei, die maßgeblich durch nachträgliche Befragung des Patienten festgestellt werde, einer Genehmigung sehr nahe.[666] Der Patient müsse sich bei der Befragung hinsichtlich seines hypothetischen Willens nachträglich in die Situation vor dem Eingriff zurückversetzen und dabei die Rahmenbedingungen, die vor dem Eingriff bestanden haben, unangetastet lassen. Ob der Patient dies schaffe, könne aber bezweifelt werden, da er nun unter dem Eindruck der Behandlung stehe, sodass er in den meisten Fällen faktisch eine nachträgliche Genehmigung erteile.[667]

Im Strafrecht müsse aber der Normappell im Zeitpunkt der Tat feststehen.[668] Einen „Schwebezustand" kenne das Strafrecht nicht, sodass auch eine Rückwirkungsfiktion ausgeschlossen sei.[669] Einer Genehmigung komme daher im Strafrecht grundsätzlich keine Bedeutung zu. Im Ergebnis laufe aber die hypothetische Einwilligung durch die nachträgliche „Hypothesenbildung" auf eine Rückwirkung zu. Dies verstoße jedoch gegen Art. 103 Abs. 2 GG und damit gegen den Bestimmtheitsgrundsatz[670], zumal der Arzt selbst bei einer hypothetischen Einwilligung die körperliche Integrität des Patienten verletzt habe.[671]

Da die hypothetische Einwilligung von der nachträglichen Aussage des Patienten abhänge, bestehe zudem die Gefahr, dass der Arzt versuche, durch unlautere Mittel, insbesondere durch Geldzahlungen, auf die Wil-

---

665 *Eisele*, in: FS-Strätz, S. 162, 171; *Renzikowski*, in: FS-Fischer, S. 365, 375 f.; *Schwatz*, S. 240; *Sowada*, NStZ 2012, 1, 6; *Weber*, in: FS-Puppe, S. 1059, 1064.

666 *Sowada* NStZ 2012, 1, 6.

667 *Albrecht*, S. 358 f.; *Edlbauer*, S. 428 f.; *Schwartz*, S. 227.

668 *Jäger*, in: FS-Jung, S. 345, 354.

669 *Albrecht*, S. 370; *Jäger*, in: FS-Jung, S. 345, 354.

670 *Albrecht*, S. 360; *Jansen*, ZJS 2011, 482, 492.

671 *Albrecht*, S. 360, der die hypothetische Einwilligung als Rechtfertigungsgrund ansieht.

lensbildung des Patienten Einfluss zu nehmen. Denn die Aussage des Patienten entscheide maßgeblich über die Strafbarkeit des Arztes.[672]

Die hypothetische Einwilligung sei darüber hinaus im Rahmen zivilrechtlicher Schadensersatzansprüche entwickelt worden. Das Zivilrecht sei aber auf den Ausgleich von Vermögensschäden ausgerichtet, auf die ein Opfer nachträglich verzichten könne. Der staatliche Strafanspruch könne aber nicht durch ein hypothetisches Einverständnis ohne Konsequenzen zur Disposition gestellt werden, sodass darauf nicht nachträglich verzichtet werden könne.[673] Dies würde im Gegensatz zur in § 152 Abs. 1 StPO verankerten Offizialmaxime stehen, wonach es Aufgabe des Staates ist, ein strafbares Verhalten zu sanktionieren.[674]

(2) Notwendigkeit eines Gleichlaufs mit dem Zivilrecht

Teilweise wird der Gleichlauf zwischen dem Zivilrecht und dem Strafrecht hinsichtlich der Übernahme der hypothetischen Einwilligung kritisiert. Zwar könne aufgrund des *ultima ratio*-Prinzips eine zivilrechtlich erlaubte Handlung nicht strafrechtlich sanktioniert werden. Dies sei aber nur für Rechtfertigungsgründe anzuerkennen. Die hypothetische Einwilligung stelle einen solchen aber nicht dar, sodass eine Übernahme ins Strafrecht nicht zwingend geboten sei.[675]

Die Anwendung des *in dubio pro reo*-Grundsatzes bei der hypothetischen Einwilligung biete im Strafrecht einen viel größeren Ansatz zur Entlastung des Arztes als dies im Zivilrecht möglich sei: Denn im Zivilrecht habe der Arzt die Voraussetzungen der hypothetische Einwilligung darzulegen bzw. zu beweisen und könne sich hier nicht wie im Strafrecht auf den *in dubio pro reo*-Grundsatz berufen. Im Strafrecht sei anerkannt, dass die vorsätzliche Verletzung der Aufklärungspflichten von der hypothetischen Einwilligung erfasst sei, obwohl dies im Zivilrecht nicht der Fall

672 *Böcker*, JZ 2005, 925, 930; *Edlbauer*, S. 445f.; *Gropp*, in: FS-Schroeder, S. 197, 200; *Jäger*, in: FS-Jung, S. 345, 355 f.; *Sowada*, NStZ 2012, 1, 6; *Wiesner*, S. 133 f.

673 *Hüttenrauch*, JR 2013, 39, 40; *Jäger*, JA 2012, 70, 71.

674 *Wiesner*, S. 117.

675 *Sowada*, NStZ 2012, 1, 9.

sei. Die Einheit der Rechtsordnung gebiete es daher nicht, die hypothetische Einwilligung in diesem Umfang zu übernehmen.[676]

### (3) Dogmatische Unterschiede: Keine Vergleichbarkeit der hypothetischen Einwilligung mit dem rechtmäßigen Alternativverhalten

Außerdem wird vorgebracht, dass der Gedanke des rechtmäßigen Alternativverhaltens nicht auf die hypothetische Einwilligung übertragen werden kann.[677] Der Vergleich mit dem rechtmäßigen Alternativverhalten wird von der Literatur benutzt, um die hypothetische Einwilligung auf Ebene des Tatbestandes oder auf Ebene der Rechtswidrigkeit, entweder direkt als Rechtfertigungsgrund oder als Zurechnungsausschluss auf Ebene der Rechtwidrigkeit, anwendbar zu machen.

#### (a) Keine Vergleichbarkeit des rechtmäßigen Alternativverhaltens mit der hypothetischen Einwilligung auf Ebene des Tatbestandes

Es wird vorgebracht, dass das rechtmäßige Alterativverhalten mit der hypothetischen Einwilligung nicht vergleichbar ist.[678] Denn die hypothetische Einwilligung erweitere den Gedanken des rechtmäßigen Alterativverhaltens. Im Rahmen von Fahrlässigkeitsdelikten sei für das rechtmäßige Alternativverhalten anerkannt, dass ausschließlich der vorwerfbare Tatumstand bzw. die jeweilige tatbestandliche Handlung wegzudenken und durch das korrespondierende sorgfaltsgemäße Verhalten zu ersetzen seien.

---

676 *Eisele,* in FS Strätz, S. 163, 179; *Schwartz*, S. 149 f.; *Sowada*, NStZ 2012, 1, 9; vgl. außerdem *Böcker* JZ 2005, 925, 928 f., der anmerkt, dass der Arzt dann durch § 823 Abs. 2 BGB, §§ 223 Abs. 1, 2, 22, 23 StGB auch im Zivilrecht dafür hafte, dass durch die hypothetische Einwilligung im Strafrecht noch der Versuch einer Körperverletzung verbleibe, wenn von einem entsprechenden Zurechnungsausschluss durch die hypothetische Einwilligung auf Ebene der Rechtswidrigkeit ausgegangen werde, auch wenn der Arzt nach dem Zivilrecht aufgrund der hypothetischen Einwilligung nicht mehr hafte.

677 *Sowada*, NStZ 2012, 1, 10.

678 Gegen eine Vergleichbarkeit wurde bereits bei der Ermittlung des hypothetischen Willens vorgebracht, dass in diesem Zusammenhang ein realer Kausalverlauf mit einem hypothetischen Kausalverlauf verglichen wird, vgl. unter C. V. 3. b). bb).

Allerdings ersetze die hypothetische Einwilligung nicht nur die ordnungswidrige Aufklärung durch eine ordnungsgemäße, sondern es werde noch eine veränderte Einwilligung des Patienten hinzugedacht, die eine ordnungsgemäße Aufklärung durch den Arzt berücksichtige.[679] Die hypothetische Einwilligung ersetze damit nicht nur die fehlerhafte Aufklärung des Patienten, worauf sich das rechtmäßige Alternativverhalten beschränke, da dies allein das pflichtwidrige Verhalten sei, sondern geht sogar weiter, indem auch die ordnungsgemäße Aufklärung und eine entsprechende Einwilligung hinzugedacht und damit fingiert[680] werden. Damit gehe sie deutlich über den ursprünglichen Anwendungsbereich des rechtmäßigen Alternativverhaltens hinaus.[681] Konsequenterweise sei nur die Körperverletzungshandlung des Arztes selbst hinwegzudenken, da sie der vorwerfbare Tatumstand sei.[682]

Durch den Gedanken des rechtmäßigen Alternativverhaltens könne nur erklärt werden, warum die ordnungswidrige Aufklärung durch eine ordnungsgemäße zu ersetzen sei. Die daraufhin erfolgte Einwilligung könne hierdurch nicht erklärt werden. Die Anwendung des rechtmäßigen Alternativverhaltens allein reichenicht aus, um die hypothetische Einwilligung zu begründen.[683]

#### (b) Gegen eine Übertragung des rechtmäßigen Alternativverhaltens auf einen Rechtfertigungsgrund

Gehe man davon aus, dass die hypothetische Einwilligung einen Rechtfertigungsgrund darstelle bzw. auf der Ebene der Rechtfertigung anzuwenden

---

679 *Edlbauer*, S. 407; *Renzikowski*, in: FS-Fischer, S. 365, 374; *Sowada*, NStZ 2012, 1, 9 f.; *Sternberg-Lieben*, StV 2008, 190, 191 mit Fn. 33; *Wiesner*, S. 115 f.; zudem *Eisele*, in: FS-Strätz, S. 163, 179 für § 263 StGB; a.A. *Hengstenberg*, S. 264 ff. und insbesondere S. 279 bzw. S. 286, die das Opferverhalten als berücksichtigungsfähig in der Hypothesenbildung ansieht.

680 *Sternberg-Lieben*, StV 2008, 189, 192 Fn. 33; *Wiesner*, S. 116.

681 *Wiesner*, S. 115.

682 *Jäger*, in: FS-Jung, S. 345, 351, der allein die Körperverletzungshandlung des Arztes durch das rechtmäßige Alternativverhalten ersetzen will; zustimmend *Schwartz*, S. 223 f.

683 *Wiesner*, S. 116, die insofern von einem rechtmäßigen „Alternativverlauf" ausgeht, der in diesen Fällen angewendet werden müsste, um die hypothetische Einwilligung doch nutzen zu können.

sei, könne dies nicht als Übertragung des rechtmäßigen Alternativverhaltens verstanden werden. Das widerspreche dem speziellen Charakters der Rechtfertigungsgründe. Aufgabe von Rechtfertigungsgründen sei es, das tatbestandmäßige Unrecht einer Tat ausnahmsweise zu neutralisieren. Dafür sei es notwendig, dass die Voraussetzungen eines Rechtfertigungsgrundes auch tatsächlich vorliegen. Sei dies nicht der Fall, bestehe auch kein Platz für hypothetische Überlegungen, da die Bewertung als strafrechtsrelevantes Unrecht feststehe.[684] Nach diesem Argument können hypothetische Überlegungen wie beispielsweise das rechtmäßige Alternativverhalten nicht auf die Ebene der Rechtfertigung übertragen werden.

(c) Gegen eine Übertragung auf den Gedanken des Zurechnungszusammenhangs auf Ebene der Rechtwidrigkeit

Des Weiteren wird vorgebracht, dass ein ähnliches Argument auch dann gilt, wenn man die hypothetische Einwilligung als Zurechnungsausschluss auf Ebene der Rechtswidrigkeit begreift. Beim rechtmäßigen Alternativverhalten gehe es zunächst um tatsächliche Verläufe und deren Kausalzusammenhänge, während es bei der Beziehung zwischen den tatsächlichen Voraussetzungen eines Rechtfertigungsgrundes und dem Taterfolg nicht um kausale, sondern um wertende d.h. normative Betrachtungen gehe. Daher können hypothetische Verläufe auf „Voraussetzungsseite" nicht auf der Ebene der Rechtfertigung berücksichtigt werden.[685] Denn es gehe bei der hypothetischen Einwilligung um „existenzielle menschliche Entscheidungen", bei denen verbindliche Gesetze fehlen, um voraussagen zu können, wie sich ein Mensch in dieser Situation entscheide.[686]

---

684 *Duttge*, in: FS-Schroeder, S. 179, 185 ff.; *Eisele*, in: FS-Strätz, S. 163, 174 ff.; *Otto*, Jura 2004, 679, 683; *Paeffgen/Zabel*, in: NK-StGB, Vor §§ 32 ff. Rn. 168a; *Puppe*, GA 2003, 764, 770; *Sternberg-Lieben*, StV 2008, 190, 191; *Sowada*, NStZ 2012, 1, 9.

685 *Albrecht*, S. 295; *Gropp*, FS-Schroeder, S. 197, 201 f.; *Puppe*, GA 2003, 764, 770; *Sowada*, NStZ 2012, 1, 9; *Yamanaka*, in: FS-Maiwald, S. 865, 882. a.A. *Hengstenberg*, S. 323, die davon ausgeht, dass *Kuhlen* nicht den Kausalzusammenhang, sondern einen Zurechnungszusammenhang meine, der offen sei für wertende Betrachtungen; ebenso *Tag* ZStW 127 (2015), 523, 540 f. die bezweifelt, ob Kausalzusammenhänge streng naturgesetzlich determiniert sein müssen.

686 *Puppe*, GA 2003, 764, 769.

Der generellen Ausweitung der objektiven Zurechnung auf Ebene der Rechtswidrigkeit sei zudem nicht zuzustimmen, da das Unrecht auf Ebene der Rechtswidrigkeit nur „ausnahmsweise", nämlich bei Eingreifen eines Rechtfertigungsgrundes, entfallen könne.[687]

Zudem komme der Gedanke des rechtmäßigen Alternativverhaltens auf Ebene der Rechtswidrigkeit nur unter erweiterten Voraussetzungen zur Anwendung: Neben den tatsächlichen Voraussetzungen müsse noch eine weitere Bewertung berücksichtigt werden. Die Ersetzung der ordnungswidrigen Aufklärung durch eine ordnungsgemäße führe nämlich nicht dazu, dass der Deliktserfolg beseitigt werde. Das sei beim rechtmäßigen Alternativverlauf jedoch der Fall, da hier nur die tatbestandliche Handlung ersetzt werde.[688] Daher müsse gefragt werden, ob eine Rechtfertigung auch bei alternativen Umständen erfolgt wäre, sodass das rechtmäßige Alternativverhalten bei Rechtfertigungsgründen nur unter erweiterten Voraussetzungen angewendet werden könne.[689]

Dies wird jedoch bezweifelt, da man dies dann auch auf andere Rechtfertigungsgründe anwenden müsse. Durch den Rückgriff auf den *in dubio pro reo*-Grundsatz, der im Rahmen der hypothetischen Einwilligung erfolge, können normative Beschränkungen der Rechtfertigungsgründe aufgehoben werden. Beispielsweise sei dann ein Täter beim gezielten Schusswaffeneinsatz durch die Annahme von Notwehr straflos, auch wenn er den Warnschuss, der im Rahmen der Notwehr nach dem drei-Stufen-Grundsatz gebotenen gewesen wäre, unterlassen habe. Denn es könne in dieser Situation nicht zweifelsfrei ausgeschlossen werden, dass das Opfer von dem Warnschuss unbeeindruckt geblieben wäre, sodass der gezielte Schuss notwendig und damit auch gerechtfertigt wäre.[690] Durch diese Aushöhlung der gesetzlichen Rechtsfertigungsgründe werde Rechtsunsicherheit produziert, was nicht hinnehmbar sei.[691] Allerdings müsse gewährleistet werden, dass der Gedanke des Pflichtwidrigkeitszusammenhanges auch auf andere Delikte übertragbar sei, um Anerkennung finden

687 *Eisele*, FS-Strätz, S. 163, 174; a.A. *Hengstenberg*, S. 327.

688 *Sickor*, JR 2008, 179, 180.

689 *Sowada*, NStZ 2012, 1, 9.

690 *Paeffgen/Zabel*, in: NK-StGB, Vor §§ 32 ff. Rn. 168a Fn. 909; *Sowada*, NStZ 1, 9 f.; ähnlich auch *Eisele*, in: FS-Strätz, S. 162, 174 unter Rückgriff auf die Notwehrprovokation; a.A. *Hengstenberg*, S. 329 f.

691 *Tag* ZStW 127 (2015), 523, 541.

zu können.[692] Das rechtmäßige Alternativverhalten könne daher nicht als Zurechnungszusammenhang auf Ebene der Rechtswidrigkeit beachtet werden.

#### 4. Vereinbarkeit einer Auslegung zu Lasten des Täters mit dem Bestimmtheitsgrundsatz

Auch wenn die dogmatische Grundlage der hypothetischen Einwilligung ungenau ist, scheint es so, als würde der BGH zumindest die hypothetische Einwilligung bei einer vorsätzlich begangenen Tat auf Ebene der Rechtswidrigkeit ansiedeln. Denn nach dem BGH entfällt durch die hypothetische Einwilligung die Rechtswidrigkeit der Tat.[693] Bei einer fahrlässigen Tatbegehung scheint es so, als würde der BGH die hypothetische Einwilligung auf Ebene des Tatbestandes ansiedeln, sodass die hypothetische Einwilligung den Pflichtwidrigkeitszusammenhang zwischen Aufklärungspflichtverstoß und tatbestandlichen Erfolg unterbricht.[694] Darüber hinaus sehen weite Teile der Literatur, die die Anwendung der hypothetischen Einwilligung befürworten, die dogmatische Grundlage der hypothetische Einwilligung auf der Ebene der Rechtfertigungsgründe begründet, da die hypothetische Einwilligung einen Anwendungsfall für einen Ausschluss der Zurechnung auf Ebene der Rechtswidrigkeit darstellt.[695]

Fraglich ist jedoch, ob eine solche Erweiterung des Tatbestandes bzw. in der Dogmatik der Rechtsfertigungsgründe mit dem strafrechtlichen Bestimmtheitsgrundsatz vereinbar ist.[696]

Sowohl bei einer vorsätzlichen als auch bei einer fahrlässigen Tat führt die hypothetische Einwilligung dazu, dass die Strafbarkeit des Arztes eingeschränkt wird. Damit liegt mit der hypothetischen Einwilligung eine Analogie zu Gunsten des Täters vor, die mit dem strafrechtlichen Bestimmtheitsgrundsatz in Art. 103 Abs. 2 GG, § 1 StGB zu vereinbaren wäre, da lediglich eine strafschärfende Analogien im Strafrecht verboten ist.

Problematisch im Hinblick auf den strafrechtlichen Bestimmtheitsgrundsatz könnte jedoch sein, dass das Selbstbestimmungsrecht des Pati-

---

692 *Erb* in *Brodowski*, ZStW 127 (2015), 691, 696.
693 vgl. C. V. 1. b). aa). (2).
694 vgl. C. V. 1. b). aa). (1).
695 Vgl. C. V. 2. b).
696 Diese Frage wirft auch *Lagodny* bei *Brodowski*, ZStW 127 (2015), 691, 696 auf.

enten durch die Anerkennung und Durchführung der hypothetischen Einwilligung beschränkt wird.[697] Fraglich ist daher, ob eine solche Auslegung, die einen stärkeren Eingriff in die Rechtsgüter des Betroffenen ermöglicht und daher eine „Analogie zu Lasten des Opfers“ darstellt, zulässig ist.[698] Dies wird vor allem bei Rechtfertigungsgründen problematisiert.[699]

#### a) Keine Prüfung anhand des strafrechtlichen Bestimmtheitsgebotes aus Art. 103 Abs. 2 GG, § 1 StGB

Allerdings ist dies nicht anhand des strafrechtlichen Bestimmtheitsgrundsatzes aus Art. 103 Abs. 2 GG, § 1 StGB zu beurteilen. Das zeigt sich bereits im Vergleich zur Einwilligung, die ein gewohnheitsrechtlich anerkannter Rechtfertigungsgrund ist. Die Einwilligung ist daher auch nicht gesetzlich normiert, sodass es keine Auslegung gibt, die den Wortlaut dieses Rechtfertigungsgrundes überschreiten könnte.[700] Da auch die hypothetische Einwilligung nicht gesetzlich normiert ist, kann es ebenfalls keine wortlautübersteigende Auslegung geben.

Allerdings stellt sich trotzdem die Frage, ob die Voraussetzungen der Einwilligung durch die hypothetische Einwilligung zu Lasten des Opfers eingeschränkt werden können, wenn die hypothetische Einwilligung als täterbegünstigende Analogie grundsätzlich zulässig wäre. Vielfach wird es gerade bei den gesetzlich normierten Rechtfertigungsgründen kritisch gesehen, wenn diese so ausgelegt werden, dass die Opferbelastung zu Gunsten des Täters steigt.[701] Entsprechendes könnte auch bei der Einwilligung und damit auch für die hypothetische Einwilligung gelten. Dies muss besonders vor dem Hintergrund beachtet werden, dass die Einwilligung den Willen des Rechtsgutsinhabers darstellt, der im interpersonellen Verhältnis zum Rechtfertigungsgrund wird[702], sodass eine jede Opferbelastung und

---

697 Vgl. oben unter C. V. 1. c). und unter C. V. 3. b). aa).

698 Vgl. hierzu insbesondere B. IV. 3.

699 *Krey*, Jus 1970, 290, 291 Fn. 10.

700 *Erb*, ZStW 108 (1996), 266, 279; *Hengstenberg*, S. 224; *Sternberg-Lieben*, S. 320 f.

701 *Hillenkamp*, S. 166.

702 Vgl. oben unter C. I.

damit Beeinträchtigung des Willens sich unmittelbar auf die Einwilligung als Rechtfertigungsgrund auswirkt.

### b) Methodengerechte Rechtsfortbildung als Grenze des Gewohnheitsrechtes und der Entwicklung der hypothetischen Einwilligung

Die besondere Opferbelastung könnte durch die Anwendung der hypothetischen Einwilligung im Hinblick auf den Bestimmtheitsgrundsatz in Art. 20 Abs. 3 GG problematisch sein. Hierbei ist zunächst zu bedenken, dass die Einwilligung gewohnheitsrechtlich anerkannt ist.[703] Gewohnheitsrecht zeichnet sich dadurch aus, dass es aufgrund einer dauerhaften Übung der Rechtsgemeinschaft, die allgemein und mit Rechtsüberzeugung geschieht, angewendet wird. Gewohnheitsrecht wird daher als eigenständige Rechtsquelle anerkannt.[704] Wenn aber das Gewohnheitsrecht eine Rechtsquelle ist, muss auch die Einwilligung und damit die hypothetische Einwilligung als deren Fortentwicklung methodengerecht angewendet und weiterentwickelt werden, um die Gleichbehandlung gem. Art. 3 GG und die Rechtssicherheit bei der Anwendung der Regelungen zur Einwilligung sicherzustellen.[705]

Die Entwicklung der hypothetischen Einwilligung muss daher eine methodengerechte Fortentwicklung der gewohnheitsrechtlich anerkannten Einwilligung sein.[706] Dies verlangt das Gesetzlichkeitsprinzip aus Art. 20 Abs. 3 GG, da der Richter an Gesetz und Recht gebunden ist.[707] Art. 103 Abs. 2 GG gilt in diesem Fall nicht, da er zur Anwendung kommt, wenn es um täterbelastende Maßnahmen geht.[708] Daher ist auf

703 Vgl. C. I.

704 *Bydlinski*, S. 214 ff.; *Rüthers/Fischer/Birk*, Rn. 232; *Schmitz*, in: Müko-StGB, § 1 Rn. 28.

705 vgl. *Sternberg-Lieben*, S. 321 f., zu den Schranken der Einwilligung und der damit verbundenen Weiterentwicklung der Einwilligung; vgl. zur Notwendigkeit einer methodengerechten Auslegung, B. IV. 3. a). aa).

706 Vgl. zum Prüfungsmaßstab *Sternberg-Lieben*, S. 321, der in der angegebenen Stelle untersucht, ob die Schranken der Einwilligung noch eine methodengerechte Fortentwicklung der Einwilligung darstellen.

707 Vgl. B. IV. 3. a).

708 Vgl. *Degenhart*, in: Sachs-GG, Art. 103 Abs. 63; *Pieroth*, in: Jarass/Pieroth, Art. 103 Rn. 49 ff.

Art. 20 Abs. 3 GG zurückzugreifen, der den allgemeinen Bestimmtheitsgrundsatz enthält. Art. 103 Abs. 2 GG stellt insoweit lediglich eine spezielle Ausformung des allgemeinen Bestimmtheitsgrundsatzes dar.[709]

Es ist jedoch zu beachten, dass die Steigerung der Opferbelastung nicht dazu führen darf, dass eine Fortentwicklung des Rechts verhindert wird.[710] Daher stellt sich die Frage, ob die Entwicklung der hypothetischen Einwilligung eine methodengerechte Ausfüllung des durch den Gesetzgeber punktuell vorgegebenen und zur Einwilligung weiterentwickelten Rahmens darstellt oder ob eine Form der Auslegung vorliegt, die diesen Rahmen überschreitet und daher eine gesetzliche Grundlage verlangt.[711] Es ist Aufgabe der Gesetzgebung, die grundlegenden Wertentscheidungen in Form eines Gesetzes selbst zu treffen.[712] Eine Auslegung, die diesen vorgebenden Rahmen überschreitet, wäre dann anzunehmen, wenn die hypothetische Einwilligung gesetzlich zu normieren wäre. Wenn dies der Fall wäre, würde die bisherige Rechtsprechung des BGH keine methodengerechte Rechtsfortbildung darstellen. Diese Frage kann jedoch nicht ohne Berücksichtigung des Besonderen Teils des Strafgesetzbuches beantwortet werden. Gerade die Einwilligung muss am konkreten Schutzgut des Besonderen Teils ausgelegt werden.[713]

Hierbei ist jedoch zu beachten, dass die hypothetische Einwilligung wie auch die Einwilligung[714] selbst sich lediglich zu Gunsten des Täters auswirken. Daher kann die Rechtsprechung den Inhalt und die Grenzen der hypothetischen Einwilligung entwickeln und festlegen, soweit dies methodengerecht erfolgt. Der Gesetzgeber hat das wesentliche Verhalten strafrechtlich durch die entsprechenden Normen im Strafgesetzbuch festgeschrieben. Dies stellt mithin die Wertentscheidung des Gesetzgebers dar. Die Einwilligung und damit auch die hypothetische Einwilligung stellen lediglich eine Ausnahme dar, wann eine Handlung dem Täter nicht als strafbares Verhalten zuzurechnen ist.[715] Würde sich die Auslegung strafbarkeitsbegründend auswirken, müsste der Gesetzgeber wiederum das Verhalten aufgrund des strafrechtlichen Bestimmtheitsgrundsatzes aus

709 *Degenhart*, in: Sachs-GG, Art. 103 Abs. 67.
710 *Hillenkamp*, S. 166.
711 *Sternberg-Lieben*, S. 323.
712 Vgl. bereits zum strafrechtlichen Bestimmtheitsgrundsatz, B. IV. 2.
713 *Sternberg-Lieben*, S. 328.
714 *Sternberg-Lieben*, S. 327.
715 *Sternberg-Lieben*, S. 327.

Art. 103 Abs. 2 GG durch Gesetz und damit mit einer grundsätzlichen Entscheidung normieren. Dies ist bei der hypothetischen Einwilligung gerade nicht der Fall.

Allerdings könnte sich die Notwendigkeit, die hypothetische Einwilligung zu normieren, daraus ergeben, dass durch sie die Möglichkeit des Opfers bzw. Patienten beschränkt wird, selbst über sein körperliches Wohl zu bestimmen. Denn die hypothetische Einwilligung greift in das Selbstbestimmungsrecht des Patienten ein, da die Möglichkeiten des Arztes erweitert werden, auch dann eine Strafmilderung oder Straffreiheit zu erhalten, wenn er den Patienten nicht oder nicht ordnungsgemäß über die bevorstehende Maßnahme aufgeklärt hat.[716] Zudem muss nach der bisherigen Bestimmung der hypothetischen Einwilligung ein hypothetisches Einverständnis immer dann nach dem *in dubio pro reo*-Grundsatz angenommen werden, wenn eine hypothetische Einwilligung zumindest nicht ausgeschlossen werden kann.[717] Dies erleichtert die Annahme eines hypothetischen Einverständnisses enorm. Für das Opfer stellt die hypothetische Einwilligung eine belastende Maßnahme dar und man könnte daher annehmen, dass die hypothetische Einwilligung gesetzlich zu normieren ist. Denn für jede belastende Maßnahme ist nach dem Vorbehalt des Gesetzes aus Art. 20 Abs. 3 GG ein förmliches Gesetz notwendig.[718] Dies ist insbesondere bei Grundrechtseingriffen der Fall.[719] Das wäre beim Opfer bzw. Patienten bei einer hypothetischen Einwilligung der Fall, da Art. 2 Abs. 2 S. 1 GG auch das Selbstbestimmungsrecht des Patienten bzw. Rechtsgutsinhabers schützt[720], das durch das hypothetische Einverständnis entsprechend betroffen wäre. Gleiches gilt auch für die körperliche Unversehrtheit aus Art. 2 Abs. 2 S. 1 GG.

Hierzu ist aber zu bedenken, dass die richterliche Auslegung erst mittelbar durch den Täter zu einer Beschränkung des Selbstbestimmungsrechtes führt. Denn die richterliche Auslegung greift nicht unmittelbar in das Selbstbestimmungsrecht des Patienten ein, sondern führt erst durch wesentliche Zwischenschritte zu einer Beeinträchtigung des Patienten.[721]

---

716 Vgl. C. V. 1. b). bb). (4).

717 Vgl. zur Ermittlung des hypothetischen Willens oben unter C. V. 1. b). bb). (3).

718 BVerfGE 40, 237, 249; *Grzeszick*, in: Maunz/Düring-GG, Art. 20 Rn. 81.

719 *Jarass*, in: Jarass/Pieroth-GG, Art. 20 Rn. 72.

720 Vgl. *Jarass*, in: Jarass/Pieroth-GG, Art. 2 Rn. 83.

721 Vgl. zum mittelbaren Eingriff, *Jarass*, in: Jarass/Pieroth-GG, Vorb. vor. Art. 1 Rn. 28.

Dies verringert die Anforderungen an den Vorbehalt des Gesetzes. Andernfalls wäre bei den vielfältigen Möglichkeiten, bei denen ein Opfer durch eine mittelbare Handlung belastet wird, der Staat in seinen Möglichkeiten weitestgehend beschränkt und müsste immer eine gesetzliche Grundlage schaffen, was Zeit und Ressourcen bindet.[722]

Allerdings hat der Gesetzgeber mit den Körperverletzungstatbeständen entschieden, dass der Eingriff in das körperliche Wohl grundsätzlich sanktioniert wird. Um dieses Handeln zu rechtfertigen, besteht nun die Möglichkeit, eine Einwilligung abzugeben, sodass das Opfer über seine Rechtsgüter verfügen kann. Dieser Grundsatz wird durch die hypothetische Einwilligung aufgeweicht, da sie die Strafbarkeit des Täters einschränkt, obwohl keine Einwilligung eingeholt wurde. Dies geschieht auf Kosten des Rechtsgutsinhabers bzw. des Patienten und ist der besonderen Situation geschuldet, die durch das Arzt-Patienten-Verhältnis begründet ist.[723] Zudem versucht die Rechtsprechung, die Konsequenzen der hypothetischen Einwilligung für das Selbstbestimmungsrecht abzumildern. Denn bei der Ermittlung des hypothetischen Willens ist auf den Willen des konkreten Patienten abzustellen, auch wenn die nachträgliche Äußerung des Patienten nur ein Indiz zur Feststellung des hypothetischen Willens darstellt.[724]

Insoweit wird das Gefälle zwischen Arzt und Patient durch die hypothetische Einwilligung zwar zu Gunsten des Arztes verschoben. Da aber das Verhalten des Arztes weiterhin strafbar bleibt und die Einwilligung eine Ausnahme bildet, sodass auch die Anwendung der hypothetischen Einwilligung dieses Gefüge nicht tiefgreifend beeinträchtigt, bestehen zumindest unter dem Blickwinkel des Vorbehaltes des Gesetzes kein Zweifel, dass hier eine methodengerechte Rechtsfortbildung stattgefunden hat, sodass keine gesetzliche Grundlage für eine hypothetische Einwilligung notwendig ist. Ob das Verhalten des Arztes innerhalb der strafbaren Sanktion bleibt oder ob die Grenzen weiter zu ziehen sind, betrifft allein die Auslegung im Strafrecht.[725] Dass die hypothetische Einwilligung nicht strafrechtlich normiert wurde, bleibt daher ohne Folgen, denn die fehlende Normierung überschreitet nicht den durch die Gesetzgebung vorgebenden Rahmen, sodass die Auslegung der Rechtsprechung auch bei der Befür-

722 Vgl. *Stenberg-Lieben*, S. 333 f.
723 C. V. 1. c).
724 Vgl. oben unter C. V. 1. b). bb). (3)
725 Vgl. *Stenberg-Lieben*, S 334.

wortung der hypothetischen Einwilligung zulässig bleibt.[726] Damit stellt die hypothetische Einwilligung vor dem Gesetzlichkeitsprinzip aus Art. 20 Abs. 3 GG in der Ausformung des Bestimmtheitsgrundsatzes keine unzulässige Auslegung dar. Ob der Anerkennung der hypothetischen Einwilligung zuzustimmen ist, ist zudem keine Frage, die unter dem Blickwinkel des Art. 20 Abs. 3 GG zu beantworten ist.

### 5. Eigene kritische Position über die Anwendung der hypothetischen Einwilligung

Nach einer eigenständigen Bewertung der hypothetischen Einwilligung zeigt sich, dass die hypothetische Einwilligung nicht die einzige Möglichkeit ist, um die Strafbarkeit im Arztstrafrecht zu beschränken.

#### a) Kritische Würdigung der hypothetischen Einwilligung

Insbesondere in der Rechtspraxis, die durch die höchstrichterlichen Entscheidungen des BGH geprägt ist, ist die hypothetische Einwilligung nicht mehr aufzuhalten. Sie hat durch die dauerhafte Anwendung in der Rechtsprechung der Zivil- und Strafgerichte ihre Anerkennung gefunden und ist hier fest etabliert.[727] Spätestens mit der Normierung der hypothetischen Einwilligung in § 630h Abs. 2 S. 2 BGB kann ihre Entwicklung und Anwendung nicht mehr aufgehalten werden, auch wenn sie in der Literatur nicht einheitlich befürwortet und angewendet wird.[728]

Hinsichtlich dieser Entwicklung muss beachtet werden, dass die hypothetische Einwilligung die ärztliche Aufklärungspflicht nur beschränken kann, indem der strafrechtliche Schutz des Patienten bei medizinischen Heileingriffen aufgeweicht wird. Die hypothetische Einwilligung versucht, die Erfolgszurechnung in solchen Fällen zu verhindern, in denen der Patient von vornherein der Behandlung zugestimmt hätte, wenn er vorab ordnungsgemäß über die Behandlung aufgeklärt worden wäre, da die

---

726 A.A. insoweit *Tag* bei *Brodowski*, ZStW 127 (2015), 691, 697.

727 *Edlbauer/Irrgang*, Jura 2010, 786, 790; so auch *Kuhle* bei *Brodowski* ZStW 127 (2015), 691, 694.

728 *Saliger*, in: FS-Beulke, S. 257, 257.

Behandlung der ärztlichen Vernunft entspricht.[729] Der Interessenausgleich zwischen dem Selbstbestimmungsrecht des Patienten und der ärztlichen Aufklärungspflicht soll außerhalb der gängigen Rechtfertigungsdogmatik stattfinden und einzelfallgerecht geklärt werden,[730] indem die Aufklärungspflicht retrospektiv nachjustiert wird. Hierzu ist kritisch anzumerken, dass mit einer solchen Anerkennung ehemals überwundene paternalistische Tendenzen wieder angefacht werden. Denn die Grundhaltung hinter der hypothetischen Aufklärung ist, dass ein vernünftiger Patient auf seinen Arzt hört und seine Zustimmung zu einem Eingriff bei einer ordnungsgemäßen Aufklärung erteilt. Denn nur bei Berücksichtigung paternalistischer Tendenzen kann man mit an Sicherheit grenzender Wahrscheinlichkeit sagen, dass ein Patient Behandlung letztlich zugestimmt hätte.[731] Aber es ist nicht auszuschließen, dass der Patient aufgrund seines Selbstbestimmungsrechtes etwas anderes wünscht, besonders wenn ihm medizinische Eingriffe aufgedrängt werden, obwohl er das vollständige Risiko der Behandlung nicht erkennt.[732] Die Entlastung des Arztes im Hinblick auf seine Aufklärungspflicht erfolgt jedoch auf Kosten des Selbstbestimmungsrechtes des Patienten und lässt den Rückschluss zu, dass der BGH noch immer von einem grds. paternalistisch geprägten Arzt-Patienten-Verhältnis ausgeht, sodass ärztliche Behandlungen ohne Einwilligung dann gerechtfertigt sind, wenn sie der objektiven medizinischen Vernunft entsprechen.[733]

Dabei wird zu wenig beachtet, was das eigentliche Prinzip der Einwilligung ist: Die Einwilligung ist der ausgesprochene Wille des Patienten

---

729 *Tag* ZStW 127 (2015), 523, 538.

730 Vgl. *Zabel*, GA 2015, 219, 220.

731 *Renzikowski*, in: FS-Fischer, S. 365, 370.

732 Vgl. *Garbe*, S. 292 f., der argumentiert, dass dem Patienten in den bisherigen Fällen der hypothetischen Einwilligung kein fremdes Risiko aufgedrängt worden sei, da immer eine Würdigung der Gesamtumstände bei der Ermittlung einer hypothetischen Einwilligung erfolge und es in den entschiedenen Fällen eindeutig gewesen sei, dass keine hypothetische Einwilligung angenommen werden könne. Dies setzt aber voraus, dass die Umstände und insbesondere der Wille des Patienten vollständig dokumentiert sind. Gerade die Würdigung der entsprechenden Umstände ermöglicht es aber, fremde Wertmaßstäbe in die Entscheidung einzubeziehen, ob eine hypothetische Einwilligung angenommen werden kann, sodass eine vollständige Klärung des Patientenwillens nicht durchgeführt werden muss.

733 Ähnlich auch *Duttge*, in: FS-Schroeder, S. 179, 182 und *Sowoda*, NStZ 2012, 1, 10, die beide ebenfalls eine paternalistische Begründung hinter der hypothetischen Einwilligung vermuten.

bzw. Rechtsgutsinhabers, auf dessen Grundlage der Arzt bzw. Täter handelt und dabei das Selbstbestimmungsrecht des Rechtsgutsinhabers selbst repräsentiert. Wenn man annimmt, dass die eigene Reflektion über die bevorstehende Einwilligung ein Wesensmerkmal des Repräsentationsprinzips ist[734], muss die hypothetische Einwilligung abgelehnt werden, da sie dem Rechtsgutsinhaber die Möglichkeit zur Reflektion über die bevorstehende Situation nimmt. Die hypothetische Einwilligung schränkt damit das Selbstbestimmungsrecht des Patienten zu sehr ein.

Des Weiteren zeigt sich aus der Entwicklung der hypothetischen Einwilligung die generelle Gefahr, dass die Zweckrationalität auch in anderen Konfliktsituationen als Rechtfertigungsgrund herangezogen werden könnte. Denn der BGH lässt bei der Entwicklung der hypothetischen Einwilligung eine eindeutige dogmatische Grundlage vermissen.[735] Auch die Literatur schafft es trotz einer Vielzahl von Versuchen nicht, die hypothetische Einwilligung konfliktlos in den gängigen Tatbestandsaufbau bzw. in die Rechtfertigungsdogmatik zu integrieren. Diese Entwicklung macht aber den Weg frei, um die hypothetische Einwilligung als Ausdruck der Zweckrationalität in andere Tatbestände zu übertragen, sodass der BGH die Möglichkeit hat, hierdurch die bisherige Rechtfertigungsdogmatik funktional aufzuweichen.[736] Dies macht die Anwendung der Rechtsfertigungsgründe beliebig, wenig nachvollziehbar und damit die Auslegung entsprechend „konfliktorientiert".[737] Damit besteht die Gefahr, dass durch die Aufweichung von dogmatischen Grundsätzen und durch Anwendung einer „dogmatischen Zauberkiste" in Form der hypothetischen Einwilligung, Einzelfall orientierte Ergebnisse gefunden werden können, die im Belieben eines Gerichts stehen. Allein diese grundsätzliche Überlegung rechtfertigt es, die Entwicklung der hypothetischen Einwilligung abzulehnen.

---

734 Vgl. zu allem C. I.
735 So auch *Duttge*, in: FS-Schroeder, S. 179, 195.
736 *Zabel*, GA 2015, 219, 229.
737 *Zabel*, GA 2015, 219, 222.

### b) Mögliche Alternativen zur hypothetischen Einwilligung: Absenkung der Aufklärungspflichten oder Straftatbestand der eigenwilligen Heilbehandlung

Es stellt sich die Frage, ob es eine andere Möglichkeit gibt, ein Korrektiv für die weitreichenden Aufklärungspflichten in das Arzt-Patienten-Verhältnis zu implementieren, ohne dabei auf die hypothetische Einwilligung zurückgreifen zu müssen. Hierzu bieten sich zwei Lösungsmöglichkeiten an, in denen sich die dogmatischen Bedenken, die durch die hypothetische Einwilligung verursacht werden, nicht stellen.[738]

#### aa) Absenkung der ärztlichen Aufklärungspflicht

Teilweise wird vorgeschlagen, die Aufklärungspflicht gegenüber dem Patienten zu Gunsten des Arztes zu beschränken.[739] Die Begrenzung der Aufklärungspflichten im Strafrecht steht wiederum im Konflikt mit dem Selbstbestimmungsrecht des Patienten. Denn die verringerte Aufklärungspflicht könnte dazu führen, dass der Patient nicht mehr in die Lage versetzt wird, über einen bevorstehenden Eingriff ausreichend zu reflektieren. Damit würde keine bewusste Entscheidung des Patienten hinsichtlich des bevorstehenden Eingriffs erfolgen. Solange aber im Strafrecht trotz einer Beschränkung weiterhin umfassende Aufklärungspflichten bestehen, die die Selbstreflektion des Patienten sicherstellen, droht dem Arzt jederzeit eine strafrechtliche Verurteilung, sodass er aus eigenem Interesse angehalten ist, den Patienten weiterhin umfassend aufzuklären.[740] Eine teilweise Absenkung würde daher das Problem nicht unmittelbar beseitigen.

Teilweise wird auf der Grundlage des *ultima ratio*-Prinzips im Strafrecht gefordert, dass nur schwerwiegende Verstöße gegen die Aufklärungspflicht sanktioniert werden sollten.[741] Dies setzt aber voraus, dass man generalisierend sagen kann, welche Aufklärungspflichten zwingend zu befolgen sind und welche lediglich eine untergeordnete Rolle spielen.

---

738 *Tag* bei *Brodowski* ZStW 127 (2015), 691, 695.

739 *Edlbauer*, S. 472 ff.; *Eser*, in: Schönke/Schröder, § 223 Rn. 40; *Puppe*, JR 2004, 470, 472 Rn. 21; *Renzikowski*, in: FS-Fischer, S. 365, 377; *Sternberg-Lieben*, StV 2008, 190, 193; *Tag*, ZStW 127 (2015), 523, 543 f.

740 Vgl. *Wiesner*, S. 143 f.

741 *Edlbauer*, S. 472 f.

Diese Ansicht verkennt daher den Hintergrund der Einwilligung, die auf dem Repräsentationsprinzip aufbaut. Wenn es auf den Willen des jeweiligen Rechtsgutsinhabers für eine wirksame Einwilligung ankommt, kann sich der notwendige Umfang der Aufklärung sehr unterschiedlich darstellen. Daher muss auf den individuellen Patienten abgestellt werden, um den Umfang der Aufklärungspflicht bestimmen zu können. Denn der jeweilige Patient kann die unterschiedlichsten Aspekte seiner Behandlung betonen. Dies schließt es aus, einen generalisierenden Blick auf die Aufklärungspflichten zu legen, sodass im Zweifel die Aufklärung des Patienten so weit gehen muss, wie es auch im Zivilrecht der Fall ist. Damit muss eine umfassende Aufklärung gewährleistet werden.

Auch ist zu bedenken, dass der Gesetzgeber im Zivilrecht feste Grenzen für die Aufklärung eingeführt hat, sodass es für das Strafrecht nicht möglich ist, unter diesen Grenzen zu bleiben.[742] Die Absenkung der ärztlichen Aufklärungspflicht im Strafrecht ist daher abzulehnen.

#### bb) Einführung eines Tatbestandes der eigenmächtigen Heilbehandlung als Alternative zur hypothetischen Einwilligung

Wenn man es ablehnt, die ärztlichen Aufklärungspflichten abzusenken, stellt sich die Frage, ob die Einführung eines Tatbestandes, der eigenmächtige Heilbehandlungen sanktioniert und gleichzeitig klarstellt, dass die *lege artis* durchgeführte Behandlung keine tatbestandliche Körperverletzung ist, eine sinnvolle Einschränkung der ärztlichen Haftung für Aufklärungsfehler ermöglicht und gleichzeitig das Selbstbestimmungsrecht des Patienten in einem ausreichenden Maße berücksichtigt. Der Versuch, einen solchen Tatbestand in das Strafgesetzbuch einzuführen, ist in Deutschland mehrmals unternommen worden, ohne dass es letztlich hierzu gekommen ist.[743]

Ungewöhnlich ist eine solche rechtliche Konstruktion nicht. In Österreich gibt es mit § 110 öStGB einen Tatbestand, der die eigenmächtige

742 *Gaede* bei *Brodowski*, ZStW 127 (2015), 691, 697.
743 Vgl. *Wiesner*, S. 146 f.

Heilbehandlung sanktioniert.[744] Die Rechtslage im österreichischen Strafgesetzbuch stellt sich wie folgt dar: § 110 öStGB macht zunächst deutlich, dass eine Heilbehandlung keine tatbestandliche Körperverletzung darstellt. Eine Heilbehandlung ist dabei jede Maßnahme zur Feststellung, Heilung oder Linderung von Krankheiten.[745] Um jedoch das Selbstbestimmungsrecht des Patienten zu bewahren, wurde der Tatbestand der eigenmächtigen Heilbehandlung in der Weise normiert, dass die Vornahme einer Heilbehandlung sanktioniert wird, wenn diese ohne vorherige Zustimmung des Patienten erfolgt ist. Geschützt wird mit § 110 öStGB damit nicht die körperliche Integrität, sondern das Selbstbestimmungsrecht des Patienten, in Freiheit über die bevorstehende ärztliche Behandlung entscheiden zu können. Auf eine erfolgreiche Behandlung kommt es dabei nicht an.[746] Das strafbarkeitsbestimmende Merkmal des § 110 öStGB ist damit die fehlende Einwilligung.[747] Die medizinische Behandlung erfüllt nur dann den Körperverletzungstatbestand, wenn sie nicht *lege artis* durchgeführt wurde.[748] Gerade wenn es einem Arzt schwer fällt, die Entscheidung des Patienten zu akzeptieren, hilft ein solcher Tatbestand das Selbstbestimmungsrecht des Patienten zu schützen.[749]

Fraglich ist jedoch, ob eine solche Konstruktion geeignet ist, die Strafbarkeit der Ärzte zu beschränken. Teilweise wird vorgebracht, dass sich die Normierung eines eigenen Tatbestandes nicht strafbarkeitsmindernd auswirke.[750] Eher sei eine Ausweitung der Strafbarkeit für die Ärzte zu befürchten.[751] Dagegen lässt sich jedoch einwenden, dass durch die Nor-

---

744 § 110 öStGB lautet:
(1) Wer einen anderen ohne dessen Einwilligung, wenn auch nach den Regeln der medizinischen Wissenschaft, behandelt, ist mit Freiheitsstrafe bis zu sechs Monaten oder mit Geldstrafe bis zu 360 Tagessätzen zu bestrafen.
(2) Hat der Täter die Einwilligung des Behandelten in der Annahme nicht eingeholt, daß durch den Aufschub der Behandlung das Leben oder die Gesundheit des Behandelten ernstlich gefährdet wäre, so ist er nach Abs. 1 nur zu bestrafen, wenn die vermeintliche Gefahr nicht bestanden hat und er sich dessen bei Aufwendung der nötigen Sorgfalt […] hätte bewußt sein können.
(3) Der Täter ist nur auf Verlangen des eigenmächtig Behandelten zu verfolgen.

745 *Bertel/Schwaighofer*, § 110 Rn. 2; *Gleixner-Eberle*, S. 18.

746 *Bertel/Schwaighofer*, § 110 Rn. 1; *Gleixner-Eberle*, S. 18.

747 *Bertel/Schwaighofer*, § 110 Rn. 5.

748 *Bertel/Schwaighofer*, § 110 Rn. 13.

749 *Burgstaller* bei *Brodowski* ZStW 127 (2015), 691, 695.

750 *Wiesner*, S. 153.

751 *Deutsch/Spickhoff*, XIII Rn. 739; *Schroeder*, Heilbehandlung, S. 31.

mierung eines eigenen Tatbestandes zumindest die genaue dogmatische Grundlage feststeht. Damit würde ein Mehr an Rechtssicherheit gegenüber der hypothetischen Einwilligung erreicht werden, die allein durch die Rechtsprechung entwickelt worden ist. Darüber hinaus könnte durch eine restriktive Auslegung des Tatbestandes eine weitgehende Ausweitung der Strafbarkeit begrenzt werden. Zwar müssten die Konturen des Tatbestandes der eigenmächtigen Heilbehandlung zunächst noch gefestigt werden.[752] Dies wäre aber auch bei der hypothetischen Einwilligung weiterhin der Fall, die nicht einmal eine genaue dogmatische Grundlage aufweisen kann. Die Normierung würde dagegen eine neue Chance geben, das Verhältnis zwischen Arzt und Patient zu bestimmen.

Über § 823 Abs. 2 BGB ist zudem durch die Normierung eines eigenständigen Tatbestandes eine Ausstrahlungswirkung in das Zivilrecht zu befürchten.[753] Allerdings ist dies auch bei der hypothetischen Einwilligung der Fall, sodass sich die Situation in diesem Punkt nicht verschlechtern würde.[754] Zudem wird im Zivilrecht durch § 823 Abs. 1 BGB auch das Persönlichkeitsrecht und damit das Selbstbestimmungsrecht des Patienten geschützt. Wenn das Strafrecht das Selbstbestimmungsrecht eigenständig schützen würde, wie es das Zivilrecht bereits tut, wäre auch die Einheit der Rechtsordnung gewahrt.[755]

Zudem wird befürchtet, dass es die Ärzteschaft durch die Schaffung eines eigenen Tatbestandes, der die eigenmächtige Heilbehandlung sanktioniert, eine gewisse Stigmatisierung erfährt.[756] Allerdings erfährt die Ärzteschaft bereits durch die bisherige Rechtsprechung eine Stigmatisierung, da ihre Berufsausübung generell als tatbestandliche Körperverletzung gewertet wird. Auf der anderen Seite muss man betonen, dass mit der Schaffung eines eigenen Tatbestandes nur die eigenmächtige Heilbehandlung sanktioniert wird, sodass die Heilbehandlung, die *lege artis* durchgeführt, nicht mehr als strafbar behandelt wird, was die Situation der Ärzteschaft deutlich verbessern würde.[757] Dies würde eine deutliche Entlastung für die Ärzte bringen und nur denjenigen Arzt stigmatisieren, der das Selbstbe-

---

752 Vgl. *Wiesner*, S. 153.
753 *Deutsch/Spickhoff*, XIII Rn. 739.
754 *Böcker*, JZ 2005, 925, 928; *Wiesner*, S. 153.
755 *Jansen*, ZJS 2011, 482, 495.
756 *Tag*, S. 455.
757 *Gropp*, in: FS-Schroeder, S. 197, 207.

stimmungsrecht seines Patienten nicht in einem ausreichenden Maße beachtet.

Ein weiterer Einwand besagt, dass die Schaffung eines eigenständigen Tatbestandes nur die Problematik, ob die ärztliche Heilbehandlung eine strafbare Handlung darstellt, von der Ebene der Rechtswidrigkeit auf die Ebene des Tatbestandes verlagert, sodass sich bereits auf der Ebene des Tatbestandes die Frage stellt, ob der Patient wirksam über die bevorstehende Behandlung aufgeklärt wurde. Damit sei gegenüber der jetzigen Gesetzeslage nichts gewonnen.[758] Diese Ansicht verkennt jedoch, dass mit der Schaffung eines eigenen Tatbestandes das Selbstbestimmungsrecht als eigenständiges Rechtsgut ausgeformt werden kann, sodass nicht mehr allein die Rechtsprechung über den Umfang des Selbstbestimmungsrechts bestimmt. Dies ermöglicht es auch, die ärztliche Aufklärungspflicht in Bezug auf dieses Rechtsgut neu zu bestimmen[759] und schließlich gesetzlich festzuschreiben, was für weitgehende Rechtssicherheit sorgt.[760] Damit wird zugleich verhindert, dass die Aufklärungspflicht ungezügelt durch die Rechtsprechung ausgeweitet werden kann.

Daher wäre es wohl der passendere Weg, das Selbstbestimmungsrecht des Patienten von den Körperverletzungsdelikten zu trennen, um einerseits die Autonomie des Patienten sicherzustellen und anderseits die Ärzteschaft nicht mehr dem Vorwurf auszusetzen, einen tatbestandliche Körperverletzung zu begehen, wenn sie versucht, die Gesundheit ihrer Patienten zu bewahren oder wiederherzustellen.[761] Die hypothetische Einwilligung wird dadurch nicht mehr benötigt. Durch die beiden Tatbestände wäre es möglich, zwischen einer eingriffs- und risikobezogen- bzw. einwilligungsbezogenen Perspektive zu unterscheiden.[762] Auch könnte hierdurch der dogmatische „Aufladung“ des § 223 StGB begegnet werden, da anhand des Tatbestandes immer noch die Frage geklärt werden muss, ob ein Eingriff nach dem heutigen Stand der Medizin eine Körperverletzung darstellt.[763]

Jedenfalls stellt die hypothetische Einwilligung im deutschen Arztstrafrecht einen Rückschritt in der Frage dar, dem Patienten einen eigenverant-

758 *Wiesner*, S. 154.
759 *Duttge*, in: FS-Schroeder, S. 179, 195.
760 *Jansen*, ZJS 2011, 482, 495.
761 Vgl. *Gropp*, in: FS-Schroeder, S. 197, 207; Jansen, ZJS 2011, 482, 494.
762 *Zabel*, GA 2015, 219, 234.
763 *Tag* bei *Brodowski*, ZStW 127 (2015), 691, 695.

wortlichen Umgang mit seiner Gesundheit zu ermöglichen. Entsprechend kann von einer „Verantwortungseinschränkung“ gesprochen werden[764], da wieder die „ärztliche Vernunft“ zur Rechtfertigung eines Eingriffs herangezogen wird. Dem sollte der Gesetzgeber durch eine eindeutige Normierung begegnen.

### 6. Zusammenfassung der bisherigen Erkenntnisse und Ausblick für die weitere Untersuchung

Die hypothetische Einwilligung erklärt sich aus der besonderen Beziehung zwischen Arzt und Patient. Hinsichtlich der Argumente für und gegen die hypothetische Einwilligung gibt es aber einige Auffälligkeiten, die im Laufe der weiteren Untersuchung, ob es ein hypothetisches Einverständnis bei der Untreue gibt, noch zu berücksichtigen sind.

#### a) Hinsichtlich der Befürwortungen

Im Wesentlichen wird die Anwendung der hypothetischen Einwilligung im Arztstrafrecht damit begründet, dass die Anforderungen an die ärztliche Aufklärungspflicht im Zivilrecht stark ausgeweitet worden seien, sodass es notwendig sei, die Strafbarkeit eines Arztes wegen einer Aufklärungspflichtverletzung auf schwerwiegende Fälle zu begrenzen, was bereits das *ultima ratio*-Prinzip gebiete. Insbesondere solle die Aufklärungspflicht eines Arztes auf ein angemessenes Maß reduziert werden. Zudem gebiete es die Einheit der Rechtsordnung, die hypothetische Einwilligung auch im Strafrecht anzuwenden um zu verhindern, dass ein zivilrechtlich erlaubtes Verhalten strafrechtlich sanktioniert werde. Hierbei ist auffällig, dass dieselben Argumentationslinien zur Begrenzung der Strafbarkeit in leicht abgewandelter Form auch im Zusammenhang mit einer Restriktion des Untreuetatbestandes verwendet werden – nämlich bei der Diskussion zur gravierenden Pflichtverletzung.

---

764 Vgl. zu diesem Begriff *Zabel*, GA 2015, 219, 222.

aa) Vergleich mit der Diskussion um die „gravierende Pflichtverletzung"

Die „gravierende Pflichtverletzung" im Rahmen der Pflichtwidrigkeit ist ebenso ein Versuch sicherzustellen, dass nicht aus jedem zivilrechtlichen Normenverstoß auch eine untreuerelevante Pflichtverletzung resultiert. Es besteht Einigkeit, dass zur Beantwortung der Frage, welches Verhalten der Untreuetatbestand überhaupt erfassen soll, auf außerstrafrechtliche Regelungen zurückgegriffen werden muss.[765] Nach der überwiegenden Ansicht ist der Tatbestand der Untreue akzessorisch zu anderen Rechtsgebieten zu bestimmen. Die außerstrafrechtlichen Regelungen sind danach nötig, um den spezifischen Problemkreis, auf den § 266 StGB Bezug nimmt, lösen zu können.[766]

Um sicherzustellen, dass nicht aus jedem zivilrechtlichen Normenverstoß auch eine untreuerelevante Pflichtverletzung resultiert, wendet der 1. Senat des BGH das Kriterium der „gravierenden Pflichtverletzung" insbesondere an, um bei Verstößen gegen weit formulierte Sorgfaltsnormen wie § 43 GmbHG und § 93 AktG eine strafrechtlich relevante Pflichtverletzung festzustellen.[767] Diese Anwendung wird von einigen Stimmen in der Literatur befürwortet und hat auch durch das Bundesverfassungsgericht eine Anerkennung erfahren. [768]

---

765 Vgl. BGHSt 47, 187; 47, 295, 297; 49, 147, 155; 50, 331, 335; 55, 288, 300; *Beulke*; in: FS-Eisenberg, S. 245, 250; *Dierlamm*, in: Müko-StGB, § 266 Rn. 152; *Fischer*, § 266 Rn. 59; *Saliger*, in: SSW-StGB; § 266 Rn. 31.

766 *Tiedemann*, in: FS-Tröndle, S. 320, 328; *Dierlamm*, in: Müko-StGB, § 266 Rn. 152; *Rönnau*, ZStW 119 (2007), 887, 906; *Ransiek*, ZStW 116 (2004), 634, 644; *Rönnau/Hohn*, NStZ 2004, 113, 114; *Saliger*, HRRS 2006, 10, 14;. a. A. *Schünemann*, Organuntreue, S. 22, der von einer strafrechtsautonomen Auslegung des Untreuetatbestandes ausgeht, jedoch auf den Bezug auf außerstrafrechtliche Normen nicht verzichtet, vgl. *Schünemann*, in: LK-StGB, § 266 Rn. 93 und damit häufig zu gleichen Ergebnissen kommt.

767 Insbesondere BGHS 47, 148, 149.

768 Vgl. B. 2. II.

### bb) Rückschlüsse auf den weiteren Verlauf der Arbeit: Ausreichende Beachtung des Ursprungs der hypothetischen Einwilligung aus dem Arzt-Patienten-Verhältnis

Ähnlich wie die gravierende Pflichtverletzung soll das hypothetische Einverständnis unter Bezugnahme auf den bisherigen Hintergrund der hypothetischen Einwilligung ein Versuch sein, die Strafbarkeit des Vermögensbetreuungspflichtigen weiter zu reduzieren. Andersherum wird teilweise der Versuch unternommen, die gravierende Pflichtverletzung auf das Arztstrafrecht zu übertragen, um die ärztliche Aufklärungspflicht eben auf „gravierende“ Verletzungen dieser Pflicht zu beschränken.[769] Die gravierende Pflichtverletzung hat also möglichweise einen universellen, die Strafbarkeit begrenzenden und nicht auf die Untreue beschränkten Charakter, der bei der Übertragung der hypothetischen Einwilligung auf die Untreue zu beachten ist.

Dabei setzt sie bereits bei den Pflichten des Vermögensbetreuungspflichtigen an, während sich die hypothetische Einwilligung auf die Stufe des Einverständnisses/der Einwilligung bei der Untreue verlagert und mehr den Blick darauf richtet, wie die Handlung des Vermögensbetreuungspflichtigen aus der Sicht der Vermögensinhaber zu beurteilen ist, wenn er vor Begehung der Handlung ordnungsgemäß über das Vorhaben aufgeklärt worden wäre. Allerdings resultiert die „gravierende Pflichtverletzung“ wie die hypothetische Einwilligung aus einer erweiterten zivilrechtlichen Haftung des Vermögensbetreuungspflichtigen, sodass versucht wird, mit dieser dogmatischen Figur eine Beschränkung der Strafbarkeit bei § 266 StGB auf ein angemessenes Maß zu erreichen, um dem *ultima ratio*-Prinzip zu genügen. Es bietet sich daher an, die Übertragung der hypothetischen Einwilligung auf die Untreue zu untersuchen. Dabei kommt es entscheidend darauf an, ob das Verhältnis zwischen Arzt und Patienten mit dem zwischen dem Vermögensbetreuungspflichtigen und dem Vermögensinhaber verglichen werden kann. Diese Grundlage muss bei der Frage, ob es ein hypothetisches Einverständnis bei der Untreue geben kann, berücksichtigt werden.

---

769 *Eser*, in: Schönke/Schröder, § 223 Rn. 40b.

### b) Hinsichtlich der Kritik

Die Kritik lässt sich zunächst in zwei Linien aufteilen: Ein Bereich betrifft die inhaltliche Reichweite der hypothetischen Einwilligung, der andere Bereich betrifft die Frage nach der dogmatischen Grundlage, die eine solche hypothetische Einwilligung im Strafrecht haben könnte.

#### aa) Beachtung des Selbstbestimmungsrechtes als Kernkritik

Der wesentliche Kritikpunkt an der hypothetischen Einwilligung betrifft die Frage, ob sie das Selbstbestimmungsrecht des Patienten im ausreichenden Maße berücksichtigt. Hiervon lassen sich die anderen inhaltlichen Argumente gegen die hypothetische Einwilligung ableiten. Beispielsweise lässt sich die Frage, wie das Verhältnis von mutmaßlicher zur hypothetischen Einwilligung zu bestimmen ist, im Kern auch auf dieses Problem zurückführen. Die Kritiker der hypothetischen Einwilligung bringen vor, dass die hypothetische Einwilligung nicht die Subsidiarität der mutmaßlichen Einwilligung beachte.[770]

Das Gleiche gilt für die Ermittlung des hypothetischen Willens im Rahmen der hypothetischen Einwilligung. Dies lässt sich auf die Frage nach der Beachtlichkeit des Selbstbestimmungsrechtes zurückführen. Kernpunkt dieser Kritik ist, dass der Wille des Rechtsgutsinhabers bei Zweifeln, ob der Patient die Einwilligung erklärt hätte, aufgrund des *in dubio pro reo*-Grundsatzes zu Gunsten des angeklagten Arztes ausgelegt werden kann. Die Anwendung des Zweifelsgrundsatzes sei bei einer solchen Frage nicht möglich, da sich eine menschliche Entscheidung nicht vorhersehen lässt.[771]

Damit geht es um die Frage, ob das Selbstbestimmungsrecht des Patienten mit Hilfe der hypothetischen Einwilligung zu Gunsten des Arztes eingeschränkt werden darf, um dessen Strafbarkeit wegen Aufklärungspflichtverletzungen zu reduzieren. Das Selbstbestimmungsrecht durchzieht mithin die Frage, ob ein ärztlicher Heileingriff strafrechtlich Relevanz hat, und bestimmt auch die wesentliche Kritik hinsichtlich der hypothetischen Einwilligung. Die Diskussion im Arztstrafecht ist durch das Selbstbestimmungsrecht des Patienten besonders aufgeladen.

770 Vgl. C. V. 3. b). aa). (2).
771 Vgl. C. V. 3. b). bb).

Dies muss nicht unbedingt für das hypothetische Einverständnis bei der Untreue gelten. Immerhin ist das geschützte Rechtsgut in § 266 StGB nach der herrschenden Ansicht nur das Vermögen.[772] Dieser Vermögensschutz erhält keine besondere dogmatische Aufladung wie der Schutz der körperlichen Unversehrtheit bei einem ärztlichen Heileingriff durch die Anerkennung des Selbstbestimmungsrechtes. Das Vermögensstrafrecht erscheint auf dem ersten Blick rationaler und weniger emotional zu sein, da es hier nicht um höchstpersönliche Entscheidungen geht. Denn im Bereich der höchstpersönlichen Entscheidungen ist es schwieriger, objektive Entscheidungen zu treffen, weil es kein objektives Maß gibt, welches Orientierung bietet. Allerdings geben die Kritiker der hypothetischen Einwilligung zu, dass eine Saldierung und damit Objektivierung beim Vermögen unter Berücksichtigung fremder Wertmaßstäbe möglich wäre[773], sodass hier ein Maßstab bestehen würde, an dem eine Entscheidung ausgerichtet werden kann. Ein Beispiel für einen objektiven Maßstab könnte die Wirtschaftlichkeit sein. Damit besteht ein Anhaltspunkt, dass die hypothetische Einwilligung im Rahmen des Arztstrafrechts vor deliktsspezifischen Besonderheiten steht, die bei der Untreue aufgrund des anderen Schutzgutes keine Rolle spielen. Die Anwendung der hypothetischen Einwilligung im Rahmen der Untreue und damit auch im Rahmen des Vermögensstrafrechts ist möglicherweise anders zu bewerten, da Besonderheiten des Arztstrafrechts hier nicht bestehen.

#### bb) Kritikpunkte in Bezug auf die dogmatischen Grundlagen der hypothetischen Einwilligung

Die Stellungnahmen und Kritiken hinsichtlich der dogmatischen Grundlage der hypothetischen Einwilligung sind vielfältig. Die Diskussion ist noch nicht am Ende, zumal sich die Rechtsprechung hierzu nur kryptisch

---

772 BGHSt 8, 254, 255; 28, 371, 373; 43, 293, 297; 47, 295, 301; 47, 295, 301; 50, 331, 342; *Dierlamm*, in: Müko-StGB, § 266 Rn. 1; *Fischer*, § 266 Rn. 2; *Heger*, in: Lackner/Kühl, § 266 Rn. 1; *Labsch*, Jura 1987, 343, 343; *Matt*, NJW 2005, 389, 389; *Perron*, in: Schönke/Schröder, § 266 Rn. 1; *Rönnau*, ZStW 119 (2007), 887, 890; *ders.*, ZStW 122 (2010), 299, 302; *Saliger*, in: SSW-StGB, § 266 Rn. 1; *ders.*, ZStW 110 (2000), 563, 581; *Satzger*, NStZ 2009, 297, 302; *Schünemann*, in: LK-StGB § 266 Rn. 23; *Seier*, in: Achenbach/Ransiek/Rönnau, V 2 Rn. 10, 12; *Wessels/Hillenkamp*, BT 2, § 20 Rn. 747.

773 *Puppe*, GA 2003, 764, 765.

äußert und es damit ganz der Literatur überlässt, eine dogmatische Grundlage für die hypothetische Einwilligung zu entwerfen. Deshalb muss bei der Untreue ebenfalls die Frage beantwortet werden, wie die dogmatische Grundlage der hypothetischen Einwilligung aussieht.

Es stellt sich die Frage, ob der *ex post*-Gedanke der hypothetischen Einwilligung, die dadurch einer Genehmigung sehr nahe kommt, bei ihrer Anwendung im Rahmen von § 266 StGB berücksichtigt werden kann oder ob sich auch hier die bisherige Kritik an der hypothetischen Einwilligung in abgewandelter Form stellt.

Im Rahmen des Untreuetreuetatbestandes muss die hypothetische Einwilligung auch mit dem rechtmäßigen Alternativverhalten verglichen werden, um eine konsistente dogmatische Grundlage in § 266 StGB erreichen zu können. Allerdings hat sich bereits bei der hypothetischen Einwilligung im Arztstrafrecht gezeigt, dass dieses Institut im Hinblick auf seine Dogmatik sehr flexibel ist.

# D. Grundsätze und Voraussetzungen des Einverständnisses bei der Untreue

Um die Möglichkeit einer Übertragung der hypothetischen Einwilligung auf die Untreue zu bestimmen, muss zunächst der Anwendungsbereich des Einverständnisses im System der Untreue geklärt werden. Dafür ist zu bestimmen, wie das Einverständnis in der Untreue ausgestaltet ist.

## *I. Abgrenzung Einverständnis und Einwilligung*

Zunächst ist das Einverständnis von der Einwilligung grundsätzlich abzugrenzen, bevor diese Abgrenzung auf den Tatbestand der Untreue angewendet werden kann. Daraus ergeben sich weitere Konsequenzen für die Anforderungen, die an ein Einverständnis zu stellen sind.

### 1. Tatbestandsausschließende Funktion des Einverständnis in Abgrenzung zur Einwilligung

Die herrschende Ansicht geht nach *Geerds*[774] davon aus, dass das Einverständnis bereits den Tatbestand der Untreue ausschließt, während die Einwilligung erst auf Ebene der Rechtswidrigkeit ins Spiel kommt und dort eine das Unrecht aufhebende Wirkung entfaltet.[775] Das Einverständnis komme dabei bei allen Tathandlungen in Betracht, die tatbestandlich voraussetzen, dass die Handlung nach dem Sinn und Zweck der Strafvorschrift oder aufgrund der Natur der Sache nur gegen oder ohne den Willen des Rechtsgutsinhabers vorgenommen werden kann. Bei allen anderen Delikten komme dagegen eine Einwilligung in Betracht, da die tatbestandlichen Voraussetzungen dieser Delikte nicht den Willen des Rechtsgutsin-

774 *Geerds*, GA 1954, 262, 263 ff.

775 Vgl. BGHSt 23, 1, 3; *Fischer*, Vor § 32 Rn. 3b; *Jescheck/Weigend,* AT § 34 I; *Krey/Esser*, AT, Rn. 656; *Kühl*, AT, § 9 Rn. 22; *Lenckner/Sternberg-Lieben*, in: Schönke/Schröder, Vor §§ 32 ff. Rn. 33; *Wessels/Beulke/Satzger*, AT, Rn. 539.

habers voraussetzen.[776] So setze das „Eindringen“ beim Hausfriedensbruch nach § 123 StGB voraus, dass die Wohnung gegen den Willen des Hausrechtsinhabers betreten wird.[777] Gleiches gelte für die Wegnahme nach § 242 StGB beim Diebstahl. Die Wegnahme erfolge durch den Bruch fremden Gewahrsams, also gegen oder ohne den Willen des Gewahrsamsinhabers.[778]

Nach einer anderen Ansicht gibt es keinen Unterschied zwischen Einwilligung und Einverständnis, da die Einwilligung bei allen Straftaten mit disponiblen Rechtsgütern eine tatbestandsausschließende Wirkung hat.[779] Dies steht vor dem Hintergrund, dass die Vertreter dieser Ansicht jedem Rechtsgut eine Autonomiekomponente zuweisen, sodass das nach Art. 2 Abs. 1 GG geschützte Selbstbestimmungsrecht in jedem Rechtsgut zu finden ist.[780] Handelt der Täter daher mit der Zustimmung seines Opfers, ist bei jedem Delikt bereits der Tatbestand nicht erfüllt, da durch diesen Dispositionsakt des Berechtigten das Rechtsgut aus der Strafnorm „herausgenommen“ wird.[781] Eine Einwilligung in die Untreue würde daher nach dieser Ansicht auch den Tatbestand der Untreue entfallen lassen.[782]

Aus diesem Streit ergeben sich Unterschiede für den Vorsatz, die Irrtums- und die Versuchsfrage sowie für die einzelnen Rechtfertigungsvoraussetzungen.[783] Die Einwilligung ist jedoch grundsätzlich auf Ebene der Rechtswidrigkeit zu beachten, da die Rechtsgüter unabhängig vom Willen des Rechtsgutsinhabers zunächst geschützt werden müssen, bevor er durch eine Einwilligung auf diesen Schutz verzichten kann.[784] Wenn jedoch Tatbestandsmerkmale bereits begrifflich den Willen des Rechtsgutsinhabers voraussetzen, bleibt es beim tatbestandsausschließenden Einverständnis.

---

776 *Krey/Esser*, AT, Rn. 656; *Wessels/Beulke/Satzger*, AT, Rn. 540.

777 *Fischer*, § 123 Rn. 14; *Krey/Esser*, AT, Rn. 656.

778 *Fischer*, § 242 Rn. 16; *Krey/Esser*, AT, Rn. 656.

779 *Freund*, AT, § 3 Rn. 6; *Paeffgen/Zabel*, in: NK-StGB, Vor §§ 32 ff. Rn. 46; *Maurach/Zipf*, AT, § 17 Rn. 33; *Roxin*, AT, § 13 Rn. 11; *Schlehofer*, in: Müko-StGB, Vor §§ 32 ff. Rn. 142 f.

780 *Maurach/Zipf*, AT, § 17 Rn. 36; *Roxin*, AT, § 13 Rn. 14.

781 Maurach/Zipf, AT, § 17 Rn. 33.

782 Vgl. *Schramm*, S. 47.

783 *Rönnau*, in: LK-StGB, Vor §§ 32 ff. Rn. 148.

784 Vgl. unter C. III. 2. a).

Damit ist der herrschen Ansicht zu folgen und die Einwilligung von einem Einverständnis zu unterscheiden.[785]

## 2. Auswirkung dieser Unterscheidung hinsichtlich der Wirksamkeitsvoraussetzungen des Einverständnisses

Nach einer Ansicht in der Literatur ergeben sich unterschiedliche Konsequenzen für die Wirksamkeitsvoraussetzungen eines Einverständnisses, da das Einverständnis im Gegensatz zur Einwilligung keinen Rechtfertigungsgrund darstellt. Für ein wirksames Einverständnis ist die natürliche Willensfähigkeit entscheidend. Der Rechtsgutsinhaber müsse keine „Verständnisreife" aufweisen, um ein Einverständnis abgeben zu können.[786] Sogar bei Willensmängeln bleibe das Einverständnis beachtlich.[787] Es sei unerheblich, ob das Einverständnis durch Täuschung zustande gekommen sei oder auf sittenwidrigen Umständen beruhe, solange es freiwillig gegeben worden sei.[788] Auch müsse das Einverständnis nicht ausdrücklich oder konkludent erklärt werden, solange es vor Beginn der Tathandlung als bewusste Zustimmung vorliege.[789] Gehe der Täter irrtümlich von einem Einverständnis des Rechtsgutsinhabers aus, fehle es am Tatbestandsvorsatz gem. § 16 Abs. 1 StGB, sodass sich der Täter höchstens aufgrund einer fahrlässigen Tat verantworten müsse.[790]

Die überwiegende Ansicht geht allerdings davon aus, dass die Wirksamkeitsvoraussetzungen des Einverständnisses, die sich erst durch Auslegung ermittelt lassen, dem jeweiligen Tatbestand zu entnehmen sind. Daher gelten nicht für alle Tatbestände die gleichen Wirksamkeitsvoraussetzungen.[791] Die genannten Kriterien stellen jedoch eine Art Leitlinie dar,

---

785 Vertiefend hierzu *Schramm*, S. 46 ff.

786 *Krey/Esser*, AT, Rn. 660; *Rosenau*, in: SSW-StGB, Vor §§ 32 ff. Rn. 43; *Wessels/Beulke/Satzger*, AT, Rn. 546.

787 *Krey/Esser*, AT, Rn. 660; *Rosenau*, in: SSW-StGB, Vor §§ 32 ff. Rn. 43; *Wessels/Beulke/Satzger*, AT, Rn. 546.

788 *Krey/Esser*, AT, Rn. 661; *Wessels/Beulke/Satzger*, AT, Rn. 546.

789 *Krey/Esser*, AT, Rn. 659; *Rosenau*, in: SSW-StGB, Vor §§ 32 ff. Rn. 43; *Wessels/Beulke/Satzger*, AT, Rn. 547.

790 *Wessels/Beulke/Satzger*, AT, Rn. 549.

791 *Jakobs*, AT, 7/105 f.; *Jescheck/Weigend, AT*, § 34 II 3; *Kühl*, AT, § 9 Rn. 42; *Lenckner/Sternberg-Lieben*, in: Schönke/Schröder, Vor 32 Rn. 32; *Rönnau*, in: LK-StGB, Vor §§ 32 ff. Rn. 157a; *Roxin*, AT I, § 13 Rn. 32.

die als Anhaltspunkt dafür verwendet werden kann, in welchen Bereichen des Einverständnisses Wirksamkeitsprobleme bestehen könnten. Beide Ansichten kommen insoweit zum gleichen Ergebnis.

### *II. Ausgestaltung des Einverständnisses bei der Untreue*

Die Problematik des Einverständnisses stellt sich nur, soweit eine tatbestandliche Handlung i.S.d. § 266 StGB vorliegt. Dies ist der der Fall, wenn der Vermögensbetreuungspflichtige eine pflichtwidrige Handlung begangen hat, die zu einem Vermögensnachteil führte. Dabei lässt sich verallgemeinert sagen, dass die Pflichtwidrigkeit ein Verhalten voraussetzt, welches den Vermögensinteressen des Geschäftsherrn widerspricht.[792] Daher sind zunächst die Folgen und Wirksamkeitsvoraussetzungen eines Einverständnisses bei der Untreue zu klären.

#### 1. Tatbestandsausschließende Wirkung oder Rechtfertigungsgrund

Zunächst stellt sich beim Einverständnis die Frage, ob dieses auch bei der Untreue eine tatbestandsausschließende Funktion innehat oder ob es einen Rechtfertigungsgrund darstellt. Das Einverständnis schließt nach überwiegender Ansicht bereits die Tatbestandsmäßigkeit der Untreuehandlung aus.[793] Teilweise wird aber auch vertreten, dass durch das Einverständnis lediglich die Rechtswidrigkeit der Tathandlung beseitigt wird.[794]

Dass das Einverständnis allerdings bei der Untreue die Tatbestandlichkeit der Handlung aufhebt, wird deutlich, wenn man sich die tatbestandliche Struktur des § 266 StGB vor Augen führt. § 266 StGB enthält zwei Tatbestandsalternativen: Der Tatbestand der sog. Missbrauchsalternative in § 266 Abs. 1 Alt. 1 StGB ist erfüllt, wenn der Täter die ihm durch Gesetz, behördlichen Auftrag oder Rechtsgeschäft eingeräumte Befugnis, über fremdes Vermögen zu verfügen oder einen anderen zu verpflichten,

792 *Wessing/Krawczyk*, NZG 2011, 1297, 1297.

793 BGHSt 3, 23, 25; 34, 379, 384 ff.; 49, 147, 157 f.; 50, 331, 342; *Dierlamm*, in: Müko-StGB, § 266 Rn. 129; *Fischer*, § 266 Rn. 90; *Kindhäuser*, in: NK-StGB, § 266 Rn. 66; *Perron*, in: Schönke/Schröder, § 266 Rn. 21; *Saliger*, in: SSW-StGB, § 266 Rn. 58; *Schünemann*, in: LK-StGB, § 266 Rn. 124.

794 BGHSt 3, 32, 39; 9, 203, 216.

missbraucht. Die sog. Treuebruchalternative in § 266 Abs. 1 Alt. 2 StGB ist dagegen erfüllt, wenn der Täter die ihm durch Gesetz, behördlichen Auftrag, Rechtsgeschäft oder Treueverhältnis obliegende Pflicht, fremde Vermögensinteressen wahrzunehmen, verletzt. Daraus muss für beide Tatbestandsalternativen dem Vermögensinhaber ein Vermögensnachteil entstanden sein.[795] Durch die unmittelbare Subsumtion unter das tatbestandliche Verhalten ergibt sich bereits, dass allein das Innenverhältnis und damit der Wille des Rechtsgutsinhabers für die Strafbarkeit aus § 266 StGB von Bedeutung ist, sodass nach der grundsätzlichen Abgrenzung von Einwilligung und Einverständnis hier nur ein Einverständnis vorliegen kann.[796]

Die Missbrauchshandlung aus § 266 S. 1 Alt. 1 StGB ist erfüllt, wenn der Täter sein rechtliches Dürfen, welches sich aus dem Innenverhältnis ergibt, im Rahmen des rechtlichen Könnens im Außenverhältnis überschreitet.[797] Sobald der Vermögensinhaber der Handlung des Vermögensbetreuungspflichtigen zugestimmt hat, kann bereits kein Missbrauch mehr vorliegen, da er das Dürfen im Innenverhältnis hinsichtlich dieser Handlung nicht mehr überschreiten kann. Sein Spielraum wird durch das Einverständnis im Innenverhältnis entsprechend vergrößert. Daher muss bei einem Einverständnis die tatbestandliche Handlung entfallen.[798]

Dasselbe gilt auch bei der Treuebruchhandlung nach § 266 S. 1 Alt. 2 StGB. Die Treuebruchhandlung kann jedes rechtsgeschäftliche oder tatsächliche Verhalten darstellen, das zu einer Verletzung der Vermögensbetreuungspflicht führt.[799] Die Vermögensbetreuungspflicht ist dann verletzt, wenn die Treuebruchhandlung pflichtwidrig begangen wurde. Die Pflichtwidrigkeit der Handlung bestimmt sich entweder aufgrund der Vorgaben des Vermögensinhabers oder wird durch allgemeine Regeln wie § 93 AktG oder § 43 GmbHG gesetzlich umschrieben, deren Anwendung sich nach dem der Vermögensbetreuungspflicht zugrunde liegenden Rechtsverhältnis bestimmt.[800] Maßgeblich ist jedoch auch hier für die Erfüllung des Tat-

---

795 Vgl. jeweils *Wessels/Hillenkamp*, BT II, § 20 Rn. 751 bzw. Rn. 769.

796 *Edlbauer*, S. 102.

797 BGHSt 5, 61, 63; 47, 293, 296; 49, 17, 23; 50, 299, 313 f.; *Saliger*, in: SSW-StGB, § 266 Rn. 21; *Wessels/Hillenkamp*, BT II, § 20 Rn. 753; *Wittig*, § 20 Rn. 17.

798 *Schramm*, S. 54; *Seier*, in: Achenbach/Ransiek/Rönnau, V 2 Rn. 91.

799 *Fischer*, § 266 Rn. 50; *Kindhäuser*, in: NK-StGB; § 266 Rn. 64.

800 *Fischer*, § 266 Rn. 58; *Hadamitzky*, in: Müller-Gugenberger, § 32 Rn. 133; *Kindhäuser*, in: NK-StGB, § 266 Rn. 61 bzw. 63; *Wessels/Hillenkamp*, BT II, § 20 Rn. 753.

bestandes, dass der Vermögensbetreuungspflichtige nicht die Vorgaben im Innenverhältnis, die sich aus dem zugrundeliegenden Betreuungsverhältnis ergeben, beachtet hat.[801] Eine Zustimmung schließt daher auch im Rahmen der Treuebruchalternative die Tatbestandlichkeit der Handlung aus, da die Handlung des Vermögensbetreuungspflichtigen dann keine Verletzung der Treuepflicht mehr darstellt. Denn durch das Einverständnis erweitern sich die Schranken aus dem Innenverhältnis entsprechend.[802]

Im Rahmen der Untreue entfaltet das Einverständnis daher bereits auf Ebene des Tatbestandes seine Wirkung, indem der Vermögensinhaber durch sein Einverständnis für den Einzelfall bestimmt, wo die Grenzen im Umgang mit seinem Vermögen liegen. Soweit es um die grundsätzliche Erweiterung der Befugnis im Innenverhältnis geht, wird daher auch von einer „Änderung d.h. Erweiterung des Innenverhältnisses" gesprochen. [803]

### 2. Wirksamkeitsvoraussetzungen des Einverständnisses

Um beurteilen zu können, ob ein wirksames Einverständnis im Rahmen des § 266 StGB vorliegt, werden grundsätzlich die Regelungen zur rechtfertigenden Einwilligung hinzugezogen.[804] Das Einverständnis des Vermögensinhabers ist damit nur dann beachtlich, wenn es rechtlich wirksam ist.[805] Damit sind die Wirksamkeitsvoraussetzungen der Einwilligung auf das untreuespezifische Einverständnis zu übertragen.

#### a) Disponibles Rechtsgut

Zunächst kann nur der jeweilige Inhaber eines Rechtsgutes über dieses durch eine Einwilligung disponieren. Die Einwilligung über ein Rechtsgut, welches der Allgemeinheit zusteht, ist nicht möglich. Die Einwilli-

---

801 *Hadamitzky*, in: Müller-Gugenberger, § 32 Rn. 133; *Seier*, in: Achenbach/Ransiek/Rönnau, V 2 Rn. 89.

802 *Kindhäuser*, in: NK-StGB, § 266 Rn. 66; *Schramm*, S. 58.

803 *Schramm*, S. 63.

804 *Beulke*, in: FS-Eisenberg, S. 245, 256; *Fischer*, § 266 Rn. 92; vgl. *Perron*, in: Schönke/Schröder, § 266 Rn. 21; *Saliger*, in: SSW-StGB, § 266 Rn. 59; *Schünemann*, in: LK-StGB, § 266 Rn. 124; *Seier*, in: Achenbach/Ransiek/Rönnau, V 2 Rn. 92; *Wessels/Hillenkamp*, BT II, Rn. 760.

805 *Saliger*, in: SSW-StGB, § 266 Rn. 59.

gung ist damit nur bei Individualrechtsgütern denkbar.[806] Das Einverständnis kann sich bei § 266 StGB gleichfalls nur auf ein Individualrechtsgut beziehen, was mit dem Vermögen[807] der Fall ist, da unter dem Vermögen grundsätzlich die Gesamtheit aller geldwerten Güter einer Person verstanden wird.[808] Daraus wird ersichtlich, dass der Vermögensschutz in § 263 StGB und damit auch in § 266 StGB nur das Individualvermögen meint, sodass das Vermögen ein disponibles Rechtsgut darstellt. Denn es steht lediglich dem Vermögensinhaber zur Verfügung.

### b) Verfügungsbefugnis des Rechtsgutsinhabers

Die Einwilligung ist nur möglich, wenn der Einwilligende auch die Verfügungsbefugnis über das Rechtsgut innehat. Dies kann der nur der Rechtsgutsträger selbst sein oder ein Vertreter, der diesen wirksam vertreten kann.[809]

Zur Abgabe des Einverständnisses bei der Untreue ist damit grundsätzlich nur der Vermögensinhaber befugt.[810] Dies ist bei der Untreue unproblematisch, wenn es nur eine natürliche Person gibt, die Inhaber des Vermögens ist.[811] Problematisch wird es erst, wenn mehrere Beteiligte als Dispositionsbefugte in Frage kommen und das Verhältnis dieser zueinander komplex geregelt ist. Grundsätzlich gilt aber, dass die Bestimmung, wer Inhaber des Vermögens ist, nach den einschlägigen außerstrafrechtli-

---

806 *Köhler*, AT, S. 248; *Kühl*, AT, § 9 Rn. 27; *Lenckner/Sternberg-Lieben*, in: Schönke/Schröder, Vor §§ 32 ff. Rn. 36; *Rönnau*, in: LK-StGB, Vor §§ 32 ff. Rn. 176.

807 Vgl. zum geschützten Rechtsgut bei § 266 StGB, C. V. 6. b). aa).

808 BVerfGE 126, 200; *Schünemann*, in: LK-StGB, § 266 Rn. 165; *Saliger*, in: SSW-StGB, § 266 Rn. 67.

809 *Jescheck/Weigend*, AT, § 34 IV 5; *Köhler*, AT, S. 248; *Kühl*, AT, § 9 Rn. 28; *Rönnau*, in: LK-StGB, Vor §§ 32 ff. Rn. 178; *Roxin*, AT I, § 13 Rn. 33; *Lenckner/Sternberg-Lieben*, in: Schönke/Schröder, Vor §§ 32 ff. Rn. 37; *Wessels/Beulke/Satzger*, AT, Rn. 553.

810 BGHSt 3, 23, 25; 34, 379, 384 f.; 49, 147, 157 f.; 50, 331, 342; *Dierlamm*, in: Müko-StGB, § 266 Rn. 143; *Fischer*, § 266 Rn. 90; *Hadamitzky*, in: Müller-Gugenberger, § 32 Rn. 79; *Heger*, in: Lackner/Kühl, § 266 Rn. 20; *Perron*, in: Schönke/Schröder, § 266 Rn. 21; *Saliger*, in: SSW-StGB, § 266 Rn. 58.

811 Vgl. *Schramm*, S. 74 ff. für die Frage, was in den Fällen der beschränkten Geschäftsfähigkeit, bei Geschäftsunfähigen und bei familienrechtlicher Betreuung sich hinsichtlich der Dispositionsbefugnis ändert.

chen Normen erfolgt.[812] Dies wird virulent bei Personengesellschaften und Körperschaften und muss hier je nach Rechtsform eigenständig beurteilt werden.[813]

### c) Einwilligungsfähigkeit des Rechtsgutsinhabers

Darüber hinaus muss der Rechtsgutsinhaber in der Lage sein, Bedeutung und Tragweite seiner Entscheidung überblicken zu können, sodass seine Einwilligungsfähigkeit im Zeitpunkt der Abgabe der Einwilligung bestehen muss.[814] Nach der herrschenden Ansicht kommt es nicht auf die zivilrechtliche Geschäftsfähigkeit an, um eine wirksame Einwilligung abgeben zu können.[815] Nach der Mindermeinung ist zumindest bei der Verletzung von Vermögensdelikten zu fordern, dass der Rechtsgutsinhaber nach §§ 104 ff. BGB geschäftsfähig ist bzw. die Einwilligung von einem gesetzlichen Vertreter des Rechtsgutsinhabers eingeholt wird.[816] Da das Strafrecht aber eine *ultima ratio*-Kontrolle darstellt, um sozialschädliche Handlungsweisen zu sanktionieren, und das Zivilrecht dagegen versucht, einen Ausgleich zwischen Verkehrs- und Minderjährigenschutz herzustellen, können die zivilrechtlichen Normen aufgrund ihrer unterschiedlichen Zielsetzungen im Vergleich zum Strafrecht dort nicht übernommen werden, um die Wirksamkeit einer Einwilligung feststellen zu können.[817] Dies gilt ebenso für das Einverständnis in § 266 StGB.[818] Daher sollten die §§ 104 ff. BGB nicht auf das Einverständnis angewendet werden.

---

812 *Saliger*, in: SSW-StGB, § 266 Rn. 58.

813 Vgl. hierzu *Fischer*, § 266 Rn. 93 ff.

814 *Fischer*, Vor § 32 Rn. 3c; *Jeschek/Weigend*, AT, § 34 IV 4; *Köhler*, AT, S. 249; *Kühl*, AT, § 9 Rn. 33; *Rönnau*, in: LK-StGB, Vor §§ 32 ff. Rn. 192; *Roxin*, AT I, § 13 Rn. 84; *Wessels/Beulke/Satzger*, AT, Rn. 554.

815 BGHSt 4, 88, 90; 5, 362, 363; 8, 357, 358; 12, 379, 382; *Kühl*, in: *Lackner/Kühl*, § 228 Rn. 5; *Wessels/Beulke/Satzger*, AT, Rn. 554.

816 *Amelung*, ZStW 104 (1992), 525, 528 f.; *Lenckner*, in: Schönke/Schröder, 27. Aufl., Vor §§ 32 ff. Rn. 40.

817 *Fischer*, Vor § 32 Rn. 3c; *Rönnau*, in: LK-StGB, Vor §§ 32 ff. Rn. 193; *Roxin*, AT I, § 13 Rn. 90; *Wessels/Beulke/Satzger*, AT, Rn. 554.

818 A.A. *Schramm*, S. 75 f.

### d) Keine wesentlichen Willensmängel

er Rechtsgutsinhaber darf bei seiner Einwilligung keinen Willensmängeln unterliegen. Hierbei ist zu unterscheiden, ob die Einwilligung durch eine Drohung, durch Zwang oder durch Täuschung zustande gekommen ist. Außerdem darf der Einwilligende keinem Irrtum unterliegen.

#### aa) Einwilligung basiert auf Zwang, Drohung oder Täuschung

Basiert die Einwilligung auf einer Drohung[819] oder auf Zwang[820], so wird unstreitig angenommen, dass die Einwilligung unwirksam ist. Gleiches gilt entsprechend für das Einverständnis bei der Untreue.[821]

Problematisch ist dagegen die Frage, wann eine Täuschung zur Unwirksamkeit der Einwilligung führt. Eine Ansicht will täuschungsbedingte Irrtümer nur dann zulassen, wenn diese rechtsgutsbezogen sind.[822] Hierzu wird vertreten, dass der Rechtsgutsinhaber die Erklärung hinsichtlich seiner Einwilligung freiwillig abgegeben müsse. Eine Einwilligung, die auf einer Täuschung oder einem Erklärungsirrtum beruhe, sei unwirksam.[823] Darüber hinaus wird vertreten, dass die Einwilligung wirksam bleibe, soweit sie sich noch als autonome Äußerung des Rechtsgutsinhabers verstehen lasse.[824] Nach dieser Meinung kommt es auf den Einzelfall an, ob die Einwilligung unwirksam ist.

---

819 Wobei die Drohung wohl mindestens die stärke einer Nötigung aufweisen muss nach h. M., vgl. *Kühl*, AT, § 9 Rn. 36; *Lenckner/Sternberg-Lieben*, in: Schönke/Schröder, Vor §§ 32 ff. Rn. 48; *Roxin*, AT I, § 13 Rn. 113; *Mitsch*, in: Baumann/Weber/Mitsch, § 15 Rn. 138, der jedoch auf das subjektive Empfinden abstellen will; vgl. *Kühl*, AT, § 9 Rn. 36 Fn. 56.

820 Entsprechend zur Drohung muss wohl auch der Zwang die Nötigungsschwelle überwunden haben, um die Wirksamkeit der Einwilligung beeinflussen zu können, *Lenckner/Sternberg-Lieben*, in: Schönke/Schröder, Vor §§ 32 ff. Rn. 48; *Mitsch*, in: Baumann/Weber/Mitsch, § 15 Rn. 138, der jedoch auf das subjektive Empfinden abstellen will.

821 So auch *Schramm*, S. 210 ff., der jedoch für die Drohung verlangt, dass eine Nötigung i.S.d. § 240 StGB vorliegen müsse.

822 Vgl. nur *Arzt*, Willensmängel, S. 16 ff.; *Joecks*, in: Müko-StGB, § 223 Rn. 80; *Kühl*, AT, § 9 Rn. 37.

823 Vgl. nur BGHSt 4, 113, 118; 16, 309, 310; 19, 201, 205; *Fischer*, § 228 Rn. 7; *Köhler*, AT S. 254.

824 Vgl. nur *Jescheck/Weigend*, § 34 IV 5, *Roxin*, AT I, § 13 Rn. 99e.

Beim Einverständnis im Rahmen der Untreue ist aber zu beachten, dass die Untreue durch den juristisch-ökonomischen Vermögensbegriff, soweit man diesen vertritt, und den individuellen Schadenseinschlag[825] in einem gewissen Maß gerade auch bestimmte Motive des Vermögensinhabers schützt, nach denen das Vermögen verwendet werden kann. Täuscht der Täter über das Vorliegen solcher Tatsachen, die bestimmten Motive beim Rechtsgutsinhaber verursachen, ist aber auch das Einverständnis in Zweifel zu ziehen. Dieser Streit relativiert sich daher bei der Untreue, da täuschungsbedingte Irrtümer gerade bei der Untreue vielfach rechtsgutsbezogene Mängel sind. Eine Täuschung hierüber würde die Entscheidung des Vermögensinhabers nicht mehr als autonom kennzeichnen.[826]

### bb) Irrtum

Liegt kein täuschungsbedingter Irrtum vor, bleibt die Einwilligung wirksam, solange der Täter hinsichtlich der jeweiligen Tatsachen nicht zur Aufklärung verpflichtet ist.[827] Grundgedanke bei der Einwilligung ist nämlich, dass diese nur insoweit wirksam sein kann, soweit die Handlung noch als eine autonome Handlung des Rechtsgutsinhabers verstanden werden wird.[828] Es muss bei der Einwilligung daher über alle notwendigen Umstände aufgeklärt werden um sicherzustellen, dass diese eine autonome Entscheidung des Rechtsgutsinhabers ist und er keinem Irrtum hinsichtlich der Folgen der Einwilligung unterliegt.

Entsprechendes gilt auch für das Einverständnis bei § 266 StGB. Aufgrund des Treueverhältnisses zwischen dem Vermögensinhaber und dem Vermögensbetreuungspflichtigen muss davon ausgegangen werden, dass der Vermögensbetreuungspflichtige eine Aufklärungspflicht über alle für das jeweilige Geschäft notwendigen Informationen hat, um ein wirksames Einverständnis erhalten zu können.[829] Dies erfasst auch explizit Wissensmängel.[830] Aufgrund der Vermögensbetreuungspflicht kann die Pflicht des

---

825 Vgl. B. II. a). bb).

826 Vgl. *Schamm*, S. 215 ff.

827 *Kühl*, AT, § 9 Rn. 40; *Rönnau*, in: LK-StGB, Vor §§ 32 ff. Rn. 203; *Roxin*, AT I, § 13 Rn. 111; die Bedeutung der Aufklärung wurde in ihren Grundzügen für die Einwilligung beim ärztlichen Eingriff bereits erläutert.

828 *Roxin*, AT I, § 13 Rn. 99.

829 Vgl. *Schramm*, S. 222.

830 *Schramm*, in: MG-Wirtschaftsstrafrecht, § 266 Rn. 79.

Vermögensbetreuungspflichtigen auch darin bestehen, bei der fehlerfreien Willensbildung des Vermögensinhabers mitzuwirken und alle notwendigen Informationen offenzulegen.[831] Für den Umfang der Aufklärungspflicht können als Kriterien die wirtschaftliche Dimension und das jeweilige Risiko des Geschäfts eine Rolle spielen.[832] Der Vermögensinhaber muss daher für ein wirksames Einverständnis die Art und Tragweite seiner Entscheidung grundsätzlich erkennen können. [833] Auch die Unerfahrenheit des Vermögensinhabers kann es verlangen, dass die Aufklärung durch den Vermögensbetreuungspflichtigen vertieft wird.[834] Dies wird teilweise erst dann angenommen, wenn die Unerfahrenheit durch den Vermögensbetreuungspflichtigen gezielt ausgenutzt wurde.[835]

#### e) Zeitpunkt des Einverständnisses des Vermögensinhabers

Das Einverständnis hat, zumindest nach herrschender Ansicht, nur dann eine tatbestandsausschließende Wirkung, wenn es bereits im Zeitpunkt der Tathandlung vorliegt. Eine nachträgliche Zustimmung ist unerheblich.[836] Dies gilt nicht nur für das Einverständnis im Rahmen der Untreue; auch für die Einwilligung im Allgemeinen wird bezweifelt, dass diese nachträglich erteilt werden könne.[837] Hierzu wird die Ansicht vertreten, dass die nachträgliche Genehmigung dem Täter nicht nutze, da sich die Tatbestandlichkeit und Rechtswidrigkeit nach dem Zeitpunkt der Tat richte.[838]

Auch wenn einige Autoren eine Genehmigung im Rahmen der Strafzumessung unter Umständen als beachtlich ansehen wollen, wird doch von

---

831 *Schramm*, S. 222.

832 *Schramm*, S. 222.

833 BGH NStZ 1997, 124, 125; *Saliger*, in: SSW-StGB, § 266 Rn. 59; Wessels/Hillenkamp, BT II, Rn. 759.

834 *Hadamitzky*, in: Müller-Gugenberger, § 32 Rn. 80; *Kindhäuser*, in: NK-StGB, § 266 Rn. 67.

835 *Dierlamm*, in: Müko-StGB, § 266 Rn. 144; *Fischer*, § 266 Rn. 92; *Schünemann*, in: LK-StGB, § 266 Rn. 124.

836 BGHSt 50, 331, 343; OLG Hamm NStZ 1986, 119, 119; *Saliger*, in: SSW-StGB, § 266 Rn. 58; vgl. *Seier*, in: Achenbach/Ransiek/Rönnau, V 2 Rn. 94; *Schünemann*, in: LK-StGB, § 266 Rn. 124.

837 BGHSt 17, 359; *Jescheck/Weigend*, AT, § 34 IV 1; *Kühl*, AT, § 9 Rn. 32; *Lenckner/Sternberg-Lieben*, in: Schönke/Schröder, Vor §§ 32 ff. Rn. 44; *Roxin*, AT I, § 13 Rn. 79.

838 OLG Hamm, NStZ 1986, 118, 119; *Schünemann*, in: LK-StGB, § 266 Rn. 124.

ihnen betont, dass sich diese nicht mehr auf den Tatbestand der Untreue auswirken könne.[839] Andernfalls würde das Erfolgs- und Handlungsunrecht der Tat nicht im ausreichenden Maße berücksichtigt werden.[840] Allenfalls wenn der Vermögensinhaber den Erfolg durch den Vermögensbetreuungspflichtigen wolle und deshalb genehmige, solle sich dies in der Strafe günstig für den Vermögensbetreuungspflichtigen auswirken können.[841] Auf diesen Aspekt ist jedoch später noch einmal einzugehen.[842] Denn die hypothetische Einwilligung kommt auch einer Genehmigung sehr nahe, was u.a. auch zur Ablehnung dieser Rechtsfigur führt.[843] Das hypothetische Einverständnis ist daher von der Genehmigung abzugrenzen. Falls man die Genehmigung im Rahmen der Untreue jedoch anerkennen würde oder dieses zumindest von der hypothetischen Einwilligung abgrenzen könnte, würde sich ein Argument gegen die hypothetische Einwilligung nicht mehr stellen, was dann ggf. die Anwendung der hypothetischen Einwilligung ermöglichen würde, da nicht mehr vorgebacht werden könnte, dass die hypothetische Einwilligung lediglich eine andere Form der nicht im Sttrafrecht zulässigen Genehmigungen darstellt..

### f) Kein Verstoß gegen sonstige gesetzliche Bestimmungen

Darüber hinaus weist das Einverständnis gegenüber der Einwilligung eine Besonderheit auf. Nach überwiegender Ansicht muss das Einverständnis selbst rechtmäßig sein und darf daher nicht gegen Gesetze, Pflichten oder den Zweck einer Gesellschaft beispielsweise bei einer GmbH verstoßen.[844] Im Gegensatz dazu kennt die Einwilligung lediglich die Grenze der Sittenwidrigkeit. Hier muss die Einwilligung eine objektive Grenze nehmen, die unabhängig vom Einwilligenden besteht, wobei es maßgeblich auf die Sittenwidrigkeit der Tat und nicht auf die Sittenwidrigkeit der Ein-

---

839 *Hadamitzky*, in: Müller-Gugenberger, § 32 Rn. 81; *Schramm*, S. 197.
840 *Schramm*, S. 198.
841 *Schramm*, S. 199.
842 Vgl. unter E. II. 1.
843 Vgl. V. 3. b). cc). (1).
844 BGHSt 30, 247, 249; OLG Hamm NJW 1982, 190, 192; *Dierlamm*, in: Müko-StGB, § 266 Rn. 144; *Fischer*, § 266 Rn. 92; *Hadamitzky*, in: Müller-Gugenberger, § 32 Rn. 80; *Schramm*, S. 141 f.

willigung ankommt.[845] Zudem sind die einzelnen Kriterien, wann die Einwilligung gegen die guten Sitten verstößt, streitig.[846]

Teilweise wird jedoch auch vertreten, dass nicht jeder Verstoß gegen eine gesetzliche Vorschrift dazu führen könne, dass das Einverständnis unwirksam sei, da ansonsten das Vermögensdelikt „Untreue" dazu benutzt werden könne, jedes nicht gebilligte Verhalten zu sanktionieren.[847] Insofern wird davon ausgegangen, dass das Einverständnis nur dann unwirksam ist, wenn es gegen rechtsgutsbezogene gesetzliche Vorgaben oder Voraussetzungen verstößt.[848]

#### g) Kundgabe des Einverständnisses

Die Einwilligung muss vor der Tat durch den Rechtsgutsinhaber erteilt worden sein. Dies muss ausdrücklich oder zumindest konkludent erfolgt sein[849], sodass die Einwilligung nach außen erkenntlich wurde.[850] Das gleiche gilt ebenso für das Einverständnis bei der Untreue, was vor allem dazu dient, dem Vermögensbetreuungspflichtigen Kenntnis über das Einverständnis zu verschaffen.[851]

#### h) Kenntnis des Vermögensbetreuungspflichtigen vom Einverständnis

Die Einwilligung ist nur beachtlich, wenn der Täter in Kenntnis der Einwilligung handelt.[852] Der Täter muss Kenntnis von den Umständen haben,

---

845 *Wessels/Beulke/Satzger*, AT, Rn. 560.

846 Vgl. *Wessels/Beulke/Satzger*, AT, Rn. 560.

847 *Perron*, in: Schönke/Schröder, § 266 Rn. 21a; *Ransiek*, StV 2009, 321, 321; *Rönnau*, in: FS-Tiedemann, S. 713, 718.

848 *Saliger*, in: SSW-StGB, § 266 Rn. 58.

849 *Wessels/Beulke/Satzger*, AT, Rn. 566.

850 *Jescheck/Weigend*, AT, § 43 IV 2.

851 Vgl. BGH NStZ-RR 2011, 82, 83 („ein ausdrückliches oder stillschweigendes Einverständnis"); *Saliger*, in: SSW-StGB, § 266 Rn. 59 („Kenntnis der zuständigen Stelle").

852 *Jescheck/Weigend*, AT, § 34 V; *Kühl*, AT, § 9 Rn. 41; *Lenckner/Sternberg-Lieben*, in: Schönke/Schröder, Vor §§ 32 Rn. 51; vgl. *Paeffgen/Zabel*, in: NK-StGB, § 228 Rn. 113; *Rönnau*, in: LK-StGB, Vor §§ 32 Rn. 211; *Wessels/Beulke/Satzger*, AT, Rn. 567.

die eine Einwilligung begründen.[853] Dies gilt entsprechend für das Einverständnis im Rahmen des § 266 StGB[854], sodass der Vermögensbetreuungspflichtige in Kenntnis des Einverständnisses handeln muss.

853 *Kühl*, AT, § 9 Rn. 41; *Rengier*, AT, § 23 Rn. 38; *Rönnau*, in: LK-StGB, Vor §§ 32 Rn. 211.

854 Vgl. BGH NStZ-RR 2011, 82, 83; *Perron*, in: Schönke/Schröder, § 266 Rn. 21; *Saliger*, in: SSW-StGB, § 266 Rn. 46a; *Seier*, in: Achenbach/Ransiek/Rönnau, V 2 Rn. 93; *Wessels/Hillenkamp*, BT II, Rn. 761.

# E. Möglichkeit einer Übertragung der hypothetischen Einwilligung auf die Untreue

Nachdem die hypothetische Einwilligung dargestellt wurde, ist zu untersuchen, ob sie auf die Untreue[855] übertragbar ist. Hierfür soll zunächst betrachtet werden, wie die jeweiligen Voraussetzungen eines hypothetischen Einverständnisses zu bestimmen sind. Dann soll das hypothetische Einverständnis durch Fallbeispiele praktisch angewendet werden. Danach muss die Frage gestellt werden, ob man die hypothetische Einwilligung auch im Untreuetatbestand anerkennen kann. Fraglich ist insbesondere, ob sich die Probleme, die sich bei der hypothetischen Einwilligung bei Körperverletzungsdelikten stellen, bei der Untreue in vergleichbarer Weise ergeben.

## *I. Möglicher Anwendungsbereich der hypothetischen Einwilligung bei der Untreue*

Um den Anwendungsbereich des hypothetischen Einverständnisses bestimmen zu können, soll zuerst der Anwendungsbereich einer hypothetischen Einwilligung bei der Untreue abstrakt umschrieben werden, bevor auf mögliche Rechtsfolgen eines hypothetischen Einverständnisses eingegangen werden kann.

### 1. Abstrakte Bestimmung der Voraussetzungen der hypothetischen Einwilligung bei der Untreue

Da das Einverständnis bei § 266 StGB die gleichen Wirksamkeitsvoraussetzungen wie die Einwilligung hat, können auch die Wirksamkeitsvoraussetzungen der hypothetischen Einwilligung auf ein hypothetisches Einverständnis übertragen werden.

---

855 Im Zusammenhang mit der Untreue soll die hypothetische Einwilligung als hypothetisches Einverständnis bezeichnet werden.

### a) Anwendungssituation der hypothetischen Einwilligung bei der Untreue

Die Frage einer hypothetischen Einwilligung im Arztstrafrecht stellt sich dann, wenn der Arzt einen Eingriff am Patienten vollzogen hat, ohne dass eine rechtfertigende Einwilligung vorliegt bzw. wenn die vorhandene Einwilligung unwirksam ist. Der Hintergrund dieser Rechtsprechung ist, dass ausnahmslos jeder ärztliche Eingriff eine tatbestandliche Körperverletzung darstellt, sodass jede ärztliche Behandlung einer Einwilligung bedarf, um nicht rechtswidrig zu sein.[856]

Die Situation bei der Untreue ist jedoch anders: Eine tatbestandliche Handlung liegt erst vor, wenn der vermögensbetreuungspflichtige Täter eine pflichtwidrige Handlung begangen hat, die in einen Vermögensnachteil mündete. Dabei ist zu beachten, dass nicht von der pflichtwidrigen Handlung auf einen Vermögensnachteil geschlossen werden darf, sodass dieser eigenständig festgestellt werden muss.[857] Sollte durch die pflichtwidrige Handlung kein Vermögensnachteil verursacht worden sein, ist der Tatbestand des § 266°StGB nicht erfüllt. Die Frage nach dem hypothetischen Einverständnis stellt sich dann nicht mehr. Auch ein Versuch des § 266 StGB, der in einem solchen Fall in Frage kommen würde, ist straflos. Denn § 266 StGB ist kein Verbrechen i.S.d. § 12 StGB und es gibt in ihm keine ausdrückliche Anordnung einer Versuchsstrafbarkeit, vgl. § 23 Abs. 1 StGB. Ein hypothetisches Einverständnis kommt daher nur in Frage, wenn der Tatbestand des § 266 StGB erfüllt ist und damit eine pflichtwidrige Handlung sowie ein Vermögensnachteil vorliegen.[858]

Anders als beim ärztlichen Heileingriff kommt ein hypothetisches Einverständnis bei der Untreue erst dann in Frage, wenn gleich zwei Tatbestandmerkmale unabhängig voneinander erfüllt sind. Dies schränkt bereits den Anwendungsbereich eines möglichen hypothetischen Einverständnisses ein, da nicht jede Handlung des Vermögensbetreuungspflichtigen zwingend eine Zustimmung durch den Vermögensinhaber braucht und auch nicht jede pflichtwidrige Handlung einen Vermögensnachteil verursacht. Die Körperverletzungsdelikte setzen dagegen die körperliche Misshandlung oder die Schädigung der Gesundheit voraus, sodass allein die Beeinträchtigung des körperlichen Wohls als Schutzgut der §§ 223

856 Vgl. C. III. 1.

857 Vgl. B. II. 3. b).

858 Vgl. das Beispiel bei *Hengstenberg*, S. 419 f.; ebenso *Rönnau*, StV 2011, 753, 756.

StGB ff.[859] ausreicht, um den Anwendungsbereich der hypothetischen Einwilligung zu eröffnen, wenn keine Einwilligung vorliegt.

Aber auch wenn eine pflichtwidrige Handlung vorliegt, die zu einem Vermögensnachteil geführt hat, kann der Vermögensinhaber grundsätzlich immer noch sein Einverständnis zu der jeweiligen Handlung des Vermögensbetreuungspflichtigen abgeben. Daher kann ein hypothetisches Einverständnis nur dann in Frage kommen, wenn eine pflichtwidrige Handlung des Vermögensbetreuungspflichtigen vorliegt, die zu einem Vermögensnachteil geführt hat und gleichzeitig kein Einverständnis des Vermögensinhabers vor der Tat das Innenverhältnis zwischen Vermögensbetreuungspflichtigen und Vermögensinhaber insoweit erweitert hat, dass keine pflichtwidrige Handlung mehr vorliegt. Der Anwendungsbereich eines hypothetischen Einverständnisses ist daher im Vergleich zur hypothetischen Einwilligung beschränkt und kann nur unter den genannten Voraussetzungen eröffnet sein.

#### b) Unwirksamkeit des Einverständnisses aufgrund unwirksamer Aufklärung

Ähnlich wie im Arztstrafrecht kann es auch für die Wirksamkeit eines Einverständnisses im Rahmen des § 266 StGB entscheidend auf die Aufklärung durch den Vermögensbetreuungspflichtigen ankommen, wenn der Vermögensbetreuungspflichtige eine pflichtwidrige Handlung durchführen will.[860] Auch hier hat sich gezeigt, dass die Aufklärungspflichten für ein wirksames Einverständnis variabel sind und es entscheidend auf das vorzunehmende Geschäft ankommt, wie weit die Aufklärung durch den Vermögensbetreuungspflichtigen erfolgen muss. Dadurch ergibt sich, dass ein Einverständnis unwirksam sein kann, wenn die Voraussetzungen einer ordnungsgemäßen Aufklärung nicht vorliegen. Dass das hypothetische Einverständnis daran scheitert, dass es bei der Untreue keine generelle bzw. so weit gehende Aufklärungspflicht wie im Arztstrafrecht gibt[861], ist

---

859 Vgl. nur *Eser*, in: Schönke/Schröder, § 223 Rn. 1; *Paeffgen/Böse*, in: NK-StGB, § 223 Rn. 2.

860 Vgl. D. I. 2. b). dd). (2).

861 So aber *Wittig*, § 20 Rn. 60a; *Saliger*, in: FS-Beulke, S. 257, 268; allgemeiner *Beckemper*, NZWiSt 2013, 232, 235; in Bezug auf die hypothetische Einwilligung beim Diebstahl und dem bestehenden Verhältnis zwischen Gewahrsamsin-

damit nicht gesagt. Zunächst besteht auch im Arztstrafrecht deshalb die Notwendigkeit, über die bevorstehende Handlung aufzuklären, da der medizinische Eingriff eine tatbestandliche Körperverletzung darstellt, die durch eine Einwilligung des Patienten gerechtfertigt ist.[862] Ähnliches gilt aber auch für die Untreue: Denn spätestens, wenn der Vermögensbetreuungspflichtige eine Handlung vornehmen will, die im Innenverhältnis pflichtwidrig wäre und zu einem Vermögensnachteil führen kann, sodass grds. der Tatbestand des § 266 StGB erfüllen sein könnte, muss er den Vermögensinhaber über die jeweilige Handlung aufklären, um sein Einverständnis erhalten zu können. Denn nur dann bleibt er straffrei, da die Handlung durch das Einverständnis nicht mehr pflichtwidrig ist. Es ist jedoch vom Inhalt der jeweiligen Vermögensbetreuungspflicht abhängig, inwiefern der Vermögensinhaber eine Aufklärung über die laufenden Geschäfte verlangt, da sich auch nach dem Innenverhältnis bestimmt, wann eine Handlung pflichtwidrig ist und wann daher eine Erweiterung des Innenverhältnisses notwendig ist.[863]

Aber auch das jeweilige Risiko, welches der Vermögensinhaber bereit ist einzugehen, kann für die Beurteilung, ob eine entsprechende Aufklärungspflicht vorliegt, ausschlaggebend sein. Hierzu soll darauf verwiesen werden, dass sich mit Steigerung des persönlichen Haftungsrisikos auch die Notwendigkeit vergrößert, entsprechende Information zu erhalten. So haben die persönlich haftenden Gesellschafter einer oHG bzw. KG ein weitaus größeres Informationsinteresse als die Aktionäre einer AG.[864] Darüber hinaus ist im Einzelfall aus § 242 BGB ein umfassender Informationsanspruch des Vermögensbetreuungspflichtigen abzuleiten, wenn es keine hierauf gerichtete spezialgesetzliche Regelung gibt. Dieser Anspruch wird besonders im Gesellschaftsrecht durch die Treuepflicht verstärkt, sodass im Einzelfall ein umfassender Informationsanspruch bestehen

---

haber und Täter, vgl. *Rosenau*, in: FS-Maiwald, S. 683, 699; wobei das Einverständnis beim Diebstahl etwas anders gelagert ist: Die Aufklärung kann sich hier nur auf den Gewahrsamsentzug durch Wegnahme erstrecken, sodass der Umfang der Aufklärung für ein Einverständnis klar ist, vgl. *Kindhäuser*, in: NK-StGB, § 242 Rn. 41, bei der Untreue ist der Umfang der Einwilligung in Abhängigkeit von der bevorstehenden Handlung zu bestimmen, was sich weitaus schwieriger darstellt.

862 Vgl. C. III.

863 Vgl. *Schramm*, S. 222.

864 *Wohlleben*, S. 21.

kann.[865] Darüber hinaus besteht nach § 666 BGB für den Auftragnehmer die Pflicht, den Auftraggeber über den aktuellen Stand der Auftragsdurchführung zu informieren.[866] Außerdem ist der Vermögensbetreuungspflichtige aufgrund seiner Verpflichtung, die Geschäfte des Vermögensinhabers zu führen, näher am Geschehen, was zu einem zusätzlichen Informationsvorsprung führt. Dadurch besteht zwischen Vermögensbetreuungspflichtigen und Vermögensinhaber eine vergleichbare „Informationsherrschaft" wie im Verhältnis zwischen Arzt und Patient.[867]

Die hypothetische Einwilligung wurde gerade in Fällen, in denen die Aufklärung unwirksam ist, durch die Rechtsprechung angewendet. Der BGH wendete sie sogar dann an, wenn die Aufklärungspflicht bewusst verletzt wurde. Ähnliches würde bei einem hypothetischen Einverständnis bedeuten, dass der Vermögensbetreuungspflichtige den Vermögensinhaber bewusst über die Verwendung seines Vermögens täuschen und dennoch auf ein hypothetisches Einverständnis hoffen könnte.[868]

Insoweit verhalten sich die Anwendungsvoraussetzungen bei einem hypothetischen Einverständnis ähnlich wie bei der hypothetischen Einwilligung. Darüber hinaus muss auch beachtet werden, dass die Rechtsprechung selbst dann eine hypothetische Einwilligung annahm, wenn der Täter nicht einmal zu einer Aufklärung angesetzt hatte.[869] Daher ist es konsequent, wenn das OLG Hamm selbst dann ein hypothetisches Einverständnis annimmt, wenn vorher keine Einwilligung erfolgt ist.[870] Dies führt natürlich dazu, dass der Anwendungsbereich des hypothetischen Einverständnisses sehr weit gefächert ist, sodass selbst dann noch ein hypothetisches Einverständnis angenommen werden kann, wenn keine Aufklärung durch den Vermögensbetreuungspflichtigen erfolgt ist.[871]

---

865 *Wohlleben*, S. 92 f.; vgl. auch *Mansel*, in: Jauernig-BGB, § 242 Rn. 23; *Olzen/Looschelders*, in: Staudinger-BGB, § 242, Rn. 1023.

866 *Schäfer*, in: Müko-BGB, § 666 Rn. 5.

867 *Krüger*, in: FS-Beulke, S. 137, 149.

868 *Rönnau*, StV 2011, 753, 756 Fn. 34.

869 Vgl. BGH NStZ-RR 2007, 340, 341 zur hypothetischen Einwilligung bzw. unter C. V. 1. b). bb). (1).

870 Vgl. NStZ-RR 2012, 374, 375.

871 So auch *Wittig*, § 20 Rn. 60a, die dies jedoch zu weitgehend findet; zum Problem bei der hypothetischen Einwilligung vgl. unter C. V. 1. b). bb). (1).

### c) Ermittlung des hypothetischen Willens des Vermögensinhabers

Darüber hinaus stellt sich die Frage, wie der hypothetische Wille des Vermögensinhabers zu ermitteln ist. Bei der hypothetischen Einwilligung gibt es lediglich rudimentäre Vorstellungen, wie dies zu erfolgen hat.[872] Diese Erkenntnisse müssten ebenso für die Ermittlung des hypothetischen Willens des Vermögensinhabers gelten, sodass die bisherigen Ergebnisse auf ein hypothetisches Einverständnis zu übertragen sind. Nach dem bisher Gesagten muss nach der Tat ermittelt werden, ob der Vermögensinhaber sein Einverständnis vor der Tat abgeben hätte, wenn er ordnungsgemäß über alle Vorhaben des Vermögensbetreuungspflichtigen informiert worden wäre. Hierzu müsste der Vermögensinhaber befragt werden und seine anschließende Aussage müsste entsprechend gewürdigt werden. Diese nachträgliche Äußerung ist in die Gesamtwürdigung, ob der Vermögensinhaber im relevanten Zeitpunkt ein hypothetisches Einverständnis abgegeben hätte, entsprechend einzubeziehen. Dabei ist die Situation zur Ermittlung des hypothetischen Willens deutlich leichter als bei der hypothetischen Einwilligung. Die Wahrscheinlichkeit, dass der Vermögensinhaber nach der Handlung des Vermögensbetreuungspflichtigen, die eine tatbestandliche Untreue darstellen könnte, nicht mehr befragt werden kann, ist anders als bei einem medizinischen Eingriff doch sehr gering. Denn Untreue ist keine Handlung, die das körperliche Wohlbefinden des Vermögensinhabers betrifft.

Sollte der Vermögensinhaber aber ausnahmsweise nicht hinsichtlich eines hypothetischen Einverständnisses befragt werden können, kann auf die Grundsätze der mutmaßlichen Einwilligung zurückgegriffen werden, um zu ermitteln, ob ein hypothetisches Einverständnis vorliegt bzw. ob der Vermögensinhaber sein Einverständnis abgegeben hätte. Auch beim hypothetischen Einverständnis ist zu beachten, dass bei Zweifeln hinsichtlich der Frage, wie sich der Vermögensinhaber entschieden hätte, *in dubio pro reo* für den angeklagten Vermögensbetreuungspflichtigen entschieden werden muss, was zu Lasten der Anklage geht.

Unklar ist, ob sich das hypothetische Einverständnis bei der Untreue grds. nur auf eine *lege artis* durchgeführte Handlung des Vermögensbetreuungspflichtigen beziehen kann. Im Arztstrafrecht gilt, dass sich die hy-

872 Nachfolgende Ausführungen beziehen sich auf die gewonnenen Erkenntnisse zur Ermittlung der hypothetischen Einwilligung im Arztstrafrecht und stellen eine Zusammenfassung dar, vgl. oben unter C. V. 1. b). bb). (3).

pothetische Einwilligung nur auf eine lege artis durchgeführte Behandlung erstreckt, wenn nicht besondere Umstände vorliegen. Es ist jedoch unklar, was bei der Untreue unter einem *lege artis*-Standard zu verstehen ist. Dies muss vor allem im Zusammenhang mit dem Tatbestandsmerkmal der Pflichtwidrigkeit gesehen werden. Würde man beispielsweise als Maßstab für die durch das hypothetische Einverständnis gedeckte Handlung die Sorgfalt eines ordentlichen und gewissenhaften Geschäftsleiters (§ 93 AktG) oder die Sorgfalt eines ordentlichen Geschäftsmannes (§ 43 GmbHG) nehmen, würde im Bereich der Organuntreue kein hypothetisches Einverständnis mehr benötigt werden, da zur Bestimmung der Pflichtwidrigkeit auf die gleichen Kriterien zurückgegriffen werden würde.[873] Wenn die Handlung des Vermögensinhabers diesen Maßstab zur Bestimmung der Pflichtwidrigkeit aber einhält, ist der Tatbestand des § 266 StGB nicht erfüllt, sodass es auf ein hypothetisches Einverständnis nicht mehr ankommen kann. Denn hierfür müsste der objektive Tatbestand des § 266 StGB erfüllt sein.[874] Anders wäre dies nur, wenn es explizite Vorgaben des Vermögensinhabers im Hinblick auf das zu betreuende Vermögen gibt, die sich innerhalb eines gesetzlichen Maßstabes befinden und damit die Pflichtwidrigkeit eigenständig beschreiben. Wenn die Handlung diesen Standard, der durch den Vermögensinhaber vorgegeben wird, einhält, müsste sich das hypothetische Einverständnis hierauf beziehen. Es stellt sich die Frage, ob der Vermögensinhaber bei Kenntnis der Umstände sein Einverständnis abgegeben hätte.

Diese Problematik hängt wiederum mit der besonderen Struktur des § 266 StGB zusammen, da der objektive Tatbestand beinhaltet, dass eine pflichtwidrige Handlung bestimmt und ein Vermögensnachteil festgestellt werden muss. Die Körperverletzungsdelikte setzen in den §§ 223 ff. StGB dagegen nur die körperliche Misshandlung oder die Schädigung der Gesundheit voraus, was keine normative Prüfung erfordert. Damit kann, wenn man dem hypothetischen Einverständnis einen eigenständigen Anwendungsbereich zusprechen möchte, die Rechtsprechung des BGH zur hypothetischen Einwilligung in Bezug auf den Maßstab nicht übernommen werden. Allerdings geht auch der BGH davon aus, dass eine hypothetische Einwilligung möglich ist, wenn die Behandlung nicht *lege artis* durchgeführt wurde. Dann sind diese Umstände allerdings in die Prüfung

873 Vgl. B. II. 2.
874 Vgl. E. I. 1. a).

einer hypothetischen Einwilligung einzubeziehen. Entsprechendes muss daher für ein hypothetisches Einverständnis gelten, sodass bei Prüfung des hypothetischen Willens zu unterstellen ist, dass der Vermögensinhaber alle Umstände kannte, die die Pflichtwidrigkeit der Handlung begründen.

### d) Rechtsfolgen des hypothetischen Einverständnisses bei der Untreue

Schließlich stellt sich die Frage, was die Rechtsfolge eines hypothetischen Einverständnisses bei der Untreue ist. Bei der hypothetischen Einwilligung beim ärztlichen Heileingriff unterscheidet der BGH hierbei zwischen Fahrlässigkeits- und Vorsatzdelikten.[875] Die Literatur vertritt hinsichtlich der Rechtsfolgen einer hypothetischen Einwilligung eine Vielzahl von unterschiedlichen Lösungsmöglichkeiten, wobei Lösungen auf Ebene des Tatbestandes, auf Ebene der Rechtswidrigkeit und sogar auf Ebene der Schuld- bzw. Strafzumessung vertreten werden.[876]

Hinsichtlich der Rechtsfolge bei einem hypothetischen Einverständnis bei der Untreue geht die Literatur davon aus, dass der verursachte Vermögensnachteil nicht mehr auf einer pflichtwidrigen Handlung beruht, wenn der Vermögensinhaber der Handlung des Vermögensbetreuungspflichtigen nach vorheriger ordnungsgemäßer Aufklärung zugestimmt hätte.[877] Die fehlerhafte oder nicht erfolgte Aufklärung realisiert sich dann im Erfolg nicht mehr, sodass der Pflichtwidrigkeitszusammenhang zwischen pflichtwidriger Handlung und Vermögensnachteil entfällt. Damit kommt es auf Ebene der Rechtsfolge zu einem Ausschluss des objektiven Erfolgsunrechts.[878] Hinsichtlich des verbleibenden Handlungsunrechts kann allenfalls ein Versuch in Frage kommen. Jedoch ist die versuchte Untreue nicht strafbar.[879] Damit würde der Vermögensbetreuungspflichtige straffrei bleiben, wenn er zwar eine pflichtwidrige Handlung begangen hat, der Pflichtwidrigkeitszusammenhang jedoch durch ein hypothetisches Einverständ-

875 Vgl. C. V. 1. b). aa).

876 Vgl. C. V. 2.

877 *Rönnau*, StV 2011, 753, 756.

878 Vgl. *Bernsmann/Gatzweiler*, Rn. 713 f.; *Hengstenberg*, S. 422; *Schramm*, in: MG-Wirtschaftsstrafrecht, § 266 Rn. 81.

879 Vgl. bereits E. I. 1. a).

nis unterbrochen wird. Eine solche Handlung würde mithin für den Vermögensbetreuungspflichtigen weitgehend folgenlos bleiben.[880]

### 2. Anwendungsfälle eines hypothetischen Einverständnisses

Nachdem die Voraussetzungen des hypothetischen Einverständnisses bei der Untreue abstrakt bestimmt wurden, soll das hypothetische Einverständnis auf konkrete Fälle angewendet werden, die die Untreue in letzter Zeit geprägt haben. Dabei zeigt sich, dass der Anwendungsbereich des hypothetischen Einverständnisses sehr schwierig zu bestimmen ist.

#### a) Anwendungsfälle eines hypothetischen Einverständnisses

Insbesondere in den Fallgruppen der Risikogeschäfte, der „Schwarzen Kasse“ und der Untreue zum Nachteil einer GmbH zeigt sich, dass ein hypothetisches Einverständnis in vielen Fällen zu keinem eigenständigen Anwendungsbereich kommt. Hierzu soll das hypothetische Einverständnis auf diese Fälle angewendet werden.

##### aa) Risikogeschäfte

Zunächst sollen einige Grundlagen zum Risikogeschäft dargestellt werden, bevor auf ein hypothetisches Einverständnis eingegangen werden kann.

###### (1) Grundsätzliches zum Risikogeschäft

Ein Risikogeschäft wird definiert als Rechtsgeschäft, „für das wesentlich ist, dass die Prognose, ob die fragliche Maßnahme zu einem Gewinn oder

---

880 Dies wird Teilweise bereits als Kritikpunkt aufgefasst, das hypothetische Einverständnis bei der Untreue auszuschließen, vgl. *Jäger*, in: FS-Jung, S. 345, 356, der durch das nachträgliche hypothetische Einverständnis die Gefahr sieht, dass § 266 StGB ein reines Antragsdelikt werde.

Verlust führt, mit einem erhöhten Maß an Ungewißheit belastet ist"[881] oder als eine „gefährliche Disposition", „die eine Fehlentscheidung sein kann"[882]. Mit der Definition eines Risikogeschäftes wird eine Vielzahl von unterschiedlichen Geschäften wie z.B. die Vergabe von risikobehafteten Krediten (z.B. Sanierungskredite oder sog. Aval-Kredite)[883], Spekulationsgeschäfte[884], Schmiergeldzahlungen[885] oder Investitionen in Werbung und Forschung[886] erfasst. Gemeinsam haben alle Geschäfte, dass im Zeitpunkt der Geschäftstätigung ein hohes Maß an Ungewissheit darüber besteht, ob das Geschäft *ex ante* gesehen zum Gewinn oder Verlust führt.[887] Übereinstimmend besteht aber die Notwendigkeit, dass den Akteuren in ihrer wirtschaftlichen Betätigung ein gewisser Spielraum bei der Durchführung eines Risikogeschäftes eingeräumt werden muss.[888] Denn die Durchführung von Risikogeschäften ist notwendig, da eine wirtschaftliche Betätigung, die auf die Erzielung von Gewinn ausgelegt ist, nicht ohne das Eingehen von Risiken denkbar ist. Daher darf das Eingehen von Risiken und deren anschließende mögliche Realisierung grundsätzlich nicht zu einer Strafbarkeit führen.[889] Nicht ohne Grund räumt daher der BGH in Strafsachen den Geschäftsleitern von Unternehmen einen weiten Einschätzungsspielraum ein und orientiert sich damit an der „ARAG/Garmenbeck"-Entscheidung des BGH in Zivilsachen[890], in dessen Entscheidung erstmals ein solcher unternehmerischer Ermessensspielraum gerichtlich durch den BGH

881 *Perron*, in: Schönke/Schröder, § 266 Rn. 20 m. w. N.

882 *Hillenkamp*, NStZ 1981, 161, 165.

883 BGHSt 46, 30, 34; 47, 148.

884 BGH GA 1977, 342, 343; NStZ 1990, 437, 437.

885 BGH NJW 1975, 1234, 1235.

886 Vgl. die Zusammenstellung bei *Hillenkamp*, NStZ 1981, 161, 165.

887 *Hellmann*, ZIS 2007, 433, 434; *Seier*, in: Achenbach/Ransiek/Rönnau, V 2 Rn. 391.

888 Vgl. *Hadamitzky*, in: Müller-Gugenberger, § 32 Rn. 156: „Wirtschaften heißt Risikogeschäfte eingehen." unter explizitem Verweis auf die „ARAG/Garmenbeck"-Rechtsprechung des BGH in Zivilsachen; *Saliger*, in: SSW-StGB, § 266 Rn. 61.

889 BGH StV 2004, 424, 424; *Becker/Walla/Endert*, WM 2010, 875, 876; *Hadamitzky*, in: Müller-Gugenberger, § 32 Rn. 156; *Saliger*, in: SSW-StGB, § 266 Rn. 61; *Schünemann*, in: LK-StGB, § 266 Rn. 116; *Wittig*, § 20 Rn. 44.

890 BGHSt 47, 138, 152; 47, 187, 192; BGH NStZ 2006, 221, 222; BGHSt 50, 331, 345; BGH wistra 2010, 21, 23.

anerkannt wurde.[891] Hierbei ist jedoch zu beachten, dass die Fallgruppe der Risikogeschäfte deutlich größer ist und sich nicht allein auf unternehmerische Ermessensentscheidungen beschränkt. Beides kann jedoch auch zusammenfallen.

Grundsätzlich ist die Frage, ob die Durchführung eines Risikogeschäftes eine pflichtwidrige Handlung darstellt, durch das Innenverhältnisses zwischen Vermögensinhaber und Vermögensbetreuungspflichtigen zu beantworten.[892] Unproblematisch ist die Feststellung der Pflichtwidrigkeit dann, wenn es exakte Vorgaben des Vermögensinhabers gibt, wie mit dem zu betreuenden Vermögen bei Risikogeschäften umzugehen ist. Ein Verstoß gegen diese Vorgaben führt zur Pflichtwidrigkeit der Handlung. Hält sich jedoch der Vermögensbetreuungspflichtige an diese Vorgaben, kann er auch solche Geschäfte begehen, die ohne diese Vorgaben pflichtwidrig wären.[893]

Fehlen dagegen entsprechende Vorgaben zum Risikobereich ganz, ist es problematisch, ein pflichtwidriges Risikogeschäft von einem pflichtgemäßen abzugrenzen. Zur Abgrenzung wird vorgeschlagen, dass ein pflichtwidriges Geschäft vorliegt, wenn es die Grenzen der verkehrsüblichen Sorgfalt überschreitet.[894] Verkehrsüblich ist hier als branchenüblich zu verstehen.[895] Man nimmt an, dass diese allgemeinüblichen Grenzen vom Vermögensinhaber akzeptiert werden.[896] Das Risikogeschäft ist zumindest dann pflichtwidrig, wenn der Vermögensbetreuungspflichtige entsprechend der sog. „Spieler"-Definition gehandelt hat.[897] Die verkehrsübliche Sorgfalt ist danach überschritten, wenn der Vermögensbetreuungspflichtige „nach Art eines Spielers bewusst und entgegen den Regeln kaufmänni-

---

891 Vgl. BGHZ 135, 244, 253, in dieser Entscheidung hat der BGH in Zivilsachen erstmalig einen weiten unternehmerischen Handlungsspielraum anerkannt.

892 BGH StV 2004, 424, 424; *Dierlamm*, in: Müko-StGB, § 266 Rn. 229; *Hellmann*, ZIS 2007, 433, 435; *Hillenkamp*, NStZ 1981, 161, 165; *Nelles*, S. 568; *Rose*, wistra 2007, 281, 285; *Seier*, in: Achenbach/Ransiek/Rönnau, V 2 Rn. 394.

893 *Fischer*, § 266 Rn. 65; *Hadamitzky*, in: Müller-Gugenberger, § 32 Rn. 163; *Perron*; in: Schönke/Schröder, § 266 Rn. 20; *Saliger*, in: SSW-StGB, § 266 Rn. 62.

894 BGH StV 2004, 424, 424; *Hillenkamp*, NStZ 1981, 161, 167; *Perron*, in: Schönke/Schröder, § 266 Rn. 20; *Saliger*, in: SSW-StGB, § 266 Rn. 63; etwa die Sorgfalt eines „gewissenhaften" Kaufmannes, *Seier*, in: Achenbach/Ransiek/Rönnau, V 2 Rn. 398; *Waßmer*, S. 59.

895 *Hadamitzky*, in: Müller-Gugenberger, § 32 Rn. 165; *Saliger*, in: SSW-StGB, § 266 Rn. 63.

896 *Kindhäuser*, in: NK-StGB, § 266 Rn. 75; *Waßmer*, S. 59.

897 *Saliger*, in: SSW-StGB, § 266 Rn. 63.

scher Sorgfalt eine […] äußerst gesteigerte Verlustgefahr auf sich nimmt, nur um eine höchst zweifelhafte Gewinnaussicht zu erhalten".[898] Ansonsten muss die Unvertretbarkeit der Handlung anhand formeller oder materieller Gründe bestimmt werden.[899]

### (2) Möglichkeit eines hypothetischen Einverständnisses bei einem Risikogeschäft

Wird ein Risikogeschäft durchgeführt, das außerhalb des vorgegebenen Risikokorridors liegt, und wurde der Vermögensinhaber nicht über dieses Geschäft aufgeklärt, sodass kein entsprechendes Einverständnis vorliegt, ist von einer pflichtwidrigen Handlung bzw. von einem pflichtwidrigen Risikogeschäft auszugehen. Darüber hinaus kann ein mögliches Einverständnis unwirksam sein, wenn der Vermögensbetreuungspflichtige den Vermögensinhaber nicht in einem ausreichenden Maße darüber aufgeklärt hat, welche Art von Risikogeschäft er durchführen will und welches Risiko er dabei eingeht.[900] Auch die Annahme einer mutmaßlichen Einwilligung erweist sich als schwierig bzw. kann sogar ausgeschlossen sein, wenn es keine Hinweise dafür gibt, dass die Handlung dem Willen des Vermögensinhabers entsprochen hat. Dies gilt besonders, wenn die bisher bekannte Einstellung des Vermögensinhabers nicht darauf hindeutete, dass er ein solches Risiko eingehen würde. Hätte sich der Vermögensinhaber vorab sogar dahingehend geäußert haben, dass er dem Risikogeschäft nicht zustimmen würde, welches der Vermögensbetreuungspflichtige durchführen will[901], wäre das vorgenommene Geschäft auch im strafrechtlichen Sinne pflichtwidrig.

Damit wäre der Anwendungsbereich des hypothetischen Einverständnisses eröffnet. Es stellt sich die Frage, wie sich der Vermögensinhaber hinsichtlich des jeweiligen Risikogeschäftes entschieden hätte, wenn er im

---

898 BGH NJW 1990, 3219, 3220; BGH NJW 1975, 1234, 1236; BGH wistra 1982, 149, 150; BGH StV 2004, 424, 424.

899 *Dierlamm*, in: Müko-StGB, § 266 Rn. 232; *Fischer*, § 266 Rn. 69; *Hadamitzky*, in: Müller-Gugenberger, § 32 Rn. 166; *Perron*, in: Schönke/Schröder, § 266 Rn. 20; *Waßmer*, S. 74.

900 Vgl. *Schramm*, S. 232 f.; vgl. auch oben unter E. I. 1. b).

901 Vgl. *Edlbauer/Irrgang*, JA 2010, 786, 789, die Möglichkeiten für ein mutmaßliches Einverständnis bei einem Risikogeschäft bestimmen.

Zeitpunkt der Tathandlung ordnungsgemäß über die geplante Handlung des Vermögensbetreuungspflichtigen aufgeklärt worden wäre.

### (a) Kein Anwendungsbereich ohne Vorliegen eines Vermögensnachteils

Allerdings muss beachtet werden, dass dieses pflichtwidrige Risikogeschäft zu einem Vermögensnachteil geführt haben muss, damit der Anwendungsbereich für ein hypothetisches Einverständnis eröffnet ist, da sonst der Tatbestand des § 266 StGB nicht erfüllt ist. *Edlbauer/Irrgang* beschreiben ein Beispiel, in dem ein hypothetisches Einverständnis bei einem Risikogeschäft angenommen wurde: In diesem Beispiel wird ein Prokurist dargestellt, dessen Vertretungsmacht im Innenverhältnis[902] durch den Vermögensinhaber auf Geschäfte bis i.H.v. 100.000,00 Euro beschränkt wurde. Außerdem durfte der Prokurist keine Grundstücksgeschäfte durchführen. Dennoch erwarb er mit Wirkung für und gegen den Vermögensinhaber ein Grundstück in Wert von 130.000,00 Euro. Der Prokurist tat dies, da zu erwarten war, dass der Wert des Grundstückes in der Zukunft steigen würde. Zwar wurde der Vermögensinhaber zuvor als vorsichtiger Geschäftsmann beschrieben, sodass nicht damit zu rechnen war, dass er dem Geschäft zustimmen würde. Der Vermögensinhaber äußerte sich jedoch nach dem Kauf dahingehend, dass er diesem Geschäft zugestimmt hätte, wenn er vorab ordnungsgemäß darüber aufgeklärt worden wäre. Der Vermögensinhaber lobte die Entscheidung des Vermögensbetreuungspflichtigen zudem als „vorausschauend“. *Edlbauer/Irrgang* nahmen daher in dieser Situation ein hypothetisches Einverständnis an.[903]

Ein hypothetisches Einverständnis kann hier jedoch nicht angenommen werden, da unklar ist, aus welchen Umständen sich der Vermögensnachteil, der durch eine Saldierung der Vermögenslagen vor und nach der schädigenden Handlung zu ermitteln ist[904], begründet. Nur wenn ein solcher Vermögensnachteil angenommen werden kann, ist der Anwendungsbereich eines hypothetischen Einverständnisses eröffnet. *Edlbauer/Irrgang*

902 Nach § 49 HGB ist die Vertretungsmacht eines Prokuristen im Außenverhältnis mit der Ausnahme von § 49 Abs. 2 HGB unbeschränkt und unbeschränkbar. Beschränkungen der Vertretungsmacht wirken sich daher nur im Innenverhältnis aus.

903 *Edlbauer/Irrgang,* JA 2010, 786, 789.

904 Vgl. B. II. 3.

geben aber in ihrem Fallbeispiel nicht an, ob das erworbene Grundstück nicht tatsächlich 130.000,00 EUR wert ist. Nach dem Beispiel soll sich zudem der Wert des Grundstücks erhöhen.[905] Vergleicht man die Vermögenslagen des Vermögensinhabers vor und nach der pflichtwidrigen Handlung, hat sich das Vermögen des Vermögensinhabers zumindest nicht verringert. Zwar beinhaltet das monetäre Vermögen des Vermögensinhabers keine 130.000,00 EUR mehr. Allerdings befindet sich im Gesamtvermögen nun ein Grundstück, welches zumindest 130.000,00 EUR wert ist. Es liegt mithin kein Vermögensnachteil im Fallbeispiel vor, sodass der Anwendungsbereich eines hypothetischen Einverständnisses hier nicht eröffnet ist.[906]

Dieses Beispiel zeigt daher sehr genau, dass es Schwierigkeiten bei der Bestimmung des Anwendungsbereiches eines hypothetischen Einverständnisses gibt.

(b) Hypothetisches Einverständnis bei Vorgaben des Vermögensinhabers

Abseits von diesen Bedenken könnte das hypothetisches Einverständnis zumindest dann einen Anwendungsbereich bei Risikogeschäften haben, wenn es einerseits explizite Vorgaben des Vermögensinhabers hinsichtlich der Risikopolitik gibt, gegen die der Vermögensbetreuungspflichtige bei seiner Handlung verstoßen hat, und andererseits hierdurch ein Vermögensnachteil eingetreten ist. Möglicherweise hätte der Vermögensinhaber seine Zustimmung zum jeweiligen Geschäft erteilt, wenn er ordnungsgemäß aufgeklärt worden wäre. Hier ist zu beachten, dass die Handlung des Vermögensbetreuungspflichtigen zwar pflichtwidrig wäre, wenn sie gegen explizite Vorgaben des Vermögensinhabers über den Umgang mit der Vertretungsmacht verstoßen hat. Gleichzeitig muss jedoch ein Vermögensnachteil eingetreten sein. Zwar könnte das Geschäft dem abgewandelten Willen des Vermögensinhabers entsprechenden, sodass ein hypothetisches Einverständnis angenommen werden könnte, da er seine Präferenz im Hinblick auf den Umgang mit seinem Vermögen in der Zwischenzeit geändert haben könnte und daher nicht mehr an seinen Vorgaben festhält.[907] Aller-

905 *Edlbauer/Irrgang,* JA 2010, 786, 786.

906 Vgl. zum Anwendungsbereich des hypothetischen Einverständnisses E. I. 1. a).

907 A.A. *Rönnau,* Jus 2014, 882, 885, der dies als Grund sieht, warum das hypothetische Einverständnis generell nicht bei der Untreue anwendbar ist; allerdings

dings ist schwer vorstellbar, dass ein Vermögensinhaber einem Geschäft die nachträgliche Legitimation erteilt, wenn es nicht nur gegen seine expliziten Vorgaben verstoßen hat, sondern hierdurch auch ein Vermögensnachteil für ihn eingetreten ist.[908]

### (c) Hypothetisches Einverständnis bei fehlenden Vorgaben des Vermögensinhabers

Ein hypothetisches Einverständnis könnte dann anzunehmen sein, wenn es keine Vorgaben des Vermögensinhabers gibt, die Handlung des Vermögensbetreuungspflichtigen aber pflichtwidrig ist und einen Vermögensnachteil verursacht. Der Vermögensinhaber könnte allerdings nachträglich das Geschäft des Vermögensbetreuungspflichtigen legitimieren, wenn es ökonomischen Maßstäben entspricht, sodass ein hypothetisches Einverständnis anzunehmen wäre.

In dieser Konstellation ist aber fraglich, ob eine pflichtwidrige Handlung vorliegt. Ist nämlich das Eingehen eines Risikos unter wirtschaftlichen Gesichtspunkten nicht zu beanstanden, da die Handlung beispielsweise entsprechend vorbereitet und durch eine innerbetriebliche Transparenz abgesichert wurde, ist die Handlung nicht pflichtwidrig i.S.d. § 266 StGB. Solange sich daher z.B. ein Vorstandsmitglied einer AG *ex ante* im aktienrechtlich definierten Handlungsspielraum bewegt, ist eine strafrechtliche Sanktion ausgeschlossen, auch wenn sich die Entscheidung *ex post* als wirtschaftlich unvernünftig darstellt.[909] Liegt somit eine wirtschaftliche Ermessensentscheidung vor, die nicht fehlerhaft erfolgt ist, muss die Pflichtwidrigkeit der Handlung verneint werden, selbst wenn sie zu einem Verlust geführt hat. In diesem Fall ist auch der Anwendungsbereich des hypothetischen Einverständnisses zu verneinen. Wenn daher der Vermögensbetreuungspflichtige einen Ermessensspielraum bei seiner Entscheidung hat und diesen Spielraum entsprechend den aufgestellten Grundsätze nutzt, hat das hypothetische Einverständnis, wenn es allein anhand wirtschaftlicher Kriterien und aufgrund der Vorgaben des Vermögensinhabers

---

wirkt sich der Wille des Vermögensinhabers nicht nur strafbarkeitsbegründend aus, sondern kann auch die Strafbarkeit verneinen.

908 Insoweit bestätigt sich bereits hier das Ergebnis bei E. I. 1. c).

909 *Bosch/Lange*, JZ 2009, 225, 232; *Saliger*, in: SSW-StGB, § 266 Rn. 110; *Seibt/Schwarz*, AG 2010, 301, 306.

bestimmt wird, keinen eigenständigen Anwendungsbereich gegenüber dem Tatbestandsmerkmal der Pflichtwidrigkeit.[910] Damit wäre nur dann Raum für ein hypothetisches Einverständnis, wenn der Vermögensbetreuungspflichtige eine ökonomische sinnlose Handlung vornimmt, die zu einem Vermögensnachteil führt. Fraglich ist aber, ob das wirklich dem Willen des Vermögensinhabers entsprochen hätte, sodass ein hypothetisches Einverständnis angenommen werden kann.

Deshalb scheint ein hypothetisches Einverständnis nur denkbar zu sein, wenn der Vermögensinhaber aus sonstigen, nicht ökonomischen Gründen das Geschäft des Vermögensbetreuungspflichtigen legitimiert. Denn die Bestimmung des hypothetischen Willens des Vermögensinhabers muss keinesfalls anhand wirtschaftlicher Grundsätze erfolgen. Der Vermögensinhaber könnte seine Geschäfte aus sonstigen Gründen durch den Vermögensbetreuungspflichtigen betreiben lassen. In diesem Fall kann man ein hypothetisches Einverständnis annehmen, da hier eine pflichtwidrige Handlung vorliegt, die einen Vermögensnachteil verursacht. Allerdings wird das Geschäft durch den hypothetischen Willen des Vermögensinhabers legitimiert.

#### (d) Zusammenfassung

In den Fällen der Risikogeschäfte ist die Anwendung des hypothetischen Einverständnisses aufgrund der schwierigen Ermittlung des hypothetischen Willens problematisch. Es zeigt sich auch, dass das hypothetische Einverständnis zumindest dann keine Anwendung findet, wenn es keine expliziten Vorgaben des Vermögensinhabers gibt und sich der Vermögensbetreuungspflichtige an der wirtschaftlichen Vernunft orientiert. In diesem Fall besteht neben dem Tatbestandsmerkmal der Pflichtwidrigkeit kein eigenständiger Anwendungsbereich für ein hypothetisches Einverständnis, da die Handlung bereits nicht pflichtwidrig ist, wenn sich der Vermögensbetreuungspflichtige an den vom Vermögensinhaber vorgegebenen ökonomischen Maßstab hält. Der Vermögensbetreuungspflichtige ist dann nicht auf ein hypothetisches Einverständnis angewiesen. Selbst wenn eine

910 Ähnlich auch *Saliger*, in: FS-Beulke, S. 257, 268, der das hypothetische Einverständnis für überflüssig hält, da die entsprechenden Fälle bereits über die fehlende Pflichtverletzung oder ein wirkliches Einverständnis gelöst werden können; *Sturm*, S. 236,.

pflichtwidrige Handlung vorliegt, müsste man das Vorliegen eines hypothetischen Einverständnisses verneinen, wenn man es ausschließlich anhand wirtschaftlicher Kriterien bestimmt. Denn die wirtschaftliche Vernunft wurde bereits bei der Bestimmung der Pflichtwidrigkeit berücksichtigt.

Bestimmt man den hypothetischen Willen des Vermögensinhabers aber nicht allein anhand der wirtschaftlichen Vernunft, wäre der Anwendungsbereich für ein hypothetisches Einverständnis eröffnet. Die die Feststellung des hypothetischen Willens wäre ungleich schwieriger. Zudem finden sich für eine solche Konstellation kaum Fälle.

#### bb) „Schwarze Kasse“

Darüber hinaus soll untersucht werden, ob ein hypothetisches Einverständnis bei einer „Schwarzen Kasse“ denkbar wäre. Auch hier sollen zunächst einige Grundlagen zur „Schwarzen Kasse“ dargestellt werden.

#### (1) Grundsätzliches zur „Schwarzen Kasse“

Eine „Schwarze Kasse“ liegt vor, wenn der Täter Geldmittel unter Verletzung von bestimmten Vorschriften bzw. Pflichten von dem von ihm zu betreuenden Vermögen abzweigt und ein vor dem Vermögensinhaber geheimgehaltenes Sonderkonto bzw. eine Sonderkasse bildet, um die so erhaltenden Geldmittel in Zukunft im tatsächlichen oder vermeintlichen Interesse des Vermögensinhabers zu nutzen.[911] Dabei stellt die Bildung, Verwaltung und spätere Mittelverwendung aus einer „Schwarzen Kasse“ sowohl im Zivilrecht als auch im öffentlichen Recht eine pflichtwidrige Handlung dar, die auch im strafrechtlichen Sinne als pflichtwidrig zu behandeln ist. Im öffentlich-rechtlichen Bereich stellt der Verstoß gegen die haushaltsrechtlichen Grundsätze eine pflichtwidrige Handlung dar, die auch im Rahmen des § 266 StGB Relevanz aufweist.[912] Wird die „Schwarze Kasse“ im Rahmen eines privaten Unternehmens gebildet, verletzt dies eine Vielzahl von Pflichten gegenüber dem Vermögensinhaber, sodass hier

911 *Strelczyk*, S. 14; *Saliger*, in: SSW-StGB, § 266 Rn. 95; *Tsagkaraki*, S. 24; *Rönnau*, in: FS-Tiedemann, S. 713, 713.

912 *Rojas*, S. 151, 152; *Tsagkaraki*, S. 92; *Weimann*, S. 59.

der Tatbestand des § 266 StGB erfüllt sein könnte. Die Bildung, Verwaltung und spätere Mittelverwendung aus einer „Schwarzen Kasse“ kann beispielsweise gegen eine entsprechende Vereinbarung im Innenverhältnis verstoßen, die die Bildung oder Unterhaltung von „Schwarzen Kassen“ untersagt, wozu auch Compliance-Regelungen gehören können.[913]

Es ist bei diesem Themenkomplex aber nicht eindeutig, wie der Vermögensnachteil bei einer „Schwarzen Kasse“ zu bestimmen ist. Hierzu ist zunächst zwischen der Bildung und Verwaltung einer „Schwarzen Kasse“ und der Verwendung der vorbehaltenden Mittel zu unterscheiden.[914]

Bei der Bildung und Verwaltung der „Schwarzen Kasse“ ist problematisch, ob dies als endgültiger Vermögensnachteil oder – wie in der Rechtsprechung zum Teil vertreten – als Nachteil in Form einer schadensgleichen Vermögensgefährdung zu bewerten ist. Hierbei wird zwischen einer sog. „verwendungszweckunabhängigen“ bzw. „verwendungszweckabhängigen“ Lösung unterschieden, um der Vermögensgefährdung konkret zu bestimmen.[915]

Zur Begründung eines Vermögensnachteils in der Form einer schadensgleichen Vermögensgefährdung wurde teilweise nach der „verwendungszweckunabhängigen“ Lösung vorgebracht, dass der Vermögensinhaber durch die verschleiernde Buchführung des Vermögensbetreuungspflichtigen in Form einer „Schwarzen Kasse“ keine Übersicht mehr über seine Gelder habe[916] oder nicht mehr über sein Vermögen verfügen könne, da das Geld dort fehle, „wo es hätte sein sollen“.[917] Die zweckwidrige Mittelverwendung begründe auch dann einen Vermögensnachteil, wenn hierzu die ordnungsgemäße Überwachung der Mittel verschleiert werde.[918] Die „verwendungszweckunabhängige“ Linie bei der Begründung eines Vermögensnachteils lässt sich damit im Wesentlichen darauf zurückführen, dass der Vermögensinhaber durch eine unordentliche bzw. undurchsichtige Buchführung gehindert ist, sich Klarheit über sein Vermögen zu verschaffen.[919] Dies wurde deshalb als „verwendungszweckunabhängige Lösung“

913 *Hadamitzky*, in: Müller-Gugenberger, § 32 Rn. 140; *Rönnau*, in: FS-Tiedemann, S. 713, 721; *Saliger/Gaede*, HRRS 2008, 57, 68; *Satzger*, NStZ 2009, 297, 300; *Weimann*, S. 63; *Tsagkaraki*, S. 95.

914 *Rönnau*, in: FS-Tiedemann, S. 713, 713; *Wittig*, § 20 Rn. 159.

915 Zu den Begriffen, vgl. *Saliger*, S. 411.

916 BGH GA 1956, 121, 122.

917 BGH GA 1956, 154, 155.

918 BGH NStZ 1984, 549; 550.

919 *Saliger*, S. 413.

bezeichnet, da es hiernach für die Annahme eines Vermögensnachteils nicht darauf ankommt, für welchen Zweck die „Schwarze Kasse" gebildet wurde und daher die bloße Existenz der „Schwarzen Kasse" zu einer schadensgleichen Vermögensgefährdung führt.[920] Diese Sichtweise ist teilweise auf Zustimmung in der Literatur gestoßen.[921]

Andererseits hat die Rechtsprechung auch auf eine „verwendungszweckabhängige Lösung" abgestellt, bei der eine schadensgleiche Vermögensgefährdung dann vorliegt, wenn die Bildung einer „Schwarzen Kasse" dazu dient, dem Vermögensinhaber entsprechende Vermögenswerte zu entziehen, um diese für unternehmensfremde Zwecke einzusetzen[922] oder das Vermögen, welches sich in der „Schwarzen Kasse" befinde, nach seinem eigenem Ermessen auszugeben.[923] Insbesondere wenn durch die „Schwarze Kasse" ein „Sonderfonds" gebildet wird, auf den der Täter nach seinen eigenen Vorstellungen zurückgreifen kann, ohne mit dem Vermögensinhaber Rücksprache zu halten, begründet dies einen Vermögensnachteil.[924] Der Täter könne dann unabhängig vom Willen des Vermögensinhabers über die Mittel, die sich in der „Schwarzen Kasse" befinden, entscheiden.[925] Das geht über die bloße Einschränkung der Dispositionsbefugnis hinaus, da der Täter so ohne Rücksprache mit dem Berechtigten die Mittel eigennützig verwenden kann.[926] Der Vermögensnachteil tritt dabei erst endgültig ein, wenn der Täter die Mittel einem Dritten zugewendet hat. Andernfalls liege ein Nachteil in Form eines Gefährdungsschadens vor.[927]

Die konkrete schadensgleiche Vermögensgefährdung wird bei der verwendungszweckabhängigen Lesart damit bestimmt, wie der Täter die Gelder aus der „Schwarzen Kasse" verwenden will: Sollen die Gelder ohne Berücksichtigung des Vermögensinhabers ausgegeben werden, ist dadurch der Vermögensnachteil in Form der schadensgleichen Vermögensgefähr-

---

920 *Saliger*, NStZ 2007, 545, 547.
921 So noch *Ransiek*, NJW 2007, 1727, 1728.
922 BGH NStZ 2000, 206, 206.
923 BGH NStZ 1984, 549, 550.
924 BGHSt 40, 287, 296; 51, 100, 113.
925 BGHSt 51, 100, 113.
926 BGHSt 51, 100, 114.
927 BGHSt 51, 100, 116.

dung begründet.[928] Diese Sichtweise ist in der Literatur auf überwiegende Zustimmung gestoßen.[929]

Allerdings geht besonders der 2. Senat des BGH[930] in seiner Rechtsprechung davon aus, dass die Bildung einer „Schwarzen Kasse" einen endgültigen Vermögensschaden darstellt, wobei dies im Einzelnen unterschiedlich begründet wird. Dem scheint sich auch der 5. Senats des BGH angeschlossen zu haben.[931]

Durch die Bildung einer „Schwarzen Kasse" werden, so der BGH, dem Vermögensinhaber auf Dauer Vermögenswerte entzogen, sodass ein endgültiger Vermögensschaden vorliege, da der Vermögensinhaber keinen Zugriff mehr auf das Vermögen habe.[932] In diesem Fall sei nicht nur die Dispositionsmöglichkeit des Vermögensinhabers betroffen, sondern das Vermögen sei endgültig entzogen worden. Doch die Möglichkeit, über das eigene Vermögen disponieren zu können, gehöre zu dem von § 266 StGB geschützten Rechtsgut.[933] Dieser Vermögensnachteil könne nicht einmal durch die vage Chance kompensiert werden, dass mit den entzogenen Mitteln ein wirtschaftlicher Erfolg erzielt werden könne oder dass zumindest eine solche Mittelverwendungsabsicht beim Täter bestehe.[934] Daher sei die Absicht, die Geldmittel im Interesse des Vermögensinhabers einzusetzen, für die Feststellung des Vermögensnachteils ohne Belang.[935] Die Situation der „Schwarzen Kasse" könne auch nicht mit der Situation verglichen werden, in der der Vermögensbetreuungspflichtige Mittel bereit hält, um den Vermögensnachteil jederzeit auszugleichen, da hier nicht eigene Mittel, sondern Mittel des Vermögensinhabers bereit gehalten werden.[936]

In einer zweiten Entscheidung v. 27.8.2010[937] betonte der 2. Senat des BGH ebenfalls, dass bei der Bildung einer „Schwarzen Kasse" ein Vermö-

928 *Saliger*, NStZ 2007, 545, 548.
929 *Bernsmann*, GA 2007, 219, 232; *Matt*, NJW 2005, 389, 391; *Perron*, in: Schönke/Schröder, 28. Aufl., § 266 Rn. 45c; *Rönnau*, in: FS-Tiedemann, S. 713, 727 ff.; *Saliger*, S. 418 ff.; *Satzger*, NStZ 2009, 297, 303; *Schünemann*, NStZ 2008, 430, 433 f.; *Seier*, in: Achenbach/Ransiek, 2. Aufl., V 2 Rn. 193.
930 BGHSt 52, 323, 338; 55, 266, 282.
931 BGH NStZ-RR 2014, 343.
932 BGHSt 52, 323, 336.
933 BGHSt 52, 323, 339.
934 BGHSt 52, 323, 337.
935 BGHSt 52, 323, 337.
936 BGHSt 52, 323, 337.
937 BGHSt 55, 266.

gensnachteil in der Form eines endgültigen Vermögensnachteils vorliege, da keine Möglichkeit mehr für den Vermögensinhaber bestehe, auf sein Vermögen zuzugreifen.[938] Auch in dieser Entscheidung benutzt der BGH zur Bestimmung eines endgültigen Vermögensnachteils bei einer „Schwarzen Kasse“ eine „verwendungszweckunabhängige“ Begründung.[939] Denn auch hier betont der BGH, dass die Absicht, das Vermögen auf eine bestimmte Art einsetzen zu wollen, um einen Vermögensvorteil zu bestimmen, unerheblich für die Bewertung als Untreue sei.[940] Diese Ansicht hat auch Befürworter in der Literatur gefunden.[941]

#### (2) Möglichkeit eines hypothetischen Einverständnisses bei einer „Schwarzen Kasse“

Es ist nun zu untersuchen, ob ein hypothetisches Einverständnis in der Fallgruppe der „Schwarzen Kasse“ denkbar wäre. Zunächst muss die Definition, was eine „Schwarze Kasse“ umfasst, für ein hypothetisches Einverständnis nicht verändert werden, denn danach ist es ausreichend, wenn der Vermögensbetreuungspflichtige im vermeintlichen Interesse des Vermögensinhabers handelt. Diese vermeintlichen Interessen des Vermögensinhabers müssen jedoch nicht mit den wirklichen Interessen des Vermögensinhabers übereinstimmen. Es reicht, wenn der Vermögensbetreuungspflichtige glaubt, dass die von ihm verfolgten Interessen auch den Interessen des Vermögensinhabers entsprechen. Eine Handlung im vermeintlichen Interesse, wie es beim hypothetischen Einverständnis der Fall ist, ist daher noch von der Definition einer „Schwarzen Kasse“ erfasst.

---

938 BGHSt 55, 266, 282.

939 Vgl. *Dierlamm*, in: Müko-StGB, § 266 Rn. 246; *Fischer*, § 266 Rn. 138; *Saliger*, in: SSW-StGB, § 266 Rn. 96.

940 BGHSt 55, 266, 284.

941 *Fischer*, § 266 Rn. 137; *Hadamitzky*, in: Müller-Gugenberger, § 32 Rn. 186; *Hoven*, NStZ 2014, 646, 646; *Perron*, in: Schönke/Schröder, § 266 Rn. 45c; *Ransiek*, NJW 2009, 89, 95.

### (a) Grundsätzliche Bedenken gegen ein hypothetisches Einverständnis bei einer „Schwarzen Kasse"

Allerdings wird teilweise verneint, dass der Gedanke der hypothetischen Einwilligung bzw. des hypothetischen Einverständnisses auf die Fallgruppe der „schwarzen Kasse" übertragbar ist.[942] Dies wird damit begründet, dass bei Anwendung der hypothetischen Einwilligung im Fall der Untreue lediglich ein strafloser Versuch übrig bleibt und daher die Strafbarkeit im Falleim Fall der Bildung einer „Schwarzen Kasse" zu sehr eingeschränkt wird.[943] Außerdem würde sich der Vermögensinhaber im Nachhinein immer gegen die Bildung einer „Schwarzen Kasse" aussprechen, da andernfalls Sanktionen drohen würden oder Imageschäden eintreten können.[944] Oder es würde ein hypothetisches Einverständnis nur erklärt werden, um ein Ermittlungsverfahren und dessen Folgen abzuwenden.[945]

Allerdings scheinen diese Risiken wie besonders ein drohender Reputationsverlust nicht so abschreckend zu sein, dass die Bildung von „Schwarzen Kassen" von Anfang an ausgeschlossen oder zumindest nicht erwogen wird. Anders lässt sich wohl kaum das „etablierte System" an „Schwarzen Kassen" im „Siemens"-Fall erklären.[946]

Auch entsprechende Vorschriften oder andere Äußerungen des Vermögensinhabers sich gegen die Bildung einer „Schwarzen Kasse" aussprechen, muss nicht zwangsläufig heißen, dass er nicht mit der Bildung einer solchen einverstanden wäre. Ebenso stehen mögliche Compliance-Vorschriften nicht unbedingt einem hypothetischen Einverständnis entgegenstehen. In diesem Zusammenhang wird bereits angenommen, dass solche Vorschriften es nicht ausschließen, dass der Vermögensinhaber sein tatsächliches Einverständnis zur der Bildung einer „Schwarzen Kasse" abgegeben hat. Die Compliance-Vorschriften können durchaus eine „bloße

942 *Fischer*, § 266 Rn. 81; *Rönnau*, in: FS-Tiedemann, S. 713, 720; *Schramm*, in: MG-Wirtschaftsstrafrecht, § 266 Rn. 62; *Strelczyk*, S. 35; *Tsagkaraki*, S. 109.

943 *Strelczyk*, S. 35; *Tsagkaraki*, S. 109.

944 *Rönnau*, in: FS-Tiedemann, S. 713, 720.

945 *Strelczyk*, S. 35.

946 *Saliger/Gaede*, HRRS 2008, 57, 67, die davon sprechen, dass Siemens wohl ein „etabliertes System" an „Schwarzen Kassen" installiert habe, welches vielen Mitarbeitern bewusst gewesen sein müsse; zudem sei das System im Rahmen der Verantwortlichkeitsnachfolge von Vorstand zu Vorstand übertragen worden.

Fassade" darstellen, was entsprechend festgestellt werden könnte.[947] Solche Vorschriften würden aber selbst dann nicht einem hypothetischen Einverständnis entgegenstehen, da der wirkliche Wille von dem Willen abweichen kann, der durch die Compliance-Vorschriften geäußert wird. Der Vermögensinhaber könnte mit der Bildung einer „Schwarzen Kasse" einverstanden sein, wenn man ihn entsprechend aufklären würde. Zudem gibt es Unternehmen, die, anders als Aktiengesellschaften, keine Compliance-Vorschriften aufstellen.[948] Dadurch kann solchen Äußerungen nicht unbedingt ein Wille gegen die Bildung einer „Schwarzen Kasse" entnommen werden. Es kann daher nicht von vornherein ausgeschlossen werden, dass der Gedanke der hypothetischen Einwilligung nicht auf die Fallgruppe der „Schwarzen Kassen" übertragbar ist.

Allerdings zeigt diese Darstellung, dass die Ermittlung des hypothetischen Willens im Hinblick auf die Bildung oder Verwaltung einer „Schwarzen Kasse" schwierig sein kann. Denn entsprechende Äußerungen können für oder gegen den Willen des Vermögensinhabers sprechen, eine „Schwarze Kasse" zu bilden. Einem Gericht wäre es dann kaum möglich, die Aussage des Vermögensinhabers hinsichtlich eines hypothetischen Einverständnisses zu überprüfen, da in die Gesamtabwägung zur Feststellung eines hypothetischen Einverständnisse alle Aussagen des Vermögensinhabers miteinbezogen werden müssen. Das Gericht würde vor enormen Beweisschwierigkeiten stehen, sodass der Angeklagte aufgrund des *in dubio pro reo*-Grundsatzes freigesprochen werden müsste. Denn es wäre für das Gericht nicht zweifelsfrei darzulegen, dass der Vermögensinhaber sich nicht doch für die Bildung einer „Schwarzen Kasse" ausgesprochen hätte.

#### (b) Anwendungsbereich für eines hypothetischen Einverständnisses nur bei Vorliegen eines endgültigen Vermögensnachteils

Nahezu kein unmittelbarer Anwendungsbereich besteht für ein hypothetisches Einverständnis aber, wenn man annimmt, dass der Vermögensnachteil bei einer „Schwarzen Kasse" in Form einer schadensgleichen Vermögensgefährdung vorliegt und zur Bestimmung dieses Nachteils auf die „verwendungszweckabhängige" Lesart zurückgegriffen wird. Wenn näm-

947 BGHSt 52, 323, 335, der diesen Punkt der Verteidigung eben mit dem Hinweis zurückwies, dass entsprechende Feststellung hierzu nicht getroffen worden seien.
948 Vgl. hierzu *Fischer*, § 266 Rn. 81.

lich die Absicht besteht, die Mittel lediglich für die Zwecke des Vermögensinhabers auszugeben, liegt bereits kein Vermögensnachteil vor, sodass es nicht mehr auf ein hypothetisches Einverständnis ankommt. Wenn allerdings die Mittel später nicht im Interesse des Vermögensinhabers eingesetzt werden sollen, ist es schwerlich vorstellbar, dass der Vermögensinhaber hiermit im Zeitpunkt der Bildung der „Schwarzen Kasse" einverstanden gewesen wäre. Damit könnte aber auch kein hypothetisches Einverständnis angenommen werden. Man kann daher bezweifeln, dass in diesen Fällen ein Anwendungsbereich für ein hypothetisches Einverständnis besteht.

Anders sieht es dagegen aus, wenn man annimmt, dass mit der Bildung einer „Schwarzen Kasse" ein endgültiger Vermögensnachteil vorliegt, zu dessen Bestimmung nicht auf die Mittelverwendungsabsicht abgestellt werden muss. Hier würde es darauf ankommen, ob der Vermögensinhaber einer solchen Handlung zugestimmt hätte, wenn er hierüber ordnungsgemäß aufgeklärt worden wäre. Es kann aufgrund möglicher Konsequenzen, wie z.B. ein drohender Reputationsverlust, allerdings bezweifelt werden, dass ein Vermögensinhaber hierzu bereit wäre. Aber auch hier verbleiben entsprechende Beweisschwierigkeiten für ein hypothetisches Einverständnis, sodass dieses nicht von vornherein ausgeschlossen werden kann.

#### cc) Untreue zum Nachteil einer GmbH

Darüber hinaus könnte ein Anwendungsbereich für ein hypothetisches Einverständnis in Fällen der Untreue zum Nachteil einer GmbH bestehen. Grundsätzlich sind vermögensschädigende Dispositionen eines Geschäftsführers über das GmbH-Vermögen dann nicht pflichtwidrig, wenn hierzu ein Einverständnis der GmbH-Gesellschafter vorliegt.[949] Allerdings ist umstritten, ob die Befugnis der Gesellschafter dadurch begrenzt ist, dass das Vermögen nicht ihnen, sondern der GmbH zugeordnet ist. Denn für die Gesellschafter einer GmbH ist das GmbH-Vermögen fremd[950], sodass durch das Einverständnis mittelbar eine Disposition über fremdes Vermögen erfolgt.

---

949 BGH NJW 2000, 154, 155; *Fischer*, § 266 Rn. 95; *Perron*, in: Schönke/Schröder, § 266 Rn. 21.

950 *Fischer*, § 266 Rn. 13.

### (1) Reichweite der Dispositionsbefugnis der GmbH-Gesellschafter

Es ist umstritten, ob diese Dispositionsmöglichkeit der Gesellschafter grenzenlos ist. Der Diskussionsstand ist mittlerweile sehr unübersichtlich geworden, sodass hier versucht wird, zumindest die Kernansichten und -argumente wiederzugeben. Gleichzeitig ist diese Diskussion aber so zentral für das Einverständnis im Rahmen der Untreue geworden, dass sogar versucht wird, dies auf andere Gesellschaftsformen zu übertragen, um dort die Möglichkeit zur Disposition der Anteilsinhaber einzuschränken.[951]

#### (a) Sog. eingeschränkte Gesellschaftertheorie

Die Rechtsprechung und die herrschende Lehre folgen in dieser Frage der eingeschränkten Gesellschaftertheorie.[952] Ein Einverständnis der Gesellschafter ist demnach wirkungslos, wenn die Entnahme aus den Gesellschaftsvermögen bestimmte Grenzen überschreitet. Dies ist immer dann der Fall, wenn eine Handlung des Organs das Stammkapital der Körperschaft beeinträchtigt[953], die Liquidität der Gesellschaft gefährdet oder der Körperschaft die Produktionsgrundlage entzieht.[954] Grundlage bei der GmbH ist dafür sowohl § 30 Abs. 1 GmbHG, wonach Auszahlungen aus

---

951 *Rönnau*, in: FS-Amelung, S. 247, 251.

952 In Abgrenzung zur sog. Körperschaftstheorie, wonach die Gesellschafter nie über das Gesellschaftsvermögen dispositionsbefugt waren, vgl RG 71, 353, 355 f.; zu den Begrifflichkeiten, vgl. *Schünemann*, § 266 Rn. 249; wobei die eingeschränkte Gesellschaftertheorie, letztendlich mit der eingeschränkte Körperschaftstheorie, die vor allem vom BGH vertreten wurde, vergleichbar ist. Jedoch setzte der BGH in seinen jüngeren Entscheidungen auch auf § 30 GmbHG und die Existenzvernichtungshaftung, um die Einschränkung der Dispositionsbefugnis zu begründen, vgl. *Esser*, in: AnwK-StGB, § 266 Rn. 285 f.

953 BGHSt 3, 32, 39 f.; 9, 203, 216; wobei auch bei bestehender Überschuldung oder aufgezehrtem Stammkapital das Einverständnis unwirksam ist, vgl. BGH NStZ 1999, 557, 558.

954 Vgl. nur BGHSt 3, 32, 40; 9, 203, 216; 35, 333, 337; 49, 147, 157 f.; 54, 52, 58; grundsätzlich zustimmend *Anders*, S. 388 f.; vgl. *Brand*, S. 299 f.; *Brammsen*, DB 1989, 1609, 1610 f.; *Kindhäuser*, in: NK-StGB, § 266 Rn. 71; *Radtke*, GmbHR 1998, 361, 362 f.; *Radtke/Hoffmann*, GA 2008, 535, 547 f.; *Schmid*, in: Müller-Gugenberger/Bieneck, § 31 Rn. 83; *Schünemann*, in: LK-StGB, § 266 Rn. 252; *Waßmer*, S. 88 ff.; *Wessels/Hillenkamp*, BT II, § 20 Rn. 761; für die unterschiedlichen Ausprägungen der eingeschränkten Gesellschaftertheorie, vgl. *Anders*, S. 122 ff.

dem Stammkapital der Gesellschaft an die Gesellschafter ausgeschlossen sind, als auch die zivilrechtliche Rechtsprechung zur sog. Existenzvernichtungshaftung.[955] Das Einverständnis zu einer dieser Handlungen wäre damit unwirksam.

Wesentlich für diese Ansicht ist, dass das Gesellschaftsvermögen der GmbH selbst und nicht den Gesellschaftern zugeordnet ist, sodass der Gesellschaft ein unabhängiges Bestandsinteresse zugesprochen werde muss. Dies ist der Preis für die grundsätzlich bestehende Haftungsbeschränkung der GmbH-Gesellschafter nach § 13 Abs. 2 GmbHG, wenn die Gesellschafter für ihre wirtschaftliche Betätigung eine juristische Person, insbesondere eine GmbH, benutzen. Da die Gesellschafter in diesem Fall nur mit dem Gesellschaftsvermögen für ihre Verbindlichkeiten haften, ist es nur konsequent, das Gesellschaftsvermögen auch durch § 266 StGB vor der Beeinträchtigung durch die Gesellschafter zu schützen, wenn durch die rechtliche Verselbstständigung der GmbH eine Trennung des Privatvermögens der Gesellschafter vom Gesellschaftsvermögen erfolgt sei. Daher liegt ein selbstständig zu schützendes Vermögen vor.[956] Der Gläubigerschutz ist jedoch nur „reflexartig“ und erfolgt daher nur mittelbar durch den unmittelbaren Schutz des Gesellschaftsvermögens aus § 266 StGB.[957]

Hierbei wird auf die zivilrechtliche Rechtsprechung zur Existenzvernichtungshaftung Bezug genommen, in der ein eigenes Überlebensinteresse im Rahmen der Existenzvernichtungshaftung anerkannt wird und die Gläubiger nur einen „mittelbaren“ Schutz erfahren.[958]

#### (b) Sog. strenge Gesellschaftertheorie

In der Literatur wird eine strenge Gesellschaftertheorie vertreten, in der die Gesellschafter die uneingeschränkte Dispositionsbefugnis über das GmbH-Vermögen innehaben, weshalb das Einverständnis nicht begrenzt ist.[959]

---

955 BGHSt 54, 52, 58; BGH NJW 2009, 2225, 2227; NStZ 2012, 630, 633.

956 *Achenbach*, in: FS-BGH, S. 593, 598; *Brammsen*, DB 1989, 1609, 1614; *Radtke*, GmbHR 1998, 361, 363.

957 BGHSt 34, 379, 386; *Radtke*, GmbHR 1998, 361, 362.

958 BGHSt 54, 52, 59; *Radtke/Hoffmann*, GA 2008, 535, 548.

959 *Beulke*, in: FS-Eisenberg, S. 257 f.; *Birkholz*; 294 f., *Corsten*, S. 106; *Dierlamm*, in: Müko-StGB, § 266 Rn. 158; *Fischer*, § 266 Rn. 99; *Hoyer*, in: Sk-StGB, § 266 Rn. 60; *Kubiciel*, NStZ 2005, 353, 359; *Kasiske*, JR 2011, 235, 236 f.; *Kraatz*

Es wird bezweifelt, dass der GmbH im Strafrecht ein eigenes Bestandsinteresse zukommt, das unabhängig von den Interessen der Gesellschafter ist, denn diese sind die wirtschaftlichen Eigentümer des GmbH-Vermögens.[960] Daher können die Gesellschafter den Bestand der Gesellschaft durch Liquidation beenden[961] und dem Geschäftsführer verbindliche Weisungen zur Geschäftsführung erteilen.[962]

Auch wird geltend gemacht, dass die Gesellschafter das oberste Willensbildungsorgan einer GmbH bilden, sodass sie durch die Willensbildung auch den Umgang mit den Gesellschaftsvermögen bestimmen können.[963]

Vor allem wird das Argument vertreten, dass durch die eingeschränkte Gesellschaftertheorie der Schutzzweck des § 266 StGB verdreht wird. § 266 StGB werde so zu einem Delikt, dass nicht die Interessen des Vermögensinhabers schütze, sondern zu einem Gläubigerschutzdelikt umfunktioniert. Jedoch sei es Aufgabe der Bankrottdelikte in §§ 283 StGB ff., die Gläubigerinteressen zu wahren.[964]

(2) Möglichkeit eines hypothetischen Einverständnisses

Fraglich ist nun, inwieweit ein hypothetisches Einverständnis möglich ist und ob dabei insbesondere die Grenzen der Dispositionsbefugnis zu beachten sind. Das hängt einerseits davon ab, ob man diese Grenzen anerkennt, und andererseits davon, ob die relevanten Grenzen der eingeschränkten Gesellschaftertheorie auch für das hypothetische Einverständnis gelten.

Die Frage ist jedoch irrelevant, wenn zwischen der Geschäftsführung und den Gesellschaftern Personenidentität besteht. Denn hier handelt der

---

ZStW 123 (2011), 447, 474; *Perron*, in: Schönke/Schröder, § 266 Rn. 21 b; *Rönnau* ZStW 119 (2007), 887, 908; *Schramm*, S. 119 ff; *Seier*, in: Achenbach/Ransiek, V 2 Rn. 320.

960 *Arloth*, NStZ 1990, 570, 573; *Fischer*, § 266 Rn. 99; *Labsch*, Jus 1985, 602, 604; *Schramm*, S. 124;.

961 *Fischer*; § 266 Rn. 99.

962 *Schramm*, S. 124.

963 *Corsten*, S. 92; *Habetha*, NZG 2012, 1134, 1138; *Ibold*, S. 215; Labsch, wistra 1985, 1, 7; *Perron*, in: Schönke/Schröder, § 266 Rn. 21b;.

964 *Arloth*, NStZ 1990, 570, 573; *Habetha*, NZG 2012, 1134, 1138, *Kasiske*, JR 2011, 235, 240; *Kraatz* ZStW 123 (2011), 447, 476; *Labsch*, wistra 1985, 59, 60.

sog. „Gesellschafter-Geschäftsführer" aufgrund der Personenidentität zwangsläufig mit einem Einverständnis. Auf die Frage, ob ein hypothetisches Einverständnis vorliegt, kommt es daher gar nicht mehr an. Diese Frage stellt sich nur, wenn Geschäftsführung und Gesellschafter personenverschieden sind, was allein bei Fremdgeschäftsführung der Fall ist.

Es ist allerdings zu bezweifeln, dass die tatbestandsausschließende Wirkung des hypothetischen Einverständnisses der Gesellschaftstheorie ein weiteres Argument dafür geliefert hat, dass die Gesellschafter allein über das Vermögen der Gesellschaft bestimmen können. [965] Denn die Frage nach dem hypothetischen Einverständnis kann nicht isoliert von der Frage nach der Dispositionsbefugnis beantwortet werden. Der Umkehrschluss hieße nämlich, dass die Gesellschafter durch ein hypothetisches Einverständnis über das Gesellschaftsvermögen disponieren können, was aber keinesfalls feststeht.

Wenn man aber annimmt, dass die Dispositionsbefugnis der Gesellschafter aufgrund der genannten Grundsätze nicht beschränkt ist, gibt es keine Anhaltspunkte, eine solche Begrenzung beim hypothetischen Einverständnis anzunehmen. Da das Gesellschaftsvermögen nach dieser Ansicht zur freien Verfügung der Gesellschafter steht, würde die Möglichkeit eines entsprechenden hypothetischen Einverständnisses bestehen, selbst wenn damit das Stammkapital beeinträchtigt oder die Existenz der Gesellschafts gefährdet wird.

Anders stellt es sich dar, wenn man – wie es die herrschende Ansicht tut – die Eigenständigkeit des Gesellschaftsvermögens gegenüber den Gesellschaftern betont und damit die Dispositionsbefugnis der Gesellschafter begrenzt, sodass nicht zu jeder pflichtwidrigen Handlung ein Einverständnis abgegeben werden kann. Damit könnte ein hypothetisches Einverständnis dann nicht angenommen werden, wenn hierdurch in eine pflichtwidrige Handlung eingewilligt werden würde, die das Stammkapital der Gesellschaft beeinträchtigt oder die Existenz der Gesellschaft aufs Spiel setzt. In diesem Fall würde es daher ebenfalls nicht auf ein hypothetisches Einverständnis ankommen.

---

965 So *Edlbauer/Irrgang,* JA 2010, 786, 790.

### b) Zusammenfassung der Ergebnisse

Damit zeigt sich, dass es in den Fällen der Risikogeschäfte und bei den Fällen der sog. „Schwarzen Kasse" kaum auf ein hypothetisches Einverständnis ankommt. Selbst wenn ein entsprechender Anwendungsfall angenommen werden kann, besteht das praktische Problem, den hypothetischen Willen des Vermögensinhabers zweifelsfrei zu bestimmen. In der Fallgruppe der Untreue zum Nachteil einer GmbH spielt ein hypothetisches Einverständnis vor allem dann keine Rolle, wenn Personenidentität zwischen Geschäftsführer und Gesellschafter besteht, da dann die Handlung des Geschäftsführer immer mit dem Einverständnis des Gesellschafters erfolgt. Außerdem besteht für das hypothetische Einverständnis nach herrschender Ansicht dann eine Grenze, wenn das Stammkapital der Gesellschaft angegriffen wird oder die wirtschaftliche Existenz der Gesellschaft durch das Einverständnis bedroht ist. In diesem Fall kommt es auf ein Einverständnis und damit auch auf ein hypothetisches Einverständnis nicht mehr an.

Nach dieser Analyse steht fest, dass dem hypothetischen Einverständnis, wenn man den Gedanken denn zulässt, kein besonders großer Anwendungsbereich zukommt.

## *II. Abgrenzung zur Genehmigung und dogmatische Grundlage des hypothetischen Einverständnisses in der Untreue*

Nachdem die Anwendungsvoraussetzungen des hypothetischen Einverständnisses formuliert wurden, ist dieses Institut von der Genehmigung abzugrenzen. Das hypothetische Einverständnis weist nämlich eine gewisse Ähnlichkeit zur Genehmigung auf, da bei beiden Instituten der Rechtsgutsinhaber nachträglich zur Handlung des Täters befragt wird.

Die Frage nach Abgrenzung zur Genehmigung stellt sich bereits bei der hypothetischen Einwilligung im Arztstrafrecht. Denn auch hier wird der Patient nachträglich befragt, ob er bei ordnungsgemäßer Aufklärung der Behandlung durch den Arzt zugestimmt hätte. Es ist in diesem Fall nicht mehr erforderlich, dass der Arzt vorab eine Einwilligung einholt oder sich an einer mutmaßlichen Einwilligung des Patienten orientiert. Allein die nachträgliche Befragung führt, wenn man eine hypothetische Einwilligung annehmen kann, zur Straffreiheit des Arztes.[966] Der Aspekt der nachträglichen Befragung des Patienten und der damit einhergehenden schwierigen Abgrenzung zur Genehmigung führt zu entsprechenden Einwänden gegen die Anerkennung der hypothetischen Einwilligung im Arztstrafrecht, da viele keinen Unterschied zwischen der hypothetische Einwilligung und der Genehmigung erkennen.[967] Die Abgrenzung des hypothetischen Einverständnisses zur Genehmigung soll durch die dogmatische Verortung des hypothetischen Einverständnisses in der Untreue erfolgen. Zunächst sind jedoch die bisherigen Erkenntnisse zur Genehmigung bei § 266 StGB darzustellen, um eine Abgrenzung zum hypothetischen Einverständnis erreichen zu können.

### 1. Die Genehmigung im Rahmen des § 266 StGB

Um die Wirkungsweise der Genehmigung bei § 266 StGB verstehen zu können, sind zunächst die zivilrechtlichen Grundlagen der Genehmigung darzustellen.

#### a) Die Genehmigung im Zivilrecht

Zur Darstellung der Genehmigung im Zivilrecht muss auf ihren Anwendungsbereich und auf ihre Rechtsfolgen eingegangen werden.

##### aa) Grundsätzliches zur Wirkungsweise der Genehmigung

Im Zivilrecht wird die Genehmigung in den §§ 182 BGB ff. beschrieben. Die Genehmigung ist in § 184 Abs. 1 BGB als nachträgliche Zustimmung legal definiert. Mit ihr wird zum Ausdruck gebracht, dass das Geschäft gebilligt wird.[968] Eine Genehmigung unter Einschränkungen oder Bedingun-

966 Vgl. C. II. 2. a). bb).
967 Vgl. C. V. 3. b). cc). (1).
968 *Bayreuther*, in: Müko-BGB, § 184 Rn. 10; *Gursky*, in: Staudinger-BGB, § 184 Rn. 12.

gen ist nicht möglich.[969] Nach § 184 Abs. 1 BGB wirkt die Genehmigung auf den Zeitpunkt der Vornahme des Rechtsgeschäfts zurück, soweit nicht ein anderes bestimmt ist. Bis zur Erklärung der Genehmigung bleibt daher ein zustimmungsbedürftiges Rechtsgeschäft schwebend unwirksam.[970]

Anwendungsfälle für eine Genehmigung sind besonders der Vertragsschluss eines *falsus procurator* nach § 177 Abs. 1 BGB und der Vertragsschluss eines beschränkt Geschäftsfähigen ohne Zustimmung durch den gesetzlichen Vertreter nach § 107 BGB. Denn beide Willenserklärungen wird dannwerden erst mit der Genehmigung wirksam. Auch die Verfügung eines Nichtberechtigen gem. § 185 Abs. 1 S. 1, 1. Fall BGB wird erst mit der Genehmigungserteilung wirksam.[971] Mit Erteilung der Genehmigung werden die genannten Geschäfte *ex tunc* wirksam, sodass für den Eintritt der Rechtsfolge der Zeitpunkt der Vornahme des zustimmungsbedürftigen Rechtsgeschäftes maßgeblich ist.[972] Die Genehmigung wirkt sich also durch eine Fiktion rückwirkend aus und die Geschäfte werden so behandelt, als wären sie von Anfang an wirksam gewesen.[973]

An vielen Stellen verwendet das Gesetz jedoch den Begriff der Zustimmung nicht im Sinne der §§ 182 ff. BGB, sodass er nicht mit der Einwilligung oder der Genehmigung verwechselt werden darf. Hiermit kann auch die zustimmende Teilnahme an einem Beschluss gemeint sein wie in § 709 BGB oder § 115 Abs. 2 HGB.[974] Bei diesen Geschäften ist jedoch die Zustimmung keine Voraussetzung für die Wirksamkeit eines Rechtsgeschäftes. Hier besteht lediglich die Pflicht, das Geschäft nicht ohne Zustimmung eines Dritten durchzuführen. Andernfalls könnte beispielsweise eine Schadensersatzpflicht eintreten.[975] Diese Geschäfte werden auch „unechte" oder „uneigentliche" Rechtsgeschäfte genannt, auf die §§ 182 ff. BGB grundsätzlich keine Anwendung finden.[976]

969 *Bayreuther*, in: Müko-BGB, § 184 Rn. 11; *Gursky*, in: Staudinger-BGB, § 184 Rn. 12.

970 *Bayreuther*, in: Müko-BGB, § 184 Rn. 3; *Gursky*, in: Staudinger-BGB, § 184 Rn. 15.

971 Vgl. die Aufstellung bei *Flume*, Rechtsgeschäft, § 54, 1.

972 *Flume*, Rechtsgeschäft, § 56.

973 *Bork*, BGB-AT, Rn. 1707.

974 Vgl. *Bayreuther*, in: Müko-BGB, Vor § 182 Rn. 12.

975 *Flum*, Rechtsgeschäfte, § 54, 5.

976 *Bayreuther*, in: Müko-BGB, Vor § 182 Rn. 12; *Gursky*, in: Staudinger-BGB, Vor § 182 Rn. 7.

### bb) Folgen einer Genehmigung in ausgewählten Fallgruppen

Darüber hinaus müssen die Rechtsfolgen einer Genehmigung im Zivilrecht untersucht werden. Es wurde bereits beschrieben, dass die Geschäfte durch die Rückwirkungsfiktion so behandelt werden, als wären sie von Anfang an wirksam gewesen. Aber die Genehmigung kann im Zivilrecht abhängig von der rechtlichen Konstellation, in der sie erfolgt, höchst unterschiedliche Folgen haben. Auch ist nicht immer klar, mit welchem Motiv eine Genehmigung in den jeweiligen Fallgruppen erfolgt. Dies soll exemplarisch in Bezug auf § 185 Abs. 2 S. 1, 1. Fall BGB (Genehmigung der Verfügung eines Nichtberechtigten) und § 177 BGB (Genehmigung eines Vertragsschlusses durch den *falsus procurator*) aufgezeigt werden.

#### (1) Genehmigung einer Verfügung durch einen Nichtberechtigten

Nach § 185 Abs. 2 S. 1, 1. Fall BGB kann der Eigentümer die Verfügung eines Nichtberechtigten über sein Eigentum genehmigen, sodass diese *ex tunc* wirksam wird. Dies ist nur möglich, solange der Erwerber das Eigentum an der Sache nicht durch einen Gutglaubenstatbestand erworben hat. In diesem Fall käme es auf die Genehmigung des Berechtigten nicht mehr an, da dieser nicht mehr verfügungsbefugt wäre.[977] Die Genehmigung ist in dieser Fallgruppe nur dann relevant, wenn die Sache nach § 935 BGB abhanden gekommen ist oder der Erwerb bei Vollendung des Gutglaubenstatbestandes bösgläubig i.S.d. § 932 Abs. 2 BGB bzw. § 892 Abs. 2 BGB gewesen ist bzw. bösgläubig hinsichtlich der fehlenden Verfügungsbefugnis i.S.d. § 366 HGB war.[978] Die Anwendungsfälle einer Genehmigung sind daher in dieser Fallgruppe beschränkt.

Die Genehmigung einer schwebend unwirksamen Verfügung könnte für den Eigentümer immer dann Sinn ergeben, wenn der Verfügende durch die Verfügung über die fremde Sache einen monetären Ersatz erlangt hat, der den objektiven Wert der Sache übersteigt. Zwar verliert der Eigentümer im Fall einer Genehmigung der Verfügung seinen Vindikationsanspruch aus § 985 BGB gegenüber dem Besitzer, da er sein Eigentum durch die Verfü-

977 Vgl. hierzu zum Mobiliarsachenrecht die § 932 ff. BGB, zum Immobiliarsachenrecht § 892 BGB bzw. zum guten Glauben an die Verfügungsbefugnis § 366 HGB.

978 *Bayreuther*, in: Müko-BGB, § 184 Rn. 24.

gung verliert.[979] Allerdings erhält er in diesem Fall einen Kondiktionsanspruch gegen den nichtberechtigten Verfügenden aus § 816 Abs. 1 S. 1 BGB, der nach h.M. auch auf Herausgabe eines eventuell erlangten Gewinns gerichtet ist und damit nicht nur den objektiven Wert ersetzt. Dies kann im Einzelfall günstiger sein als der bloße Erhalt der Sache selbst.[980] Zwar bestehen neben dem Kondiktionsanspruch aus § 816 Abs. 1 S. 1 BGB noch weitere Schadensersatzansprüche etwa aus §§ 989, 990 BGB oder aus § 823 Abs. 1 BGB. Diese sind jedoch auf den Ersatz des objektiven Wertes der Sache beschränkt.[981] Deshalb wird angenommen, dass die Genehmigung hier allein dazu dient, dem Berechtigten einen bereicherungsrechtlichen Anspruch gegen den Verfügenden zu verschaffen. Das ist der Fall, wenn der Vindikationsanspruch aus § 985 BGB aus tatsächlichen Gründen nicht durchsetzbar ist. Dann bietet die Genehmigung eine Möglichkeit, sich zumindest aus wirtschaftlicher Sicht schadlos zu halten.[982] Die Genehmigung dient daher allein der „Schadensbegrenzung durch das Opfer“.[983]

Auf der anderen Seite kann die Genehmigung auch eine Billigung des Geschäftes beinhalten. Dies könnte der Fall sein, wenn der Verfügende einen über dem objektiven Wert liegenden Kaufpreis erzielt hat, sodass der Eigentümer gar kein Interesse mehr an dem eigentlichen Gegenstand hat und sich daher mit dem Geschäft des Nichtberechtigten zufrieden gibt.[984] Jedoch bleiben auch im Fall einer Billigung durch den Eigentümer etwaige Kondiktions- und Schadensersatzansprüche erhalten, sodass die Genehmigung dem Verfügenden objektiv gesehen keine Vorteile bringt.[985] Im Fall der Billigung durch den Eigentümer kommt zumindest ein subjektives Gefühl beim Nichtberechtigten zustande, ein gutes und damit anerkennenswertes Geschäft getätigt zu haben.

---

979 *Schwab*, in: Müko-BGB, § 816 Rn. 34 f.; *Sprau*, in: Palandt, § 816 Rn. 7, 9; vgl. hierzu auch *Lorenz*, in: Staudinger-BGB, § 816 Rn. 9.

980 So die h.M., vgl. *Schwab*, in: Müko-BGB, § 816 Rn. 39 f. m. w. N.; *Sprau*, in: Palandt, § 816 Rn. 10.

981 *Schwab*, in: Müko-BGB, § 816 Rn. 43; *Stadler*, in: Jauernig, § 816 Rn. 1.

982 *Brennenstuhl*, S. 117.

983 *Schramm*, S. 199.

984 *Schramm*, S. 199.

985 *Brennenstuhl*, S. 117.

### (2) Genehmigung eines durch den falsus procurator abgeschlossenen Vertrages

Differenzierter betrachtet werden muss die Situation, in der der *Prinzipal* das Geschäft des *falsus procurator* genehmigt. Grundsätzlich ist die Situation anhand der §§ 177–179 BGB zu beurteilen. In dieser Fallgruppe hat der *falsus procurator* eine Willenserklärung im Namen des *Prinzipals* ohne Vertretungsmacht abgegeben. Nach § 180 BGB ist ein einseitiges Rechtsgeschäft des *falsus procurator* unzulässig und damit endgültig unwirksam.[986] Außer es greift § 180 S. 2 oder S. 3 BGB, sodass wie bei einem zweiseitigen Rechtsgeschäft der Anwendungsbereich der §§ 177–179 BGB eröffnet ist.

In der Fallgruppe des *falsus procurator* ist jedoch das Außen- vom Innenverhältnis zu unterscheiden: Im Außenverhältnis geht es um das Verhältnis des *Prinzipals* zum Dritten mit der Frage, ob das Vertretergeschäft den *Prinzipal* bindet. Für die Haftung des *falsus procurator* gegenüber dem *Prinzipal* ist dagegen allein das Innenverhältnis zwischen beiden maßgeblich.[987]

Der *Prinzipal* hat nun die Möglichkeit, das Geschäft des *falsus procurator*, welches ohne oder mit nicht ausreichender Vertretungsmacht geschlossen wurde, nach § 177 Abs. 1 BGB zu genehmigen. Solange eine Genehmigung nicht erfolgt ist, ist das Geschäft schwebend unwirksam und verpflichtet oder berechtigt daher den *Prinzipal* im Außenverhältnis zum Dritten nicht. Auch im Innenverhältnis zum *falsus procurator* ist er in der Regel nicht zur Erteilung einer Genehmigung verpflichtet.[988] Allenfalls wenn eine Notgeschäftsführung (§§ 679, 680 BGB) erfolgt, könnte ein Anspruch auf Genehmigung gegenüber dem *falsus procurator* bestehen.[989] Wird die Genehmigung durch den *Prinzipal* verweigert, haftet der *falsus procurator* gegenüber dem Dritten nach § 179 Abs. 1 BGB einmal auf Schadensersatz. Darüber hinaus kann der Dritte alternativ nach

---

986 *Schubert*, in: Müko-BGB, § 180 Rn. 1.

987 Vgl. *Bornemann*, AcP 2007, 102, 104, auch wenn der Autor im späteren Verlauf des Aufsatzes erwägt, Inhalte des Innenverhältnisses auch in Bezug auf den Dritten anzuwenden, um etwaige Regressansprüche des *falsus procurator* gegenüber dem *prinzipal* nicht von der Solvenz des *prinzipals* abhängig zu machen, hält er an der prinzipiellen Unterscheidung zwischen Innen- und Außenverhältnis fest.

988 *Schubert*, in: Müko-BGB, § 177 Rn. 17.

989 BGH NJW 1951, 398; 398; *Bork*, BGB-AT, Rn. 1637; *Schilken*, in: Staudinger-BGB, § 177 Rn. 17.

§ 179 Abs. 1 BGB auch die Erfüllung des Geschäftes verlangen. Der Dritte hat damit hinsichtlich der Rechtsfolgen seines Anspruches nach einer Ansicht ein Wahlrecht, das er in den Grenzen der §§ 263 BGB ausüben kann.[990] Nach einer anderen Ansicht liegt ein Fall der elektiven Konkurrenz vor.[991]

Auch die Haftung des *falsus procurator* gegenüber dem *Prinzipal* differenziert sich danach, ob der *Prinzipal* eine Genehmigung erteilt hat. Im Hinblick auf die mangelnde Vertretungsmacht haftet der *falsus procurator* allein nach § 179 BGB gegenüber dem Dritten.[992] Wenn der *Prinzipal* dagegen das Geschäft genehmigt, scheidet die Haftung des *falsus procurator* gegenüber dem Dritten aus.[993] Damit wird der *Prinzipal* Geschäftspartner des Dritten und tritt in das Geschäft mit allen Rechten und Pflichten ein, als wenn es durch den *falsus procurator* von Anfang an mit entsprechender Vertretungsmacht geschlossen worden wäre. Zwar wird der *Prinzipal* nicht originärer Vertragspartner.[994] Tatsächlich gibt die Genehmigung ihm aber die gleiche Stellung[995] und seine Vertragsposition wird durch den an sich unwirksamen Vertrag bestimmt, den der *falsus procurator* geschlossen hat.[996]

Für schuldhafte Handlungen, die im Zusammenhang mit der fehlenden Vertretungsmacht stehen, haftet der *falsus procurator* nach den allgemeinen Regeln.[997] Verweigert der *Prinzipal* die Genehmigung, stellt sich daher die Frage, inwiefern ein Ersatzanspruch für den *Prinzipal* gegenüber dem *falsus procurator* besteht, da dieser versucht hat, den *Prinzipal* rechtsgeschäftlich zu binden. Ein solcher könnte aus dem Innenverhältnis, wie z.B. aus § 678 BGB, resultieren.[998] Für einen Schadensersatzanspruch müsste der Schaden aber eigenständig festgestellt werden, sodass zumin-

---

990 *Schilken*, in: Staudinger-BGB, § 179 Rn. 13; *Schubert*, in: Müko-BGB, § 179 Rn. 34 f.

991 *Ellenberger*, in: Palandt, § 179 Rn. 5.

992 *Bork*, BGB-AT, Rn. 1636; *Flume*, Rechtsgeschäft, § 46, 4; *Schilken*, in: Staudinger-BGB, § 179 Rn. 20; *Schubert*, in: Müko-BGB, § 177 Rn. 56, 60.

993 Vgl. *Schilken*, in: Staudinger-BGB, § 179 Rn. 6; vgl. *Schubert*, in: Müko-BGB, § 179 Rn. 24.

994 *Ellenberger*, in: Palandt, § 179 Rn. 5.

995 *Ellenberger*, in: Palandt, § 179 Rn. 5.

996 *Schubert*, in: Müko-BGB, § 179 Rn. 36.

997 *Bork*, BGB-AT, Rn. 1636; *Flume*, Rechtsgeschäft, § 46, 4; *Schilken*, in: Staudinger-BGB, § 179 Rn. 20; *Schubert*, in: Müko-BGB, § 179 Rn. 56, 57.

998 *Bork*, BGB-AT, Rn. 1640.

dest das Vermögensinteresse des *Prinzipals* negativ betroffen sein müsste.[999] Der *Prinzipal* ist aber aufgrund der fehlenden Vertretungsmacht und Genehmigung nicht an das Vertretergeschäft gebunden, sodass sein Vermögensinteresse hieraus nicht negativ betroffen sein kann. Außerdem würde ein Anspruch aus § 823 Abs. 1 BGB wohl in vielen Fällen an der fehlenden Rechtsgutsverletzung scheitern. Schadensersatzansprüche des *Prinzipals* gegenüber dem *falsus procurator* dürften daher nicht bestehen, wenn er seine Genehmigung verweigert hat.

Der *falsus procurator* könnte im Fall einer Verweigerung der Genehmigung gegenüber dem *Prinzipal* einen Anspruch auf Freistellung von seiner Verbindlichkeit aus § 179 BGB nach §§ 311 Abs. 2, 241 Abs. 2, 280 Abs. 1 BGB i.V.m. §§ 257, 258 BGB haben, wenn dieser die Unwirksamkeit der Vertretungsmacht erwirkt hat. Damit wäre der *Prinzipal* verpflichtet, die Folgen des Vertreterhandelns zumindest im Innenverhältnis zum *falsus procurator* zu tragen, sodass sein eigener Anspruch gegenüber dem *falsus procurator* durch Aufrechnung in diesem Fall erlöschen könnte.[1000] Zudem kann der *falsus procurator* als berechtigter Geschäftsführer ohne Auftrag gehandelt haben, sodass ihm ein entsprechender Aufwendungsersatz nach § 683 S. 1 BGB zustünde.[1001] Auch mit einem solchen Anspruch könnte die Aufrechnung erklärt werden.

Im Fall einer Genehmigung des Vertretergeschäftes ist es schwierig, etwaige Ansprüche des *Prinzipals* gegenüber dem *falsus procurator* zu begründen. Denn durch die Genehmigung wird der *Prinzipal* Vertragspartner des Dritten und damit aus dem vom *falsus procurator* geschlossenen Vertrag berechtigt und verpflichtet. Zwar können finanzielle Belastungen aus diesem Geschäft einen Schaden darstellen, der in einem entsprechenden Schadensersatzanspruch geltend gemacht werden könnte. Allerdings können Schadensersatzansprüche durch die Genehmigung ausgeschlossen sein. Zwar kann die Genehmigung des Vertretergeschäftes nicht ohne weiteres auch als Verzicht auf etwaige Schadensersatzansprüche gewertet werden.[1002] Doch sie ist ein starkes Indiz dafür, dass der *Prinzipal* durch Billigung des Geschäfts auf etwaige Schadensersatzansprüche verzichtet, was mit der Genehmigung im Zivilrecht grundsätzlich zum Ausdruck ge-

---

999 Vgl. *Oetker*, in: Müko-BGB, § 249 Rn. 16.
1000 Vgl. *Beuthin*, FS-BGH 2000, S. 81, 87 Fn. 31.
1001 *Bork*, BGB-AT, Rn. 1638.
1002 Vgl. BAG NJW 1965, 2268, 2269; *Bork*, BGB-AT, Rn. 1640.

bracht wird[1003]. Spätestens wenn das Vertretergeschäft dem *Prinzipal* finanzielle Vorteile einbringt, scheiden Schadensersatzansprüche aufgrund eines fehlenden Schadens aus. In diesen Fällen kann zudem die Genehmigung nur als Billigung des Geschäftes verstanden werden. Ein Anspruch aus § 678 BGB scheitert daran, dass er durch eine rückwirkende Genehmigung i.S.d. § 684 S. 2 BGB ausgeschlossen ist.[1004] Die Möglichkeit eines Schadenersatzanspruches besteht bei einer Genehmigung daher nur dann, wenn der *Prinzipal* einen Schaden nachweisen kann und die Genehmigung zudem nicht als Ausschluss etwaiger Ansprüche zu verstehen ist.

(3) Keine Verbesserung durch eine Genehmigung

Damit hängen die Folgen einer Genehmigung von der jeweiligen Situation ab, in der sie erfolgt. Während bei der Verfügung eines Nichtberechtigten dieser immer gegenüber dem Eigentümer haftet, auch wenn eine Genehmigung erfolgen sollte, ist dies in der Fallgruppe des *falsus procurator* nicht der Fall. Insbesondere wenn der *Prinzipal* den Vertragsschluss genehmigt, um einen für sein Vermögen positiven Geschäftsabschluss zu erhalten, entfallen die Schadensersatzansprüche aufgrund des fehlenden Schadens. Durch ein ähnliches Motiv erfolgt aber in den meisten Fällen eine Genehmigung der Verfügung des Nichtberechtigten, da so durch den Anspruch aus § 816 Abs. 1 S. 1 BGB nach h.M. auch der über dem objektiven Wert liegende Gewinn herausverlangt werden kann. Beim *falsus procurator* ist dieser Gewinn bereits beim *Prinzipal* vorhanden, da dieser direkt durch den Vertrag berechtigt und verpflichtet wird, sodass kein Ausgleich stattfinden muss. In beiden Fallgruppen könnte daher immer dann eine Genehmigung erfolgen, wenn die monetären Vorteile für den Genehmigenden überwiegen.

Allerdings bleibt die Situation durch eine Genehmigung unverändert: Die Verfügung wurde von einem Nichtberechtigten durchgeführt, die allein durch eine Genehmigung wirksam wurde. Trotzdem bleibt es die Verfügung eines Nichtberechtigten, woran auch die Genehmigung nichts ändert. Auch der Vertragsschluss des *falsus procurator* bleibt ein Vertragsschluss eines Vertreters ohne Vertretungsmacht. Der *falsus procurator*

1003 Vgl. E. II. 1. a). aa).
1004 *Bergmann*, in: Staudinger-BGB, § 678 Rn. 11.

wird nachträglich nicht so behandelt als wäre er ein Vertreter mit Vertretungsmacht. Die zivilrechtliche Rückwirkung der Genehmigung führt daher nicht zu einer Veränderung der Feststellung, dass im Zeitpunkt der Handlung ein Nichtberechtigter bzw. ein *falsus procurator* gehandelt hat.[1005]

### b) Die Genehmigung im Strafrecht

Nachdem die zivilrechtlichen Grundlagen einer Genehmigung dargestellt wurden, muss untersucht werden, wie sich eine Genehmigung im Strafrecht auswirkt. Hierbei sind zunächst die Motive, die insbesondere der Vermögensinhaber für ein solch täterfreundliches Verhalten haben könnte, darzustellen, bevor dargelegt werden kann, wie sich eine Genehmigung im Strafrecht auswirkt.

#### aa) Motive für ein täterfreundliches Verhalten im Strafrecht

Nachdem gezeigt wurde, dass die Genehmigung dem *Prinzipal* im Zivilrecht vornehmlich dazu dient, die Vorteile, die der Nichtberechtigte bzw. *falsus procurator* durch das Geschäft erlangt hat, an sich zu ziehen, könnten im Strafrecht andere Motive für ein täterfreundliches Verhalten im Vordergrund stehen. Insbesondere bei der Untreue können vielfältige Motive beim Vermögensinhaber dazu führen, dass er sich wohlwollend gegenüber dem Vermögensbetreuungspflichtigen verhält.

Einmal kann der Vermögensinhaber selbst fürchten, einem Ermittlungsverfahren (§§ 161 ff. StPO) oder einem Zugriff durch die Polizei (§ 163 Abs. 1 StPO) mit den entsprechenden Belastungen ausgesetzt zu werden. Mit der Genehmigung kann der Vermögensinhaber daher den Zweck verfolgen, negative Folgen für seinen Ruf oder den seines Unternehmens abzuwenden.[1006]

Zudem könnte ein Interesse seitens des Vermögensinhabers bestehen, dass der Vermögensbetreuungspflichtige kein Berufsverbot erhält, um ihn trotz der Untreuehandlung weiterhin im Unternehmen halten zu können. Insbesondere die Bestellung zum Vorstand einer AG

1005 *Brennenstuhl*, S. 120 f.; *Schramm*, S. 198.
1006 *Schramm*, S. 191 f.

(§ 76 Abs. 3 S. 4 AktG) oder zum Geschäftsführer einer GmbH (§ 6 Abs. 2 S. 4 GmbHG) scheidet für fünf Jahre aus, wenn ein Berufsverbot gem. § 70 StGB aufgrund der Begehung einer tatbestandlichen Untreue verhängt wurde. Die Behörde kann nach § 35 Abs. 1 GewO die Ausübung des Gewerbes untersagen, wenn der Leiter eines Gewerbes unzuverlässig ist.[1007]

Darüber hinaus kann die Aussöhnung mit dem Täter oder die Billigung des Täterverhaltens für den Vermögensinhaber im Vordergrund stehen[1008], wobei insbesondere die Billigung im Vordergrund stehen kann. Hierfür können insbesondere die Genehmigung des Vertretergeschäftes des *falsus procurator* und die Genehmigung der Verfügung des Nichtberechtigten genannt werden, die als Anwendungsfälle der Billigung auch bei der Untreue eine Rolle spielen. Durch die Billigung und der damit einhergehenden Genehmigung dieser Geschäfte erhofft sich der Vermögensinhaber weitere Vorteile und gibt sich zumindest mit diesen Geschäften zufrieden bzw. nimmt deren Folgen hin. Allerdings ist die Billigung allein tatbezogen und kann daher unabhängig von der Person des Vermögensbetreuungspflichtigen erfolgen.[1009] Die Genehmigung muss daher nicht unbedingt als ein Verzeihen gegenüber dem Täter gewertet werden, da es ihm in diesem Falle nicht um eine Aussöhnung mit dem Täter gehen muss, sondern lediglich um eine Billigung des Verhaltens im Einezlfall. Erfolgt damit die Genehmigung als ein Ausdruck der Billigung ist sie gerade nicht täterbezogen. Für den Genehmigenden spielen alleine die tatbezogenen Vorteile eine Rolle.

Die Motivlage bei einer Genehmigung im Zivilrecht muss nicht unbedingt eine Aussöhnung beinhalten. Die Genehmigung der Verfügung eines Nichtberechtigten erfolgt oftmals nur, weil der Vindikationsanspruch nicht durchsetzbar ist und damit der Nichtberechtigte als einzig erreichbarer Schuldner übrig bleibt. Die Genehmigung erfolgt somit vor dem Hintergrund, sich die Vorteile aus dem jeweiligen Geschäft zu verschaffen.[1010] Aussöhnung und Billigung müssen damit bei einer Genehmigung nicht zwangsläufig zusammenfallen. Dies schließt es aber auch nicht aus, dass

1007 *Schramm*, S. 193.
1008 *Schramm*, S. 192 f.
1009 *Schramm*, S. 194.
1010 *Schramm*, S. 199.

die Billigung aus sonstigen, nicht unbedingt materiellen Dingen erfolgen kann und mit ihr auch eine Aussöhnung zum Ausdruck gebracht wird.[1011]

### bb) Rückwirkungsfiktion der Genehmigung im Strafrecht

Problematisiert wird die Genehmigung im Strafrecht vor allem wegen der Rückwirkungsfiktion. Hierbei ist fraglich, ob eine Genehmigung das tatbestandliche Unrecht einer Tat ausschließen kann oder ob sie lediglich in der Strafzumessung Berücksichtigung findet.

#### (1) Keine Auswirkung auf das tatbestandliche Unrecht

Obwohl eine Genehmigung im Zivilrecht durch die Rückwirkungsfiktion nach § 184 Abs. 1 BGB auf den Zeitpunkt der Vornahme des Rechtsgeschäftes zurückwirkt, besagt die h.M. im Strafrecht, dass eine Genehmigung nicht zu einem Unrechtsausschluss führt und daher unbeachtlich ist.[1012] Nur der Einwilligung, die sich auf eine künftige Handlung bezieht, wird rechtfertigende Kraft zugesprochen.[1013] Als Begründung wird ausgeführt, dass der Geschädigte über den staatlichen Strafanspruch disponieren könne, wenn die Genehmigung einen Einfluss auf Tatbestand oder Rechtswidrigkeit habe.[1014]

Mit Abschluss der Tat stehen zudem das Unrecht einer Tat und die Schuld unveränderbar fest.[1015] Der Einwand, dass an anderen Stellen des Gesetzes auch der Strafanspruch zur nachträglichen Disposition des Täters gestellt werde[1016], überzeugt nicht. Hierzu werden insbesondere die Regelungen über den Rücktritt nach § 24 StGB und die tätige Reue in den Vorschriften §§ 306 e Abs. 2, 314 a Abs. 3, 320 Abs. 1 u. 2 sowie 330 b Abs. 1

1011 *Schramm*, S. 199.

1012 BGHSt 7, 294, 295; 17, 359, 360; *Brennenstuhl*, S. 126 f.; *Hüttenrauch*, NJ 2013, 39, 40; *Lenckner/Sternberg-Lieben*, in: Schönke/Schröder, Vor § 32 Rn. 44; *Mitsch*, in: Baumann/Weber/Mitsch, § 15 Rn. 136; *Rönnau*, in: LK-StGB, Vor § 32 Rn. 171; *Roxin*, AT I, § 13 Rn. 79; *Schramm*, S. 197 f.

1013 BGHSt, 17, 359, 360; *Hillenkamp*, S. 245; *Köhler*, AT, S. 249.

1014 *Roxin*, AT I, § 13 Rn. 79.

1015 *Hillenkamp*, S. 245.

1016 *Schramm*, S. 202.

S. 2 StGB genannt, wonach das Gericht bei Vorliegen der tatbestandlichen Voraussetzungen die Strafe mildern oder ganz von ihr absehen kann.[1017]

Die Regelungen zum Rücktritt und zur tätigen Reue können aber nicht herangezogen werden, um eine Veränderung des Strafanspruchs durch die Genehmigung zu begründen, denn sie dienen dazu, das Verhalten des Täters bei der Bestimmung der Strafbarkeit zu berücksichtigen. Die Straffreiheit oder Strafmilderung basiert aber nicht auf einer Disposition des Opfers, wie es bei einer Genehmigung der Fall wäre. Zwar wird der Gedanke hinter dem Rücktritt nicht einheitlich beantwortet, sodass er auf verschiedenen Gesichtspunkten beruht.[1018] Zu den Rücktrittsregelungen wird aber vertreten, dass diese auch dazu dienen, dem Täter einen Anreiz für ein opferfreundliches Verhalten zu bieten. Dies vertritt zumindest die kriminalpolitische Theorie über die Bedeutung des Rücktritts.[1019] Daneben werden die Rücktrittsregelungen dahingehend verstanden, dass sie eine Art Belohnung für den Täter darstellen.[1020] Zudem kann der Gedanke angeführt werden, dass im Fall eines Rücktritts kein Bedürfnis mehr für eine Bestrafung des Täters besteht.[1021] In den Regelungen zum Rücktritt disponiert aber nicht das Opfer, sondern allein der Täter bestimmt, ob er sich für den Rücktritt entscheidet und dafür Straffreiheit erhält, sodass die Rücktrittsregelungen nicht mit der Genehmigung zu vergleichen sind. Denn bei der Genehmigung stellt sich die Frage, ob eine Äußerung des Opfers noch die Strafe des Täters beeinflussen kann.

In die gleiche Richtung geht auch der Normzweck über die tätige Reue: Die Regelungen zur tätigen Reue wurden eingeführt, da bei abstrakten Gefährdungsdelikten die Schwelle zur Strafbarkeit weit nach vorn verlagert sind. Da also ein abstraktes Gefährdungsdelikt sehr früh vollendet ist, sind die Regelungen über den Rücktritt nicht mehr anwendbar. Durch die Regelungen zur tätigen Reue soll dem Täter eines abstrakten Gefährdungsdeliktes ein Anreiz geboten werden, sich im Sinne des Rechtsgutes zu entscheiden und damit die Gefahr für dieses abzuwenden.[1022]

---

1017 *Schramm*, S. 202.

1018 *Esser/Bosch*, in: Schönke/Schröder, § 24 Rn. 2b; *Fischer*, § 24 Rn. 2.

1019 RGSt 73, 52, 60 („goldene Brücke"); *Grünwald*, in: FS-Welzel, S. 701, 709; *Puppe* NStZ 1984, 488, 490.

1020 *Jescheck/Weigend*, AT, § 51 I 3; *Wessels/Beulke/Satzger*, AT, Rn. 887.

1021 Sog. Strafzwecktheorie, vgl. *Roxin*, AT II, § 30 Rn. 7; *Jäger*, in: SK-StGB, § 24 Rn. 5.

1022 Vgl. *Alt*, in: Müko-StGB, § 330 b Rn. 1; *Heine/Bosch*, in: Schönke/Schröder, § 314 a Rn. 1; *Kargl*, in: NK-StGB, § 306 e Rn. 1; vgl. auch den Verweis bei

Auch im Zivilrecht wird mit der Genehmigung die Billigung des Geschäfts zum Ausdruck gebracht.[1023] Die Genehmigung erfolgt aber nicht durch das opferfreundliche Verhalten des Täters, sondern das Opfer selbst kommt hier dem Täter entgegen. Die Regelungen des Versuchs und der tätigen Reue lassen sich daher nicht mit einer Genehmigung vergleichen. Zudem muss auch beachtet werden, dass die Regelungen zum Rücktritt und zur tätigen Reue eigens durch den Gesetzgeber strafrechtlich normiert wurden. Er hat daher ausdrücklich vorgesehen, dass der Strafanspruch in gewissen Situationen aufgrund des opferfreundlichen Verhaltens des Täters zurückstehen sollte. Die Regelungen zum Rücktritt und zur tätigen Reue können daher nicht hinzugezogen werden, um das Argument gegen die Genehmigung, dass der Strafanspruch allein zur Disposition des Staates steht, zu entkräften. Eher spricht gegen die Anerkennung der Genehmigung, dass es keine vergleichbare Situation gibt, in der das Opfer über die Strafbarkeit disponieren kann.

Das entscheidende Argument gegen die Anerkennung einer Genehmigung im Strafrecht lautet aber, dass eine Genehmigung auch im Zivilrecht nichts daran ändert, dass weiterhin eine Verfügung eines Nichtberechtigten oder der Vertragsschluss durch einen *falsus procurator* vorliegt. Die Bewertung der Handlung wird durch eine Genehmigung nicht geändert. Außerdem können trotz einer Genehmigung haftungsrechtliche Ansprüche durchgesetzt werden, solange der *Prinzipal* oder der Eigentümer nicht die Vorteile aus dem jeweiligen Geschäft des *falsus procurator* bzw. Nichtberechtigten ziehen können. Die Situation des „Täters" wird daher durch die Genehmigung nicht verbessert.[1024] Daher kann auch eine Genehmigung im Strafrecht nicht dazu führen, dass sich die Situation des Täters hinsichtlich des Tatbestandes verbessert, da sonst das Erfolgs- und Handlungsunrecht einer Tat unberücksichtigt bliebe.[1025]

---

*Sternberg-Lieben/Hecker*, in: Schönke/Schröder, § 320 Rn. 2; *Wessels/Beulke/Satzger*, AT, Rn. 922.

1023 Vgl. E. II. 1. a.) aa).

1024 *Brennenstuhl*, S. 122 f.; so auch *Schramm*, S. 197 f.

1025 *Schramm*, S. 198.

### (2) Anerkennung der Genehmigung außerhalb des dreigliedrigen Deliktsaufbaus

Es wird befürwortet, die Genehmigung außerhalb des dreigliedrigen Deliktaufbaus[1026] zu beachten, selbst wenn die Genehmigung nichts mehr am Tatbestand oder an der Rechtswidrigkeit einer Tat verändern kann. Deshalb wird teilweise vertreten, dass sich die Genehmigung als Strafaufhebungsgrund auswirken muss. Dies soll aber nur für den Fall gelten, wenn mit der Genehmigung das Verhalten des Vermögensbetreuungspflichtigen gebilligt wird, da nur in einem solchen Fall die Genehmigung mit der vorherigen Zustimmung vergleichbar ist.[1027] Denn nur mit der vorherigen Zustimmung und der Genehmigung kann der Vermögensinhaber zum Ausdruck bringen, dass er die jeweilige Tathandlung des Vermögensbetreuungspflichtigen billigt.[1028] Zwar ist der Billigungsgedanke keine Voraussetzung für eine vorherige Zustimmung. Allerdings findet sich der Vermögensinhaber bei der vorherigen Zustimmung mit der Handlung des Vermögensbetreuungspflichtigen ab und entscheidet sich für diese Handlung, sodass sich hier der Billigungsgedanke wiederfindet.[1029]

Die Motivationslage bei einer Genehmigung ist dagegen nicht immer eindeutig, sodass gesondert festgestellt werden muss, ob der Vermögensinhaber die Tat gebilligt hat. Nur dann kann sichergestellt werden, dass der Vermögensinhaber mit der Genehmigung die Handlung des Täters billigt. Denn die Motivation für die Genehmigung kann auch darin begründet sein, die jeweiligen zivilrechtlichen Rechtsfolgen auszulösen. Damit ist aber keine Billigung der jeweiligen Handlung verbunden, da es dem Vermögensinhaber dann allein auf die Kompensation seines Schadens ankommen könnte.[1030]

Außerdem entfällt durch die Rückwirkungsfiktion der Anknüpfungspunkt für die strafbare Handlung, obwohl der Täter weiterhin als Nichtbe-

---

1026 Zum Aufbau eines Deliktes in der Prüfung, vgl. *Wessels/Beulke/Satzger*, AT, Rn. 124 ff. bzw. 155 ff.

1027 *Schramm*, S. 200; *ders.*, in: MG-Wirtschaftsstrafrecht, § 266 Rn. 77.; grundsätzlich auch *Hadamitzky*, in: Müller-Gugenberger, § 32 Rn. 81.

1028 *Schramm*, S. 199.

1029 *Schramm*, S. 200.

1030 *Schramm*, S. 200.

rechtigter bzw. *falsus procurator* gehandelt hat[1031], sodass zumindest eine Berücksichtigung im Rahmen der Strafzumessung denkbar ist.[1032]

Auch general- oder spezialpräventive Erwägungen[1033] führen gerade bei § 266 StGB nicht zu einem anderen Ergebnis: Nach negativ generalpräventiven Erwägungen, wonach § 266 StGB dazu diene, die Bevölkerung von der Begehung weiterer Untreuehandlungen abzuschrecken, bestehen keine Einwände gegen eine Aufhebung der Strafbarkeit durch eine Genehmigung, da die Genehmigung erst nach der Begehung der Tat erfolgen kann. Solange besteht die abschreckende Wirkung des Untreuetatbestandes fort.[1034] Auch positiv generalpräventive Erwägungen führen zu keinem anderen Ergebnis: Nach diesem Gedanken soll die Bevölkerung in ihrem Vertrauen bestärkt werden, dass keine Untreuehandlungen begangen werden. Durch die Genehmigung führt lediglich eine nachträgliche Entscheidung dazu, dass der Strafanspruch im Einzelfall verändert wird. Zudem wird die Genehmigung von einer zuständigen Person erteilt. Die Notwendigkeit, das Rechtsbewusstsein der Bevölkerung zu stabilisieren, ist dadurch nicht eingetreten, da erst im Nachhinein durch eine zuständige Stelle lediglich die Strafbarkeit in einer konkreten Situation durch eine zuständige Stelle verändert werde.[1035] Auch nach negativ spezialpräventiven Aspekten, die den Strafzweck darin sehen, den Täter von der Begehung weiterer Taten abzuschrecken, führt das zu keinem anderen Ergebnis. Denn das Opfer macht sich durch eine Genehmigung das Verhalten des Täters zu eigen, sodass hier nicht eingegriffen werden muss, um den Täter von der Begehung weiterer Untreuehandlungen abzuschrecken. Außerdem erfolgt die Entscheidung nachträglich: Im Tatzeitpunkt macht sich der Täter zunächst strafbar und kann erst später auf Strafaufhebung hoffen.[1036]

Teilweise wird jedoch vertreten, dass die Genehmigung allenfalls eine Bedeutung in der Strafzumessung und da als Strafmilderung erfahren sollte.[1037] Dies wird vor allem damit begründet, dass durch die Anerkennung der Genehmigung der staatliche Strafanspruch untergraben wird und sich

1031 Vgl. *Schramm*, S. 203.
1032 *Schramm*, S. 206 f.
1033 Für einen kurzen Überblick über die general- und spezialpräventiven Theorie, vgl. *Wessels/Beulke/Satzger*, AT, Rn. 21 f.
1034 *Schramm*, S. 203.
1035 *Schramm*, S. 204.
1036 *Schramm*, S. 204.
1037 *Brennenstuhl*, S. 129.

der Täter ggf. eine Genehmigung erkaufen könnte.[1038] Hiergegen wird eingewendet, dass in mehreren Stellen im Gesetz die Möglichkeiten bestehen, den Strafanspruch nachträglich zur Disposition zu stellen. Hierzu seien noch einmal auf die Regelungen zum Rücktritt in § 24 StGB oder der tätigen Reue in §§ 306 e Abs. 2, 314 a Abs. 3, 320 Abs. 1 und 2 verwiesen.[1039] Dieser Hinweis dient jedoch in diesem Zusammenhang dazu, klar zu machen, dass das Gesetz an anderen Stellen eine nachträgliche Veränderung der Strafbarkeit kennt.

Auch der Gedanke, dass die Genehmigung erkauft werden könne, überzeugt nicht. Eine vorherige Zustimmung oder die Rücknahme eines Strafantrages können ebenfalls erkauft sein, sodass auch hier ein „Missbrauchspotential“ besteht.[1040] In diesem Zusammenhang muss man zudem die Privatautonomie des Vermögensinhabers beachten: Selbst wenn die Genehmigung erkauft ist, liegt immer noch eine privatautonome Entscheidung des Rechtsgutsinhabers vor, der mit Hilfe einer monetären Kompensation bereit ist, die Tat des Vermögensbetreuungspflichtigen zu akzeptieren. Immerhin ist der Vermögensinhaber der alleinige Inhaber des durch § 266 StGB geschützten Rechtsgutes.[1041]

Zudem kann das Strafrecht keinen Anlass sehen, ein Verhalten zu bestrafen, das nach zivilrechtlichen oder auch öffentlich-rechtlichen Wertungen straffrei bleibt. Dies muss vor allem deshalb beachtet werden, weil die Genehmigung gerade ein Ausdruck der Privatautonomie des Opfers ist.[1042] Wenn eine Billigung des Tatverhaltens durch die Genehmigung erfolgt, ist eine Bestrafung des Täters aufgrund des *ultima ratio*-Prinzips im Strafrecht nicht mehr gerechtfertigt.[1043]

### 2. Das hypothetische Einverständnis in Abgrenzung zur Genehmigung

Nachdem der derzeitige Stand der Genehmigung im Strafrecht insbesondere bei § 266 StGB dargestellt wurde, ist zu untersuchen, ob und inwiefern sich ein hypothetisches Einverständnis von einer Genehmigung unter-

1038 *Brennenstuhl*, S. 128 f.; *Weber*, in: Baumann/Weber, AT, § 21 II 4.
1039 *Schramm*, S. 202.
1040 *Schramm*, S. 203.
1041 *Schramm*, S. 203 Fn. 91.
1042 *Schramm*, S. 203.
1043 *Schramm*, S. 201.

scheidet. Dabei sind zunächst beide Rechtsinstitute in ihrer Struktur voneinander abzugrenzen, bevor auf die Motive für ein hypothetisches Einverständnis und auf seine Wirkungsweise eingegangen werden kann.

#### a) Strukturelle Unterschiede zwischen hypothetischen Einverständnis und einer Genehmigung

Bei einem möglichen hypothetischen Einverständnis im Rahmen der Untreue geht es um die Frage, ob der Vermögensinhaber der Handlung des Vermögensbetreuungspflichtigen zugestimmt hätte, wenn er ordnungsgemäß vor der Tathandlung über diese aufgeklärt worden wäre. Der Vermögensinhaber wird nach der Tat befragt, ob er diese Zustimmung im Zeitpunkt vor der tatbestandlichen Handlung des Vermögensbetreuungspflichtigen erteilt hätte.[1044] Die hypothetische Einwilligung bezieht sich daher auf einen Zeitpunkt, der vor der eigentlichen Tat liegt. Bereits zu diesem Zeitpunkt muss das hypothetische Einverständnis vorliegen.[1045] Da eine Genehmigung aber nach der Tat erteilt wird, haben das hypothetische Einverständnis und die Genehmigung gemeinsam, dass die Voraussetzungen beider Institute nach der eigentlichen Tat festgestellt werden.

Jedoch wurde bereits im Hinblick auf die hypothetische Einwilligung im Strafrecht angemerkt, dass der Patient bei der Frage nach einer hypothetischen Einwilligung sich in die Situation vor der Operation bzw. der Tat des Arztes zurückversetzen und dabei die jeweiligen Rahmenbedingungen, die in der damaligen Entscheidungssituation hinsichtlich einer Einwilligung bestanden, unangetastet lassen muss.[1046] Außerdem wird die Äußerung über ein hypothetisches Einverständnis durch das Gericht gewürdigt, sodass die Äußerung lediglich ein Indiz darstellt, um den hypothetischen Willen des Opfers im Tatzeitpunkt zu ermitteln.[1047] Insbesondere wenn das Opfer sich nicht mehr äußern kann, ist zwingend auf eine solche Gesamtbetrachtung zurückzugreifen.[1048]

---

1044 Vgl. E. I. 1. c). aa).

1045 *Hengstenberg*, S. 78; *Rosenau*, in: FS-Maiwald, 683, 686.

1046 Vgl. hierzu auch *Edelbauer*, S. 428.

1047 Vgl. *Eisele*, in: FS-Strätz, S. 163, 171.

1048 Vgl. BGH StV 2008, 464 f. („Turboentzugs"-Fall), hier war der Patient in Folge der Operation verstorben und trotzdem stellte sich die Frage nach einem hypothetischen Einverständnis.

Im Gegensatz dazu erfolgt eine Genehmigung aufgrund einer nachträglichen autonomen Entscheidung des Rechtsgutsinhabers. Dessen Entscheidung wird keiner Würdigung unterzogen. Allenfalls die Voraussetzungen der Einwilligung könnten entsprechend auf die Genehmigung angewendet werden, um die Autonomie des Rechtsgutsinhabers bei Abgabe der Genehmigung sicherstellen zu können. Es würde einen zu weitgehenden Eingriff in die Privatautonomie bedeuten, wenn man auch die Genehmigung des Opfers einer entsprechenden Würdigung unterziehen würde.[1049] Denn auch bei der Einwilligung wird es als ausreichend erachtet, wenn die entsprechenden Voraussetzungen vorliegen, ohne dass eine Würdigung des geäußerten Willens in Form der Einwilligung erfolgen muss. Der Einwilligende muss lediglich einwilligungsfähig sein.[1050] Die Aussage hinsichtlich der Einwilligung wird ebenfalls keiner darüber hinausgehende Würdigung unterzogen: Es erfolgt hier keine Untersuchung, ob der erklärte Wille auch der tatsächliche Wille des Rechtsgutsinhabers im relevanten Zeitpunkt war. Hierbei muss man sich vor allem bewusst machen, dass der Rechtsgutsinhaber bei der Einwilligung noch nicht alle Folgen der jeweiligen Handlung des Täters überblicken kann. Bei der Genehmigung kennt er bereits die Folgen der Handlung, sodass er die Folgen einer Genehmigung auch weitaus besser überblicken kann. Die Genehmigung kommt daher auch ohne eine entsprechende Würdigung aus, denn sie muss sich nicht wie die hypothetische Einwilligung auf den Zeitpunkt vor der Tat beziehen, bei der eventuelle Folgen der Tat durch den Rechtsgutsinhaber ausgeblendet werden müssen.

Damit fehlt bei der Genehmigung der situative Anschluss an den Zeitpunkt vor der Tat, der das hypothetische Einverständnis bzw. auch die hypothetische Einwilligung gerade kennzeichnet. Dies lässt es daher zu, dem hypothetischen Einverständnis eine andere Bedeutung zuzuschreiben. Denn mit dem situativen Anknüpfungspunkt vor der Tat besteht eine grö-

---

1049 So aber *Schramm*, S. 200, der die Äußerung des Opfers hinsichtlich einer Genehmigung einer entsprechenden richterlichen Würdigung unterziehen lassen will.

1050 Vgl. D. I. 2). b). cc).; allenfalls die Sittenwidrigkeit stellt eine Möglichkeit dar, die Einwilligung im Einzelfall würdigen zu können, vgl. *Lenckner/Sternberg-Lieben*, in: Schönke/Schröder, Vor § 32 Rn. 38; die Sittenwidrigkeit wurde in § 228 StGB jedoch exklusiv für die Körperverletzungstatbestände normiert und ist nicht auf andere Tatbestände übertragbar, *Hardtung*, in: Müko-StGB, § 228 Rn. 6; *Roxin,* AT I, § 13 Rn. 70; *Stree/Sternberg-Lieben*, in: Schönke/Schröder, § 228 Rn. 1.

ßere Vergleichbarkeit mit einem tatsächlichen Einverständnis als es die Genehmigung hat. Dies könnte für eine Übertragung des hypothetischen Einverständnisses auf die Untreue sprechen.

### b) Motive für ein hypothetischen Einverständnis

Der Genehmigung kommt nach dem bisher Gesagten nur dann Relevanz bei § 266 StGB zu, wenn mit ihr wie bei einem Einverständnis zum Ausdruck gebracht wird, dass der Vermögensinhaber die Tat des Vermögensbetreuungspflichtigen billigt.[1051] Ähnliches muss daher auch für das hypothetische Einverständnis gelten, damit dieses eine vergleichbare strafrechtliche Relevanz hat.

Fraglich ist damit, welche Motive der Vermögensinhaber verfolgt, wenn er zu der pflichtwidrigen und vermögensnachteiligen Handlung des Vermögensbetreuungspflichtigen sein Einverständnis abgibt. Hierbei wird zunächst unterstellt, dass das hypothetische Einverständnis zur Straffreiheit aus § 266 StGB führt. Dabei muss noch einmal betont werden, dass das Vorliegen eines hypothetischen Einverständnisses zwar *ex post* beurteilt wird. Allerdings soll diese Beurteilung feststellen, ob das Einverständnis auch im Zeitpunkt der tatbestandlichen Handlung erteilt worden wäre. Dies stellt das Gericht durch eine Gesamtwürdigung fest.

Im Gegensatz zur Genehmigung weiß der Vermögensinhaber bei einem hypothetischen Einverständnis aber nicht, ob sich die Handlung des Vermögensbetreuungspflichtigen negativ auf sein Vermögen auswirkt. Denn obwohl das Vorliegen der hypothetischen Einwilligung *ex post* beurteilt wird, müssen die Aussagen des Vermögensinhabers hinsichtlich eines hypothetischen Einverständnisses entsprechend bewertet werden, sodass dann die negativen Auswirkungen der tatbestandlichen Handlung nicht mehr berücksichtigt werden können.[1052]

Vor dem Hintergrund eines hypothetischen Einverständnisses kann es dem Vermögensinhaber daher nicht auf die Aussöhnung mit dem Täter oder auf seinen eigenen Schutz vor belastenden Maßnahmen der Justiz ankommen, da er die Folgen der pflichtwidrigen Handlung noch nicht kennt. In dieser Situation wird aber unterstellt, dass der Vermögensinhaber auf-

---

1051 Vgl. E. II. 1. b). bb). (2).

1052 Vgl. oben unter E. I. 1. a).

grund einer hypothetischen Einwilligung weiß, dass der Vermögensbetreuungspflichtige eine Handlung vornehmen will, die sich außerhalb der Vermögensbetreuungspflicht befindet und damit außerhalb des Innenverhältnisses zwischen dem Vermögensinhaber und dem Vermögensbetreuungspflichtigen liegt. Gleichwohl aus welchem Grund ein Einverständnis erteilt worden wäre, würde der Vermögensinhaber mit einem hypothetischen Einverständnis die Überschreitung dieses Innenverhältnisses billigen. Dabei stellt sich jedoch diese Billigung anders dar als bei der Genehmigung. Während die Billigung bei der Genehmigung aufgrund einer autonomen Entscheidung des Vermögensinhabers und in Kenntnis über mögliche Folgen erfolgt, wird die Billigung bei der hypothetischen Einwilligung durch das Gericht im Rahmen einer Gesamtwürdigung festgestellt. Damit kann zwar das Motiv der Billigung im relevanten Zeitraum vor der Tat beim Vermögensinhaber vorliegen. Dies muss aber nicht unbedingt seinem autonomen Willen entsprechen, da sich dieser Wille nicht mit den Feststellungen des Gerichts decken muss. Mit der Billigung bei einem hypothetischen Einverständnis wird daher nicht zwangsläufig ein subjektives Gefühl des Vermögensinhabers zum Ausdruck bringen, dass er die Tat gutheißt oder sich mit den Folgen der Tat abfindet. Vielmehr wird durch ein hypothetisches Einverständnis dem Vermögensinhabers unterstellt, dass er die Handlung der Vermögensbetreuungspflichtigen billigen würde, wenn er ordnungsgemäß über diese aufgeklärt worden wäre. Die Billigung kann hier daher nicht als autonome Entscheidung des Vermögensinhabers verstanden werden, wie dies bei der Einwilligung oder der Genehmigung der Fall wäre.

Für den Vermögensinhaber könnte die Aufklärung über die bevorstehende Handlung des Vermögensbetreuungspflichtigen aber eine bloße Bagatelle sein, auf die er keinen Wert legt. Ein ähnliches Beispiel formuliert *Roxin* für die hypothetische Einwilligung im Arztstrafrecht. In dem Beispiel unterzieht sich ein Patient einer Augenoperation, da es keine Alternativen gibt, um seine Sehkraft wiederherzustellen. Da auch die Risiken der Folgen einer Operation gering wären, wäre die Einwilligung auch ohne gründliche Aufklärung „mit Sicherheit zu erwarten gewesen“.[1053] Ähnliche Beispiele könnte man auch für die Untreue entwerfen, wenn nämlich die finanziellen Risiken für den Vermögensinhaber gering sind und zudem keine Alternativen hinsichtlich der Handlung des Vermögensbetreuungs-

---

1053 *Roxin*, AT I, § 13 Rn. 120.

pflichtigen bestehen, sodass man sicher von einer Zustimmung des Vermögensinhabers ausgehen kann. In diesen Fällen kann man annehmen, dass die Aufklärung bzw. die Erteilung eines Einverständnisses für den Vermögensinhaber lediglich eine Formalität darstellt. Er legt dann keinen Wert auf ein tatsächliches Einverständnis, da es für ihn offensichtlich ist, dass er der Handlung zugestimmt hätte.[1054]

Daher scheint die Billigung, auch wenn diese durch das Gericht festgestellt und damit dem Vermögensinhaber unterstellt wird, eines der Hauptmotive für ein hypothetisches Einverständnis zu sein. Das ergibt sich auch aus einem Vergleich zum eigentlichen Einverständnis. Denn in der Situation eines hypothetischen Einverständnisses stellt sich die Frage, ob der Vermögensinhaber auch zugestimmt hätte, wenn er ordnungsgemäß über die Pflichtwidrigkeit der bevorstehenden Handlung des Vermögensbetreuungspflichtigen aufgeklärt worden wäre. Nur mit Hilfe des Einverständnisses könnte dann die Pflichtwidrigkeit durch eine Erweiterung der Befugnisse des Vermögensbetreuungspflichtigen durch den Vermögensinhaber beseitigt werden. Allerdings ist die Aufklärung durch den Vermögensbetreuungspflichtigen Voraussetzung, um ein tatsächliches Einverständnis zu erhalten. Diese Aufklärung ist aber in der Situation eines hypothetischen Einverständnisses ausgeblieben. In diesen Fällen wäre das Einverständnis allerdings mit dem Motiv einer Billigung erfolgt, da damit eine im Innenverhältnis nicht erlaubte Handlung durch den Vermögensinhaber legitimiert werden würde, soweit das Gericht dies nachträglich feststellen kann. Unter Beachtung dieses Vergleichs scheint die Billigung eines der zentralen Motive für das hypothetische Einverständnis zu sein, da sich die Frage nach einem hypothetischen Einverständnis in den gleichen Fällen stellt, in denen auch die Frage nach einem Einverständnis relevant wird. Beim hypothetischen Einverständnis ergibt sich dieses Motiv aber nicht unmittelbar aus den Aussagen des Vermögensinhabers, sondern kann erst anhand einer Gesamtwürdigung aller Umstände durch das Gericht ermit-

1054 Vgl. hierzu *Lenckner/Sternberg-Lieben*, in: Schönke/Schröder, Vor § 32 Rn. 54; *Tiedemann*, Jus 1970, 108, 109, die für die mutmaßliche Einwilligung eine Ausnahme vom Subsidiaritätserfordernis machen wollen und damit auf die Einholung einer tatsächlichen Einwilligung verzichten, wenn der Rechtsgutsinhaber offensichtlich keinen Wert auf eine Befragung legt; *Schramm*, S. 235 bezeichnet diesen Fall als „hypothetische Einwilligung", wobei er wohl nicht ausreichend zwischen mutmaßlicher und hypothetische Einwilligung differenziert, da er vorab von einer mutmaßlichen Einwilligung spricht.

telt werden, sodass dies nicht den autonomen Willen des Vermögensinhabers darstellen muss.

Darüber hinaus ist die Person des Vermögensbetreuungspflichtigen für die Billigung unbeachtlich, da die Genehmigung allein aufgrund der Tatumstände erteilt wird. Mit der Verzeihung söhnt sich das Opfer dagegen mit dem Täter aus, sodass diese täterbezogen ist. Die Tatbezogenheit ist bei der Genehmigung eines der Kriterien dafür, dass das Motiv der Billigung im Vordergrund steht, da sich der Vermögensinhaber mit den Resultaten der Handlungen zufrieden gibt. Damit muss nicht gleichzeitig auch eine Versöhnung mit dem Vermögensbetreuungspflichtigen erfolgen.[1055]

Dies gilt auch für ein hypothetisches Einverständnis. Denn hier ist zu beachten, dass der Vermögensinhaber im Zeitpunkt vor der tatbestandlichen Handlung noch nicht sagen kann, wie sich die Handlung des Vermögensbetreuungspflichtigen auf sein Vermögen auswirkt. Trotzdem muss er in dieser Situation entscheiden, ob er einen solchen Umgang mit seinem Vermögen zulässt. Die Resultate aus dieser Handlung können jedoch völlig unabhängig von der Person des Vermögensbetreuungspflichtigen eintreten. Da der Vermögensinhaber allein Risiken und Chancen für sein Vermögen bei der Erteilung eines Einverständnisses oder hypothetischen Einverständnisses abwägen muss, ist eine mögliche Aussöhnung mit dem Vermögensbetreuungspflichtigen zunächst irrelevant. Das hypothetische Einverständnis erfolgt allein tatbezogen.

Die Billigung ist damit eines der zentralen Motive des hypothetischen Einverständnisses, auch wenn sie durch das Gericht festgestellt wird und nicht dem Willen des Vermögensinhabers entsprechen muss. Ähnlich wie bei der Genehmigung besteht in diesem Fall eine Vergleichbarkeit mit dem Einverständnis, sodass nach dem bisher Gesagten auch dem hypothetischen Einverständnis eine vergleichbare strafrechtliche Relevanz zukommen muss. Daneben ist das Motiv der Bagatelle zu beachten, bei der es dem Vermögensinhaber nicht wichtig erscheint, über Handlungen aufgeklärt zu werden, die sich lediglich im geringen Rahmen auf sein Vermögen auswirken. Dies führt dazu, dass er solche Handlungen billigt, da sie ihm nicht wichtig erscheinen.

1055 Vgl. *Schramm*, S. 194.

### c) Wirkungsweise des hypothetischen Einverständnisses als Zurechnungsausschluss im Rahmen des objektiven Tatbestandes der Untreue

Die hypothetische Einwilligung baut wie auch das Einverständnis und die Genehmigung auf dem Motiv der Billigung auf, sodass sich auch das hypothetische Einverständnis beim Tatbestand der Untreue positiv auf die Strafbarkeit des Vermögensbetreuungspflichtigen auswirken könnte. Damit stellt sich die Frage nach der dogmatischen Grundlage eines hypothetischen Einverständnisses. Hierzu wurde bereits angedeutet, dass durch das hypothetische Einverständnis der Vermögensnachteil nicht mehr auf der pflichtwidrigen Handlung des Vermögensbetreuungspflichtigen beruht.[1056] Dies steht im Gegensatz zur bisherigen Rechtsprechung des BGH, wonach bei einem Vorsatzdelikt, wie es auch die Untreue ist, die Rechtswidrigkeit der Tat entfällt.[1057] Nur bei Fahrlässigkeitsdelikten nimmt auch der BGH an, dass die hypothetische Einwilligung den Pflichtwidrigkeitszusammenhang zwischen einem ärztlichen Aufklärungsfehler und dem tatbestandlichen Erfolg entfallen lässt.[1058] Allerdings könnte sich aus der Besonderheit des § 266 StGB etwas anderes ergeben.

#### aa) Strukturelle Ähnlichkeit des Untreuedeliktes mit dem Fahrlässigkeitsdelikt

Für die dogmatische Grundlage des hypothetischen Einverständnisses muss zunächst die tatbestandliche Struktur des § 266 StGB geklärt werden. Dabei fällt die Nähe zu einem Fahrlässigkeitsdelikt auf. Denn um eine inhaltliche Bestimmung desTatbestandsmerkmal der Pflichtwidrigkeit vornehmen zu können, verweist § 266 StGB ebenso wie bei einem Fahrlässigkeitsdelikt auf außerstrafrechtliche Reglungskomplexe.[1059] Ähnlich wie bei einem Fahrlässigkeitsdelikt kommt es für eine Strafbarkeit aus

1056 Vgl. E. I. 2.
1057 Vgl. C. V. 1. b). aa). (2).
1058 Vgl. C. V. 1. b). aa). (1).
1059 Dies bedingt durch die Akzessorietät des Untreuetatbestandes, vgl. *Ransiek* ZStW 114 (2004), 634, 644 f.

§ 266 StGB auf die normausfüllenden Gegebenheiten an.[1060] Denn der Untreuetatbestand enthält nur ein generelles Verbot, pflichtwidrige Handlungen, die das Vermögen schädigen, vorzunehmen, sodass hier eine Ausfüllung durch außerstrafrechtliche Normen notwendig ist.[1061] Auch bei Fahrlässigkeitsdelikten ergeben sich die Pflichten aus den Rechtsquellen des jeweiligen Verkehrskreises und nicht unmittelbar aus dem Strafgesetzbuch. Das Fahrlässigkeitsdelikt lässt sich auf den Grundgedanken zurückführen, dass fremde Rechtsgüter unangetastet bleiben müssen.[1062] Damit weist der Untreuetatbestand eine gewisse Ähnlichkeit zum Fahrlässigkeitsdelikt auf. § 266 StGB präzisiert lediglich das Vermögen als das zu schützende Rechtsgut.

Auch der Wortlaut des § 266 StGB „… und *dadurch* dem, dessen Vermögensinteressen er zu betreuen hat, Nachteile zufügt …“ entspricht weitgehend dem Wortlaut einiger Fahrlässigkeitsdelikte wie § 222 StGB oder § 229 StGB („Wer *durch* Fahrlässigkeit …“).[1063]

Die Ähnlichkeit des § 266 StGB zu einem Fahrlässigkeitsdelikt zeigt sich auch durch die Diskussion, inwieweit neben der Kausalität, die unstreitig zwischen pflichtwidriger Handlung und Vermögensnachteil gegeben sein muss, zugleich Elemente der objektiven Zurechnung in den Tatbestand der Untreue integriert werden müssen. Das „ob“ der Integration ist dabei weniger streitig als das „wie“ und und die Frage, welche Elemente aus der objektiven Zurechnung integriert werden müssen.[1064] Die inhaltlichen Wertungen, die sich an die objektive Zurechnung im Rahmen des § 266 StGB stellen, lassen sich mit den Wertungen, die sich auch in der Fahrlässigkeitsdogmatik finden lassen, vergleichen.[1065] Daher spricht man von einer „strukturellen Verwandtschaft“ der Untreue mit dem Fahrlässigkeitsdelikt.[1066] Denn auch dort muss sichergestellt werden, dass nur die

---

1060 *Ransiek/Hüls*, ZGR 2009, 157, 177; ähnlich auch *Seier*, in: Achenbach/Ransiek/Rönnau, V 2 Rn. 119; *Strelczyk*, S. 195.

1061 *Strelczyk*, S. 195.

1062 *Fischer*, § 15 Rn. 16; *Kühl*, in: Lackner/Kühl, § 15 Rn. 37; *Sternberg-Lieben/Schuster*, in: Schönke/Schröder, § 15 Rn. 134 ff.

1063 *Martin*, S. 134.

1064 Vgl. *Dierlamm*, in: Müko-StGB, § 266 Rn. 202; *Hoyer*, in: SK-StGB, § 266 Rn. 99, 101; *Perron*, in: Schönke/Schröder, § 266 Rn. 39; *Saliger*, in: SSW-StGB, § 266 Rn. 99; *Schünemann*, NStZ 2005, 473, 476; *Seier*, in: Achenbach/Ransiek/Rönnau, V 2 Rn. 207 ff.

1065 *Beukelmann*, in: Volk-Verteidigung, § 18 Rn. 124.

1066 *Seier*, in: Achenbach/Ransiek/Rönnau, V 2 Rn. 212.

Verletzung der für das Fahrlässigkeitsdelikt relevanten Pflichten sanktioniert wird.[1067] Ähnliches muss auch für § 266 StGB gelten. Es ist daher notwendig, dass zwischen der pflichtwidrigen Handlung und dem Vermögensnachteil ein Zurechnungszusammenhang besteht, der neben der Kausalität auch alle sonstigen Voraussetzungen der objektiven Zurechnung erfüllt, soweit das jeweilige Element aus der objektiven Zurechnung in den Tatbestand der Untreue integriert werden kann.[1068] Bei der Übernahme von Elementen, die bei Fahrlässigkeitsdelikten diskutiert werden, ist jedoch zu beachten, dass die Untreue ein Vorsatzdelikt ist.[1069] Dies kann daher zu einer entsprechenden Modifikation der einzelnen Elemente führen.

bb) Objektive Zurechnung im Rahmen der Untreue

Aufgrund der strukturellen Ähnlichkeit, die zwischen der Untreue und einem Fahrlässigkeitsdelikt besteht, stellt sich die Frage, inwiefern Wertungen aus dem Bereich der Fahrlässigkeitsdelikte für die Untreue übernommen werden können. Insbesondere wenn der Pflichtwidrigkeitszusammenhang der Teil der objektiven Zurechnung[1070] bei Fahrlässigkeitsdelikten ist[1071], der für die Untreue übernommen werden soll, könnte sich das dogmatische Fundament des hypothetischen Einverständnisses anders darstellen. Denn nach dem BGH wird bei einer hypothetischen Einwilligung im Rahmen von Fahrlässigkeitsdelikten gerade der Pflichtwidrigkeitszusammenhang zwischen Aufklärungspflichtverstoß und tatbestandlichem Erfolg unterbrochen.[1072]

Die Frage nach der objektiven Zurechnung im Rahmen der Untreue ist noch weitestgehend ungeklärt.[1073] Dass die objektive Zurechnung bzw. ihre Elemente berücksichtigt werden müssen, ist aber unstreitig.[1074] Denn die Untreue ist ein Erfolgsdelikt, sodass die Begrenzung des Tatbestandes

---

1067 *Fischer*, Vor § 13 Rn. 30.

1068 *Perron*, in: Schönke/Schröder, § 266 Rn. 39.

1069 *Martin*, S. 134.

1070 Grundsätzliches zur objektiven Zurechnung unter C. II. 2. b). aa).

1071 *Kühl*, in: Lackner/Kühl, § 15 Rn. 41; *Wessels/Beulke/Satzger*, AT, Rn. 294, 953.

1072 Vgl. C. V. 1. b). aa). (1).

1073 *Kraatz*, ZStW 123 (2011), 447, 473; *Saliger*, in: SSW-StGB, § 266 Rn. 99; *ders.*, HRRS 2006, 10, 14; *Schünemann*, NStZ 2005, 473, 475 f.

1074 Vgl. *Beukelmann*, in: Volk-Verteidigung, § 18 Rn. 124 ff.; *Burger*, S. 240 ff.; *Hillenkamp*, NStZ 1981, 161, 166; *Kindhäuser*, in: NK-StGB, § 266 Rn. 99; *Sa-*

allein durch die naturalistische Kausalität unzureichend wäre. Mit der objektiven Zurechnung würde zugleich eine normative Beschränkung der Untreue erfolgen.[1075] Es ist aber unklar, welche Elemente der objektiven Zurechnung übernommen werden können und in welchem Umfang sie berücksichtigt werden müssen.[1076]

In ihrer Grundform ist die objektive Zurechnung zwischen Handlung und Erfolg gegeben, wenn der Täter eine rechtlich relevante Gefahr geschaffen hat, die sich im konkreten tatbestandlichen Erfolg realisiert.[1077] Abgewandelt auf die Untreue würde dies bedeuten, dass der Vermögensbetreuungspflichtige mit einer pflichtwidrigen Handlung eine vermögensrelevante Gefahr geschaffen hat, die sich dann im konkreten Vermögensnachteil realisiert hat.[1078] Die Formel der objektiven Zurechnung setzt sich also aus der Gefahrschaffung und aus der Gefahrrealisierung zusammen.[1079]

(1) Gefahrschaffung

Zunächst muss nach der Grundformel der objektiven Zurechnung eine rechtlich relevante Gefahr durch den Täter geschaffen worden sein. Eine solche Gefahr wird nicht geschaffen, wenn der Täter lediglich ein erlaubtes bzw. sozialadäquates Risiko verursacht hat.[1080] Ähnliches gilt, wenn der Täter durch einen Eingriff in den Kausalverlauf das relevante Risiko verringert hat.[1081] Des Weiteren scheidet die Zurechnung aus, wenn sich

---

*liger*, in: SSW-StGB, § 266 Rn. 99; *Seier*, in: Achenbach/Ransiek/Rönnau, V 2 Rn. 209 ff.

1075 *Esser*, in: AnwK-StGB, § 266 Rn. 210.

1076 *Saliger*, in: SSW-StGB, § 266 Rn. 99.

1077 *Heuchemer*, in: Heintschel-Heinegg-StGB, § 13 Rn. 23; *Jescheck/Weigend*, § 28 IV; *Kühl*, in: Lackner/Kühl, Vorbemerkung § 13 Rn. 14; *Lenckner/Eisele*, in: Schönke/Schröder, Vor.§§ 13 ff. Rn. 92; *Roxin*, AT I, § 11 Rn. 47; *Wessels/Beulke/Satzger*, AT, Rn. 251.

1078 *Esser*, in: AnwK-StGB, § 266 Rn. 211; *Schramm*, S. 65.

1079 *Kühl*, AT, § 4 Rn. 43.

1080 *Eisele*, in: Schönke/Schröder, Vor § 13 Rn. 93; *Kühl*, AT, § 4 Rn. 48; *Rengier*, AT, § 13 Rn. 51; *Roxin*, AT I, § 11 Rn. 65 f.; *Wessels/Beulke/Satzger*, AT, Rn. 258.

1081 *Eisele*, in: Schönke/Schröder, Vor § 13 Rn. 94; *Kühl*, AT, § 4 Rn. 53; *Rengier*, AT, § 13 Rn. 56 f.; *Roxin*, AT I, § 11 Rn. 53 f.; *Wessels/Beulke/Satzger*, AT, Rn. 284.

ein allgemeines Lebensrisiko realisiert hat, das der Täter nicht beherrschen konnte.[1082]

Bei der Untreue stellt sich die Frage, ob die Pflichtverletzung des Vermögensbetreuungspflichtigen überhaupt eine rechtlich relevante Gefahr geschaffen hat, um dem Vermögen ein Nachteil zuzufügen.[1083] Beispielsweise liegt ein erlaubtes Risiko vor, wenn die vom Vermögensinhaber gesetzte Grenze der Vermögensbetreuungspflicht von der Gesellschaft oder dem Staat aufgrund ihres sozialen Nutzens gebilligt wird, sodass sich ein allgemeines Lebensrisiko verwirklicht hat.[1084] Dies würde zunächst keine Pflichtverletzung im Innenverhältnis darstellen, es sei denn, die Einhaltung entsprechender Regeln wurde explizit vereinbart.[1085]

Unter dem Aspekt der mangelnden Gefahrschaffung wird teilweise auch der Fall eingeordnet[1086], dass trotz pflichtwidriger Handlung und Vermögensnachteilen eine tatbestandliche Gefahr nicht entstanden ist, wenn es dem Vermögensbetreuungspflichtigen jederzeit möglich und er auch dazu bereit ist, den Vermögensnachteil auszugleichen.[1087]

(2) Gefahrrealisierung

Die objektive Zurechnung setzt voraus, dass sich im konkreten Erfolg die tatbestandliche Gefahr realisiert hat, sodass zwischen Handlung und Erfolg ein entsprechender Zusammenhang bestehen muss.[1088]

---

1082 *Eisele*, in: Schönke/Schröder, Vor § 13 Rn. 93; *Kühl*, AT, § 4 Rn. 48; *Rengier*, AT, § 13 Rn. 51; *Wessels/Beulke/Satzger*, AT, Rn. 257.

1083 *Kraatz*, ZStW 123 (2011), 447, 478.

1084 *Esser*, in: AnwK-StGB, § 266 Rn. 212.

1085 Vgl. bereits für die Pflichtwidrigkeit BGHSt 56, 203, 212; *Gerst*, WiJ 2013, 178, 183; *Fischer*, § 266 Rn. 60 ff.; *Hillenkamp*, NStZ 1981, 161, 166; *Michalke*, StV 2011, 247, 250; *Rönnau/Hohn*, NStZ 2004, 113, 114; *Rose*, wistra 2005, 281, 289; *Weimann*, S. 51 Fn. 193.

1086 *Saliger*, HRRS 2006, 10, 21; zustimmend *Seier*, in: Achenbach/Ransiek/Rönnau, V 2 Rn. 182.

1087 BGH 15, 342, 344; *Dierlamm*, in: Müko-StGB, § 266 Rn. 209; *Saliger*, in: SSW-StGB, § 266 Rn. 100; *Schünemann*, in: LK-StGB, § 266 Rn. 171; a.A. *Fischer*, § 266 Rn. 169; *Perron*, in: Schönke/Schröder, § 266 Rn. 42.

1088 *Kühl*, AT, § 4 Rn. 60; *Rengier*, AT, § 13 Rn. 60.

### (a) Fallgruppen bei der Gefahrrealisierung

Hinsichtlich der Gefahrrealisierung werden nun einige Fallgruppen diskutiert, die nach ihrer Darstellung auf den Untreuetatbestand angepasst werden müssen. Kennzeichnend ist, dass sich in den angesprochen Fallgruppen nicht die vom Täter geschaffene Gefahr im tatbestandlichen Erfolg realisiert hat, sondern dass sich eine hiervon unabhängige und damit nicht vom Täter geschaffene Gefahr niedergeschlagen hat.[1089] In diesen Fällen wird auch die objektive Zurechnung für den tatbestandlichen Erfolg ausgeschlossen.

#### aa) Atypische Kausalverläufe

Der Zusammenhang zwischen tatbestandlichem Erfolg und der Gefahrschaffung durch den Täter entfällt vor allem dann, wenn der jeweilige Erfolg auf einem atypischen Kausalverlauf beruht. Denn in diesen Fällen realisiert sich nicht das durch den Täter geschaffene Risiko, sondern ein atypisches.[1090]

Diese Fallgruppe kann auch bei der Untreue Berücksichtigung finden. Dies könnte der Fall sein, wenn der Vermögensnachteil gemessen an der allgemeinen Lebenserfahrung und dem gewöhnlichen Verlauf der Dinge völlig unvermutet eingetreten ist und damit nicht auf der pflichtwidrigen Handlung des Vermögensbetreuungspflichtigen beruht.[1091] Hier kann man bezweifeln, ob überhaupt eine pflichtwidrige Handlung des Vermögensbetreuungspflichtigen vorliegt, sodass die Einordnung eines solchen Falls nicht unbedingt im Rahmen der objektiven Zurechnung erfolgen muss.

#### bb) Schutzzweck der Norm

Im Rahmen der Gefahrschaffung wird bei der objektiven Zurechnung insbesondere die Fallgruppe „Schutzzweck der Norm" diskutiert. Danach genügt für eine Zurechnung des Erfolges nicht, dass gegen eine beliebige Verhaltensnorm verstoßen wird, sondern die verletzte Verhaltensnorm

---

1089 *Kühl*, AT, § 4 Rn. 60.
1090 *Kühl*, AT, § 4 Rn. 61; *Wessels/Beulke/Satzger*, AT, Rn. 254.
1091 *Esser*, in: AnwK-StGB, § 266 Rn. 213.

muss gerade dem Schutz des betroffenen Rechtsgutes dienen. Erst dann kann von einer relevanten Gefahrschaffung gesprochen und der darauf basierende Erfolg dem Täter zugerechnet werden.[1092]

Der Gedanke des Schutzzweckzusammenhangs kann bei der Untreue bereits im Rahmen der Pflichtwidrigkeit relevant werden[1093], sodass hier bereits der Gedanke des „Schutzzwecks der Norm" behandelt wird. Dies macht es entbehrlich, eine eigene Fallgruppe im Rahmen der objektiven Zurechnung zu diskutieren. Es wird auch vertreten, den Schutzzweckgedanken erst im Rahmen der objektiven Zurechnung bei der Untreue zu problematisieren.[1094]

Es liegt keine pflichtwidrige Handlung vor, wenn der Vermögensbetreuungspflichtige gegen eine Norm verstößt, die lediglich im öffentlichen Interesse liegt, da dann der vermögensschützende Charakter der Pflicht nicht gegeben ist.[1095] Anders liegt dagegen der Fall, wenn im Innenverhältnis zwischen Vermögensbetreuungspflichtigen und Vermögensinhaber in Bezug auf eine Norm, die allein im öffentlichen Interesse lieget, eine vermögensschützende Pflicht vereinbart wird.[1096]

cc) Eigenverantwortliche Selbstgefährdung

In der Fallgruppe der eigenverantwortlichen Selbstgefährdung führt das Verhalten des Opfers selbst zu einer Verletzung des Rechtsgutes, was die Zurechnung zwischen der Handlung des Dritten und der Rechtsgutsverletzung unterbricht. Der Dritte ist daher lediglich Beteiligter an dieser Tat und nicht Täter.[1097] Dies ist von der einverständlichen Fremdgefährdung abzugrenzen, bei der sich das Opfer im Bewusstsein des Risikos der durch

---

1092 *Kühl*, AT, § 4 Rn. 74; *Wessels/Beulke/Satzger*, AT, Rn. 254.

1093 Vgl. hierzu die Ausführungen unter E. III. 1. c).

1094 *Martin*, S. 140 ff.; *Seier*, in: Achenbach/Ransiek/Rönnau, V 2 Rn. 212.

1095 BGHSt 56, 203, 211; 55, 288, 300; NStZ 2013, 165, 166; noch offengelassen von LG Bonn NJW 2001, 1736, 1739 im Fall *Kohl*; *Fischer*, § 266 Rn. 60, 21; *Günther*, in: FS- U. Weber, S. 311, 316; *Krell*, NStZ 2014, 63, 63; *Ransiek*, ZStW 116 (2004), 634, 672; *Saliger*, in: SSW-StGB, § 266 Rn. 38; *Schlößer/Dörfler*, wistra 2007, 326, 329; *Schünemann*, NStZ 2006, 195, 198; *Vollhard*, in: FS-Lüderssen, S. 673, 678.

1096 Vgl. hierzu unten unter E. IV. 1. a). dd). (2). (b).

1097 *Kühl*, AT, § 4 Rn. 86 ff.; vgl. *Rengier*, AT, § 13 Rn. 77 ff.; *Roxin*, AT I, § 11 Rn. 107; *Wessels/Beulke/Satzger*, AT, Rn. 260.

einen Dritten verursachten Gefahr aussetzt.[1098] Zur Abgrenzung zwischen eigenverantwortlicher Selbstgefährdung und einverständlicher Fremdgefährdung wird das Kriterium der Tatherrschaft über den letzten Ausführungsakt bzw. die Grundsätze zur Abgrenzung von Täterschaft und Teilnahme analog herangezogen.[1099]

Vorstellbar wäre dies bei der Untreue dann, wenn der Vermögensinhaber selbst seinem Vermögen einen Nachteil zufügt.[1100] Eine pflichtwidrige Handlung des Vermögensbetreuungspflichtigen könnte damit nicht mehr zurechenbar sein, da die Zurechnung durch die eigenverantwortliche Handlung des Vermögensinhabers unterbrochen werden würde. Hierbei spielt das Einverständnis des Vermögensinhabers keine Rolle[1101], da in diesen Fällen die Tatherrschaft beim Vermögensinhaber liegt. Ein Rückgriff auf das Einverständnis wäre nicht nötig, da der Vermögensbetreuungspflichtige lediglich Gehilfe hinsichtlich der Handlung des Vermögensinhabers wäre und der Vermögensinhaber das Vermögen selbst schädigt. Da die Schädigung des eigenen Vermögens grds. straffrei, fehlt es es an der notwendigen Haupttat für die Beihilfe.[1102]

#### dd) Pflichtwidrigkeitszusammenhang

Bei Fahrlässigkeitsdelikten müssen der objektive Sorgfaltspflichtverstoß und die Erfolgsverursachung in einem Pflichtwidrigkeitszusammenhang verbunden sein. Das ist der Fall, wenn sich die Gefahr des Sorgfaltspflichtverstoßes im tatbestandlichen Erfolg realisiert hat.[1103] Nach der grundsätzlichen Darstellung des Pflichtwidrigkeitszusammenhangs erfolgt die Übertragung auf die Untreue.

---

1098 *Renzikowski*, HRRS 2009, 347, 347 f.; *Roxin*, AT I, § 11 Rn. 121; *Wessels/Beulke/Satzger*, AT, Rn. 273.

1099 BGHSt 53, 55, 60; OLG Celle NZV 2012, 345, 347; *Duttge*, in: Müko-StGB, § 15 Rn. 159; *Wessels/Beulke/Satzger*, AT, Rn. 268.

1100 *Esser*, in: AnwK-StGB, § 266 Rn. 219.

1101 Vgl. aber *Esser*, in: AnwK-StGB, § 266 Rn. 219.

1102 Vgl. *Schramm*, S. 67.

1103 *Kühl*, AT, § 17 Rn. 47; *Rengier*, AT, § 52 Rn. 26 f.; *Wessels/Beulke/Satzger*, AT, Rn. 952.

### (1) Grundsätzliches zum Pflichtwidrigkeitszusammenhang

Der Pflichtwidrigkeitszusammenhang zwischen tatbestandlichem Erfolg und pflichtwidriger Handlung fehlt, wenn der tatbestandliche Erfolg unvermeidbar gewesen ist. Dies ist der Fall, wenn das tatbestandliche Verhalten auch bei einem pflichtgemäßen Alternativverhalten eingetreten wäre.[1104] Dahinter steht der Gedanke, dass dem Täter kein strafrechtliches Fehlverhalten vorgeworfen werden kann, wenn auch bei einem pflichtgemäßen Verhalten der tatbestandliche Erfolg eingetreten wäre. Damit war der Erfolg objektiv unvermeidbar und der Sorgfaltspflichtverstoß daher irrelevant.[1105] Das geschützte Rechtsgut ist in diesem Fall von der pflichtwidrigen Handlung in der gleichen Weise bedroht wie von einer pflichtgemäßen Handlung, sodass das entsprechende Erfolgsunrecht der Tat fehlt.[1106] Es würde gegen den Gleichheitssatz aus Art. 3 GG verstoßen, wenn jemand für einen Pflichtverstoß bestraft werden würde, obwohl die Erfüllung dieser Pflicht nutzlos gewesen ist.[1107]

Zur Prüfung des Pflichtwidrigkeitszusammenhanges wird ein hypothetischer Kausalverlauf, bei dem das pflichtwidrige Verhalten durch ein gedachtes rechtmäßiges Verhalten ersetzt wird, mit dem real verlaufenden Geschehen verglichen.[1108] Zur Feststellung des Pflichtwidrigkeitszusammenhanges kommt es allein darauf an, ob der tatbestandliche Erfolg auch eingetreten wäre, wenn sich der Täter pflichtgemäß verhalten hätte. Nur die Handlung des Täters darf in einem gedachten hypothetischen Kausalverlauf prinzipiell verändert werden, damit keine Ersatzursachen hinzugedacht werden.[1109] Wäre der Erfolg auch bei einem pflichtgemäßen Verhalten eingetreten, verneint die Rechtsprechung in diesen Fällen den „Kausalzusammenhang" zwischen pflichtwidrigem Verhalten und Erfolg, da das Verhalten nicht mehr ursächlich für den Erfolg war.[1110] In der Literatur wird überwiegend vertreten, dass der „Zurechnungszusammenhang" bzw. der „Pflichtwidrigkeitszusammenhang" zwischen Erfolg und pflichtwidri-

---

1104 *Wessels/Beulke/Satzger*, AT, Rn. 953.

1105 *Kretschmar*, Jura 2000, 267, 274; *Rengier*, AT; § 52 Rn. 26; *Wessels/Beulke/Satzger*, AT, Rn. 953.

1106 *Kretschmar*, Jura 2000, 267, 274.

1107 *Roxin*, AT I, § 11 Rn. 74.

1108 *Kretschmar*, Jura 2000, 267, 274; *Kühl*, AT, § 17 Rn. 49.

1109 *Duttge*, in: Müko-StGB, § 15 Rn. 169; *Rengier*, AT, § 52 Rn. 27; *Wessels/Beulke/Satzger*, AT, Rn. 956.

1110 BGHSt 11, 1, 7; 21, 59, 61.

gen Handeln auf Tatbestandsebene entfällt.[1111] Dagegen bleibt der Pflichtwidrigkeitszusammenhang bestehen, wenn im hypothetischen Verlauf bei einem rechtmäßigen Verhalten des Täters der Erfolg entfallen wäre, sodass der Erfolg in diesem Fall dem Täter zuzurechnen ist.

Der Pflichtwidrigkeitszusammenhang mit der besonderen Bedeutung des Vergleichs zwischen hypothetisch pflichtgemäßer und realer pflichtwidriger Handlung stellt damit eine der wenigen Ausnahmen dar, in denen Reserveursachen im Strafrecht berücksichtigt werden können. Eine unbeachtliche Reserveursache liegt vor, wenn der Erfolg auch durch eine andere vom Täter unabhängige Ursache, wie z.B. beim zeitlich nachfolgenden, rechtswidrigen Verhalten eines Dritten, eingetreten wäre. Durch eine solche Reserveursache wird dem Täter die Verantwortung für sein Verhalten grundsätzlich nicht genommen.[1112]

(2) Pflichtwidrigkeitszusammenhang bei der Untreue

Auch bei der Untreue wird angenommen, dass der Vermögensnachteil durch eine untreuerelevante Pflichtverletzung herbeigeführt worden sein muss. Daher wird auch die Annahme eines Pflichtwidrigkeitszusammenhangs zwischen pflichtwidriger Handlung und Vermögensnachteil befürwortet.[1113] Der Wortlaut des § 266 StGB „…und dadurch…Nachteile zufügt" weist auf einen solchen Zusammenhang hin.[1114] Der Pflichtwidrigkeitszusammenhang ist auch zu berücksichtigen, da die Untreue ein Pflichtdelikt ist.[1115] Ein Pflichtdelikt zeichnet sich dadurch aus, dass § 266

---

1111 *Duttge*, in: Müko-StGB, § 15 Rn. 165 ff.; *Kühl*, AT, § 17 Rn. 47; vgl. *Rengier*, AT, § 52 Rn. 26 f.; *Hoyer*, in: SK-StGB, Anhang zu § 16, Rn. 66; *Sternberg-Lieben/Schuster*, in: Schönke/Schröder, § 15 Rn. 173.

1112 BGHSt 30, 228, 231 f.; *Eisele*, in: Schönke/Schröder, Vor § 13 Rn. 99.

1113 Angedeutet bei BGHSt 40, 287, 294; 43, 293, 297 f.; insbesondere aber *Dierlamm*, in: Müko-StGB, § 266 Rn. 202; *Doster*, WM 2001, 333, 337; *Fischer*, § 266 Rn. 115a; *Kindhäuser*, in: NK-StGB, § 266 Rn. 99; *ders.*, in: FS-Lampe, S. 709, 724; *Kraatz*, ZStW 123 (2011), 447, 480; *Martin*, S. 135 f.; *Perron*, in: Schönke/Schröder, § 266 Rn. 39; *Schlösser/Dörfler*, wistra 2007, 326, 333; a.A. *Bittmann*, in: Handbuch Insolvenzstrafrecht, § 16 Rn. 41 Fn. 148.

1114 *Beukelmann*, in: Volk-Verteidigung, § 18 Rn. 124; *Saliger*, in: SSW-StGB, § 266 Rn. 101; *Seier*, in: Achenbach/Ransiek/Rönnau, V 2 Rn. 209.

1115 *Kraatz*, ZStW 123 (2011), 447, 480; *Saliger*, in: SSW-StGB, § 266 Rn. 101; *Schramm*, S. 65.

StGB nicht den Inhalt der Pflichtwidrigkeit beschreibe. Etwas Ähnliches gilt sonst nur bei Fahrlässigkeitsdelikten.[1116]

Nach der der genannten Grundformel des Pflichtwidrigkeitszusammenhanges[1117] ist dieser bei der Untreue nur gegeben, wenn der Vermögensnachteil bei einem rechtmäßigen Alternativverhalten des Vermögensbetreuungspflichtigen entfallen würde. Dagegen ist der Pflichtwidrigkeitszusammenhang nicht gegeben, wenn der Vermögensnachteil auch bei einem rechtmäßigen Alternativverhalten eingetreten wäre.[1118] Angenommen wird dies beispielsweise bei Fällen der Kredituntreue: Hiernach scheidet der Pflichtwidrigkeitszusammenhang selbst dann aus, wenn der Nachteil auch bei einer rechtmäßigen Kreditvergabe eingetreten wäre, obwohl die eigentliche Kreditvergabe pflichtwidrig erfolgt ist und sich ein Nachteil für die Bank eingestellt hat.[1119] Auch der BGH könnte die objektive Zurechnung im Rahmen der Untreue anerkannt haben. Zumindest geht das Gericht in der „Kreditvergabe I"-Entscheidung davon aus, dass selbst wenn eine pflichtwidrige Handlung vorliege und der erteilte Kredit notleidend werde, nicht automatisch die Vollendung des Untreuetatbestandes angenommen werden könne. Voraussetzung sei, dass der Vermögensnachteil auf die pflichtwidrige Handlung zurückzuführen sei.[1120] Hieraus wird abgeleitet, dass auch der BGH annimmt, dass ein Pflichtwidrigkeitszusammenhang zwischen Pflichtverletzung und Vermögensnachteil besteht.[1121]

In ähnlicher Weise hat der BGH den Pflichtwidrigkeitszusammenhang bereits in der Fallgruppe der „Haushaltsuntreue" anerkannt. In dieser Fallgruppe geht es um die zweckwidrige Verwendung von öffentlichen Geldern. Dabei können sowohl die Treuebruch- als auch die Missbrauchsalternative erfasst sein, wenn die Amtsstellung des Vermögensbetreuungspflichtigen auch vermögensrechtliche Dispositionen umfasst und es zu einer Verminderung des Vermögens kommt.[1122] Der BGH hat entschieden,

---

1116 *Kubiciel*, NStZ 2005, 353, 354.

1117 Vgl. E. II. 4. c). bb). (2). b). aa).

1118 *Esser*, in: AnwK-StGB, § 266 Rn. 213; *Seier*, in: Achenbach/Ransiek/Rönnau, V 2 Rn. 209; zur Anwendung der Risikoerhöhungslehre auf die Untreue, *Lüderssen*, in: FS-Volk, S. 345, 352 ff.

1119 Vgl. *Martin*, S. 137; *Saliger*, in: SSW-StGB, § 266 Rn. 101.

1120 BGHSt 46, 30, 34.

1121 So *Beukelmann*, in: Volk-Verteidigung, § 28 Rn. 124; *Kindhäuser*, in: NK-StGB, § 266 Rn. 99; *Seier*, in: Achenbach/Ransiek/Rönnau, V 2 Rn. 210 spricht von „vorsichtig-tastende Ansätze".

1122 *Fischer*, § 266 Rn. 86.

dass der Tatbestand des § 266 StGB nicht erfüllt ist, wenn durch die vermögensrechtliche Disposition zwar eine Verbindlichkeit vorschriftswidrig begründet wurde, aber hierdurch kein Vermögensnachteil entstanden ist. Denn in diesem Fall steht durch die vermögensrechtliche Verpflichtung oder Ausgabe eine gleichwertige Gegenleistung im Vermögen gegenüber.[1123] Hätte der Bedienstete rechtmäßig gehandelt, wäre nämlich die Gegenleistung gleichfalls in das Vermögen der Dienstelle getreten und die hierfür notwendige Verbindlichkeit hätte ebenfalls bedient werden müssen.[1124]

Um ermitteln zu können, ob der Pflichtwidrigkeitszusammenhang zwischen pflichtwidriger Handlung und Vermögensnachteil besteht, darf auch bei der Untreue grundsätzlich nur die Handlung des Vermögensbetreuungspflichtigen durch ein hypothetisch pflichtgemäßes Verhalten ersetzt werden.[1125] Zur Unterbrechung dieses Zusammenhanges dürfte der tatbestandliche Erfolg bei einem hypothetisch pflichtgemäßen Verhalten mit an Sicherheit grenzender Wahrscheinlichkeit nicht eingetreten sein.[1126]

###### (b) Das hypothetische Einverständnis als weiterer Anwendungsfall für den Ausschluss des Pflichtwidrigkeitszusammenhangs bei der Untreue

Für die Frage, ob das hypothetische Einverständnis auf Ebene der objektiven Zurechnung im Rahmen des Pflichtwidrigkeitszusammenhanges bei der Untreue integriert werden kann, muss zunächst festgestellt werden, ob sich das hypothetische Einverständnis im Pflichtwidrigkeitszusammenhang bei der Untreue auswirken würde. Darüber hinaus ist es fraglich, ob die Rechtfolgen des fehlenden Pflichtwidrigkeitszusammenhanges bei der Untreue als Vorsatzdelikt akzeptiert werden können. Fehlt nämlich der Pflichtwidrigkeitszusammenhang zwischen der tatbestandlichen Handlung und dem jeweiligen Erfolg, ist bei einem Vorsatzdelikt nur eine Versuchsstrafbarkeit des Täters möglich. Die Untreue kennt aber keine Versuchsstrafbarkeit. Wenn das hypothetische Einverständnis aber den Pflichtwid-

---

1123 BGH NStZ 1984, 549, 550; NJW 1995, 603, 605.
1124 *Becker*, HRRS 2012, 234, 244.
1125 Vgl. E. II. 4. c). bb). (2). b). aa).
1126 *Kindhäuser*, in: NK-StGB, § 266 Rn. 99; *Kraatz*, ZStW 123 (2011), 447, 480; *Saliger*, HRRS 2006, 10, 22.

rigkeitszusammenhang unterbricht, ist unklar, wie ein mögliches Handlungsunrecht des Vermögensbetreuungspflichtigen sanktioniert werden kann.

### aa) Vermögensnachteil aufgrund des hypothetischen Einverständnisses der pflichtwidrigen Handlung nicht zurechenbar

Der BGH schließt bei Fahrlässigkeitsdelikten den Pflichtwidrigkeitszusammenhang zwischen pflichtwidriger Handlung und tatbestandlichem Erfolg aus, wenn ein hypothetisches Einverständnis vorliegt.[1127] Dies könnte ebenfalls die Folge eines hypothetischen Einverständnisses bei § 266 StGB sein, sodass hier der Pflichtwidrigkeitszusammenhang zwischen pflichtwidriger Handlung und Vermögensnachteil unterbrochen wird. Allerdings ist bereits die Integration der hypothetischen Einwilligung in den Pflichtwidrigkeitszusammenhang bei den Körperverletzungsdelikten nicht unproblematisch und umstritten.

#### (1) „Tatbestandlicher Erfolg“ als Zurechnungsobjekt beim hypothetischen Einverständnis

Der Pflichtwidrigkeitszusammenhang zwischen Vermögensnachteil und pflichtwidriger Handlung wird unterbrochen, wenn der Vermögensnachteil auch bei einer pflichtgemäßen Handlung des Vermögensbetreuungspflichtigen eingetreten wäre. Für die Prüfung des Pflichtwidrigkeitszusammenhanges muss daher die pflichtwidrige Handlung des Vermögensbetreuungspflichtigen durch eine hypothetisch pflichtgemäße Handlung ersetzt werden. Wenn der Vermögensnachteil bei einer hypothetisch pflichtgemäßen Handlung entfallen würde, würde der Pflichtwidrigkeitszusammenhang zwischen der realen pflichtwidrigen Handlung und dem Vermögensnachteil bestehen, sodass der Erfolg objektiv zurechenbar wäre. Denn in diesem Fall beruht der Vermögensnachteil auf der pflichtwidrigen Handlung des Vermögensbetreuungspflichtigen.[1128]

Bei der hypothetischen Einwilligung ist unklar, zwischen welchen Bezugspunkten der Pflichtwidrigkeitszusammenhang vorliegen muss. Teil-

---

1127 Vgl. unter C. V. 1. b). aa). (1).
1128 Vgl. unter E. II. 2. c). bb). (a). (2).

weise wird vertreten, dass der Pflichtwidrigkeitszusammenhang zwischen der Einwilligung und der fehlerhaften Aufklärung zu untersuchen ist.[1129] Eine andere Ansicht besagt, dass der Pflichtwidrigkeitszusammenhang zwischen dem tatbestandlichen Erfolg und einer nunmehr wirksamen Einwilligung betrachtet werden muss. [1130]

Der Pflichtwidrigkeitszusammenhang soll die sehr weitgehende Kausalität durch normative Wertungen einschränken. Dies ist vor dem Hintergrund zu sehen, dass der tatbestandliche Erfolg dem Täter nur dann zuzurechen ist, wenn der Erfolg bei einem pflichtgemäßen Verhalten nicht eingetreten wäre. Ersetzt man in der hypothetischen Betrachtung die fehlende Aufklärung durch eine hypothetisch rechtmäßige, würde aufgrund der dann wirksamen Einwilligung nicht der gleiche Erfolg anfallen. Damit würde die Einwilligung, wenn man sie als Bezugspunkt der hypothetischen Einwilligung ansehen würde, im hypothetischen Fall aufgrund einer wirksamen Aufklärung bestehen, aber im tatsächlichen Verlauf als „Erfolg" ausbleiben. Der Pflichtwidrigkeitszusammenhang fragt aber gerade, ob der gleiche Erfolg auch bei einem hypothetisch pflichtgemäßen Verhalten eintreten würde, sodass sowohl in der realen als auch in der hypothetischen Lage der gleiche Erfolg eintreten und bestehen muss.[1131] Damit kommt bei der Prüfung, ob der Pflichtwidrigkeitszusammenhang durch eine hypothetische Einwilligung unterbrochen wird, nur der tatbestandliche Erfolg in Betracht. Denn bei einer hypothetisch wirksamen Aufklärung wäre der Eingriff nicht mehr rechtswidrig, auch wenn der gleiche Erfolg eintreten würde; der tatbestandliche Erfolg bliebe sowohl im tatsächlichen als auch im hypothetischen Verlauf gleich und der Täter würde dadurch entlastet werden, dass der Erfolg auch bei einer pflichtgemäßen Handlung eintreten wäre. Hätte das Opfer im Arztstrafrecht die Einwilligung erteilt, wäre es zur Behandlung und damit auch zu einem tatbestandlichen Erfolg gekommen, der jedoch durch die Einwilligung gerechtfertigt wäre.[1132]

1129 So Teile der Rechtsprechung, vgl. BGH NStZ-RR 2004, 16, 17; *Rönnau*, in: LK-StGB, Vor § 32 Rn. 230 bzw. unter C. V. 2. b). bb). (2); auch *Eisele*, JA 2005, 252, 253; *ders.*, in: FS-Strätz, S. 162, 174.

1130 *Kuhlen*, in: FS-Roxin, S. 331, 337 f.; *ders.*, in: FS-Müller-Dietz, S. 431, 432; bzw. unter C. V. 2. b). bb). (1).

1131 *Hengstenberg*, S. 260 f.; *Sickor*, JA 2008, 179, 180.

1132 *Hengstenberg*, S. 262 f.

Auch bei einem hypothetischen Einverständnis kann als tatbestandlicher Erfolg nur der Vermögensnachteil und nicht das Einverständnis gemeint sein. Wenn nämlich der Vermögensbetreuungspflichtige ordnungsgemäß über seine Handlung aufgeklärt hat, ist sie aufgrund eines Einverständnisses des Vermögensinhabers nicht mehr pflichtwidrig. Dennoch könnte ein Vermögensnachteil vorliegen, da das Einverständnis nicht das Potential der Handlung, grundsätzlich vermögensschädigend zu sein, verändern würde. Das Einverständnis verhindert also nicht den Eintritt des tatbestandlichen Erfolges. Damit bleibt bei der Prüfung des Pflichtwidrigkeitszusammenhanges der tatbestandliche Erfolg in Form eines Vermögensnachteils in der hypothetischen wie in der realen Lage bestehen. Daher wäre auch bei einem hypothetischen Einverständnis nicht das Einverständnis an sich als „Erfolg“ anzusehen, sondern der Vermögensnachteil, sodass sich die Prüfung des hypothetischen Einverständnisses weiterhin im Rahmen des Pflichtwidrigkeitszusammenhanges bewegen würde. Daher ist auch bei der Untreue im Rahmen der Prüfung des Pflichtwidrigkeitszusammenhanges beim hypothetischen Einverständnis mit „Erfolg“ der Vermögensnachteil gemeint.

#### (2) Besondere Struktur des § 266 StGB im Vergleich zu § 242 StGB und § 123 StGB

Es zeigt sich, dass das hypothetische Einverständnis nur bei der Untreue den Pflichtwidrigkeitszusammenhang zwischen tatbestandlichem Erfolg und pflichtwidriger Handlung unterbrechen könnte.

Dies ist nicht der Fall, wenn ein Einverständnis bereits den Tatbestand des jeweiligen Deliktes ausschließt, wie beim Hausfriedensbruch nach § 123 StGB oder Diebstahl nach § 242 StGB. Bei diesen Tatbeständen kann ein hypothetisches Einverständnis den Pflichtwidrigkeitszusammenhang nicht unterbrechen, da durch ein hypothetisches Einverständnis im hypothetischen Verlauf nicht mehr der gleiche tatbestandliche Erfolg eintreten würde. Die hypothetische Zustimmung verhindert den Eintritt des tatbestandlichen Erfolges, denn bei den genannten Delikten ist die fehlende Zustimmung eine Voraussetzung für den tatbestandlichen Erfolg.[1133] Damit liegt im hypothetischen Verlauf nicht der gleiche tatbestandliche

1133 *Schlehofer*, in: Müko-StGB, Vor § 32 Rn. 214.

Erfolg wie im tatsächlichen Verlauf vor, sodass ein Vergleich zwischen hypothetischem und tatsächlichem Verlauf ausscheidet.

Aufgrund der Struktur des Deliktes unterscheidet sich die Prüfung des hypothetischen Einverständnisses beim Pflichtwidrigkeitszusammenhang im Rahmen des § 266 StGB aber von den genannten Delikten. Denn § 266 StGB setzt für den objektiven Tatbestand neben der eigentlichen Tathandlung auch das Vorliegen eines Vermögensnachteils voraus, der eigenständig festzustellen ist, sodass nicht jede pflichtwidrige Handlung den Tatbestand des § 266 StGB erfüllt. Erfolgt die Wegnahme beim Diebstahl dagegen ohne ein Einverständnis, ist der objektive Tatbestand des § 242 StGB bereits erfüllt, da dann gegen den Willen des Gewahrsamsinhabers der alte Gewahrsam an der fremden Sache gebrochen und neuer begründet wurde.[1134] Das Gleiche gilt auch für § 123 StGB, der nur voraussetzt, dass jemand ohne Einverständnis des Hausrechtsinhabers in ein Objekt eindringt oder sich nicht aus diesem entfernt.[1135] Umgekehrt kann ein Vermögensnachteil sehr wohl auch dann festgestellt werden, wenn der Vermögensbetreuungspflichtige mit einem Einverständnis gehandelt hat, da ein Einverständnis nichts am Potential einer pflichtwidrigen Handlung ändert, einen Vermögensnachteil herbeiführen zu können. Pflichtwidrige Handlung und Vermögensnachteil sind jedoch für die Erfüllung des Pflichtwidrigkeitszusammenhanges eigenständig festzustellen.[1136] Beim Diebstahl ist eine eigenständige Prüfung des Erfolges nicht notwendig, da der objektive Tatbestand allein die Wegnahme einer fremden Sache voraussetzt.[1137] Dies liegt daran, dass sich die Schutzgüter von Untreue und Diebstahl unterscheiden. Denn § 242 StGB schützt zwar das Eigentum. Beim Diebstahl geht es jedoch nicht um die Verletzung des Eigentumsrechtes an sich, sondern um die Möglichkeit, sein Eigentumsrecht ausüben zu können. § 242 StGB-schützt damit die Dispositionsmöglichkeit über das Eigentum[1138], welche das Opfer durch die unerlaubte Wegnahme nicht mehr ausüben kann. Zudem kann das Eigentumsrecht aufgrund von § 935 BGB grundsätzlich

---

1134 Vgl. *Schmitz*, in: Müko-StGB, § 242 Rn. 48.

1135 Vgl. *Schäfer*, in: Müko-StGB, § 123 Rn. 25 ff.; *Sternberg-Lieben*, in: Müko-StGB, § 123 Rn. 11 ff.

1136 Vgl. oben unter B. II. 3. b).

1137 Vgl. *Eser/Bosch*, in: Schönke/Schröder. § 242 Rn. 22; *Kindhäuser*, in: NK-StGB, § 242 Rn. 9 ff.; *Schmitz*, in: Müko-StGB, § 242 Rn. 24.

1138 Zum geschützten Rechtsgut des § 242, vgl. *Kindhäuser*, in: NK-StGB, § 242 Rn. 4; *Kudlich*, in: SSW-StGB, § 242 Rn. 3; *Schmitz*, in: Müko-StGB, § 242 Rn. 4.

nicht unfreiwillig verloren werden.[1139] § 123 StGB schützt dagegen das Entscheidungsrecht, darüber zu bestimmen, wer sich in einer schutzwürdigen Räumlichkeit aufhalten darf.[1140] Damit ist zugleich die weitgehende Dispositionsmöglichkeit über die entsprechenden Räumlichkeiten gemeint. Daher unterscheiden sich bei § 123 StGB die Prüfung und das Schutzgut von denen in § 266 StGB, denn bei § 123 StGB ist die Dispositionsmöglichkeit betroffen und nicht der bloße Bestand der Räumlichkeiten. Der Untreuetatbestand schützt dagegen das Vermögen[1141], sodass die pflichtwidrige Handlung zu einem negativen Vermögenssaldo geführt haben muss.[1142] Der Tatbestand erschöpft sich damit nicht allein in der Prüfung einer pflichtwidrigen Handlung.[1143] Zur Erfüllung des § 266 StGB ist es erforderlich, dass Handlungs- und Erfolgsunrecht eigeständig festgestellt werden, während die Feststellung bei § 242 StGB mit dem Gewahrsamsbruch zusammenfällt. Dies gilt gleichfalls für § 123 StGB.

Auch fällt auf, dass § 242 StGB und § 123 StGB vom Aufbau her nicht mit einem Fahrlässigkeitsdelikt zu vergleichen sind. Denn bei einem Fahrlässigkeitsdelikt muss neben einer pflichtwidrigen Handlung auch ein Erfolg festgestellt werden[1144], wie es bei § 266 StGB der Fall ist. Daher kann bei § 266 StGB das hypothetische Einverständnis anders als bei § 123 StGB und § 242 StGB den Pflichtwidrigkeitszusammenhang unterbrechen.

### (3) Aufklärungsfehler des Vermögensbetreuungspflichtigen als Bezugspunkt für die Vergleichshypothese beim hypothetischen Einverständnis

Bei der hypothetischen Einwilligung wird kritisiert, dass die Prüfung des Pflichtwidrigkeitszusammenhanges die hypothetische mit der realen Lage

---

1139 *Eser/Bosch*, in: Schönke/Schröder, § 242 Rn. 1/2, wobei hierbei auch die Ausnahme des § 935 Abs. 2 BGB zu beachten ist.

1140 *Schäfer*, in: Müko-StGB, § 123 Rn. 2; *Sternberg-Lieben*, in: Schönke/Schröder, § 123 Rn. 1.

1141 Vgl. D. II. 2. a).; obwohl der BGH in nicht hinnehmbarer Weise dies in der Rechtsprechung zur „Schwarzen Kasse“ aufweicht, vgl. unten E. IV. 4. b). bb).

1142 Vgl. *Dierlamm*, in: Müko-StGB, § 266 Rn. 201; *Perron*, in: Schönke/Schröder, § 266 Rn. 40.

1143 Vgl. BGHSt 43, 293, 297.

1144 Vgl. *Wessels/Beulke/Satzger*, AT, Rn. 937.

vergleicht. Grundsätzlich darf bei der Prüfung des Pflichtwidrigkeitszusammenhanges im hypothetischen Verlauf nur die unmittelbar schädigende Handlung des Täters ersetzt werden. Gegen die hypothetische Einwilligung wird vorgebracht, dass im Rahmen des Pflichtwidrigkeitszusammenhanges nicht nur das unmittelbar schädigende Ereignis, also z.B die Behandlung durch den Arzt, durch ein korrespondierendes rechtmäßiges Verhalten ersetzt wird. Bei der hypothetischen Einwilligung wird jedoch an der fehlerhaften Aufklärung angesetzt und nicht an der fehlerhaften Behandlung. Der Aufklärungsmangel ist hier aber nicht zu berücksichtigen[1145], da er dem ärztlichen Eingriff lediglich vorgelagert ist.[1146] Die fehlende Trennung zwischen Aufklärungsfehler und rechtsgutsverletzender Handlung führt daher zu einer unangemessenen Ausweitung des Pflichtwidrigkeitszusammenhanges.[1147]

Die Frage ist nur, was in diesem Zusammenhang unter „unmittelbar“ zu verstehen ist und ob diese Anforderung ausnahmslos gilt. Der BGH geht in seiner verkehrsstrafrechtlichen Rechtsprechung davon aus, dass das Prinzip der Unmittelbarkeit nur dann erfüllt sei, wenn eine „kritische Verkehrslage“ vorliege, aus der das schädigende Ereignis resultiere.[1148] Was jedoch im Verkehrsstrafrecht beispielsweise bei Geschwindigkeitsüberschreitungen noch Sinn ergibt, nämlich die Prüfung des Pflichtwidrigkeitszusammenhanges auf das unmittelbar schädigende Ereignis zu beschränken[1149], ist bei Sorgfaltsnormen, die gerade verhindern sollen, dass es später zu einer kritischen Situation kommt, problematisch. Diese Normen setzen nämlich bereits bei einem früheren Fehlverhalten an.[1150] Doch das rechtmäßige Alternativverhalten muss diese Verhaltensweisen, die vor der jeweiligen kritischen Situation liegen, bei der Prüfung des Pflichtwidrigkeitszusammenhanges berücksichtigen und daher auch miteinbeziehen, denn das hypothetische Verhalten bildet die Kehrseite des pflichtwidrigen Verhaltens ab. Dies beinhaltet die Berücksichtigung des Sorgfaltspflichtverstoßes, der vor der jeweiligen kritischen Situation liegt.[1151] Würde man

---

1145 *Eisele*, FS-Strätz, S. 163, 173; *Jäger*, FS-Jung, S. 345, 351.

1146 *Jäger*, FS-Jung, S. 345, 351.

1147 *Jäger*, FS-Jung, S. 345, 351.

1148 BGHSt 24, 31, 34; 33, 61, 63.

1149 *Puppe*, JZ 1985, 295, 296.

1150 *Duttge*, in: Müko-StGB, § 15 Rn. 175; *Hengstenberg*, S. 265; *Puppe*, JZ 1985, 295, 296; *Sternberg-Lieben/Schuster*, in: Schönke/Schröder, § 15 Rn. 161.

1151 *Duttge*, in: Müko-StGB, § 15 Rn. 175; *Hengstenberg*, S. 266.

lediglich die kritische Situation zur Bestimmung des rechtmäßigen Alternativverhaltens heranziehen, würde der Schutzzweck derjenigen Sorgfaltsnormen ins Leere laufen, die ein Verhalten sanktionieren, das weit vor der kritischen Situation liegt.[1152] Außerdem würde dann jemand straffrei bleiben, der bereits vor der kritischen Situation einen Sorgfaltspflichtverstoß begeht, aber in der kritischen Situation keine Möglichkeit hat, den Erfolg abzuwenden.[1153]

Zudem ist das Kriterium der kritischen Situation zu unbestimmt, da nicht klar ist, wie diese Situation zeitlich begrenzt ist.[1154] Darüber hinaus ist die Rechtsprechung des BGH zur Bestimmung der kritischen Situation uneinheitlich und weist eine geringe Stringenz auf.[1155] Das Kriterium der kritischen Situation ist bei derzeitiger Auslegung daher unbrauchbar.[1156] Auch in anderen Fällen greift die Rechtsprechung nicht auf das Kriterium der „unmittelbar rechtsgutsverletzende Handlung" zurück, um den Pflichtwidrigkeitszusammenhang zu bestimmen. Vielmehr wird auf eine Handlung zurückgegriffen, die bereits vor der unmittelbar rechtsgutsverletzenden Handlung liegt.[1157] Daher erscheint es durchaus möglich, die fehlerhafte Aufklärung als Anknüpfungspunkt für das rechtmäßige Alternativverhalten im Arztstrafrecht zu gebrauchen, obwohl die Rechtsgutsverletzung auf dieses Verhalten lediglich mittelbar zurückzuführen ist.[1158]

Fraglich ist jedoch, ob dies auch für ein hypothetisches Einverständnis bei der Untreue gilt. Ebenso wie im Arztstrafrecht bedarf es für ein wirksames Einverständnis einer ordnungsgemäßen Aufklärung. Aus den Besonderheiten des Innenverhältnisses kann es sich zudem ergeben, dass eine Aufklärungspflicht über die bevorstehende Handlung des Vermögensbetreuungspflichtigen besteht. Andernfalls kommt es zu keiner entsprechenden Erweiterung der Vermögensbetreuungspflicht und das Verhalten des Vermögensbetreuungspflichtigen wäre pflichtwidrig.[1159] Allerdings muss beachtet werden, dass die fehlende Aufklärung lediglich mittelbar zum Vermögensnachteil führt, da hierfür erst die nachfolgende Handlung

1152 *Erb*, S. 114; *Hengstenberg*, S. 266.
1153 *Hengstenberg*, S. 266.
1154 *Hengstenberg*, S. 266; *Puppe*, Jus 1982, 660, 663.
1155 Vgl. die Rechtsprechungsübersicht bei *Hengstenberg*, S. 266.
1156 *Erb*, S. 114 f.; *Hengstenberg*, S. 269; *Puppe*, JZ 1985, 295 f.
1157 *Hengstenberg*, S. 269 f. bezieht sich hierzu auf den „Apotheker"-Fall (RG 15, 151 f.) und auf den „Zahnarzt"-Fall (BGHSt 21, 59 ff.).
1158 *Hengstenberg*, S. 273.
1159 Vgl. zur Aufklärung beim Einverständnis oben unter E. I. 2. d).

des Vermögensbetreuungspflichtigen verantwortlich ist, die als pflichtwidrig zu qualifizieren ist. Auch bei der Untreue ist fraglich, ob diese Handlung, die lediglich mittelbar zum Vermögensnachteil geführt hat, Anknüpfungspunkt für das rechtmäßige Alternativverhalten sein kann.

Wenn allein auf die unmittelbar verletzende Handlung zurückgegriffen werden darf, um den Pflichtwidrigkeitszusammenhang zu bestimmen, dürfte man sich zur Prüfung des Pflichtwidrigkeitszusammenhanges aufgrund des Unmittelbarkeitsprinzips nur auf die unmittelbar vermögensschädigende Handlung beziehen. Dies wäre dann jedoch nicht die fehlende oder fehlerhafte Aufklärung.[1160] Es kommt daher darauf an, ob bei der Untreue ein Unmittelbarkeitszusammenhang zwischen pflichtwidriger Handlung und Vermögensnachteil bestehen muss.

Unstreitig ist beim Betrug (§ 263 StGB) der Unmittelbarkeitszusammenhang notwendig, um ihn vom Diebstahl (§ 242 StGB) abgrenzen zu können. Denn beim Diebstahl nimmt sich der Täter die Sache, während beim Betrug das Opfer den Vermögensgegenstand selbst übergibt und damit ein „Werkzeug" des Täuschenden wird.[1161] Die Abgrenzung ist deshalb notwendig, da der Diebstahl ein Fremdschädigungsdelikt ist und der Betrug dagegen ein Selbstschädigungsdelikt darstellt.[1162]

Auch für die Untreue wird vorgeschlagen, dass ein Unmittelbarkeitszusammenhang zwischen pflichtwidriger Handlung und Vermögensnachteil bestehen solle, um eine weitere Restriktion des Untreuetatbestandes erreichen zu können.[1163] Würde man jedoch den Unmittelbarkeitszusammenhang anerkennen, dann müsste die Pflichtverletzung des Vermögensbetreuungspflichtigen den Vermögensnachteil unmittelbar, d.h. ohne wesentliche Zwischenschritte, herbeigeführt haben.[1164]

Wichtig ist dabei zu unterscheiden, dass der Unmittelbarkeitszusammenhang auch im Rahmen des Vermögensnachteils problematisiert wird, hier jedoch eine andere Funktion aufweist als in der objektiven Zurech-

---

1160 Vgl. *Fischer*, § 266 Rn. 166 f. zur Problematik der Unmittelbarkeit; ebenso *Seier*, in: Achenbach/Ransiek/Rönnau V 2 Rn. 211 f.

1161 *Hefendehl*, in: Müko-StGB, § 263 Rn. 306; *Perron*, in: Schönke/Schröder, § 263 Rn. 61.

1162 Vgl. *Hefendehl*, in: Müko-StGB, § 263 Rn. 9; *Kühl*, in: Lackner/Kühl, § 263 Rn. 22.

1163 *Esser*, in: AnwK, § 266 Rn. 215; zustimmend hinsichtlich eines Unmittelbarkeitszusammenhanges auch *Seier*, in: Achenbach/Ransiek/Rönnau V 2 Rn. 211.

1164 *Martin*, S. 148.

nung beim Pflichtwidrigkeitszusammenhang. Hierauf bezieht sich auch eine Entscheidung des 5. Senats[1165] des BGH.[1166]

Gegen die Anerkennung spricht aber, dass die Untreue im Gegensatz zum Betrug das Tatbestandsmerkmal der Vermögensverfügung nicht kennt, und damit ein reines Fremdschädigungsdelikt ist.[1167] Die Unmittelbarkeit ist dagegen ein wesentliches Tatbestandsmerkmal des Betruges und stellt den Zusammenhang zwischen Vermögensverfügung und Vermögensschaden her.[1168] Mit diesem Merkmal wird beim Betrug die Abgrenzung zum Diebstahl sichergestellt, da der Betrug eben kein Fremdschädigungsdelikt ist. Diese Abgrenzung ist bei der Untreue nicht nötig[1169], denn die Untreue ist kein Vermögensverschiebungsdelikt, da sie keine Vermögensverfügung vorrausetzt.[1170]

Der Unmittelbarkeitszusammenhang ist daher kein Bestandteil der objektiven Zurechnung bei der Untreue, sodass auch bei der Prüfung des Pflichtwidrigkeitszusammenhanges auf die mittelbar vermögeschädigende fehlende oder unwirksame Aufklärung zurückgegriffen werden kann.

#### (4) Berücksichtigung des Opferverhaltens beim Pflichtwidrigkeitszusammenhang

Darüber hinaus wird bei der hypothetischen Einwilligung problematisiert, inwiefern innerhalb der Prüfung des Pflichtwidrigkeitszusammenhanges das Opferverhalten in die hypothetische Überlegung integriert werden kann. Denn prüft man, ob das hypothetische Einverständnis den Pflichtwidrigkeitszusammenhang zwischen Pflichtverletzung und Vermögensnachteil unterbricht, reicht es nicht aus, im hypothetischen Verlauf eine ordnungsgemäße Aufklärung anzunehmen, sondern es muss zusätzlich das Einverständnis des Vermögensinhabers hinzugedacht werden. Andernfalls würde dennoch eine pflichtwidrige Handlung des Vermögensbetreuungspflichtigen vorliegen.

---

1165 Vgl. BGHSt 54, 44 = NJW 2009, 3173, 3175 (insoweit nicht in BGHSt abgedruckt).

1166 *Mosiek*, HRRS 2009, 565, 566 mit Bezug auf BGHSt 54, 44; *Saliger*, in: SSW-StGB, § 266 Rn. 104.

1167 *Saliger*, in: SSW-StGB, § 266 Rn. 104.

1168 OLG Hamm NJW 1982, 190, 192.

1169 *Martin*, S. 150.

1170 *Perron*, in: Schönke/Schröder, § 266 Rn. 39.

Hierzu wird bereits bei der hypothetischen Einwilligung kritisiert, dass durch die Aufnahme einer zweiten Fiktion, nämlich die Einwilligung des Opfers, das rechtmäßige Alternativverhalten in einen „rechtmäßigen Alternativverlauf" verändert wird. Für das rechtmäßige Alternativverhalten darf in der hypothetischen Situation allein das Verhalten des Täters in der Weise verändert werden, dass es durch ein hypothetisch pflichtgemäßes Verhalten ersetzt wird. Das Opferverhalten und hier insbesondere die Einwilligung dürfen dagegen nicht verändert werden.[1171]

Welche Faktoren jedoch im Rahmen des hypothetischen Verlaufs zur Prüfung des Pflichtwidrigkeitszusammenhanges berücksichtigt werden können, ist noch nicht vollständig geklärt.[1172] Dass weitere Faktoren berücksichtigt werden müssen, scheint aber notwendig, da der tatbestandliche Erfolg oftmals nicht allein auf das Verhalten des Täters zurückzuführen ist und die entsprechende Reaktionen auf das Verhalten des Täters sich ebenso modifizierend auswirken.[1173] Bei der hypothetischen Einwilligung ist außerdem zu beachten, dass nicht die Handlung eines beliebigen Dritten, sondern die des Opfers einbezogen wird. Es stellt sich damit die Frage, inwiefern das Verhalten des Opfers bei der Prüfung des Pflichtwidrigkeitszusammenhanges berücksichtigt werden kann. Beispielsweise hatte bereits der BGH das Opferverhalten bei der Prüfung des Pflichtwidrigkeitszusammenhanges im Rahmen von Straßenverkehrsfällen miteinbezogen.[1174]

Für die Berücksichtigung des Opferhaltens spricht, dass dies gerade eine Reaktion auf das Verhalten des Täters ist. Es ist somit eine gewisse Gesetzlichkeit gegeben, da das Verhalten des Opfers unmittelbar auf das Verhalten des Täters zurückzuführen ist und ohne das Verhalten des Täters nicht zu erklären wäre.[1175] Eine weitere Einbeziehung des Verhaltens Dritter führt dagegen grundsätzlich zu einer Erhöhung des Risikos für die Rechtsgüter des Opfers, sodass man den Rechtsgüterschutz aufweichen würde. In einer Situation, in der das Rechtsgut durch eine Vielzahl von

---

1171 *Jäger*, in: FS-Jung, 345, 353; *Sternberg-Lieben*, StV 2008, 190, 192; *Wiesner*, S. 116.

1172 *Schatz*, NStZ 2003, 581, 584.

1173 *Schatz*, NStZ 2003, 581, 585; vgl. auch *Erb*, S. 290, der von einer strukturellen Übereinstimmung zwischen rechtmäßigen Alternativverhalten und Reserveursachen ausgeht; dazu auch *Schroeder*, in: LK-StGB, 11. Aufl., § 16 Rn. 193.

1174 *Hengstenberg*, S. 278 unter Verweis auf BGHSt 11, 1, 7 f.; BGHSt 33, 61 ff.; vgl. auch *Schatz*, NStZ 2003, 581, 585.

1175 *Hengstenberg*, S. 281; *Schatz*, NStZ 2003, 581, 585.

Schädigern bedroht ist, benötigt das Rechtsgut einen besonderen Schutz. Daher darf lediglich das Verhalten des Opfers als Träger des Rechtsgutes in die Prüfung des Pflichtwidrigkeitszusammenhanges miteinbezogen werden.[1176] Doch das Verhalten des Opfers darf dann nicht in die hypothetische Betrachtung miteingezogen werden, wenn es selbst ein Risiko für das Schutzgut darstellt bzw. die Gefahr für das Rechtsgut steigert. Berücksichtigt werden kann es dagegen dann, wenn es lediglich eine „Verlaufsvariation" des vom Täter gesetzten Risikos darstellt. Dies wird damit begründet, dass der Täter sich dann nicht auf eine hypothetische Ursache zu seiner Entlastung berufen kann, wenn das jeweilige Verhalten des Täters die Gefahr für das Rechtsgut sogar vergrößert hat.[1177]

Fraglich ist nun, ob dies auch auf das hypothetische Einverständnis bei der Untreue übertragen werden kann. Nimmt man bei der Untreue an, dass das hypothetische Einverständnis den Pflichtwidrigkeitszusammenhang unterbricht, müsste in der hypothetischen Situation das pflichtwidrige Verhalten des Vermögensbetreuungspflichtigen durch ein pflichtgemäßes ersetzt werden. Allerdings müsste hierzu in der hypothetischen Situation auch ein Einverständnis des Vermögensinhabers hinzugedacht werden, sodass auch hier der Einwand erhoben werden könnte, es liege kein rechtmäßiges Alternativverhalten, sondern ein „rechtmäßiger Alternativverlauf" vor. Es geht auch hier wieder um die Frage, ob im hypothetischen Verlauf das Opferverhalten in der Form eines Einverständnisses berücksichtigt werden kann. Nach dem eben Gesagten wäre dies dann der Fall, wenn das Opferverhalten unmittelbar in der Tatsituation angelegt wäre und das Risiko für das Rechtsgut nicht erhöht. Hierfür ist zu beachten, dass der Vermögensinhaber sein Einverständnis erteilt hätte, wenn er durch den Vermögensbetreuungspflichtigen ordnungsgemäß über die bevorstehende Handlung aufgeklärt worden wäre. Das Einverständnis hätte aber nicht die Qualität der Handlung, potentiell vermögensschädigend zu sein, verändert. Wäre jedoch das Einverständnis tatsächlich abgegeben worden, würde keine pflichtwidrige Handlung mehr vorliegen, da ein Einverständnis des Vermögensinhabers die Kompetenz des Vermögensbetreuungspflichtigen im Innenverhältnis entsprechend erweitern würde, was die Pflichtwidrigkeit der jeweiligen Handlung ausschließt.[1178] Allerdings würde aus der

---

1176 *Hengstenberg*, S. 282.
1177 *Schatz*, NStZ 2003, 581, 585; zustimmend *Hengstenberg*, S. 284 f.
1178 Vgl. unter D. I. 2. a).

Handlung trotzdem ein Vermögensnachteil resultieren, da dieser in der Handlung des Vermögensbetreuungspflichtigen bereits angelegt ist.

Damit hätte sich das Einverständnis des Vermögensinhabers auf die Handlung des Vermögensbetreuungspflichtigen lediglich in Hinsicht auf die rechtliche Qualität ausgewirkt, da es nur für die Frage der Pflichtwidrigkeit eine Rolle spielt. Das vom Täter durch diese Handlung für das Rechtsgut Vermögen gesetzte Risiko wird durch das Einverständnis tatsächlich nicht beeinflusst. Auch die mögliche Handlung des Vermögensinhabers, die Erteilung des Einverständnisses, würde kein hiervon unabhängiges Risiko setzen, da es in der möglichen Handlung des Vermögensinhabers bereits angelegt ist. Damit könnte auch im Rahmen des Pflichtwidrigkeitszusammenhanges beim hypothetischen Einverständnis das Verhalten des Vermögensinhabers berücksichtigt werden, sodass es keinen hypothetischen Verlauf darstellen würde, wenn man das Opferverhalten in diesem Zusammenhang berücksichtigt.

#### (5) Zwischenergebnis: Hypothetische Einverständnis unterbricht Pflichtwidrigkeitszusammenhang

Trotz einiger dogmatischer Schwierigkeiten, die bereits der hypothetischen Einwilligung begegnen, kann das hypothetische Einverständnis bei der Untreue den Pflichtwidrigkeitszusammenhang zwischen Vermögensnachteil und pflichtwidriger Handlung unterbrechen.[1179] Dies ist jedoch allein aufgrund der besonderen Struktur des § 266 StGB und der Vergleichbarkeit mit einem Fahrlässigkeitsdelikt möglich, da so die besonderen Wertungen der objektiven Zurechnung und insbesondere des Pflichtwidrigkeitszusammenhanges übernommen werden können. Trotz dieser

---

1179 Andeutungsweise auch bei *Bernsmann/Gatzweiler*, Rn. 714 f., die bei einer hypothetischen Zustimmung den Grundgedanken sehen, dass der Erfolg bei einer hypothetisch pflichtgemäßen Verhalten ausgeblieben wäre; auch *Seier*, in: Achenbach/Ransiek/Rönnau, V 2 Rn. 211 weißt hierauf hin, dass ein hypothetisches Einverständnis im Pflichtwidrigkeitszusammenhang zu berücksichtigen sei; auch *Rönnau*, StV 2011, 753, 756 geht davon aus, dass der Vermögensnachteil durch ein hypothetisches Einverständnis nicht mehr auf der pflichtwidrigen Handlung beruhe, wobei mit „beruht" wohl auch eine Verortung im Rahmen der objektiven Zurechnung gemeint ist, da nach seiner Ansicht das hypothetische Einverständnis, wie auch hier vertreten, sich auf den Tatbestand des § 266 StGB auswirke.

grundsätzlichen Möglichkeit, ein hypothetisches Einverständnis in § 266 StGB integrieren zu können, stellen sich weitere Probleme, die sich auch daraus ergeben, dass § 266 StGB keine Versuchsstrafbarkeit kennt. Aufgrund des fehlenden Pflichtwidrigkeitsammenhanges verbleibt aber bei einem Vorsatzdelikt nur noch die Strafbarkeit aus einem Versuch.[1180] Der Vermögensbetreuungspflichtige hat in der Situation eines hypothetischen Einverständnisses eine pflichtwidrige Handlung durchgeführt, was ausreichend ist, um das Handlungsunrecht bei § 266 StGB begründen zu können. Denn das Handlungsunrecht bei § 266 StGB ist durch den Fehlgebrauch der eingeräumten Dispositionsmacht gekennzeichnet.[1181] Dieses Handlungsunrecht wird bei § 266 StGB nicht sanktioniert.

Wenn das hypothetische Einverständnis aber den Pflichtwidrigkeitszusammenhang zwischen pflichtwidriger Handlung und Vermögensnachteil ausschließen kann, unterscheidet sie sich hierdurch deutlich von der Genehmigung. Die Genehmigung kann nur retrospektiv in die Strafbarkeit des Täters eingreifen, während das hypothetische Einverständnis bereits im Tatzeitpunkt vorliegen muss und damit im Hinblick auf die dogmatische Konstruktion eine deutliche Nähe zum Einverständnis aufweist. Das hypothetische Einverständnis kann damit nicht mit der Genehmigung verglichen werden. Außerdem ist durch ein hypothetisches Einverständnis der Tatbestand des § 266 StGB nicht mehr erfüllt.

Allerdings würde ein Irrtum über das Vorliegen eines hypothetischen Einverständnisses dazu führen, dass der Täter nicht mehr aus einer vorsätzlichen Tat bestraft werden kann, da nach § 16 Abs. 1 StGB der Vorsatz entfällt, wenn der Täter einen Teil des gesetzlichen Tatbestandes nicht kennt. Nimmt der Vermögensbetreuungspflichtige irrig ein hypothetisches Einverständnis an, geht er zu Unrecht davon aus, dass die objektive Zurechnung bzw. der Pflichtwidrigkeitszusammenhang zwischen pflichtwidriger Handlung und Vermögensnachteil nicht besteht. Dann entfällt nach § 16 Abs. 1 StGB der Vorsatz.[1182] Denn nach dem bisherigen Ergebnis würde das hypothetische Einverständnis den Pflichtwidrigkeitszusammenhang zwischen Vermögensnachteil und pflichtwidriger Handlung unterbrechen. Der Pflichtwidrigkeitszusammenhang ist Teil der objektiven Zurechnung und der Täter muss zumindest die Umstände annehmen, die den Pflichtwidrigkeitszusammenhang bzw. die objektive Zurechnung ausfül-

1180 Vgl. hierzu insbesondere E. II. 2. c). bb). (2). b). cc).

1181 *Beulke*, in: FS-Eisenberg, S. 245, 249: *Dierlamm*, in: Müko-StGB, § 266 Rn. 2.

1182 Vgl. OLG Hamm NStZ-RR 2012, 374, 375.

len. Bei irriger Annahme der hypothetischen Einwilligung stellt sich der Täter daher vor, dass die objektive Zurechnung nicht besteht. Dies begründet dann einen Irrtum nach § 16 Abs. 1 StGB.[1183]

Dass sich die hypothetische Einwilligung nicht dogmatisch in den § 266 StGB integrieren lässt, verwundert aber nicht. Aufgrund der vielen Ansichten in der Literatur und der Rechtsprechung drängt sich die Vermutung auf, dass die hypothetische Einwilligung bzw. auch ein hypothetisches Einverständnis in ihrer Dogmatik relativ beliebig sind, sodass sehr unterschiedliche Auslegungsergebnisse denkbar sind. Dies wird durch die vielen Ansichten belegt, die für eine dogmatische Grundlage der hypothetischen Einwilligung vertreten werden.[1184] Das gleiche Ergebnis wurde bereits bei der hypothetischen Einwilligung im Arztstrafrecht gefunden.[1185] Daher könnte die hypothetische Einwilligung relativ leicht in die Dogmatik anderer Tatbestände integrieren werden.[1186]

#### bb) Anforderungen an die Beweisbarkeit des Erfolgseintritts

Problematisch ist die Prüfung des Pflichtwidrigkeitszusammenhangs jedoch dann, wenn nicht aufklärbar ist, ob der Erfolg bei sorgfaltsgemäßem Verhalten mit an Sicherheit grenzender Wahrscheinlichkeit vermieden worden wäre.[1187]

Hierzu wird einerseits die Risikoerhöhungslehre vertreten.[1188] Danach wird ein Pflichtwidrigkeitszusammenhang bereits dann bejaht, wenn das pflichtwidrige Verhalten das Risiko des Erfolgseintritts und damit die Rechtsgutsverletzung erhöht. Die Zurechnung wird daher erst ausgeschlossen, wenn der Erfolg mit an Sicherheit grenzender Wahrscheinlichkeit auch bei rechtmäßigem Verhalten eingetreten wäre.[1189] Die Risikoer-

---

1183 Vgl. *Roxin*, AT I, § 12 Rn. 154; *Sternberg-Lieben/Schuster*, in: Schönke/Schröder, § 15 Rn. 54a.

1184 Vgl. C. V. 2.

1185 Vgl. C. V. 1. c).

1186 Vgl. *Mitsch*, in: FS-Achenbach, S. 299, 311 ff. zur hypothetischen behördlichen Genehmigung.

1187 *Jescheck/Weigend*, AT, § 55 II. 2. b). aa).

1188 *Köhler*, AT, S. 197 ff.; *Roxin*, AT I, § 11 Rn. 88 ff.

1189 *Köhler*, AT, S. 198; *Roxin*, AT I, § 11 Rn. 88; vgl. auch *Sternberg-Lieben/Schuster*, § 15 Rn. 179; *Wessels/Beulke/Satzger*, AT, Rn. 296.

höhungslehre wird auch im Rahmen der objektiven Zurechnung bei der Untreue vertreten.[1190]

Nach einer anderen Ansicht kann der Erfolg dem Täter nicht mehr im Rahmen des Pflichtwidrigkeitszusammenhanges zugerechnet werden, wenn konkrete Anhaltspunkte vorliegen, dass es bei pflichtgemäßem Verhalten möglicherweise zum selben Erfolg gekommen wäre und so nicht ausgeschlossen werden kann, dass der Erfolg auch bei pflichtgemäßer Handlung eingetreten wäre. In diesem Fall gehen Zweifel nach dem *in dubio pro reo*-Grundsatz zu Lasten der Anklage.[1191]

Relevant wird diese Frage dann, wenn keine Aussage darüber getroffen werden kann, wie wahrscheinlich die hypothetische Zustimmung des Vermögensinhabers ist, sodass der Vermögensbetreuungspflichtige nach dem *in dubio pro reo*-Grundsatz freigesprochen werden muss. Allerdings ist die Frage nach einem hypothetischen Einverständnis leichter zu beantworten als bei einer hypothetischen Einwilligung. Denn der Vermögensinhaber wird in den meisten Fällen hinsichtlich eines hypothetischen Einverständnisses befragt werden können.[1192] Ansonsten müssen konkrete Umstände vorliegen, aus denen sich ergibt, dass der Vermögensinhaber einer solchen Handlung doch nicht zugestimmt hätte. Insbesondere wenn es Aussagen zur Risikotendenz des Vermögensinhabers gibt, kann leicht nachvollzogen werden, ob die Handlung des Vermögensbetreuungspflichtigen dem hypothetischen Willen des Vermögensinhabers entsprochen hätte.[1193] Die praktische Relevanz dieser Kontroverse wird sich damit in vielen Fällen nur in abgeschwächter Form stellen.

Es bestehen jedoch hinsichtlich der Risikoerhöhungslehre einige Bedenken in Bezug auf die Anwendung des *in dubio pro reo*-Grundsatzes. Der Risikoerhöhungslehre wird vorgeworfen, den *in dubio pro reo*-Grundsatz zu sehr einzuschränken. Zudem besteht die Gefahr, dass sie Erfolgsdelikte zu Gefährdungsdelikten macht. Daher solle bei der Ermittlung des hypothetischen Willens nicht der Risikoerhöhungslehre gefolgt werden.[1194] Der weitere Verlauf der Arbeit berücksichtigt dies.

---

1190 *Lüderssen*, in: FS-Volk, S. 345, 352 ff.

1191 Vgl. BGHSt 11, 1 ff.; 24, 31, 34; 33, 61, 63; *Freund*, in: Müko-StGB, Vor § 13 Rn. 311; *Rengier*, AT, § 52, Rn. 31 f.; *Sternberg-Lieben*, in: Schönke/Schröder, § 15 Rn. 177; *Wessels/Beulke/Satzger*, AT, Rn. 297.

1192 Vgl. *Roxin*, AT I, § 13 Rn. 127.

1193 Vgl. *Roxin*, AT I, § 13 Rn. 127.

1194 Vgl. hierzu nur *Wessels/Beulke/Satzger*, AT, Rn. 297.

### cc) Beachtung des Handlungsunwertes bei Vornahme eines hypothetischen Einverständnisses

Ist bei einem Fahrlässigkeitsdelikt der Pflichtwidrigkeitszusammenhang unterbrochen, ist der Erfolg der pflichtwidrigen Handlung nicht mehr zuzurechnen und die Strafbarkeit des Täters scheidet aus.[1195] Ist dagegen der Erfolg bei einem vorsätzlich erfüllten Delikt nicht objektiv zurechenbar, besteht die Möglichkeit, dass sich der Täter bereits durch den Versuch des Deliktes strafbar gemacht haben könnte.[1196] Bei der Untreue wäre in der Situation eines hypothetischen Einverständnisses das für eine Versuchsstrafbarkeit notwendige Handlungsunrecht gegeben, da hierfür ausreichend wäre, dass der Täter eine pflichtwidrige Handlung unternommen hat.[1197]

Der Untreuetatbestand kennt jedoch keine Versuchsstrafbarkeit.[1198] Der Täter wäre bei einem hypothetischen Einverständnis mithin straflos und dies bereits dann, wenn *in dubio pro reo* nicht nachgewiesen werden kann, dass der Vermögensinhaber das Einverständnis nicht erteilt hätte.[1199]

Bereits gegen die Anerkennung der hypothetischen Einwilligung wurde vorgebracht, dass die verbleibende Versuchsstrafbarkeit allein nicht ausreichend sei, um das vorliegende Unrecht zu erfassen und die Verletzung des Selbstbestimmungsrechtes hinreichend zu kompensieren.[1200] Dieses Argument stellt sich nun bei der Untreue und einem hypothetischen Einverständnis verstärkt dar, da hier nicht auf eine Versuchsstrafbarkeit zurückgegriffen werden kann, obwohl der Vermögensbetreuungspflichtige darüber hätte aufklären müssen, dass es zu einem Vermögensnachteil kommen könnte, und er dennoch eine pflichtwidrige Handlung vorgenommen hat. Insofern ist das Selbstbestimmungsrecht hinsichtlich des Rechtsgutes „Vermögen" sogar noch stärker betroffen, da der Vermögensbetreuungspflichtige aufgrund der fehlenden Versuchsstrafbarkeit für seinen Verstoß gegen die Autonomie des Vermögensinhabers nicht sanktioniert wer-

---

1195 Vgl. *Wessels/Beulke/Satzger*, AT, Rn. 955.

1196 Vgl. *Kühl*, AT, § 15 Rn. 10; *Kudlich/Schuhr*, in: SSW-StGB, § 22 Rn. 3; *Wessels/Beulke/Satzger*, AT, Rn. 845.

1197 Vgl. E. II. 2 c). bb). (2). b). aa). (5).

1198 Vgl. unter E. I. 1. a).

1199 *Rönnau*, in: FS-Tiedemann, S. 713, 717.; *ders.*, StV 2011, 753, 756; *Edlbauer/Irrgang*, JA 2010, 786, 790.

1200 Vgl. C. V. 3. b). aa). (1).

den kann.[1201] Dieses Problem stellt sich vor allem dann, wenn der Vermögensbetreuungspflichtige den Vermögensinhaber bewusst über die Verwendung des Vermögens täuscht und dennoch auf ein hypothetisches Einverständnis hoffen kann. Das verbleibende Handlungsunrecht bleibt mithin sanktionslos.[1202]

Bereits gegen die Anerkennung der Genehmigung wurde vorgebracht, dass sie keine Wirkung mehr auf den Tatbestand bzw. die Rechtswidrigkeit haben kann, da sonst das bestehende Handlungs- bzw. Erfolgsunrecht unberücksichtigt bliebe. [1203] Dies spricht gegen die Anerkennung des hypothetischen Einverständnisses bei der Untreue, da in die Rechtsgüter des Vermögensinhabers ohne entsprechende Sanktion eingegriffen werden könnte.

Möglichweise könnte dieser weitgehende Eingriff in die Rechtsgüter des Vermögensinhabers durch die Notwendigkeit gerechtfertigt sein, um den Tatbestand der Untreue einer weiteren Restriktion zu unterziehen.[1204] Denn dies ist auch eines der Argumente, um die Notwendigkeit einer hypothetischen Einwilligung im Arztstrafrecht zu legitimieren.[1205] Fraglich ist nur, ob man den Rechtsgüterschutz für die Restriktion des Untreuetatbestandes einschränken kann, da mit einem hypothetischen Einverständnis bei der Untreue sehr weitgehend in die Autonomie des Vermögensinhabers eingegriffen wird.

#### dd) Unterschiedliche Auswirkungen der Genehmigung und des hypothetischen Einverständnisses im Rahmen der Untreue

Nachdem nun das dogmatische Fundament des hypothetischen Einverständnisses in der Untreue beschrieben und der Unterschied zur Genehmigung dargelegt ist, muss untersucht werden, ob die dogmatischen Argumente gegen die hypothetische Einwilligung auch beim hypothetischen Einverständnis entsprechend greifen und sich damit gegen eine Übertragung der hypothetischen Einwilligung auf die Untreue aussprechen.

---

1201 Ebenso *Sowada*, NStZ 2012, 1, 8.
1202 Vgl. E. I. 1. b).
1203 Vgl. *Schramm*, S. 199.
1204 Vgl. hier zu B. und insbesondere B. IV. 4.
1205 Vgl. C. V. 3. a). aa).

### (1) Zur Vergleichbarkeit mit dem rechtmäßigen Alternativverhalten im Hinblick auf die Ermittlung des hypothetischen Willens

Gegen die hypothetische Einwilligung wird aus dogmatischer Hinsicht eingewendet, dass eine Vergleichbarkeit zur Rechtsfigur des rechtmäßigen Alternativverhaltens vor allem im Hinblick auf die Ermittlung des hypothetischen Willens nicht gegeben sei. Ein realer Kausalverlauf könne nicht mit einem hypothetischen Kausalverlauf verglichen werden. Darüber hinaus könne die Entscheidung des Patienten hinsichtlich der Frage, ob er der Operation ordnungsgemäß eingewilligt hätte, nicht strikt vorausgesagt werden. Denn nur bei exakt voraussagbaren Ereignissen besteht die Möglichkeit zu fragen, wie sich ein Prozess entwickelt hätte, wenn der ursprüngliche Verlauf ein anderer gewesen wäre. Bei der hypothetischen Einwilligung geht es jedoch um den Bereich der psychologisch gesteuerten menschlichen Entscheidung, bei der klare Gesetze fehlen, anhand derer vorausgesagt werden kann, welche Entscheidung eine Person getroffen hätte. Zudem wird bemängelt, dass die bisherige Formel für den Pflichtwidrigkeitszusammenhang unklar ist, da der Täter sich in vielerlei Hinsicht pflichtgemäß verhalten kann, sodass es bei der Prüfung des Pflichtwidrigkeitszusammenhanges an einem eindeutigen Zurechnungskriterium fehlt. Außerdem könnte jede Ersatzursache den Täter entlasten.[1206]

Auch beim hypothetischen Einverständnis geht es um den Vergleich zweier menschlicher Verhaltensweisen. In der realen Lage hat der Vermögensbetreuungspflichtige die Aufklärung unterlassen, sodass das Einverständnis durch den Vermögensinhaber nicht erfolgt ist. In der hypothetischen Lage wäre eine ordnungsgemäße Aufklärung erfolgt, sodass der Vermögensinhaber sein Einverständnis erteilt hätte. Damit geht es auch beim hypothetischen Einverständnis um eine menschliche Entscheidung, sodass erneut kritisiert werden kann, dass eine solche menschliche Entscheidung nicht naturgesetzlich determiniert ist und man daher nicht voraussagen kann, wie sich der Vermögensbetreuungspflichtige oder der Vermögensinhaber in der Situation entschieden hätte. Das hypothetische Einverständniss stellt wieder eine hypothetische und damit fiktive Lage dar.

Zunächst ist jedoch zur Methode zur Feststellung des Pflichtwidrigkeitszusammenhanges zu sagen, dass beim Vergleich der realen und der hypothetischen Lage grundsätzlich allein das Verhalten des Täters verän-

---

1206 Vgl. hierzu C. V. 3. b). bb).

dert werden darf. Anschließend wird untersucht, ob das hypothetisch pflichtgemäße Verhalten zum gleichen Erfolg geführt hätte. Der Täter kann sich aber nicht auf jede beliebige Handlung berufen, da ausschließlich die spiegelbildlich pflichtgemäße Handlung den Täter entlasten könnte.[1207] Wenn das Verhalten eines Dritten hinzugedacht wird, ist dies beim hypothetischen Einverständnis allein das Verhalten eines Opfers, das die tatsächliche Qualität der jeweiligen Handlung nicht verändert und damit das Risiko für das Vermögen nicht gesteigert hat.[1208] Die Einwände gegen die Methode zur Ermittlung des Pflichtwidrigkeitszusammenhanges greifen daher nicht.

Der weitere Einwand lautet, dass ein menschliches Verhalten nicht exakt vorausgesagt werden kann, sodass ein hypothetisches Einverständnis im Pflichtwidrigkeitszusammenhang nicht berücksichtigt werden darf. Es stellt sich damit die Frage, wie weit Entscheidungen für den Pflichtwidrigkeitszusammenhang determiniert sein müssen bzw. wie weit man dieses hypothetische Verhalten voraussagen können muss.[1209]

Gegen diesen Einwand lässt sich anmerken, dass es auch außerhalb menschlicher Verhaltensweisen Prozesse gibt, die sich nicht naturgesetzlich genau voraussagen lassen. Dies gilt vor allem für technische Prozesse.[1210] Auch wenn menschliche Verhaltensweisen komplex sind, lässt sich auch in komplexeren Bereichen eine Voraussage über einen hypothetischen Verlauf treffen, auch wenn diese Voraussage auf einem Zufall beruht. Hierfür können auch Wahrscheinlichkeitsregeln benutzt werden. Allerdings würde das einen Täter entlasten, der besonders einmalig und ungewöhnlich vorgegangen ist, da man dieses Verhalten nicht mit einer Wahrscheinlichkeitsregel voraussagen könnte.[1211] Auch wenn weiterhin fraglich bleibt, ob man überhaupt zwischen determinierten und nicht determinierten Prozessen unterscheiden kann[1212], muss auf Wahrscheinlichkeitsregeln zurückgegriffen werden.[1213] Dies tut das Strafrecht insbesondere in der Fallgruppe der psychisch vermittelten Kausalität[1214], da hier

1207 *Duttge*, in: Müko-StGB, § 15 Rn. 169.
1208 Vgl. oben unter E. II. 2. c). bb). (2). b). aa). (4).
1209 Vgl. hierzu C. V. 3. b). bb).
1210 *Hengstenberg*, S. 293.
1211 *Krümpelmann*, GA 1984, 491, 501 f.
1212 *Rönnau*, JZ 2004, 801, 802.
1213 Vgl. *Hengstenberg*, S. 294.
1214 *Hengstenberg*, S. 295.

wie beim Pflichtwidrigkeitszusammenhang ein bestimmtes Verhalten unterstellt wird.[1215] Damit bleibt es aber möglich, den Pflichtwidrigkeitszusammenhang von einem menschlichen Verhalten und insbesondere von der Aufklärung des Vermögensbetreuungspflichtigen abhängig zu machen, da zumindest dies mit Hilfe von Wahrscheinlichkeitsregeln bestimmbar ist.

(2) Normappell steht zur Disposition des Vermögensinhabers

Gegen die hypothetische Einwilligung im Arztstrafrecht wird eingewendet, dass die Bedingungen der jeweiligen Straftat im Zeitpunkt der Tatbegehung nicht mehr feststehen, da der Einwilligende durch die hypothetische Einwilligung über den Normappell nachträglich disponieren kann. Allerdings darf eine Norm nicht zur Disposition eines Einzelnen stehen, da dieser damit über die jeweilige Strafbarkeit entscheiden kann. Die Dispositionsmöglichkeit resultiert daraus, dass der Patient bei der hypothetischen Einwilligung im Arztstrafrecht erst nach der Tat dazu befragt wird, ob er der Handlung des Arztes zugestimmt hätte. Das ist auch deshalb problematisch, da der Arzt versuchen könnte, sich das hypothetische Einverständnis des Patienten zu erkaufen, oder andere Möglichkeiten nutzen könnte, um ein hypothetisches Einverständnis zu erhalten. Außerdem kommt es durch die *ex post*-Betrachtung zu einem im Strafrecht nicht hinnehmbaren Schwebezustand, da die Strafbarkeit nicht feststeht, solange die Voraussetzungen einer hypothetischen Einwilligung nicht geklärt werden können. Das ist jedoch mit dem in Art. 103 Abs. 2 GG normierten Grundsatz, dass die Strafbarkeit im Zeitpunkt der Tat feststehen muss, nicht zu vereinbaren.[1216]

Bei einem hypothetischen Einverständnis könnte der Einwand daher lauten, dass bei der Untreue der Normappell im Zeitpunkt der Tat nicht mehr feststeht. Daher führt auch das hypothetische Einverständnis, dessen Voraussetzungen nach der Tat ermittelt werden, dazu, dass der Täter nachträglich straffrei bleibt. Damit könnte der Vorwurf lauten, dass der Vermögensinhaber die Möglichkeit habe, nachträglich über den staatlichen Strafanspruch zu disponieren,da sein hypothetisches Einverständnis dazu führt,

1215 *Stree/Bosch*, in: Schönke/Schröder, § 13 Rn. 62.
1216 Vgl. C. V. 3. b). cc). (1).

dass der Normappell des § 266 StGB im Zeitpunkt der Tat nicht mehr feststeht, sodass ein Schwebezustand hinsichtlich der Strafbarkeit des Vermögensbetreuungspflichtigen besteht. Gleichzeitig könnte sich der Vermögensbetreuungspflichtige darum bemühen, das nachträgliche Einverständnis des Vermögensinhabers zu erhalten, indem er ihm einen monetären Anreiz in Aussicht stellt oder in anderer Weise versucht, ihn zu beeinflussen.

Allerdings würde ein hypothetisches Einverständnis nur dazu führen, dass der Vermögensbetreuungspflichtige straffrei wird und sich damit allenfalls täterbegünstigend auswirken. Unterbleibt aber ein hypothetisches Einverständnis, macht der Täter sich weiterhin nach § 266 StGB strafbar, was aber bereits bei Tatbegehung feststand. Ein pflichtwidriges Verhalten, das einen Vermögensnachteil verursacht, würde nämlich weiterhin im Tatzeitpunkt pflichtwidrig bleiben, auch wenn man ein hypothetisches Einverständnis anerkennen würde. Durch das hypothetische Einverständnis wird daher der grundsätzliche Normbefehl des § 266 StGB, das Vermögen nicht durch eine pflichtwidrige Handlung im Innenverhältnis zu verletzten, die dem Vermögensbetreuungspflichtigen durch seine besondere Pflichtenstellung bzw. „Vertrauensstellung" ermöglicht wird[1217], nicht beeinträchtigt. Der Täter muss weiterhin die Pflichten, die sich aus dem Innenverhältnis ergeben, beachten, da er sich nicht zwingend auf ein hypothetisches Einverständnis verlassen kann. Zudem besteht die Möglichkeit für ein hypothetisches Einverständnis nur dann, wenn der Vermögensinhaber hinsichtlich der betreffenden Handlungen sein Einverständnis erklärt hätte. Außerdem muss das Gericht über das Vorliegen eines hypothetischen Einverständnisses entscheiden. Die Erteilung eines hypothetischen Einverständnisses kann daher nicht als sicher gelten.

Es entsteht damit auch kein Schwebezustand über die Frage der Strafbarkeit. Denn der Vermögensbetreuungspflichtige hat sich bei Tatbegehung nach § 266 StGB strafbar gemacht hat. Das hypothetische Einverständnis könnte lediglich nachträglich dazu führen, dass er wieder straffrei wird. Dagegen besteht ein Schwebezustand über die Frage, ob der Vermögensbetreuungspflichtige, wenn die Voraussetzungen eines hypothetischen Einverständnisses angenommen werden können, vielleicht wieder straffrei wird. § 331 Abs. 3 StGB macht deutlich, dass der Gesetzgeber solche

---

1217 Vgl. *Hadamitzky,* in: Müller-Gugenberger, § 32 Rn. 1; *Seier*, in: Achenbach/Ransiek/Rönnau, V 2 Rn. 10.

Schwebezustände, bei denen über die Straffreiheit nachträglich entschieden wird, normiert hat, also kennt. Nach dieser Norm macht sich der Täter nicht der Vorteilsnahme aus § 331 Abs. 1 StGB strafbar, wenn er unverzüglich bei der zuständigen Behörde Anzeige über die Annahme des Vorteils erstattet und die Behörde die Annahme dieses Vorteils genehmigt. Zwar handelt es sich bei dieser Norm nicht um eine „echte" Genehmigung im genannten Sinne, da sie nicht zu einer Rechtfertigung des Täters führt[1218], jedoch wird über die Voraussetzung des § 331 Abs. 3 StGB wie beim hypothetischen Einverständnis nach der Tat entschieden und dem Täter nachträglich Straffreiheit verschafft.

Ähnlich wie bei der Genehmigung führen auch general- und spezialpräventive Erwägungen nicht dazu[1219], sich gegen ein hypothetisches Einverständnis auszusprechen, da der Strafzweck des § 266 StGB weiterhin erhalten bleibt und nicht durch ein hypothetisches Einverständnis beeinflusst wird: Begeht jemand eine pflichtwidrige Handlung im Innenverhältnis, die zu einem Vermögensnachteil führt, wird er weiterhin bestraft. Damit bleibt das Vertrauen der Allgemeinheit in § 266 StGB bestehen, dass jemand bestraft wird, wenn er eine pflichtwidrige Handlung im Innenverhältnis begeht, die zu einem Vermögensnachteil führt. Nach der Theorie von der positiven Generalprävention bleibt der Strafzweck damit erhalten.

Gleichzeitig wird die Bevölkerung weiterhin von der Begehung einer Untreue abgeschreckt, da die Möglichkeit für ein hypothetisches Einverständnis immer davon abhängt, ob der Vermögensinhaber sein Einverständnis erklärt hätte, worauf keineswegs Verlass ist. Denn die Voraussetzungen der hypothetischen Einwilligung müssen gesondert festgestellt werden. Wenn dieses jedoch ausbleibt, droht weiterhin eine Strafbarkeit aus § 266 StGB.

Auch der einzelne Täter wird abgeschreckt, eine für den Tatbestand des § 266 StGB relevante Handlung zu begehen, denn er kann bei Tatbegehung nicht unbedingt davon ausgehen, dass die Voraussetzungen eines hypothetischen Einverständnisses vorliegen. Die bloße Möglichkeit eines hypothetischen Einverständnisses führt daher nicht dazu, dass der Einzelne ermutigt wird, die Strafbarkeit aus § 266 StGB, die weiterhin bestehen bleibt, in Kauf zu nehmen. Damit bleibt auch der Strafzweck nach der negativen Spezialprävention erhalten.

---

1218 Vgl. *Fischer*, § 331 Rn. 36; *Heine/Eisele*, in: Schönke/Schröder, § 331 Rn. 61; *Korte*, in: Müko-StGB, § 331 Rn. 132 f.

1219 Vgl. zu den einzelnen Theorien oben unter E. II. 3. b). bb).

Darüber hinaus ist in diesem Zusammenhang der Unterschied zur Genehmigung zu betonen. Der maßgebliche Zeitpunkt für das Vorliegen eines hypothetischen Einverständnisses ist der Zeitpunkt vor der Tat. Es wird nur nach der Tat ermittelt, ob die Voraussetzungen bei Tatbegehung vorliegen. Das hypothetische Einverständnis unterscheidet sich daher von einer Genehmigung, da die Erteilung einer Genehmigung erst nach der Tat erfolgt. Im Übrigen kommt eine Genehmigung unter anderen Voraussetzungen als das hypothetische Einverständnis zustande: Während bei der Genehmigung allein der Rechtsgutsinhaber über die Erteilung entscheidet, wird beim hypothetischen Einverständnis die nachträgliche Aussage des Vermögensinhabers, ob er sein Einverständnis erteilt hätte, wenn er ordnungsgemäß aufgeklärt worden wäre, durch das Gericht gewürdigt. Denn das hypothetische Einverständnis könnte durch den Ausgang der Tat beeinflusst sein und es wäre möglich, dass die Aussage nicht die Einstellung des Vermögensinhabers zur jeweiligen Handlung vor Tatbegehung wiederspiegelt. Die Aussagen werden deshalb durch das Gericht bewertet.[1220] Damit unterscheidet sich das hypothetische Einverständnis schon bei der Ermittlung der jeweiligen Voraussetzungen von der Genehmigung.

Fraglich bleibt weiterhin, wie damit umzugehen ist, dass ein hypothetisches Einverständnis möglicherweise durch den Vermögensbetreuungspflichtigen erkauft wird oder er in sonstiger Weise versucht, den Vermögensinhaber zu beeinflussen, damit dieser ein hypothetisches Einverständnis abgibt. Dieses Problem stellt sich bereits bei der Genehmigung, da auch hier der Täter versuchen könnte, das Opfer nach der Tat so zu beeinflussen, dass es schließlich die Genehmigung erteilt.[1221]

Die nachträgliche Beeinflussung des Vermögensinhabers durch den Vermögensbetreuungspflichtigen darf das Gericht aber nicht beachten, sondern muss auf den Zeitpunkt vor Tatbegehung abstellen. Damit hat eine nachträgliche Beeinflussung grundsätzlich keinen Einfluss auf das Vorliegen eines hypothetischen Einverständnisses. Die genannten Argumente gegen die hypothetische Einwilligung greifen daher nicht.

---

1220 Vgl. E. II. 4. a).
1221 Vgl. unter E. II. 3. b). bb).

### (3) Verhältnis zur mutmaßlichen Einwilligung

Schließlich wird als Argument gegen die hypothetische Einwilligung in dogmatischer Hinsicht noch vorgebracht, dass durch die hypothetische Einwilligung die bewusst engen Grenzen der mutmaßlichen Einwilligung umgangen werden. Anders als die mutmaßliche Einwilligung ist die hypothetische Einwilligung gegenüber dem tatsächlich geäußerten Willen des Rechtsgutsinhabers nicht subsidiär. Die mutmaßliche Einwilligung darf nämlich erst dann eingeholt werden, wenn eine tatsächliche Einwilligung nicht oder nicht rechtzeitig einholbar ist. Das soll den eigenverantwortlichen Umgang mit den jeweiligen Rechtsgütern garantieren, da grundsätzlich nur der Rechtsgutsinhaber über seine Rechtsgüter disponieren darf. Dieses Subsidiaritätsprinzip wird durch die hypothetische Einwilligung missachtet, da das hypothetische Einverständnis nicht vorrausetzt, dass eine tatsächliche Einwilligung nicht oder nicht rechtzeitig einholbar ist.[1222]

Ähnliches könnte auch für das hypothetische Einverständnis bei der Untreue gelten. Denn auch hier kann ein hypothetisches Einverständnis vorliegen, obwohl der Vermögensbetreuungspflichtige nicht versucht hat, ein tatsächliches Einverständnis beim Vermögensinhaber einzuholen bzw. die Einholung einer tatsächlichen Zustimmung durchaus möglich gewesen wäre. Aber auch bei einem mutmaßlichen Einverständnis muss das Subsidiaritätsprinzip beachtet werden, sodass erst auf dieses abgestellt werden darf, wenn die Einholung eines tatsächlichen Einverständnisses nicht oder nicht rechtzeitig möglich gewesen ist.[1223] Das hypothetische Einverständnis umgeht dieses Prinzip und ermöglicht, insbesondere wenn man zusätzlich den *in dubio pro reo*-Grundsatz anwendet, dass der Vermögensberteuungspflichtige vergleichsweise einfach zur Straffreiheit gelangt.[1224]

Für eine mutmaßliche Einwilligung darf auf den vernünftigen und damit objektiven Willen abgestellt werden, wenn die Einholung des subjektiven Willens nicht möglich ist. Entsprechendes gilt bei der Ermittlung des hypothetischen Willens bei der hypothetischen Einwilligung.[1225] Zur Bestimmung des hypothetischen Willens werden daher bei der mutmaßlichen Einwilligung und bei einer hypothetischen Einwilligung die gleichen

---

1222 Vgl. C. V. 3. b). (2).
1223 Vgl. *Schramm*, S. 235 ff.
1224 *Anders*, S. 115 f.
1225 Vgl. C. V. 1. b). bb). (3).

Grundsätze herangezogen, sodass es zur „Verschleifung“ zwischen mutmaßlicher und hypothetischer Einwilligung kommen kann.[1226] Zwar muss bei einer hypothetischen Einwilligung und damit auch bei einem hypothetischen Einverständnis *ex post* durch eine Gesamtwürdigung aller Umstände der konkrete hypothetische Wille des Rechtsgutsinhabers bzw. Vermögensinhabers im Tatzeitpunkt festgestellt werden, sodass bei der Ermittlung keine wesentlichen Abstriche hinsichtlich eines effektiven Selbstbestimmungsrechtes erfolgen. Allerdings ist diesem Einwand zuzugeben, dass die Grenzen zwischen mutmaßlicher und hypothetischer Einwilligung bzw. einem entsprechenden Einverständnis immer weiter verschwimmen.

Bei der hypothetischen Einwilligung entfällt aber aufgrund von Wertungsgesichtspunkten das Erfolgsunrecht der Tat, wenn bei ordnungsgemäßer Aufklärung durch eine rechtmäßige Einwilligung der gleiche Eingriff in die körperliche Unversehrtheit herbeigeführt worden wäre. Damit ist die hypothetische Einwilligung nach Einschätzung bzw. nach der Vorstellung des Patienten erfolgt, da er ohnehin in dieselbe Tat eingewilligt hätte.[1227] Die hypothetische Einwilligung führt damit zu einem Zurechnungsausschluss und stellt eben keinen Rechtfertigungsgrund dar, wenn man diese Ansicht hinsichtlich der hypothetischen Einwilligung vertritt. Problematisch wäre dies nur dann, wenn man die hypothetische Einwilligung als echten Rechtfertigungsgrund einstufen würde.[1228] Bei der hypothetischen Einwilligung im Arztstrafrecht verbleibt dann die Möglichkeit, dass sich der Arzt aufgrund einer versuchten Körperverletzung strafbar gemacht haben könnte.[1229] Eine mutmaßliche Einwilligung würde den Arzt rechtfertigen, sodass er nicht einmal eine Versuchsstrafbarkeit fürchten müsste.[1230] Damit lässt sich eine mutmaßliche Einwilligung von einer hypothetischen Einwilligung unterscheiden.

Dies gilt jedoch nicht für ein mutmaßliches bzw. hypothetisches Einverständnis. Zwar wird durch ein hypothetisches Einverständnis der Pflichtwidrigkeitszusammenhang auf Ebene der objektiven Zurechnung ausge-

---

1226 So *Saliger*, in: FS- Beulke, S. 257, 265; die Schwierigkeiten bei der Ermittlung des hypothetischen Willens und der Trennung zwischen mutmaßlichem und hypothetischen Einverständnis haben sich bereits in der Fallgruppe der „Schwarzen Kassen“ gezeigt, vgl. E. I. 2. a). bb). (2). (a).

1227 *Rönnau*, JZ 2004, 800, 802.

1228 *Hengstenberg*, S. 358; *Jansen*, ZJS 2011, 481, 492.

1229 *Hengstenberg*, S. 358.

1230 *Rönnau*, JZ 2004, 801, 803.

schlossen und führt nicht zu einer Erweiterung des Innenverhältnisses wie bei der mutmaßlichen Einwilligung.[1231] Allerdings ist im Rahmen der Untreue problematisch, dass es hier keine Versuchsstrafbarkeit gibt, sodass der Vermögensbetreuungspflichtige im Fall eines hypothetischen Einverständnisses straflos bleibt. Insbesondere kann der Vermögensbetreuungspflichtige nicht dafür sanktioniert werden, dass er den Vermögensinhaber gar nicht oder nur fehlerhaft aufgeklärt hat, anschließend aber dennoch die pflichtwidrige Handlung durchgeführt und damit das Rechtsgut „Vermögen" verletzt hat.[1232]

Für die Befürworter einer hypothetischen Einwilligung ist relevant, dass bei den Körperverletzungsdelikten eine Versuchsstrafbarkeit besteht und damit die hypothetische Einwilligung nicht der mutmaßlichen Einwilligung gleichgestellt wird. Ohne eine Versuchsstrafbarkeit wäre die Unterscheidung zwischen einer Rechtfertigung (mutmaßliche Einwilligung) und einem Zurechnungsausschluss (hypothetische Einwilligung) nicht vorhanden.[1233] Diese Möglichkeit fehlt beim hypothetischen Einverständnis jedoch aufgrund der fehlenden Versuchsstrafbarkeit bei § 266 StGB. Damit besteht bei der Untreue keine Möglichkeit, das hypothetische vom mutmaßlichen Einverständnis abzugrenzen, sodass sich die Anwendungsbereiche beider Institute überschneiden. Damit würde aber das hypothetische Einverständnis die gleiche Wirkung wie eine mutmaßliche Einwilligung entfalten, ohne jedoch die grundsätzlich bestehende Subsidiarität der mutmaßlichen Einwilligung beachten zu müssen. Dies spricht deutlich gegen die Anerkennung des hypothetischen Einverständnisses bei der Untreue.

### 3. Zwischenergebnis

Aus dem Gesagten können folgende Rückschlüsse gezogen werden: Zunächst kann das hypothetische Einverständnis von einer Genehmigung bei § 266 StGB abgegrenzt werden. Dies ergibt sich vor allem daraus, dass die Voraussetzungen eines hypothetischen Einverständnisses situativ bereits im Zeitpunkt der Tathandlung vorliegen müssen. Darüber hinaus kann mit einem gewissen Argumentationsaufwand ein hypothetisches Einverständnis bei der Prüfung des Pflichtwidrigkeitszusammenhanges in § 266 StGB

---

1231 Vgl. *Schramm*, S. 227 f.

1232 Vgl. E. II. 4). c). bb). (2). b). cc).

1233 *Kuhlen*, JR 2004, 227, 229; *Rönnau*, JZ 2004, 801, 803.

integriert werden, sodass ein hypothetisches Einverständnis die objektive Zurechnung zwischen Vermögensnachteil und pflichtwidriger Handlung unterbrechen würde. Zumindest können dogmatische Probleme noch verkraftet und mit einer entsprechenden Argumentation auch beseitigt werden. Auch der BGH wendet die hypothetische Einwilligung im Arztstrafrecht ohne entsprechende dogmatische Begründung in ständiger Rechtsprechung an. Die fehlende dogmatische Stimmigkeit bei § 266 StGB würde daher die Anwendung in der Rechtspraxis nach den bisherigen Erfahrungen zur hypothetischen Einwilligung nicht verhindern. Zudem stellen dogmatische Meinungsverschiedenheiten auch bei der hypothetischen Einwilligung noch keinen Grund dar, die Rechtsfigur insgesamt abzulehnen.[1234] Die Problematik des hypothetischen Einverständnisses bei der Untreue liegt damit nicht im dogmatischen Bereich.

Allerdings treten hierdurch weitere Probleme auf: Zwar wird durch ein hypothetisches Einverständnis die objektive Zurechnung zwischen pflichtwidriger Handlung und Vermögensnachteil unterbrochen, sodass der Erfolg dem Vermögensbetreuungspflichtigen nicht mehr zurechenbar ist. Ein verbleibendes Handlungsunrecht, was dadurch entsteht, dass der Vermögensinhaber es unterlassen hat, den Vermögensinhaber über eine pflichtwidrige Handlung aufzuklären und sie dennoch durchgeführt hat, kann bei § 266 StGB aber nicht sanktioniert werden, da § 266 StGB keine Versuchsstrafbarkeit kennt. Es ist daher fraglich, ob man ein hypothetisches Einverständnis anerkennen kann, obwohl der Täter hier die Autonomie des Rechtsgutsinhabers verletzt hat und trotzdem straffrei bleibt.

Aber auch in einem weiteren Punkt ist die Autonomie des Rechtsgutsinhabers bereits aufgrund der Dogmatik eines hypothetischen Einverständnisses betroffen. Denn das hypothetische Einverständnis würde eine Umgehung des auch bei der Untreue bestehenden Subsidiaritätsgrundsatzes bedeuten, welches ein mutmaßliches Einverständnis gerade beachtet. Dieser Grundsatz soll die Absicherung des Selbstbestimmungsrechtes des Rechtsgutsinhabers gewährleisten, sodass dessen tatsächlicher Wille beachtet wird. Daher darf auf die mutmaßliche Einwilligung nur dann abgestellt werden, wenn der tatsächliche Wille nicht einholbar ist.[1235] Aufgrund der fehlenden Versuchsstrafbarkeit besteht keine Möglichkeit, das mutmaßliche Einverständnis vom hypothetischen Einverständnis zu unter-

---

1234 *Beckemper*, NZWiSt 2013, 232, 233.

1235 Vgl. C. II. 2. a). aa).

scheiden, da beide Institute zur Straffreiheit des Vermögensbetreuungspflichtigen aus § 266 StGB führen. Damit würde aber zwischen dem Zurechnungsausschluss und dem Rechtfertigungsgrund kein Unterschied auf der Folgenseite bestehen, obwohl bei der mutmaßlichen Einwilligung der Subsidiaritätsgrundsatz besteht. Dies spricht wiederum gegen die Anerkennung des hypothetischen Einverständnisses.

Die bisherige dogmatische Einordnung würde somit gegen eine Übertragung der hypothetischen Einwilligung auf das Einverständnis sprechen, da das hypothetische Einverständnis nicht in einem ausreichenden Maße die Autonomie des Rechtsgutsinhabers wahrt. Dies wird bei der fehlenden Versuchsstrafbarkeit bei § 266 StGB und bei der Missachtung des Subsidiaritätsgrundsatzes virulent.

## *III. Wirtschaftsnahe Bestimmung des hypothetischen Einverständnisses: Vorliegen bei vermeintlich ökonomisch vorteilhaften Handlungen des Vermögensbetreuungspflichtigen*

Nachdem das hypothetische Einverständnis abstrakt dargestellt und von der Genehmigung abgegrenzt wurde, soll nun untersucht werden, wie sich ein hypothetisches Einverständnis nach der Systemtheorie, der ökonomischen Analyse und nach dem freiheitlichen Rechtsbegriff darstellen würde. Hieraus könnte sich vielleicht eine Rechtfertigung für die Übertragung der hypothetischen Einwilligung auf die Untreue ergeben.

Zwar sprechen bereits einige dogmatische Argumente gegen die Anerkennung des hypothetischen Einverständnisses bei der Untreue.[1236] Die Übertragung könnte sich aber daraus rechtfertigen, dass § 266 StGB dem Schutz des Vermögens dient[1237], sodass möglicherweise im geringeren Umfang auf ein mögliches Selbstbestimmungsrecht des Vermögensinhabers rücksichtig genommen werden muss. Daher könnte man versuchen, das hypothetische Einverständnis wirtschaftsnah zu bestimmen, indem angenommen wird, dass der Vermögensinhaber immer dann der Handlung der Vermögensbetreuungspflichtigen zugestimmt hätte, wenn das vorgenommene Geschäft im Tatzeitpunkt einen wirtschaftlichen Erfolg versprochen hätte, der Vermögensinhaber in den Vermögensbetreuungspflichtigen und dessen Handlungen in der Weise Vertrauen hat, dass er nur solche Ge-

1236 E. II. 3.

1237 Vgl. C. V. 6. b). aa).

schäfte für ihn durchführen würde, die sich positiv auf das Vermögen des Vermögensinhabers auswirken, oder der Vermögensinhaber sich mit dem Geschäft zufrieden gegeben hätte, da es zunächst einen hohen Profit versprochen hätte. Insbesondere im Rahmen der Gesamtwürdigung zur Ermittlung des hypothetischen Einverständnisses könnte man durchaus eine Saldierung der Vor- und Nachteile, die sich aus der untreuerelevanten Handlung ergeben, vornehmen, wenn es um die Ermittlung des hypothetischen Willens geht. Dies würde auch die Anwendung des Zweifelsgrundsatzes erleichtern. Der Grundsatz *in dubio pro reo* wird bereits bei der hypothetischen Einwilligung angewendet und besagt in dieser Situation, dass Zweifel hinsichtlich des hypothetischen Patientenwillens zu Lasten der Anklage gehen.[1238]

Bei der Untreue könnte man nun annehmen, dass ein hypothetisches Einverständnis im Zweifel dann vorliegt, wenn die Handlung des Vermögensbetreuungspflichtigen im Tatzeitpunkt auf einen ökonomischen Vorteil abzielt und man davon ausgehen darf, dass es dem Vermögensinhaber allein auf einen ökokomischen Vorteil ankommt, sodass die etwaigen Vorteile aus der Tat die Nachteile überwiegen. Teilweise wird es sogar von Kritikern der hypothetischen Einwilligung im Arztstrafrecht, die insbesondere die Anwendung des Zweifelsgrundsatzes bei höchstpersönlichen Rechtsgütern beanstanden, für möglich erachtet, bei Vermögensdelikten den Zweifelsgrundsatz anzuwenden, auch wenn dem Rechtsgutsinhaber fremde Wertmaßstäbe aufgezwungen werden. Auch wird vorgebracht, dass bei Vermögensdelikten das akzeptiert werden kann, da es beim Rechtsgut „Vermögen“ einen allgemeinen ökonomischen Maßstab gibt, der eine Saldierung durch die Abwägung von Vor- und Nachteilen ermöglicht.[1239] Gleichzeitig kann man damit den Forderungen nachgeben, die eine wirtschaftsnahe Interpretation des § 266 StGB fordern.

Vielfach wird daher geschlussfolgert, dass in einer Situation, in der der Vermögensinhaber davon ausgehen durfte, dass die Handlung des Vermögensbetreuungspflichtigen auf einen ökonomischen Vorteil abzielt, ein hypothetisches Einverständnis angenommen werden kann. Dies soll zunächst dargestellt werden, bevor untersucht wird, ob sich vor diesem Hintergrund die Übertragung der hypothetischen Einwilligung bei der Untreue rechtfertigen könnte.

---

1238 Vgl. C. V. 3. c). bb). 2).
1239 Vgl. *Puppe*, GA 2003, 764, 765.

### 1. Abgabe eines hypothetischen Einverständnisses bei einer ökonomisch vorteilhaften Handlung des Vermögensinhabers – Darstellung der bisherigen Ansichten

In diesem Zusammenhang ist zunächst eine Entscheidung des OLG Hamm v. 21.8.2012 zu nennen[1240], die vermutlich die erste gerichtliche Entscheidung darstellt, die sich mit einem hypothetischen Einverständnis bei der Untreue beschäftigt. In dem zugrundeliegenden Sachverhalt hatte der Angeklagte als Geschäftsführer eines gemeinnützig ausgerichteten, öffentlichen Wohnungsunternehmens Besichtigungsfahrten organisiert, ohne dass ein konkret nachweisbarer Nutzen von diesen Fahrten für das Unternehmen ausging. Diese Fahrten dienten eher der „Erbauung". Das OLG Hamm konnte in seinem Urteil nicht nicht ausschließen, dass die Stadt als Gesellschafter ihr Einverständnis zur Handlung des angeklagten Vermögensbetreuungspflichtigen abgegeben hätte, wenn der Vermögensbetreuungspflichtige danach gefragt hätte. Dies sei zumindest *in dubio pro reo* nicht auszuschließen[1241] Das OLG Hamm geht auch davon aus, dass auch nach dem städtischen „Corporate Governance Kodex" solchen Fahrten nicht dem hypothetischen Willen des Vermögensinhabers widersprochen hätten. Auch sei ein solches Einverständnis nicht aus anderen Gründen gesetzeswidrig und damit unwirksam.[1242]

Insbesondere die Aussage zum „Corporate Governance Kodex" sind zu beachten. Unter „Corporate Governance" wird grundsätzlich die Gesamtheit der Regelungen für die Unternehmensleitung und -verfassung verstanden.[1243] Der Deutsche „Corporate Governance Kodex" stellt in seiner Präambel fest, dass er Regelungen über international und national anerkannte Standards guter und verantwortungsvoller Unternehmensführung enthält. Eine Aktiengesellschaft ist nach § 161 AktG sogar verpflichtet, jährlich einen Bericht darüber aufzustellen, ob sie die Empfehlungen des „Deutsche Corporate Governance Kodex" einhält bzw. wann und warum sie von diesen Regelungen abweicht. Damit führt der „Deutsche Corporate Governance Kodex" mittelbar zu einer Konkretisierung der Sorgfaltspflichten aus § 93 AktG[1244] und weist damit Relevanz für § 266 StGB

1240 Vgl. OLG Hamm, NStZ-RR 2012, 374.
1241 OLG Hamm, NStZ-RR 2012, 374, 375.
1242 OLG Hamm, NStZ-RR 2012, 374, 375.
1243 *Stephan/Tieves*, in: Müko-GmbHG, § 37 Rn. 36.
1244 Vgl. *Spindler*, in: Müko-AktG, § 93 Rn. 31.

auf.[1245] Nach der Entscheidung des OLG Hamm kann man davon ausgehen, dass das städtische Unternehmen sich selbst bestimmten Regelungen in dem entsprechenden Kodex unterworfen hat, die eine transparente und verantwortungsvolle Unternehmensführung gewährleisten sollen. Es ist damit auch ganz im Sinne des Unternehmensinhabers, wenn sich die Unternehmensführung an diese Grundsätze hält, da es seinem wirtschaftlichen Vorteil dient, wenn der Vermögensbetreuungspflichtige entsprechende Standards einhält. Daher kann man davon ausgehen, dass der städtische Kodex auch nur solche Geschäfte legitimieren würde, die im Sinne des Vermögensinhabers sind. Man kann daher argumentieren, dass nach dem OLG Hamm ein hypothetisches Einverständnis nur dann erfolgen kann, wenn dem Unternehmen aus den Geschäften des Vermögensbetreuungspflichtigen keine Vermögenseinbußen entstehen, bzw., dass ein hypothetisches Einverständnis im Zweifel nur dann erfolgen kann, wenn das Geschäft auf den Vorteil des Vermögensinhabers ausgerichtet ist oder ihm nicht schadet.

Auch *Edlbauer/Irrgang* nehmen dann ein hypothetisches Einverständnis des Vermögensinhabers an, wenn aus der Handlung des Vermögensbetreuungspflichtigen ein wirtschaftlicher Erfolg resultieren könnte.[1246] Zur Veranschaulichung ihrer Meinung haben sie das oben genannte Beispiel[1247] angeführt. Allerdings beachtet dieses Beispiel nicht, dass durch die Handlung des Vermögensbetreuungspflichtigen ein Vermögensnachteil eingetreten sein muss, damit der Anwendungsbereich des hypothetischen Einverständnisses eröffnet ist.[1248] Zur Annahme eines hypothetischen Einverständnisses sind *Edlbauer/Irrgang* deshalb gekommen, da sich der Vermögensinhaber hoch erfreut gezeigt habe, als er vom Abschluss des Geschäfts gehört habe, sodass er den Vermögensbetreuungspflichtigen für diese vorausschauende Entscheidung gelobt habe. Nach dem Beispiel hätte er keine andere Äußerung gefällt und damit keine andere Entscheidung getroffen, als dem Geschäft zuzustimmen, wenn er ordnungsgemäß über das Geschäft aufgeklärt worden wäre.[1249] Man kann davon ausgehen, dass der Vermögensinhaber von dem Geschäft begeistert ist, weil er den ökonomischen Vorteil bzw. die Chance sieht, dass das Grundstück, welches Ge-

1245 *Saliger*, in: SSW-StGB, § 266 Rn. 37.
1246 Vgl. *Edlbauer/Irrgang*, JA 2010, 786, 789.
1247 Vgl. insoweit unter E.I.2.a).aa).(2).(a).
1248 Vgl. oben unter E. II. a). aa). (2). (a).
1249 *Edlbauer/Irrgang*, JA 2010, 789, 789.

genstand des Beispiels war, in seinem Wert noch steigen könnte. Das Geschäft kann sich daher für ihn als vorteilhaft entwickeln, auch wenn der Vermögensbetreuungspflichtige zunächst eine pflichtwidrige Handlung begangen hat. Hiermit bestätigt sich, dass die hypothetische Einwilligung deshalb erfolgt ist, weil der Vermögensinhaber davon ausgeht, dass er einen ökonomischen Vorteil durch das Geschäft erhält. Daher scheinen auch *Edlbauer/Irrgang* ein solches Verständnis für ein hypothetisches Einverständnis zu haben.

Auch für *Schramm* ist ein hypothetisches Einverständnis bei der Untreue u.a. in den Fällen denkbar, in denen ein hochriskantes und extrem vermögensgefährdendes Spekulationsgeschäft abgeschlossen worden ist, das sich jedoch im Nachhinein als erfolgreich erweist.[1250] *Schramm* nimmt also ein hypothetisches Einverständnis vor allem dann an, wenn sich das Geschäft trotz einer pflichtwidrigen Handlung nachträglich als erfolgreich erweist, sodass der Vermögensinhaber seine Zustimmung erteilt hätte. Nicht ganz klar ist jedoch, ob in dem Beispiel von *Schramm* ein Vermögensnachteil entstanden wäre. Dies ist deshalb zweifelhaft, da *Schramm* selbst schreibt, dass sich das Geschäft im Nachhinein als erfolgreich herausgestellt habe. Es kann damit nicht davon ausgegangen werden, dass sich durch diese Handlung das Vermögen des Vermögensinhabers verringert hat. Richtigerweise muss jedoch ein Vermögensnachteil vorliegen, damit das hypothetische Einverständnis anwendbar ist, sodass das Beispiel von Schramm entsprechende korrigiert werden müsste.

*Hengstenberg* begründet ein hypothetisches Einverständnis des Vermögensinhabers ebenfalls mit den möglichen ökonomischen Folgen.[1251] In dem von ihr gebildeten Beispiel habe der Vermögensbetreuungspflichtige ein Geschäft durchgeführt, welches äußerst riskant gewesen sei und zu einem Vermögensnachteil für den Vermögensinhaber geführt habe. Der Vermögensinhaber hätte jedoch im damaligen Zeitpunkt sein Einverständnis zu dem Geschäft abgegeben, wenn er ordnungsgemäß über das Geschäft aufgeklärt worden wäre. Denn bis zum besagten Geschäft habe der Vermögensinhaber unbedingtes Vertrauen in die Art und Weise gehabt, wie der Vermögensbetreuungspflichtige die Geschäfte des Vermögensinhabers besorgt habe, da der Vermögensbetreuungspflichtige mit seinen bisherigen Tätigkeiten durchaus erfolgreich gewesen sei und damit einen

---

1250 *Schramm*, in: MG-Wirtschaftsstrafrecht, § 266 Rn. 81.
1251 *Hengstenberg*, S. 420.

ökonomischen Vorteil für den Vermögensinhaber eingespielt habe. Darüber hinaus wäre der Vermögensinhaber in dem Beispiel „gerne“ einmal ein höheres Risiko eingegangen, um damit auch einen höheren Profit zu erhalten.[1252] Die hypothetische Einwilligung ist in diesem Beispiel also erfolgt, weil der Vermögensinhaber darauf vertraute, dass das Geschäft gut für ihn ausgehen würde, da die bisherigen Geschäfte des Vermögensbetreuungspflichtigen bislang gut, d.h. ökonomisch vorteilhaft, verlaufen sind. Auch wäre er bereit gewesen, mehr Risiko einzugehen.

Nach diesen Ansichten wäre es daher möglich, ein hypothetisches Einverständnis immer dann anzunehmen, wenn der Vermögensbetreuungspflichtige mit der Handlung versucht hat, einen ökonomischen Vorteil zu erzielen, auch wenn hierdurch ein Vermögensnachteil eingetreten ist. Ebenfalls wäre es möglich, ein hypothetisches Einverständnis anzunehmen, wenn der Vermögensinhaber nach dem bisherigen Verhalten nur annehmen konnte, dass der Vermögensbetreuungspflichtige für ihn ökonomisch vorteilhaft handeln würde, sodass er ihm vertraute.

### 2. Theoretische Absicherung dieses Ergebnisses

Fraglich ist nun, ob sich diese Ansicht mit Hilfe der Systemtheorie, der ökonomischen Analyse oder des freiheitlichen Rechtsbegriffs bestätigen lässt.

Mit Vertrauen, wodurch teilweise die Annahme eines hypothetischen Einverständnisses begründet wurde, und dessen Auswirkung auf das Recht befasst sich einerseits die Systemtheorie nach *Luhmann*. Demnach ist Vertrauen notwendig, um überhaupt eine Teilnahme am Wirtschaftsleben zu ermöglichen. Denn ein Wirtschaftsleben ohne Geld sei nicht möglich, doch setzt gerade die Funktionsfähigkeit von Geld voraus, dass es selbst Vertrauen genießt.[1253] Zudem können Unsicherheiten enorme Auswirkungen auf Wirtschaftsentscheidungen wie Investitionen haben.[1254]

Darüber hinaus versucht die ökonomische Analyse des Rechts, Normen anhand ihrer ökonomischen Implikation zu erklären, um damit die Verschwendungen von Ressourcen zu vermeiden und so die Effizienz zu er-

1252 *Hengstenberg*, S. 420.
1253 *Luhmann*, Vertrauen, S. 63.
1254 *Luhmann*, Vertrauen, S. 65.

höhen.[1255] Dabei geht die ökonomische Analyse davon aus, dass der Mensch als *homo oeconomicus* seine eigenen Interessen streng verfolgt und bei der Verfolgung seiner Ziele stets rational vorgeht.[1256] Daher könnte der menschliche Wille oder eine Norm anhand des Kriteriums der Effizienz oder wirtschaftlichen Vernunft, mit der auf der anderen Seite ein hypothetisches Einverständnis angenommen wird, bestimmt werden.

Die Systemtheorie und die ökonomische Analyse haben in ihren unterschiedlichen Ausformungen gemein, dass sie versuchen, komplexe gesellschaftliche Zusammenhänge im Ganzen und mit universellem Anspruch zu erklären.[1257] Die Auslegung anhand der Systemtheorie und der ökonomischen Analyse soll dabei gewährleisten, dass eine wirtschaftsfreundliche Auslegung des § 266 StGB erfolgt, was gleichzeitig hilft, den Untreuetatbestand weiter zu konturieren und damit bestimmter zu machen.[1258] Es wird nämlich die Gefahr gesehen, dass mit Hilfe von § 266 StGB Verhaltensweisen der Wirtschaft bestraft werden, nur weil sie aufgrund einer politischen, moralischen oder gesellschaftlichen Motivation nicht als „korrekt" empfunden werden.[1259] In diesem Fall können die Staatsanwaltschaften dann mit Hilfe von § 266 StGB die jeweilige Unternehmenspolitik überwachen und diktieren, soweit ein Anfangsverdacht besteht.[1260] Daher müsse § 266 StGB vor dem Hintergrund einer modernen Wirtschaftsordnung weiter konkretisiert werden.[1261] Denn die bisherige Auslegung von § 266 StGB verursache eine große Unsicherheit bei den

---

1255 *Schäfer/Ott*, S.XXXIII.

1256 *Schäfer/Ott*, S. 95.

1257 Vgl. zur Systemtheorie *Luhmann*, Soziale Systeme, S. 19; *Vesting*, Jura 2001, 299, 301; vgl. bzgl. der ökonomischen Analyse *Adams*, S. 12, der bezweifelt, dass die bisherige juristische Methodenlehre in der Lage sei, Rechtsfragen adäquat zu lösen. Er geht insoweit von einem „theoretischen Vakuum" aus. Insbesondere mit dem Begriff „Gerechtigkeit" könne jedes Ergebnis erzielt werden.

1258 Eine solche Auslegung sei sogar dogmatisch „erforderlich", *Bräunig*, S. 27; auch die ökonomische Analyse stelle eine ökonomische Theorie dar, um gewinnträchtige Kostenallokation und Transaktionskostenersparnis zu erzielen, vgl. *Stürner*, JZ 2012, 10, 22.

1259 Vgl. *Beulke*, in: FS-Eisenberg, S. 244, 245; *Dahs*, NJW 2002, 272, 273; *Matt*, 2005, 389, 390.

1260 *Seier*, Untreue als Allzweckwaffe, S. 105, 109; ähnlich *Beulke*, in: FS-Eisenberg, S. 244, 247; *Krüger*, NStZ 2011, 369, 369; *Perron*, GA 2009, 219, 222; *Wittg*, § 20 Rn. 5.

1261 *Becker*, HRRS 2010, 383, 393.

Führungskräften in der Wirtschaft, sodass die Bereitschaft für Investitionen sinke.[1262]

Dabei geht es jedoch auch um die Frage, wie das Verhältnis von Wirtschaft und Strafrecht im Allgemeinen zu bestimmen ist und wie weit der Gedanke der Akzessorietät bei § 266 StGB zurückzudrängen ist, um eine wirtschaftsnahe Auslegung erzielen zu können. Sowohl die Systemtheorie als auch die ökonomische Analyse versuchen, das Strafrecht funktional i.S. einer wirtschaftsnahen Auslegung zu bestimmen. Dabei steht der Begriff der Funktionalisierung für den Versuch, die Legitimation des Strafrechts in der Erfüllung bestimmter Funktionen zu sehen.[1263] Damit soll das Strafrecht an eine veränderte Gesellschaft angepasst werden[1264], sodass sich die Erwartungen an das Strafrecht hinsichtlich seiner Funktion verändern können[1265], was wiederum zu einer veränderten Auslegung führen würde.

Fraglich ist jedoch, ob eine solche Auslegung überzeugt oder ob nicht eher eine strafrechtsimmanente Auslegung in Form des freiheitlichen Rechtsbegriffs zu bevorzugen ist. Durch Interpretation des hypothetischen Einverständnisses und des § 266 StGB anhand des freiheitlichen Rechtsbegriffs soll eine strafrechtsimmanente Auslegung erfolgen, die das Individuum bei der Auslegung eines hypothetischen Einverständnisses in den Vordergrund rückt. Wesentlich für den freiheitlichen Rechtsbegriff ist der Gedanke der individuellen Selbstbestimmung[1266] und der Betroffenheit einer Person durch das Gesetz in ihrer rechtlichen Selbstständigkeit.[1267] Denn die Bedenken, die sich gegen die hypothetische Einwilligung im Arztstrafrecht aufgrund einer ungenügenden Beachtung des Selbstbestimmungsrechtes ergeben[1268], müssen auch bei der Untreue und einem möglichen hypothetischen Einverständnis beachtet werden. Mit Hilfe des freiheitlichen Rechtsbegriffs soll daher untersucht werden, ob solche Bedenken auch bei der Untreue und einem hypothetischen Einverständnis beste-

1262 *Beulke*, in: FS-Eisenberg, S. 244, 247; *Samson*, Gesellschaftsrecht in der Diskussion, S. 109, 113.

1263 *Kelker*, S. 203; vgl. *Prittwitz*, StV 1991, 435, 436.

1264 *Kelker*, S. 203.

1265 *Prittwitz*, StV 1991, 435, 438.

1266 So *Schmidhäuser*, GA 1998, 363, 365.

1267 *Köhler*; AT, S. 23.

1268 Vgl. C. V. 3. b). aa).

hen. Dies bildet dann den Gegensatz zur wirtschaftlichen Auslegung des § 266 StGB.

Allerdings ist festzuhalten, dass § 266 StGB eine der Zentralnormen in unserer heutigen Industriegesellschaft darstellt, sodass eine veränderte Auslegung, wie sie anhand der genannten Theorie möglich und aufgrund der Veränderungen in unserer Gesellschaft notwendig ist, hier eine besondere Bedeutung erfährt.[1269] Fraglich ist daher, ob sich das hypothetische Einverständnis anhand der Systemtheorie nach *Luhmann*, anhand der ökonomischen Analyse und anhand des freiheitlichen Rechtsbegriffs in den Tatbestand des § 266 StGB und dessen Auslegung integrieren lässt.

#### a) Analyse anhand der Systemtheorie nach Luhmann

Nach Ansicht ihrer Befürworter bietet die Systemtheorie die Möglichkeit, das Strafrecht von außen zu beobachten und damit dogmatische Figuren sowie strafrechtliche Normen als Fakten zu behandeln, sodass eine präzise Selbstbeschreibung des Systems „Recht" ermöglicht wird.[1270] Zwar ist die Systemtheorie eigentlich eine soziologische Theorie, doch auch *Luhmann* geht davon aus, dass die Systemtheorie das Recht so beschreiben müsse, wie ein Jurist das Recht verstehe[1271], sodass mögliche Ergebnisse einer systemtheoretischen Auslegung auch in das Recht adaptiert werden können. Die Systemtheorie verfolge zudem einen holistischen Universalansatz, sodass eine Auslegung zu Gunsten oder Ungunsten des Systems „Recht" oder des Systems „Wirtschaft" ausfallen könne.[1272]

Daneben gibt auch *Luhmann* zu, dass die Systemtheorie ein sehr komplexer Versuch sei, das Recht zu beschreiben.[1273] Bei der Theorienbildung spiele zudem das Vertrauen in seinen unterschiedlichen Bedeutungen eine herausgehobene Rolle.[1274]

---

1269 *Schünemann*, wistra 2015, 161, 161 f.
1270 Vgl. *Theile*, ZIS 2011, 616, 617; *Vesting*, Jura 2001, 299, 300.
1271 *Luhmann*, Recht der Gesellschaft, S. 18.
1272 *Bräunig*, S. 79.
1273 *Luhmann*, Recht der Gesellschaft, S. 24.
1274 Vgl. *Beckemper*, ZIS 2011, 318, 319.

### aa) Wirtschaft und Recht als eigenständige soziale Systeme

Die Systemtheorie geht zunächst von der Aufteilung der Gesellschaft in Systeme aus, wobei *Luhmann* das Bestehen von Systemen voraussetzt.[1275] Darüber hinaus differenziere, so *Luhmann*, die Systemtheorie zwischen System und Umwelt des jeweiligen Systems.[1276] Ein System sei dabei selbstreferentiell in Bezug auf seine Umwelt ausgestaltet: Das System könne daher Beziehungen zu sich selbst herstellen und diese Beziehungen zu sich selbst von den Beziehungen zur Umwelt abgrenzen.[1277] Systeme können allerdings ohne ihre Beziehung zur Umwelt nicht bestehen, denn sie erhalten und erzeugen sich in der Differenzierung zur Umwelt. Grenzerhaltung zur Umwelt sei damit Systembildung.[1278] Dabei dürfe die Geschlossenheit eines Systems nicht mit Abgeschlossenheit verwechselt werden. Die jeweiligen Systeme blieben insoweit kognitiv offen, da das System auf seine Weise auf die Umwelt reagiere und damit Einflüsse der Umwelt aufnehme, um die Geschlossenheit des Systems in Bezug auf seine Umwelt wieder herzustellen.[1279] Denn das, was das System zur eigenen Reproduktion verwende, um auf die veränderte Umwelt zu reagieren, könne es nicht aus seiner Umwelt beziehen. Das System müsse dies vielmehr selbst produzieren. Dies sei mit der Geschlossenheit des Systems gemeint.[1280]

Ein soziales System sei zudem autopoietisch verfasst, was bedeute, dass das System andauernd gezwungen sei, Umwelteinflüsse in das eigene System zu integrieren, um ihre spezifische Operationsweise definieren zu können.[1281] Dabei sei jedoch zu beachten, dass die Umwelt immer komplexer sei als das System selbst. Das System müsse sich gegenüber dieser Komplexität daher behaupten. Jede Veränderung des Systems sei damit ein Versuch, auf diese Komplexitätsunterlegenheit gegenüber der Umwelt zu reagieren und die Komplexität der Umwelt damit zu reduzieren.[1282] Damit werde gleichzeitig die eigene Systemkomplexität gesteigert, was

---

1275 *Luhmann*, Soziale Systeme, S. 30.

1276 *Luhmann*, Soziale Systeme, S. 22 ff. bzw. S. 35; *ders.*, Recht der Gesellschaft, S. 23, S. 26.

1277 *Luhmann*, Soziale Systeme, S. 31.

1278 *Luhmann*, Soziale Systeme, S. 31 bzw. S. 35.

1279 *Luhmann*, Soziale Systeme, S. 35; *ders.* Recht der Gesellschaft, S. 43.

1280 *Luhmann*, Wirtschaft der Gesellschaft, S. 49.

1281 *Luhmann*, Soziale Systeme, S. 60 f.; vgl. auch *Bräunig*, S. 30.

1282 *Luhmann*, Soziale Systeme, S. 249 f.

die Zahl der Möglichkeiten, die das System mit seiner Struktur vereinbaren könne, erhöhe.[1283] Bedingt durch die Differenzierung von Umwelt und System könne es aber zu einer Systemdifferenzierung selbst kommen, sodass sich im System selbst Systeme bilden, was zu einer weiteren Ausdifferenzierung des Verhältnisses System und Umwelt führe. Das Gesamtsystem bilde dann eine interne Umwelt gegenüber dem jeweiligen Teilsystem.[1284]

Soziale Systeme handeln dabei durch Kommunikation als Mittel zur Reduktion von Komplexität.[1285] Zur Reduktion von Komplexität und damit zur Anpassung des Systems produziere Kommunikation dabei die jeweiligen Elemente, aus denen ein System bestehe.[1286] Soziale Systeme kommen damit erst durch Kommunikation zustande[1287] und bestehen aus Kommunikation bzw. aus deren Zurechnung als Handlung.[1288] Individuen werden dabei ebenfalls durch das System konstruiert, bilden aber nicht die Elemente des Systems.[1289] Kommunikation in einem System setze voraus, dass eine Information selektiert werde, dass die Information mitgeteilt werde und dass eine Annahmeselektion bzw. Erfolgserwartung erfolge. Die Zusammenfassung dieser drei Elemente in einen Akt erfordere eine Codierung. Denn nur für das jeweilige System codierte Ereignisse wirken in einem Kommunikationsprozess als Information. Andernfalls werde dies im System als Störung aufgefasst, was in der Systemtheorie als „Rauschen“ bezeichnet wird.[1290] Rauschen sei die Operation eines Systems, die in einem anderen System aufgrund der fehlenden Codierung nicht verstanden werden könne.[1291] In jedem System gebe es daher eine unterschiedliche Codierung, auf deren Grundlage die Kommunikation erfolge. Durch die Codierung von Informationen aus der Umwelt könne das System die Umwelteinflüsse verarbeiten und durch Kommunikation die eigene Komplexität steigern.[1292]

---

1283 *Luhmann*, Vertrauen, S. 8.
1284 *Luhmann*, Soziale Systeme, S. 37 ff.
1285 *Luhmann*, Soziale Systeme, S. 191.
1286 *Luhmann*, Soziale Systeme, S. 192 f.
1287 Vgl. *Luhmann*, Soziale Systeme, S. 226, S. 238.
1288 *Luhmann*, Soziale Systeme, S. 240.
1289 Vgl. *Ladeur*, S. 107.
1290 *Luhmann*, Soziale Systeme, S. 196 f.
1291 *Teubner*, S. 127.
1292 vgl. *Ladeur*, S. 156.

Auch das Recht sei ein zur Gesellschaft gehöriges, die Gesellschaft vollziehendes soziales System und bilde ein eigenständiges Subsystem zur Gesellschaft. Das System „Gesellschaft“ beziehe damit das System „Recht“ in seine Handlungen ein, gleichzeitig sei aber das System „Recht“ auch der Umwelt der Gesellschaft ausgesetzt.[1293] Als soziales System müsse das System „Recht“ zudem zwingend auch eine eigene Kommunikation aufweisen.[1294] Für die Ausdifferenzierung des Rechtssystems sei die Ausrichtung des Rechts auf ein gesellschaftliches Problem von Bedeutung, welches das System „Recht“ durch die Kommunikation der Gesellschaft erfahre. Die Kommunikation im Rechtssystem erfolge derweil mit dem Code „Recht/Unrecht“. Was jedoch mit dem Kontrollschema „Recht/ Unrecht“ nicht erfasst werden könne, gehöre damit auch nicht zum System „Recht“.[1295]

Dabei sei es die Funktion des Rechtssystems, normative Erwartungen zeitstabil für die Zukunft zu sichern.[1296] Normen seien danach ein symbolisches Gefüge von generalisierenden Erwartungen, auf deren Symbol sich die Gesellschaft verlasse.[1297] Das Recht ermögliche es daher, zu wissen, mit welchen Erwartungen man Rückhalt in der Gesellschaft finde. Das Vertrauen in das Recht schaffe die Grundlage dafür, dass man sich mehr und auch riskanteres Vertrauen leisten könne, da eine bessere Möglichkeit bestehe, mit Enttäuschungen umzugehen. Dies ermögliche es gerade, in einer Gesellschaft zu leben, in denen Mechanismen zur Vertrauenssicherung verringert seien.[1298] Eine Norm verspreche damit nicht normgemäßes Verhalten. Derjenige, der jedoch in eine Norm vertraue, werde in diesem Vertrauen geschützt.[1299] Als Ergebnis könne daher die gesellschaftliche Funktion des Rechts damit beschrieben werden, dass es deren Aufgabe sei, enttäuschte Erwartungen zu stabilisieren. Mit einer Norm werden daher bestimmte Erwartungen geschützt, die mit einer Sanktion bewehrt sind, sodass bei einer Normverletzung entsprechendes durchgesetzt werden könne.[1300]

---

1293 *Luhmann*, Recht der Gesellschaft, S. 55; vgl. auch *Teubner*, S. 36 f.
1294 *Luhmann*, Recht der Gesellschaft, S. 56.
1295 *Luhmann*, Recht der Gesellschaft, S. 60.
1296 *Luhmann*, Recht der Gesellschaft, S. 126.
1297 *Luhmann*, Recht der Gesellschaft, S. 130.
1298 *Luhmann*, Recht der Gesellschaft, S. 132.
1299 *Luhmann*, Recht der Gesellschaft, S. 135.
1300 *Bräunig*, S. 30; *Theile*, ZIS 2011, 616, 618.

Darüber hinaus bilde auch die Wirtschaft ein eigenes soziales System. Allerdings sei die Wirtschaft wiederum lediglich ein Subsystem zum System „Gesellschaft“.[1301] Das Wirtschaftssystem als soziales System benutze dabei auch Kommunikation, um Handlungen zu bestimmen und zuzurechnen. Denn in allen Gesellschaftsformen sei Kommunikation, die sich auf Wirtschaft beziehe, notwendig, um sich über die Verteilung knapper Güter einigen zu können.[1302] Die Kommunikation im System „Wirtschaft“ erfolge über den Code „Zahlung/nicht Zahlung“, wobei das Medium zur Kommunikation Geld darstelle.[1303] Über Zahlungen stelle das System „Wirtschaft“ seine Funktion für das System „Gesellschaft“ sicher, die zukunftsstabile Versorgung mit Gütern mit der gegenwärtigen Verteilung zu verbinden.[1304]

#### bb) Zusammentreffen von Rechts- und Wirtschaftssystem

Das Rechts- und das Wirtschaftssystem seien damit beide Subsysteme des Systems „Gesellschaft“, sodass sich die beiden Teilsysteme in das jeweilige Gesamtsystem „Gesellschaft“ einbringen. Gleichzeitig erbringen die Teilsysteme eine eigenständige Aufgabe für das Gesamtsystem und auch für andere Teilsysteme.[1305] Das System „Recht“ habe dabei die Aufgabe, normative Erwartungen abzusichern. An diese Funktion knüpfen dann die anderen Teilsysteme an, wobei sich die Leistungserwartungen an das System „Recht“ in den jeweiligen Teilsystemen unterscheiden können. Dabei komme es ganz allein auf die innergesellschaftliche Umwelt an, welche Leistungserwartung durch ein Teilsystem geschützt werden solle.[1306] Jedoch bestehen zum Recht hinsichtlich der Absicherung von normativen Erwartungen keine alternativen Verhaltensmöglichkeiten.[1307] Verhaltenssteuerung und Konfliktlösung treten als Funktion von Recht dagegen im Hinblick auf die Absicherung von Erwartungen zurück.[1308] Insbesondere

---

1301 *Luhmann*, Wirtschaft der Gesellschaft, S. 14, S. 50.
1302 *Luhmann*, Wirtschaft der Gesellschaft, S. 14.
1303 *Luhmann*, Wirtschaft der Gesellschaft, S. 52.
1304 *Luhmann*, Wirtschaft der Gesellschaft, S. 64.
1305 *Luhmann*, Recht der Gesellschaft, S. 156.
1306 *Luhmann*, Recht der Gesellschaft, S. 157.
1307 *Luhmann*, Recht der Gesellschaft, S. 160.
1308 *Luhmann*, Recht der Gesellschaft, S. 157 ff., wofür *Luhmann* insbesondere darauf verweist, dass das außerrechtliche System bereits versucht, das Verhalten

das Strafrecht, das immer dann zur Anwendung komme, wenn aufgrund von enttäuschten Erwartungen Konflikte entstehen, stabilisiere Erwartungen, indem es auf eine Enttäuschung mit strafrechtlichen Sanktionen reagiere. Dabei bilde das Strafrecht mit seinen Sanktionsmechanismen die stärkste Möglichkeit, einen Konflikt zu lösen[1309], sodass dann die Erwartung bestehe, dass gerade das Strafrecht normative Erwartungen erfüllen und damit die anderen Teilsysteme stabilisieren könne.[1310]

Allerdings müsse das System „Recht“ auf die Veränderungen in den jeweiligen anderen Subsystemen reagieren können. *Luhmann* bezeichnet dazu das Recht als „Immunsystem der Gesellschaft“. Denn das Immunsystem des Menschen brauche ebenso Zeit, um sich gegen neue Bedrohungen aufzubauen.[1311] Dabei führten Änderungen im System „Wirtschaft“ nicht automatisch zu einer Änderung des Systems „Recht“. Die Umwelteinflüsse müssten zunächst in das System „Recht“ übersetzt werden.[1312] Das System „Recht“ variiere damit durch diese Umwelteinflüsse. Anlass hierfür könnten Erwartungen seitens des Systems „Wirtschaft“ sein, auf die sich das System „Recht“ nicht eingestellt habe und damit noch nicht absichern habe können.[1313] Das System „Recht“ könne dann auf diese Veränderungen im System „Wirtschaft“ reagieren und variieren oder es ignorieren. Durch das Justizverweigerungsverbot bestehe jedoch ein gewisser Zwang zur Variation, da über Klagen entschieden werden müsse.[1314] Solange jedoch im System „Wirtschaft“ bestimmte Verhaltensweisen als „sinnvoll“ geduldet seien, bestehe auch für das System „Recht“ keine Veranlassung, darauf zu reagieren.[1315] Sei jedoch eine Handlung entsprechend als nicht „sinnvoll“ im System „Wirtschaft“ angesehen worden, reagiere auch das System „Recht“ entsprechend. Dies führe auch zu einer modifizierten Auslegung von § 266 StGB, da das System „Recht“ auch hier versuche, auf die Komplexitätssteigerung im Rahmen des Systems „Wirtschaft“ zu reagieren und damit die eigene Systemkomplexität zu steigern.[1316] Daraus

zu steuern. Ebenso wird auch versucht, eigene insbesondere außergerichtliche Konfliktlösungsmöglichkeiten zu erarbeiten.

1309 *Theile*, ZIS 2011, 616, 618.

1310 *Theile*, S. 83.

1311 *Luhmann*, Recht der Gesellschaft, S. 162.

1312 *Bräunig*, S. 35.

1313 *Bräunig*, S. 35; *Fögen*, Rechtsgeschichte 2005, 84, 93.

1314 *Fögen*, Rechtsgeschichte 2005, 84, 93.

1315 *Bräunig*, S. 35.

1316 *Bräunig*, S. 35.

resultiere eine strukturelle Kopplung des Systems „Recht" in Bezug auf das System „Wirtschaft". Von einer strukturellen Kopplung werde dann gesprochen, wenn ein System bestimmte Eigenarten seiner Umwelt dauerhaft voraussetze und sich das System auf diese Eigenarten konstant verlasse. Eine strukturelle Kopplung beschränke und erleichtere dadurch die Umwelteinflüsse auf das System.[1317]

Dabei komme es für die Auslegung des § 266 StGB nach systemtheoretischen Überlegungen entscheidend darauf an, inwieweit eine durch das System „Wirtschaft" bedingte Auslegung möglich sei und es damit zu einer systemadäquaten Anpassung des Verhältnisses zwischen Rechts- und Wirtschaftssystem komme.[1318]

Danach muss § 266 StGB nach systemtheoretischem Verständnis entsprechend der Leistungserwartung des Systems „Wirtschaft" ausgelegt werden.

#### cc) Absicherung des Systemvertrauens als Schutzfunktion des § 266 StGB nach systemtheoretischem Verständnis

Das System „Recht" soll das Vertrauen normativ absichern. Vertrauen sei notwendig, um sein eigenes Handlungspotential zu erweitern.[1319] Vertrauen diene damit einerseits der Reduktion von umweltbedingter Komplexität und der Steigerung der eigenen systembedingten Komplexität.[1320] Damit bestimme es die systemtheoretische Schutzrichtung des § 266 StGB, da das Recht nach systemtheoretischen Überlegungen insoweit Vertrauen schützen solle.

Grundsätzlich sei es auch Aufgabe von Vertrauen, Komplexität zu verringern. Denn zum menschlichen Leben gehöre die Erhöhung und Verringerung von Komplexität. Der erhöhten Komplexität der menschlichen Umwelt müsse durch die Steigerung der eigenen Komplexität begegnet werden, um wiederum die umweltbedingte Komplexität zu verringern.[1321] Durch Vertrauen bestünden mehr Möglichkeiten des Erlebens und Handelns, sodass die Zahl der Möglichkeiten innerhalb des sozialen Systems

1317 *Luhmann*, Recht der Gesellschaft, S. 441.
1318 *Bräunig*, S. 36.
1319 *Luhmann*, Soziale Systeme, S. 180.
1320 *Luhmann*, Vertrauen, S. 8.
1321 *Luhmann*, Vertrauen, S. 8.

gesteigert werde. Vertrauen sei damit eine wirksame Möglichkeit, Komplexität zu verringern.[1322]

Insoweit spiele beim Vertrauen auch die Zeit eine wichtige Rolle. Nach *Luhmann* nehme derjenige, der Vertrauen habe, die Zukunft vorweg und handele so, als ob er die Zukunft voraussehen könne[1323], sodass Vertrauen auch als „riskante Vorleistung" bezeichnet werde.[1324] Die vertrauensvolle Erwartung bringe dann den Ausschlag für eine Entscheidung, deren Schaden größer sei als der durch das Vertrauen erhaltene Vorteil.[1325] Der wirtschaftliche Austausch setze voraus, dass die Vertragsparteien Vertrauen in die jeweilige Leistungsbereitschaft des anderen haben, sodass diese auch vereinbarungsgemäß handeln.[1326]

Auch die Vertreter der systemtheoretischen Auslegung erkennen das Problem, dass durch die Trennung von Eigentümer und Management die Möglichkeit besteht, dass der Manager bzw. Vermögensbetreuungspflichtige nicht unmittelbar im Interesse des Eigentümers bzw. Vermögensinhabers mit den anvertrauten Vermögen umgeht. § 266 StGB diene damit durch die Verstärkung von Loyalität der Reduzierung der „agency costs", die entstehen, wenn zwischen einem tatsächlichen und einem erwarteten Verhalten eine Differenz besteht.[1327] Recht entlaste damit durch den Schutz des normativen Vertrauens gerade von dem Risiko, dass durch das Vertrauen begründet worden sei, und ermögliche durch Sanktionen die Kontrolle desjenigen, der innerhalb des Vertrauens gehandelt habe.[1328]

Dabei wird auch angenommen, dass der Untreuetatbestand zu den Tatbeständen gehört, die auf dem Vertrauensprinzip beruhen.[1329] Das wird damit begründet, dass der Untreuetatbestand selbst auf privatrechtlich begründete Vertrauensverhältnisse verweise und dass das Vertrauensprinzip in beiden Tatbestandsalternativen des § 266 StGB wiederzufinden sei.[1330] Jedoch solle sich der Vertrauensschutz des § 266 StGB dadurch beschrän-

1322 *Luhmann*, Vertrauen, S. 8 f.
1323 *Luhmann*, Vertrauen, S. 9.
1324 *Luhmann*, Vertrauen, S. 27.
1325 *Luhmann*, Vertrauen, S. 28.
1326 Vgl. *Bräunig*, S. 37.
1327 Vgl. *Bräunig*, S. 39, der insofern auf die *principle agent*-Theorie verweist; vgl. hierzu unter E. III. 2. b). cc). (2). ε).
1328 *Bräunig*, S. 40; *Luhmann*, Vertrauen, S. 41.
1329 *Bräunig*, S. 40 unter Verweis auf *Luhmann*, Vertrauen, S. 43 ff.
1330 *Bräunig*, S. 40.

ken, dass allein der Missbrauch einer besonderen Machtstellung über fremdes Vermögen sanktioniert werde.[1331]

An dieser Stelle ist unklar, welches Vertrauen in § 266 StGB geschützt wird. Denn hier ist zwischen dem Vertrauen zwischen Menschen und dem Vertrauen in Institutionen oder Systeme zu unterscheiden, wobei eine strenge Abgrenzung nicht möglich ist. Beide Formen des Vertrauens können sich durchaus mischen.[1332] Nach *Luhmann* sei das interpersonelle Vertrauen das Vertrauen, das einem anderen Menschen aufgrund seiner Persönlichkeit geschenkt werde. Vertrauen sei dann die Erwartung, dass der andere entsprechend seiner Persönlichkeit auch handle bzw. danach handle, was er zumindest in seinem sozialen Umfeld als Persönlichkeit dargestellt und sichtbar gemacht habe.[1333] Einige erblicken sogar in dem personellen Vertrauen ein eigenes Schutzgut des § 266 StGB.[1334] Allerdings könne die besondere Rechtsstellung über fremdes Vermögen nicht nur durch einen Vertrag begründet werden, sondern auch durch Gesetz oder behördlichen Auftrag erfolgen. Daher könne das persönliche Vertrauen schwerlich durch § 266 StGB geschützt werden, da in diesen genannten Alternativen des § 266 StGB die Rechtsposition unabhängig von einem persönlichen Vertrauen begründet werde.[1335]

Aufbauend auf dem interpersonellen Vertrauen kann auf das Systemvertrauen verwiesen werden.[1336] *Luhmann* geht davon aus, dass das Vertrauen zunächst als interpersonelles Vertrauen entstehe und lediglich dazu diene, Unsicherheiten im Hinblick auf das Verhalten anderer Menschen zu überbrücken. Das Vertrauen müsse jedoch dann erweitert werden, wenn die Komplexität wachse und andere Menschen ein Teil dieser Komplexität und ihrer Reduktion seien. Mit dem Systemvertrauen werde aber auch bewusst auf weitere Information verzichtet, die man zur Bildung eines interpersonellen Vertrauens durchaus benötigt hätte.[1337]

Wer aber auf ein System vertraue, setze gleichzeitig voraus, dass das System funktioniere. Denn es werde nicht mehr in eine Person vertraut,

---

1331 *Bräunig*; S. 41.

1332 *Beckemper*, ZIS 2011, 318, 318 f.

1333 *Luhmann*, Vertrauen, S. 48.

1334 *Cramer*, in: Schönke/Schröder, 18. Aufl. § 266 Rn. 1 (in nachfolgenden Auflagen aufgegeben); *Dunkel*, S. 112; *D. Meyer*, Jus 1973, 214, 215.

1335 *Bräunig*, S. 42 f.

1336 *Luhmann*, Vertrauen, S. 27.

1337 *Luhmann*, Vertrauen, S. 27.

sondern in das zukünftige Funktionieren des Systems. Dafür müsse das Vertrauen in das System immer wieder bestätigt werden, wofür ein dauerndes „Feedback“ durch das System nötig sei.[1338] Systemvertrauen sei jedoch viel leichter zu erlernen, da es im Gegensatz zum persönlichen Vertrauen keine besondere „Innengarantie“ zur Begründung brauche.[1339] Das Systemvertrauen ersetze am Ende das interpersonelle Vertrauen, da sonst in jeder Person unzählige und schwierige Vertrauensbeweise gefunden werden müssten, um die Lebensfähigkeit in einer Gesellschaft sicherzustellen. Für das Systemvertrauen sei dagegen lediglich ein Akt nötig.[1340] Eine Anpassung an das Systemvertrauen schließe aber ein, dass der Vertrauende in der Lage sei, symptomatische Geschehnisse, die für das Vertrauen von Bedeutung seien, zu erkennen. Diese warnen den Vertrauenden oder sollen ihn zur Anpassung seines Vertrauens bringen.[1341]

Auch § 266 StGB solle das Systemvertrauen und dabei insbesondere das Vertrauen in die „generalisierte ökonomische Zuweisungs- und Handlungslogik innerhalb von Privatautonomie“ im System „Wirtschaft“ schützen.[1342] Hierbei gehe es um die Erhaltung bzw. Vermehrung des Vermögens, wofür eine dritte Person als vermögensbetreuungspflichtig berufen worden sei. Es gehe damit um das Systemvertrauen in der Weise, wie eine andere Person mit der Macht, über das fremde Vermögen verfügen zu können, umgehe. Denn der Vermögensbetreuungspflichtige sei gerade durch behördlichen Auftrag, durch Gesetz als auch durch persönliches Vertrauen, was sich in einem besonderen Rechtgeschäft geäußert habe, in die Position versetzt worden, über fremdes Vermögen zu disponieren. Es gehe damit aber nicht um das persönliche Vertrauen, sondern um die generelle Erwartung, wie ein anderer, der aufgrund eines behördlichen Auftrags, eines Gesetzes oder durch Abschluss eines Vermögensbetreuungsverhältnisses fremde Vermögensgeschäfte besorge, mit dem Vermögen eines Dritten umgehe.[1343]

*Bräunig* versucht, die Schutzrichtung des § 266 StGB funktional zu bestimmen. Zunächst stellt er fest, dass der Vermögensschutz zwar Aufgabe des § 266 StGB sei, dieser Vermögensschutz aber in einem funktionellen

---

1338 *Luhmann*, Vertrauen, S. 64.
1339 *Luhmann*, Vertrauen, S. 64.
1340 *Luhmann*, Vertrauen, S. 66.
1341 *Luhmann*, Vertrauen, S. 64.
1342 *Bräunig*, S. 44.
1343 *Bräunig*, S. 44.

Zusammenhang interpretiert werden müsse.[1344] Dies sei durch die strukturelle Kopplung zwischen dem System „Recht“ und „Wirtschaft“ über das Tatbestandsmerkmal „Vermögensnachteil“ bedingt. Die Eigentumsordnung werde bei § 266 StGB aber durch die wirtschaftliche Zuweisungsordnung überlagert. § 266 StGB vervollständige die Privatautonomie anhand einer ökonomischen „Vermögenszuweisungslogik“ und schütze so das Vermögen „von Innen“ heraus.[1345] Der Vermögensschutz werde dann durch die Schutzrichtungen des „individuellen Systemvertrauens“, was die jeweilige Privatautonomie im Sinne „der Aufrechterhaltung der wirtschaftlichen Zuweisungslogik“ mit umfasse[1346], konkretisiert.[1347] Dies sei durch die zweite strukturelle Kopplung bedingt, die *Luhmann* in der Form des Vertrages sieht.[1348] In § 266 StGB sei diese strukturelle Kopplung in dem Tatbestandsmerkmal „Vermögensbetreuungspflichtverletzung“ wiederzufinden. Durch dieses Tatbestandsmerkmal werde dem Vermögensbetreuungspflichtigen durch Rechtsgeschäft oder durch eine rechtliche Regelung „Vermögensmacht“ eingeräumt. Dadurch zeige sich, dass § 266 StGB die „asymmetrische“ Informationsverteilung in der Wirtschaft sanktioniere. § 266 StGB schütze dagegen nicht „optimale“ Vermögenszustände, sondern die wirtschaftliche Zuweisungslogik des Vermögens im Rahmen des jeweiligen Systemvertrauens des Vermögensinhabers.[1349] Mit Hilfe einer funktionalen Auslegung könne der Anwendungsbereich von § 266 StGB auf hinreichend „ökonomisierte Konstellationen“ begrenzt werden.[1350]

#### dd) Bestimmung eines hypothetischen Einverständnisses anhand der Systemtheorie

Nun stellt sich die Frage, ob eine systemtheoretische Auslegung zur Annahme eines hypothetischen Einverständnisses bei § 266 StGB kommen würde. Nach systemtheoretischem Verständnis soll das System „Recht“

---

1344 *Bräunig*, S. 55.
1345 *Bräunig*, S. 53.
1346 *Bräunig*, S. 52.
1347 *Bräunig*, S. 56.
1348 *Luhmann*, Recht der Gesellschaft, S. 453.
1349 *Bräunig*, S. 58.
1350 *Bräunig*, S. 56.

normative Erwartungen absichern. Bei § 266 StGB wird dies entsprechend konkretisiert, da § 266 StGB anhand der Leistungserwartung der Wirtschaft ausgelegt werden müsse. § 266 StGB schützt nach systemtheoretischen Verständnis ein Systemvertrauen in der Gestalt, dass der Vermögensbetreuungspflichtige im Sinne der jeweiligen wirtschaftlichen Zuweisungs- und Handlungslogik handelt, sodass das Vermögen gemehrt oder zumindest nicht verringert wird. Andernfalls droht eine Sanktion aus § 266 StGB, um das Systemvertrauen wiederherstellen zu können. Auf eine andere Weise kann das Vertrauen nicht gesichert werden, was nach *Luhmann* notwendig ist, um Komplexität zu verringern und Handlungsmöglichkeiten zu erweitern. Ansonsten wäre wohl im System „Wirtschaft" niemand bereit, einer arbeitsteiligen Vornahme von Geschäften zuzustimmen, da es keine Absicherung der Vertrauensvorleistung gibt, die die Arbeitsteilung mit der jeweiligen Trennung von Managementfunktionen und Vermögensinhaberschaft zwingend bedarf. Zudem müsste beachtet werden, dass § 266 StGB stellvertretend für das System „Recht" auf die Veränderungen im System „Wirtschaft", die hier missbilligt werden, reagiert, um der Leistungserwartung der Wirtschaft gerecht zu werden.

Doch welche Leistungserwartungen hat die Wirtschaft an § 266 StGB? Hier ist zu beachten, dass zwar eine gewisse Risikobereitschaft in der Wirtschaft unumgänglich ist, um einen entsprechenden Profit realisieren zu können. Daher ist anerkannt, dass § 266 StGB kein „Hemmnis [...] für gesundes Gewinnstreben und wagemutige Unternehmerinitiative" sein soll.[1351] Dies geht jedoch auch nach einem systemtheoretischen Verständnis nicht so weit, dass ein jedes Risiko bei § 266 StGB gerechtfertigt ist. Dies zeigt sich insbesondere bei Risikogeschäften[1352], bei denen es ungewiss ist, ob diese Geschäfte zu einem Verlust oder zu einem Gewinn führen. Zudem können sich diese Geschäfte im Nachhinein als Fehlentscheidung herausstellen.[1353] Allerdings muss auch bei der Eingehung eines sog. Risikogeschäfts nach systemtheoretischer Sicht die Wahrscheinlichkeit, dass ein Gewinnzuwachs aus der Handlung des Vermögensbetreuungspflichtigen resultiert, wahrscheinlicher als ein möglicher Verlust sein.[1354] Es besteht vielmehr auch hier die Erwartung, dass der Vermögensbetreu-

1351 BGH, Urt. v. 25.3.1960 – Az. 1 StR 606/59 = JurionRS 1960, 14068.

1352 Zum Begriff des Risikogeschäft im Zusammenhang mit § 266 StGB, vgl. *Hillenkamp*, NStZ 1981, 161 ff.; *Perron*, in: Schönke/Schröder, § 266 Rn. 20.

1353 Vgl. zur Definition eines Risikogeschäfts oben unter E. I. 2. a). aa). (1).

1354 *Bräunig*, S. 193 f.

ungspflichtige sich an die Vorgaben des Vermögensinhabers bzw. an die jeweiligen Regelungen aus dem spezifischen Rechtsverhältnis hält, die die Pflichtwidrigkeit abstrakt bestimmen. Denn der Vermögensbetreuungspflichtige ist verpflichtet, die generalisierende ökonomische Zuweisungs- und Handlungslogik zu beachten.[1355] Eine Ermessensentscheidung wäre beispielsweise dann pflichtwidrig, wenn die jeweilige Handlung wirtschaftlich „evident unvertretbar" oder „willkürlich" wäre und damit einen Vermögensnachteil verursachen könnte.[1356] Ein aussichtsreiches und sorgfältiges Handeln bei Ermessensentscheidungen kann daher nicht pflichtwidrig sein.[1357]

Da es für den Anwendungsbereich eines hypothetischen Einverständnisses jedoch notwendig ist, dass die Handlung des Vermögensbetreuungspflichtigen pflichtwidrig ist und damit gegen die Vorgaben des Vermögensinhabers oder gegen die jeweiligen Regelungen aus dem spezifischen Rechtsverhältnis verstößt, kann bereits bezweifelt werden, ob ein hypothetisches Einverständnis nach einem systemtheoretischen Verständnis möglich ist. Denn durch die pflichtwidrige Handlung wurde zunächst das Systemvertrauen des Vermögensinhabers verletzt, da der Vermögensbetreuungspflichtige die generalisierende ökonomische Zuweisungs- und Handlungslogik nicht beachtet hat. Diese Handlung kann insbesondere auch deshalb pflichtwidrig sein, weil der Vermögensbetreuungspflichtige ein übersteigertes Risiko eingegangen ist, welches auch von der Wirtschaft nicht akzeptiert wird, da hier die Gefahr eines Verlustes höher als die Chance auf einen Gewinn ist. Die Leistungserwartung der Wirtschaft an § 266 StGB wäre verletzt, sodass hier kein Raum für ein hypothetisches Einverständnis wäre.

Auf der anderen Seite könnte aus systemtheoretischer Sicht argumentiert werden, dass die pflichtwidrige Handlung nicht das eigentliche, noch nicht nach außen manifestierte Systemvertrauen des Vermögensinhabers verletzt hat. Denn der Vermögensinhaber hätte hinsichtlich dieser Handlung sein Einverständnis abgegeben, wenn er über die bevorstehende Handlung ordnungsgemäß aufgeklärt worden wäre. Insbesondere wenn er mit der bisherigen Geschäftsführung des Vermögensbetreuungspflichtigen zufrieden war, konnte der Vermögensinhaber durchaus annehmen, dass dieser mit seinen Handlungen weiterhin die ökonomische Zuweisungs-und

1355 Vgl. unter E. III. c).
1356 *Bräunig*, S. 143 ff.
1357 *Bräunig*, S. 147.

Handlungslogik beachten würde. Der Vermögensinhaber hatte daher zu diesem Zeitpunkt weiterhin ein grundsätzliches Vertrauen, dass seine Erwartungen an das System nicht verletzt werden, da er glaubte, dass der Vermögensbereuungspflichtige stellvertretend für das System weiterhin in seinem Sinne handeln werde, sodass die normativen Erwartungen der Wirtschaft abgesichert blieben. In diesem Falle hätte er der pflichtwidrigen Handlung zugestimmt. Mit dieser Argumentation könnte das hypothetische Einverständnis aus systemtheoretischer Sicht zu befürworten sein. Die Bestimmung eines hypothetischen Einverständnisses durch die Systemtheorie stellt sich damit durchaus ambivalent dar. Letztendlich muss man aber zu der Annahme eines hypothetischen Einverständnisses gelangen, soweit eine wirtschaftsfreundliche und damit strafrechtsfeindliche Auslegung dies ermöglicht. Denn das Strafrecht und § 266 StGB insbesondere dienen dazu, die normativen Erwartungen der Wirtschaft abzusichern. Soweit daher das hypothetische Einverständnis hilft, diese Erwartungen abzusichern, gelangt auch die Systemtheorie zu dem Ergebnis, dass ein hypothetisches Einverständnis anzuerkennen ist. Dies ist insbesondere anzunehmen, wenn der Vermögensbetreuungspflichtige die Erwartungen der Wirtschaft durch seine Handlung erfüllt.

#### ee) Kritik an einer systemtheoretischen Auslegung

Die ambivalente aber letztendlich wirtschaftsfreundliche Bestimmung eines hypothetischen Einverständnisses spricht eines der Grundprobleme einer systemtheoretischen Auslegung an. Denn die Systemtheorie stellt einen Versuch dar, den Schutzumfang des § 266 StGB durch ein System zu bestimmen bzw. § 266 StGB als Bestandteil eines Systems aufzufassen. Die Tatbestandsmerkmale „Vermögensnachteil“ und „Pflichtwidrigkeit der Handlung“ werden durch eine funktionale Auslegung ergänzt, sodass im Rahmen des untreuespezifischen Vermögensschutzes auch das „individuelle Systemvertrauen“ und die „Privatautonomie“ zu berücksichtigen sind.[1358] Allerdings geht eine systemfunktionale Auslegung davon aus, dass nicht durch das Strafrecht selbst eine systemstabilisierende Wirkung erreicht werden kann, sondern dass dies erst durch eine systemfunktionale

---

1358 *Bräunig*, S. 55.

Auslegung des Strafrechts erreicht wird.[1359] Eine solche Auslegung führt aber nur dazu, dass allgemeine Grundsätze einer Norm durch die Systemtheorie beschrieben werden können, ohne jedoch dabei konkret ein Tatbestandsmerkmal systemfunktional zu bestimmen.[1360] Denn die Systemtheorie mit ihrem holistischen Ansatz versucht die Gesellschaft als Ganzes zu beschreiben, sodass sie nicht in der Lage ist, sich nur auf das Recht zu fokussieren.[1361] Damit kann mit einem systemfunktionalen Ansatz nahezu jedes Auslegungsergebnis erzielt werden, soweit dies im Sinne der Wirtschaft ist.

Es wurde bereits in ähnlicher Weise versucht, neben dem Vermögensschutz auch das Vertrauen bzw. die besondere Vertrauensbeziehung zwischen Vermögensinhaber und Vermögensbetreuungspflichtigen als eigenständiges Rechtsgut des § 266 StGB aufzufassen.[1362] Die Anerkennung von Vertrauen als Schutzgut des § 266 StGB ist jedoch zirkulär. Denn durch das Recht soll gerade Vertrauen geschaffen werden. In diesem Fall kann Vertrauen aber schwerlich ein eigenes Rechtsgut des § 266 StGB sein. Viel eher setzt der Schutz durch Recht voraus, dass das Vertrauen unabhängig vom Recht besteht. Ein Rechtsgut kann nicht durch das Recht selbst begründet und gleichzeitig durch Recht geschützt werden. Damit kann Vertrauen auch kein eigenes Schutzgut des § 266 StGB sein.[1363] Aber auch ein Systemvertrauen kann, wenn es demnach kein eigenständiges Schutzgut des § 266 StGB darstellt, nicht in dessen Auslegung berücksichtigt werden. Selbst wenn betont wird, dass dieses Vertrauen unabhängig vom personellen Vertrauen des Vermögensinhabers in den Vermögensbetreuungspflichtigen besteht[1364], erfährt es doch erst eine Konkretisierung durch das Verhältnis zwischen beiden, sodass das Systemvertrauen nicht unabhängig von einem interpersonellen Vertrauen besteht.[1365] Denn § 266 StGB soll gerade die Verletzung des Systemvertrauens sanktionieren, das durch den Vermögensbetreuungspflichtigen beeinträchtigt wurde. Die Argumentation ist daher auch hier zirkulär und mit der Diskussion

1359 *Schneider*, S. 313.
1360 *Schneider*, S. 313 f.
1361 *Schneider*, S. 313.
1362 Vgl. oben unter E. II. 1. c). bb).
1363 *Anders*, S. 188; vgl. auch *Beckemper*, ZIS 2011, 318, 320.
1364 Vgl. E. II. 1. c). bb).
1365 *Anders*, S. 187.

vergleichbar, ob Vertrauen nicht ein eigenständiges Schutzgut des § 266 StGB darstellen sollte.

Darüber hinaus ist es bereits fraglich, ob ein Systemvertrauen durch den Einzelnen überhaupt verletzt werden kann.[1366] Zudem wird durch die Verfolgung von Rechtsverletzungen ein Systemvertrauen letztendlich gestärkt[1367], sodass die Verletzung eines Systemvertrauens immer dann zu dessen Stärkung führen müsste, wenn eine Verletzung sanktioniert wird.

Außerdem beschreibt die Verletzung von Vertrauen lediglich die Angriffsmodalitäten des § 266 StGB.[1368] Maßgeblich ist jedoch, ob die Vermögensbetreuungspflicht durch den Vermögensbetreuungspflichtigen verletzt wurde, und nicht, ob ein Systemvertrauen durch eine Handlung des Vermögensbetreuungspflichtigen beeinträchtigt ist. Nicht der Bruch von Vertrauen[1369], sondern allein die Verletzung der Vermögensbetreuungspflicht ist entscheidend. Die systemtheoretische Auslegung würde daher zu einer Veränderung der Schutzfunktion des § 266 StGB führen, da § 266 StGB dann nicht mehr allein anhand seiner Rechtsgüter bestimmt werden würde, sondern der Vermögensschutz durch das Systemvertrauen eine Konkretisierung erfährt und damit eine Veränderung durchlebt.

In der systemtheoretischen Auslegung, die das Rechtssystem als eine autopoietisches System mit einer hohen Anpassungsfähigkeit darstellt, um normative Erwartungen und bei § 266 StGB insbesondere ein Systemvertrauen abzusichern, unterliegt das Recht nur noch systemimmanente Beschränkungen, die aus dem System Wirtschaft selbst erfolgen. Damit wird Recht jedoch beliebig[1370], sodass die eigentliche Legitimation für das Recht nicht mehr originär aus sich heraus, sondern durch andere Systeme wie etwa die Wirtschaft erfolgen würde. Damit wird der Mensch, als eigentliches Zentrum des Rechts, in den Hintergrund verschoben[1371] und das Recht wäre nur noch ein „Linienrichter" und kein „Schiedsrichter", der innerhalb eines Systems eine Rechtsverletzung bestimmen kann.[1372] Das Strafrecht und insbesondere § 266 StGB würde dann beispielsweise nur

1366 *Beckemper*, ZIS 2011, 318, 322.
1367 *Rönnau*, ZStW 119 (2007), 887,896.
1368 Vgl. *Saliger*, in: SSW-StGB, § 266 Rn. 3.
1369 *Bräunig*, S. 56.
1370 *Kelker*, S. 229.
1371 *Kelker*, S. 232.
1372 Zur Darstellung von Recht als „Linienrichter", *Hassemer*, wistra 2009, 169, 171.

durch die „Systemvernunft" der Wirtschaft bestimmt werden.[1373] Aber selbst *Luhmann* geht davon aus, dass der Einzelne durch ein System ersetzt werde und dem Subjekt keine Bedeutung zukomme[1374], was vor dem Hintergrund eines schuldbasierenden Strafrechts höchst problematisch ist, da noch immer auf die Schuld des Einzelnen abgestellt werden und die Tat individuell vorwerfbar sein muss. Denn Strafe setzt Schuld voraus, da der Mensch in der Lage ist, sich für oder gegen Recht zu entscheiden.[1375] Eine systemtheoretische Auslegung ist damit abzulehnen.

### b) Ökonomische Analyse

Die ökonomische Analyse stellt ebenso einen Versuch dar, Recht umfassend durch eine außerstrafrechtliche Theorie von „außen" zu erklären. Mit der ökonomischen Theorie kann nach Ansicht ihrer Vertreter mit Hilfe von ökonomischen Modellen vorausgesagt werden, wie sich rechtliche Regeln und Sanktionen auf das menschliche Verhalten auswirken. Denn für eine Ökonomie stellen rechtliche Regeln und Sanktionen einen Preis dar und Menschen richten sich auf jeweils durch Regeln oder Sanktionen veränderte Preise ein.[1376] Die ökonomische Analyse ist daher „eine Untersuchung des Rechts mit den Mitteln der Ökonomie."[1377] Mit diesen Grundannahmen versucht die ökonomische Analyse, eine Folgenbewertung rechtlicher Normen unter zwei verschiedenen Gesichtspunkten durchzuführen: Auf der einen Seite wird eine Norm nicht nur deskriptiv analysiert, sondern die ökonomische Analyse des Rechts nimmt andererseits auch eine normativ bewertende Analyse vor, um eine entsprechende Auslegung vornehmen zu können.[1378] Die ökonomische Analyse des Rechts findet sich daher bei bestehenden Normen insbesondere in der teleologischen Auslegung wieder.[1379]

---

1373 *Rönnau*, Wirtschaftsstrafrecht: Plage oder Gewinn, S. 9, 15.

1374 Vgl. *Luhmann*, Soziale Systeme, S. 51 f.

1375 Statt vieler BGHSt 2, 194, 200 f.

1376 *Cooter/Ulen*, S. 3.

1377 *Hannemann/Dietlein/Nordmeyer*, ZJS 2013, 163, 163.

1378 *Birkholz*, S. 153 f.; *Hannemann/Dietlein/Nordmeyer*, ZJS 2013, 163, 163; *Schäfer/Ott*, S. 4; in englischsprachigen Schriften wird zwischen positiver und normativer Analyse unterschieden, vgl. *Posner*, S. 31 f.

1379 *Birkholz*, S. 226.

### aa) Grundannahme der ökonomischen Analyse: Effizienz

Grundlegend für die ökonomische Analyse ist das ökonomische Verhaltensmodell der Wirtschaftswissenschaften, auf dessen Basis eine Analyse rechtlicher Normen durchgeführt wird und eine Bewertung der gefundenen Ergebnisse erfolgt.[1380] Hierzu fragt die ökonomische Analyse des Rechts danach, ob die jeweilige Regelung in einer bestimmt definierten Weise einem wohlfahrtsökonomischen Effizienzkriterium folge. Daraus ergebe sich, dass eine Regelung anhand eines Effizienzkriteriums untersucht werde, sodass zunächst zu fragen sei, was das ökonomische Verhaltensmodell unter Effizienz verstehe.[1381] Effizienz sei gerade deshalb das entscheidende Kriterium, da die Ökonomie von einer Knappheit der zu verteilenden Güter ausgehe. Diese Knappheit versuche die Ökonomie mit einer möglichst effizienten Verteilung dieser Güter zu kompensieren.[1382]

Um den Begriff der Effizienz erklären zu können, benutzt die ökonomische Analyse den wirtschaftswissenschaftlichen Begriff der „Allokationseffizienz“. Dieses Kriterium sei dann erfüllt, wenn bei gegebener Vermögensverteilung ein Zustand bestehe, bei dem niemand mehr bessergestellt werden könne, ohne dass ein anderer gleichzeitig schlechtergestellt werde bzw. wenn diejenigen Leistungen, die die Gesellschaftsmitglieder haben möchten und die bei knappen Ressourcen erstellt werden können, auch tatsächlich erbracht werden oder wenn die Ressourcen dort eingesetzt werden, wo sie sozial am nützlichsten eingesetzt werden können.[1383]

Diese Definition von Allokationseffizienz weise eine gewisse Ähnlichkeit zum Pareto-Kriterium auf. Mit diesem Kriterium erfolge eine ökonomische Bewertung eines sozialen Zustandes und es ist damit eine Möglichkeit, Effizienz zu beschreiben. Nach dem Pareto-Kriterium müsse dann eine Entscheidung zur Sozialwahl erfolgen, wenn eine mögliche Veränderung des sozialen Zustands dazu führe, dass eine Person bessergestellt werde, ohne dass gleichzeitig eine Person schlechtergestellt werde.[1384] Pareto-Effizient sei dann ein sozialer Zustand, wenn eine Besserstellung einer Person nur erfolgen könne, wenn eine andere Person schlechter ge-

---

1380 *Eidenmüller*, S 41.

1381 *Eidenmüller*, S. 41.

1382 *Hannemann/Dietlein/Nordmeyer*, ZJS 2013, 163, 166.

1383 *Schäfer/Ott*, S. XL.

1384 *Cooter/Ulen*, S. 14; *Eidenmüller*, S. 48; *Posner*, S. 14; *Schäfer/Ott*, S. 13,.

stellt werde. Jede Veränderung eines solchen Zustandes sei dann nicht mehr effizient.[1385]

Problematisch am Pareto-Kriterium sei zunächst seine Enge: Die Abweichung lediglich einer Person hinsichtlich ihres präferierten sozialen Zustandes könne dann eine Entscheidung über eine bestimmte Sozialwahl verhindern. Die Einstimmigkeit erschwere damit eine praktische Entscheidung.[1386] Außerdem sei es schwierig, eine Sozialwahl zu bevorzugen, wenn es unterschiedliche Pareto-Kriterien gebe, um eine Bewertung vornehmen zu können. Die unterschiedlichen Kriterien für Pareto-Effizienz können nicht untereinander verglichen werden. In diesem Fall könne eine Entscheidung nicht anhand des Effizienzkriteriums erfolgen, da es unterschiedliche Möglichkeiten gebe, Effizienz zu beurteilen.[1387] Zur weiteren Bestimmung, welche Sozialwahl nun am effizientesten sei, wenn zwei Pareto-effiziente Zustände vorliegen, werde außerdem auf das Kaldor-Hicks-Kriterium zurückgegriffen, um eine soziale Rangfolge begründen zu können. Dies gelte insbesondere für den Fall, dass es beim Übergang des einen sozialen Zustandes in einen anderen unterschiedlich bevor- oder benachteiligte Individuen gebe, jedoch der eine soziale Zustand trotz Pareto-Effizienz dem anderen vorzuziehen sei.[1388] Wenn kein anderer benachteiligt werden dürfe, bestehe sonst für denjenigen, der durch die Veränderung einen Vorteil erhalte, immer eine Kompensationspflicht, um die Pareto-Effizienz wieder herstellen zu können.[1389]

Nach dem Kaldor-Hicks-Kriterium könne selbst dann ein sozialer Zustand gegenüber dem anderen bevorzugt werden, wenn dieser zu einer Verbesserung führe, auch wenn eine oder mehrere Personen durch den nunmehr bevorzugten sozialen Zustand schlechtergestellt werden. Hierfür sei lediglich Voraussetzung, dass der Vorteil für die Gewinner so groß sei, dass er die Nachteile der Verlierer überwiegen könne. Für die Gewinner bestehe daher grundsätzlich die Möglichkeit, die Verlierer zu kompensieren, wozu aber keiner Verpflichtung bestehe.[1390] Das Kaldor-Hicks-Krite-

---

1385 *Schäfer/Ott*, S. 14.
1386 *Schäfer/Ott*, S. 13 bzw. S. 12.
1387 *Birkholz*, S. 160; *Schäfer/Ott*, S. 19.
1388 *Eidenmüller*, S. 51; *Schäfer/Ott*, S. 19.
1389 *Cooter/Ulen*, S. 42.
1390 *Cooter/Ulen*, S. 42; *Eidenmüller*, S. 51; *Poisner*, S. 13; *Schäfer/Ott*, S. 19 f.

rium sei für die Bewertung von Effizienz in der ökonomischen Analyse offenbar maßgeblich und die grundsätzliche Regel.[1391]

Für die ökonomische Analyse des Rechts sei zudem das Coase-Kriterium von Bedeutung. Danach spielt Recht dann keine Rolle, wenn durch Verhandlungen das gleiche Ergebnis erzielt werden könne, was der Fall sei, wenn die jeweiligen Ressourcen optimal verteilt werden. Dies setze jedoch voraus, dass es keine Transaktionskosten durch die Verhandlung gebe und dass zwischen den Akteuren bei vollständiger Informationsgleichheit ein echter Wettbewerb bestehe. Wenn dies aufgrund der Gegebenheiten unwahrscheinlich sei, komme dem Recht die Bedeutung zu, durch die Beseitigung von Hindernissen das gleiche Ziel zu erreichen.[1392] Damit solle das Recht als Grundaufgabe dort zu einem hypothetischen Verhandlungsergebnis führen, wo eine Verhandlungslösung der Parteien aufgrund zu hoher Kosten scheitere.[1393] Solange daher Austauschverhältnisse am Markt stattfinden, spiele das Recht keine Rolle, da sich effiziente Austauschverhältnisse von allein am Markt durchsetzten. Recht solle dagegen einen solchen Prozess möglichst fördern. Wenn der Markt aufgrund zu hoher Kosten jedoch versage, sei das Recht gefordert, um mögliche Transaktionskosten zu verringern.[1394] Ansonsten solle das Recht dem Markt freien Lauf lassen.[1395]

#### bb) homo oeconomicus oder die sog. REMM-Hypothese

Zentral für die ökonomische Analyse ist auch die These, dass der Mensch seine eigenen und damit egoistischen Interessen verfolge.[1396] Die Ökonomie versucht damit zu erklären, wie sich Menschen in einer bestimmten Situation verhalten.[1397] Durch den Bezug auf das Individuum komme es innerhalb der ökonomischen Analyse entscheidend auf das Verhalten des

---

1391 *Rüthers/Fischer/Birk*, Rn. 370.

1392 *Anders*, S. 162; *Birkholz*, S. 161.

1393 *Eidenmüller*, S. 66.

1394 *Eidenmüller*, S. 66.

1395 *Hannemann/Dietlein/Nordmeyer*, ZJS 2013, 163, 167.

1396 Im englischen auch als REMM-Hypothese (resourceful, evaluating, maximizing man) bezeichnet, vgl. *Schäfer/Ott*, S. 95.

1397 *Kirchgässner*, JZ 1991, 104, 105.

Einzelnen an, mit dem dann auch Makrophänomene wie Vertrauen, Kooperation und Solidarität erklärt werden könnten.[1398]

Alle in der ökonomischen Analyse vertretenen Theorien gehen daher vom Menschenbild des *homo oeconomicus* aus.[1399] Nach diesem Menschenbild handelte jedes Individuum bei mehreren Handlungsmöglichkeiten stets rational und ist durch den Egoismus angetrieben, seine eigenen Ziele erreichen zu wollen.[1400] Hierbei versuche das Individuum, seine Ziele möglichst ressourcenschonend zu erreichen.[1401]

Dabei können ökonomische Ziele eine Rolle spielen; sie müssen es aber nicht.[1402] Der *homo oeconomicus* könne auch altruistische Ziele egoistisch verfolgen, da die individuellen Präferenzen höchst unterschiedlich sein können.[1403] Gleichgültig, welches Ziel der *homo oeconomicus* auch haben möge, er verfolge dies, solange es seinen Nutzen vergrößert.[1404] Der *homo oeconomicus* könne jedoch eine Bewertung seiner Handlungsalternativen durchführen, mit denen er versuche, seine Ziele zu erreichen. Allerdings müsse dabei die durchgeführte Handlung nicht immer die beste Alternative sein, was bereits durch die begrenzte Menge an Informationen bedingt sein könne.[1405] Auch die Ziele des *homo oeconomicus* können unterschiedlich sein. Lediglich in den wirtschaftswissenschaftlichen Theorien, besonders in der Mikroökonomie, werde davon ausgegangen, dass das Individuum nach seinem eigenen ökonomischen Vorteil strebe und ihm das Wohl anderer Menschen egal sei.[1406] Die ökonomische Theorie geht zudem davon aus, dass das Menschenbild des *homo oeconomicus* in allen

---

1398 *Kirchgässner*, JZ 1991, 104, 106; *Schäfer/Ott*, S. 96.

1399 Der *homo oeconomicus* finde sich aber auch in der Neuen Institutionenökonomik in leicht abgewandelte Form wieder. Die Grundannahmen hinsichtlich des *homo oeconomicus* bleiben daher in beiden Theorien zunächst gleich, vgl. *Anders*, S. 160; lediglich von Modifikationen im Rahmen der Neuen Institutionenökonomik geht auch *Voigt*, S. 19 ff. aus; denn Individuen verfolgen in der Neuen Institutionenökonomik ebenfalls ihren eigenen Interessen und versuchen, ihren Nutzen zu maximieren, vgl. *Richter/Furubotn*, S. 3.

1400 *Kirchgässner*, S. 12 ff.

1401 *Wittig*, der rationale Verbrecher, S. 61.

1402 *Kirchgässner*; S. 14.

1403 *Birkholz*, S. 186; *Kirchgässner*; S. 14; *Schäfer/Ott*, S. 96; *Wittig*, der rationale Verbrecher, S. 61.

1404 *Schäfer/Ott*, S. 98.

1405 *Kirchgässner*, JZ 1991, 104, 106.

1406 *Kirchgässner*, S. 14; *Schäfer/Ott*, S. 100.

Bereichen des Lebens gelte. Dies ist der Startpunkt der ökonomischen Analyse.[1407]

### cc) Ökonomische Analyse des Strafrechts

Auch wird angenommen, dass im Strafrecht durch die ökonomische Analyse „vernünftige“ Ergebnisse erzielbar seien[1408], sodass die Wirkung von Strafrechtsnormen und ihre Funktion im strafrechtlichen System auch anhand des Effizienzkriteriums der ökonomischen Analyse beschrieben und bewertet werden können.[1409]

Die ökonomische Theorie versucht ein Modell für das Strafrecht zu entwickeln, um erklären zu können, wann eine Person eine Straftat begehe. Ebenso versucht die ökonomische Theorie zu erklären, wann eine Straferhöhung oder eine Erhöhung der Aufklärungsquote eine verbrechensbeschränkende Wirkung habe.[1410] Mit Hilfe dieser Ergebnisse können dann durch die ökonomische Analyse alternative kriminalpolitische Strategien herausgefunden und entsprechend verwendet werden.[1411]

#### (1) Grundlagen der ökonomischen Analyse in Bezug auf das Strafrecht

Nach der ökonomischen Analyse begeht ein Täter eine Straftat nur dann, wenn die Begehung der Tat nach seiner Kosten-Nutzen-Analyse mehr Vorteile als Nachteile bringe.[1412] Ein Krimineller unterscheide sich daher von einem gesetzestreuen Bürger nur dadurch, dass ihm die Begehung einer Straftat vorteilhaft erscheine und er damit eine andere Kosten-Nutzen-Präferenz habe.[1413] Die Nachteile definieren sich dabei über die jeweiligen strafrechtlichen Sanktionen, die dem Täter aufgrund der Begehung der Tat drohen. Dabei werden die jeweiligen Sanktionen in einen Kostenfaktor umgerechnet und zu den jeweiligen Vorteilen, die sich der Täter aus der

---

1407 *Posner*, S. 4.

1408 *Birkholz*, S. 2.

1409 *Birkholz*, S. 151.

1410 *Adams*, S. 16.

1411 *Cooter/Uten*, S. 485.

1412 *Adams*, S. 504; *Becker*, Journal of Political Economy 1968, 169, 176; *Birkholz*, S. 170; vgl. *Cooter/Ulen*, S. 494 f.; *Wittig*, der rationale Verbrecher, S. 123.

1413 *Becker*, Journal of Political Economy 1968, 169, 176; *Birkholz*, S. 170.

Tat erhoffe, in Relation gesetzt. Strafe sei damit lediglich ein zusätzlicher Kostenfaktor, den der Täter vor der Begehung der Tat berücksichtigen müsse und der dazu führen könne, dass der Täter die Tat nicht mehr begehe, wenn die Kosten durch die Tat bei einer möglichen Verurteilung des Täters den erwartenden Gewinn überwiege, sodass sich die Tat für ihn nicht mehr lohne.[1414] Durch diesen zusätzlichen Kostenfaktor könne die Rechtsordnung das Verhalten des einzelnen Bürgers beeinflussen. Denn ohne das Strafrecht würde eine Anreizlücke für bestimmte missbilligte Verhaltensweisen bestehen, die das Zivilrecht und das Öffentliche Recht nicht allein schließen können. Das Strafrecht biete dabei einen zusätzlichen Abschreckungseffekt und sei daher nicht auf den Ausgleich von Vermögenseinbußen gerichtet.[1415]

Das Verhalten des Täters könne daher durch Sanktionen oder die Wahrscheinlichkeit einer Sanktion beeinflusst werden, da die Strafe einen zusätzlichen Kostenfaktor darstelle, sodass sich die Straftat für den Täter durch den erwarteten Kostenfaktor nicht mehr lohne.[1416] Damit erfülle die Strafe durch die Erhöhung der Kosten für den Täter zunächst eine abschreckende Wirkung, die den Täter dazu bringen solle, die Straftat nicht zu begehen.[1417]

#### (2) Bestimmung der Schutzfunktion des § 266 StGB anhand der ökonomischen Analyse

Insbesondere *Birkholz* hat versucht, die Schutzfunktion des § 266 StGB anhand der ökonomischen Analyse des Rechts zu bestimmen.[1418] *Birkholz* greift zur Erläuterung seines Modells auf die „principal-agent"-Theorie zurück, die auch hier kurz erläutert werden soll, bevor die ökonomische Bestimmung der Schutzrichtung des § 266 StGB erfolgt. Daneben versucht auch *Mansdörfer*, der durch die Neue Institutionenökonomik beeinflusst ist, eine Interpretation des § 266 StGB zu leisten und greift hierzu ebenso auf die „principal-agent"-Theorie zurück.[1419] Demnach sei aus in-

---

1414 *Adams*, S. 501; *Birkholz*, S. 170.
1415 *Adams*, S. 500 f.
1416 *Birkholz*, S. 171.
1417 *Adams*, S. 501; *Birkholz*, S. 172 f.
1418 *Birkholz*, S. 245.
1419 *Mansdörfer*, S. 182 ff.

stitutionenökonomischer Sicht § 266 StGB die zentrale Norm, um die äußerste Grenze von „principal-agent"-Verhältnissen beschreiben zu können.[1420]

### (a) „Principal agent"-Theorie und die Begründung von „agency costs"

Die „principal agent"-Theorie, die eigentlich aus der Neuen Institutionenökonomik stammt[1421], betrachtet grundlegende Austauschverhältnisse zwischen Auftraggeber und Auftragnehmer, wobei der Auftragnehmer im Interesse des Auftraggebers mit einem gewissen Handlungsspielraum tätig wird.[1422] Modellhaft für die „principal-agent"-Theorie sei die Beziehung zwischen Unternehmenseigentümer und Management des jeweiligen Unternehmens.[1423]

Kennzeichnend für die „principal agent"-Theorie sei die Abhängigkeit des „principals" vom „agent", sodass der „principal" ständig dazu gezwungen sei, den „agent" dahingehend zu motivieren, im Interesse des „principals" zu handeln.[1424] In den gegebenen Handlungssituationen solle der „agent" nach Vorstellung des „principals" unter verschiedenen Handlungsmöglichkeiten die auswählen, die dem „principal" am meisten diene. Die Handlung, die lediglich seinem eigenen Nutzen diene, solle er außer Acht lassen.[1425]

In der „principal agent"-Theorie sei aber die Informationsasymmetrie zu Gunsten des „agent" zu beachten, die dadurch verursacht werde, dass der „agent" nicht ständig durch den „principal" beobachtet werden könne und der „agent" näher am eigentlichen Geschehen sei. Dies sei neben anderen externen Effekten ein Kernproblem in der „principal agent"-Theorie.[1426] Für den „principal" bestehe jedoch das Problem, dass er aufgrund des Informationsgefälles nicht genau bestimmen könne, ob die Handlung des „agents" noch allein fremdnützig motiviert sei. Dies resultiere einerseits daraus, dass eine ständige Überwachung des „agents" zu kostspielig

---

1420 *Mansdörfer*, S. 182.

1421 *Nippa/Grigoleit*, Freiberger Arbeitspapiere 01/2006, S. 3.

1422 *Nippa/Grigoleit*, Freiberger Arbeitspapiere 01/2006, S. 3; *Richter/Furubotn*, S. 173 f.; *Ross*, American Economic Review 1973, 134, 134.

1423 *Nippa/Grigoleit*, Freiberger Arbeitspapiere 01/2006, S. 4.

1424 *Ripperger*, S. 64.

1425 *Ripperger*, S. 64.

1426 *Richter/Furubotn*, S. 174; *Ripperger*, S. 64; *Voigt*, S. 84.

sei. Darüber hinaus könnten komplexe Sachverhalte vorliegen, zu deren Beurteilung der „principal“ nicht in der Lage sei, weshalb er den „agent“ eingestellt habe. Für den „agent“ bestehe daher die Möglichkeit, innerhalb dieses Informationsgefälles Handlungen vorzunehmen, mit denen er seinen eigenen Nutzen verfolgen könne.[1427] Dies werde der „agent“ im Zweifel aber aufgrund seiner Eigenschaften als *homo oeconomicus* tun, sodass er zunächst immer zu seinen Gunsten und nicht zu Gunsten des „principals“ handeln werde.[1428]

Daher versuche nun der „principal“, sich vor unvorhergesehenen Handlungen des „agent“ zu schützen.[1429] Aus Sicht der „principal agent“-Theorie könne der „principal“ auf das Informationsgefälle und die damit verbundenen Unsicherheiten mit einer Erhöhung der Überwachung reagieren oder geeignete Sanktionsmechanismen installieren, mit denen er auf eine für ihn negative Handlung des „agent“ reagieren könne.[1430] Zu den Sanktionsmechanismen gehöre insbesondere die Zahlung von Schadensersatz bei Verletzung von etwaigen Loyalitätspflichten gegenüber dem „principal“, was dann mit zusätzlichen Kosten für den „agent“ verbunden wäre, sodass sich die Handlung für den „agent“ nicht mehr lohne.[1431] Daneben bestehe noch die Möglichkeit, durch eventuelle monetäre Anreize die Motivation des „agents“ dahingehend zu beeinflussen, dass auch ein Anreiz für weniger lukrative Handlungen bestehe, die nicht unmittelbar seinem eigenen Nutzen dienen.[1432]

### (b) Bestimmung der untreuespezifischen Schutzfunktion

Nach *Birkholz* muss auch das „principal agent“-Problem bei der Bestimmung der untreuespezifischen Schutzfunktion beachtet werden. Zwar bestehe für den „agent“ durch sanktionsbewährte Loyalitätspflichten gegenüber dem „principal“ das Risiko, dass er aufgrund seiner Handlung Schadensersatz zu leisten habe, sodass sich eine Handlung entgegen den Inter-

---

1427 *Voigt*, S. 84; ähnlich auch *Richter/Furubotn*, S. 174.

1428 *Erlei/Leschke/Sauerland*, S. 71 f.; *Nippa/Grigoleit*, Freiberger Arbeitspapiere 01/2006, S. 4.

1429 *Nippa/Grigoleit*, Freiberger Arbeitspapiere 01/2006, S. 4; *Ripperger*, S. 64.

1430 *Birkholz*, S. 247; *Nippa/Grigoleit*, Freiberger Arbeitspapiere 01/2006, S. 4; *Ripperger*, S. 66.

1431 *Birkholz*, S. 247.

1432 Vgl. *Ripperger*, S. 66.

essen des „principals“ bzw. Vermögensinhabers für ihn nicht mehr lohne. Trotzdem sei der Untreuetatbestand notwendig, um eine zusätzliche Abschreckung gegenüber dem „agent“ zu erzielen. Denn eine Loyalitätspflichtverletzung werde nicht immer entdeckt, was sich abschreckungsmindernd auswirke. Das Strafrecht solle dann mit dem Untreuetatbestand diese Lücke ausfüllen, indem eine zusätzliche abschreckende Wirkung durch eine strafrechtliche Sanktion erzeugt werde. durch die strafrechtliche Sanktion enstünden wiederum zusätzliche Kosten, wenn die Tat entdeckt und sanktioniert werde. Dieses Abschreckungspotential müsse dabei so hoch sein, dass der „agent“ nicht mehr bereit sei, darauf zu hoffen, dass er mit der Tat nicht auffalle. Durch den Untreuetatbestand entstehen für den „agent“ weitergehende Kosten, um ihn von einer strafbaren Handlung abzuschrecken.[1433]

Eine Vermögensbetreuungspflicht i.S.d. § 266 StGB, die nach h.M. für beide Tatbestandsalternativen notwendig ist, um potentieller Täter des § 266 StGB zu sein[1434], werde daher immer dann auferlegt, wenn dem Vermögensinhaber individuelle Nachteile aufgrund von Ermessensentscheidungen des Vermögensbetreuungspflichtigen drohen können. Die Vermögensbetreuungspflicht und ein Verstoß gegen diese seien für den Vermögensbetreuungspflichtigen als zusätzliche Kosten in seine Kalkulation, ob sich die Straftat und damit eine Handlung entgegen den Interessen des Vermögensinhabers lohnen könne, einzubeziehen. Aufgrund dieser gesteigerten Kosten, die ihm durch § 266 StGB drohen, sei es für den Vermögensbetreuungspflichtigen unattraktiv, die jeweilige Tat auszuführen.[1435]

Damit sei die Einräumung einer Vermögensbetreuungspflicht auch unabhängig von einem moralischen Vertrauen, da Loyalitätspflichten allein als zusätzliche Kostenfaktoren verstanden werden müssen und damit unabhängig von einem persönlichen Vertrauen gegenüber dem Vermögensbetretungspflichtigen konstituiert werden können. Loyalitätspflichten entstehen, um den Vermögensinhaber vor schädigenden Ermessensentschei-

1433 *Birkholz*, S. 248.

1434 Sog. streng monistische Theorie, vgl. BGHSt 24, 386, 387; 33, 244, 250; 35, 244; 46, 30; 47, 187; 50, 331, 342; *Dierlamm*, in: Müko-StGB, § 266 Rn. 21; *Hoyer*, in SK-StGB, 266 Rn. 9 f.; *Hübner*, JZ 1973, 407, 410 f.; *Heger*, in: Lackner/Kühl, § 266 Rn. 4, 8; *Nelles*, S. 186 ff., 218 ff.; *Saliger*, in: SSW-StGB, § 266 Rn. 7; *Wessels/Hillenkamp*, BT 2, § 20 Rn. 750.

1435 *Birkholz*, S. 249.

dungen des Vermögensbetreuungspflichtigen zu bewahren. Loyalitätspflichten seien daher die Voraussetzung zur Erlangung einer bestimmten Machtposition und entstehen nicht durch die Einräumung einer Machtstellung über fremdes Vermögen bzw. durch eine Vertrauensgewährung.[1436]

(3) Möglichkeit eines hypothetischen Einverständnisses nach der ökonomischen Analyse

Fraglich ist nun, ob nach der ökonomischen Analyse eine Möglichkeit besteht, ein hypothetisches Einverständnis in den Untreuetatbestand zu integrieren.

Der Anwendungsbereich eines hypothetischen Einverständnisses wäre nur dann eröffnet, wenn eine pflichtwidrige Handlung des Vermögensbetreuungspflichtigen vorliegt, die einen Vermögensnachteil verursacht.[1437] Wenn jedoch eine pflichtwidrige Handlung des Vermögensbetreuungspflichtigen vorliegt, ist damit auch eine Loyalitätspflicht gegenüber dem Vermögensinhaber verletzt, sodass nach der ökonomischen Theorie dieses Verhalten grundsätzlich zu sanktionieren ist. Fraglich ist nun, ob von der Sanktion deshalb eine Ausnahme zu machen ist, weil der Vermögensinhaber diesem Verhalten zugestimmt hätte, wenn er über die bevorstehende Handlung ordnungsgemäß aufgeklärt worden wäre. Auf der einen Seite könnte man durchaus annehmen, dass auch die ökonomische Theorie ein hypothetisches Einverständnis zumindest in den Fällen zulässt, in denen der Vermögensbetreuungspflichtige versucht, die Ziele des Vermögensinhabers zu erreichen. Wenn der Vermögensinhaber zur Handlung des Vermögensbetreuungspflichtigen seine Zustimmung gegeben hätte, wenn er vorher über die bevorstehende Handlung ordnungsgemäß aufgeklärt worden wäre, kann auf der einen Seite kaum von einer Loyalitätspflichtverletzung gesprochen werden, sodass der Vermögensbetreuungspflichtige daher nicht sanktioniert werden sollte. Daher könnte ein hypothetisches Einverständnis ein entsprechendes Korrektiv darstellen. Denn die Notwendigkeit zur Abschreckung besteht nach der ökonomischen Analyse nur dann, wenn der Vermögensbetreuungspflichtige seinen Ermessensspielraum nutzt, um für sich vermeintlich günstige Geschäfte abzuschließen, die zu

1436 *Birkholz*, S. 248 f.
1437 Vgl. E. I. 1. a).

einer Schädigung des Vermögensinhabers führen könnten. Solange allerdings der Vermögensbetreuungspflichtige versucht, im Sinne des Vermögensinhabers zu handeln und damit seinen Ermessensspielraum zur Vermehrung oder Wahrung des zu betreuenden Vermögens nutzt, besteht nicht die Notwendigkeit, dieses Verhalten aus Sicht der ökonomischen Analyse zu sanktionieren. Dies könnte für die Anerkennung des hypothetischen Einverständnisses bei der Untreue sprechen.

Auf der anderen Seite lässt sich argumentieren, dass eine Loyalitätspflicht vor jeder negativen Beeinträchtigung des Vermögens bewahren soll, sodass eine entsprechend negative Belastung des Vermögens durch den Vermögensbetreuungspflichtigen sanktioniert werden muss. Wenn der Vermögensinhaber eine veränderte Präferenz im Hinblick auf den Umgang mit seinem Vermögen bevorzugt, hätte er dies vorab bereits berücksichtigen können, indem er die jeweiligen Loyalitätspflichten entsprechend verändert hätte. Denn die Loyalitätspflichten schützen vor einem Missbrauch des Ermessensspielraums bei Vermögensfragen, den der Vermögensbetreuungspflichtige hat. Daher ist die Vermögensbetreuungspflicht bzw. sind entsprechende Loyalitätspflichten aus ökonomischer Sicht notwendig, um das Gefälle zwischen Macht und Kontrolle zu Gunsten des Vermögensinhabers wieder ausgleichen zu können. Eine solche Loyalitätspflicht hat der Vermögensbetreuungspflichtige in der Situation eines hypothetischen Einverständnisses verletzt, da in dieser Situation immer eine pflichtwidrige Handlung vorliegt.

Wenn es nun jedoch eine Möglichkeit für den Vermögensbetreuungspflichtigen geben könnte, im Nachhinein eine Straffreiheit zu erhalten, obwohl er eine pflichtwidrige Handlung und damit eine Loyalitätspflichtverletzung begangen hat, könnte dies das abschreckende Potential der Loyalitätspflicht verringern. Eine mögliche Straffreiheit müsste nämlich im Abschreckungspotential des § 266 StGB kostenmindernd berücksichtigt werden. Für einen potentiellen Täter könnte die hypothetische Einwilligung daher einen entscheidenden Faktor darstellen, dass sich seine Kosten-Nutzen-Analyse wieder zu Gunsten der Tatbegehung verschiebt und er deshalb gerade die Tat begeht. Damit würde das hypothetische Einverständnis dazu führen, dass das abschreckende Potenzial einer Loyalitätspflichtverletzung und damit des § 266 StGB insgesamt verringert wird. Daher muss man die Anerkennung des hypothetischen Einverständnisses unter dem Gesichtspunkt der ökonomischen Analyse verneinen.

Auch eine entsprechende Auslegung anhand der ökonomischen Theorie liefert damit keine eindeutige Aussage darüber, ob die Übertragung des hypothetischen Einverständnisses bei der Untreue möglich ist. Beide Möglichkeiten lassen sich durch die Auslegung anhand der ökonomischen Analyse vertreten. Schließlich muss man beachten, dass mit der ökonomischen Analyse eine funktionelle Bestimmung des Strafrechts zum Schutze von Effizienz und damit der Wirtschaft erfolgt. Soweit daher nach einem Effizienzkriterium ein hypothetisches Einverständnis anzunehmen ist, um die wirtschaftliche „Vernunft" und damit Effizienz wiederherzustellen, würde die ökonomische Analyse auch zur Annahme eines hypothetischen Einverständnisses gelangen.

#### (4) Problematik einer an der ökonomischen Analyse orientierten Auslegung

Unabhängig von der Frage, ob die ökonomische Analyse eine Übertragung der hypothetischen Einwilligung bei der Untreue rechtfertigen könnte, stellt sich aber die Frage, ob eine solche Auslegung im Strafrecht überhaupt denkbar ist.

Denn die Vertreter der ökonomischen Analyse bzw. der Neuen Institutionenökonomik versuchen, § 266 StGB wirtschaftsnah auszulegen, um damit das ökonomische Entscheidungsverhalten eines Individuums in der strafrechtlichen Auslegung berücksichtigen zu können.[1438] Damit wird auch eine Funktionalisierung des Strafrechts erreicht[1439], was erlaubt, das Strafrecht unter Einbeziehung von Kosten und Nutzen zu analysieren und entsprechend fortzubilden[1440] und letztendlich im Sinne der Wirtschaft auszulegen.

Als einziges Motiv für ein kriminelles Verhalten wird der erhöhte Nutzen gesehen, den der Täter aus einer solchen Tat nach einer Kosten-Nutzen-Analyse gegenüber einem legalen Verhalten erhalten könne. Kriminalität folge lediglich ökonomischen Anreizen, sodass Kriminalität allein volkswirtschaftliche Schäden verursache.[1441] Sonstige Motive werden weitestgehend ausgeblendet, da nach dem Modell der ökonomischen Ana-

---

1438 Vgl. *Birkholz* S. 24.

1439 *Birkholz*, S. 24.

1440 *Hannemann/Dietlein/Nordmeyer*, ZJS 2013, 163, 163.

1441 *Entorf*, in: Präventivwirkung zivil- und strafrechtlicher Sanktionen, S. 1, 5 bzw. 19.

lyse die Individuen stets rational und eigennützig handeln würden.[1442] Daher werden Normen nur dahingehend untersucht, ob sie nach einem ökonomischen Kriterium als effizient angesehen werden können.[1443]

Es wird daher teilweise vertreten, dass es Aufgabe des Wirtschaftsstrafrechts sei, die Bedingungen zur Verfolgung individueller Erwerbsinteressen zu schützen, sodass individuelles Wirtschaften durch das Wirtschaftsstrafrecht erleichtert werden müsse.[1444] Damit seien allein die Voraussetzungen für individuelles Wirtschaften schützenswert[1445] und der Einzelne werde als wirtschaftliches Subjekt verstanden.[1446] Auch könne der Rechtsgüterschutz nicht mehr nur eine konstitutive Geltung beanspruchen.[1447] So wird schließlich auch die Aufgabe des § 266 StGB darin gesehen, im „principal agent"-Verhältnis zwischen dem Vermögensbetreuungspflichtigen und dem Vermögensinhaber eine abschreckende Wirkung zu erzielen, um die Arbeitsteilung weiter zu gewährleisten, da eine lückenlose Überwachung in diesem Verhältnis nicht möglich sei.[1448] Die ökonomische Analyse führt damit zu einer funktionellen Interpretation des Strafrechts, die sonstige Bewegründe für die Strafe außer Acht lässt. Der Untreuetatbestand und das Strafrecht im Allgemeinen werden darauf reduziert, eine zusätzliche Abschreckungswirkung beim Straftäter durch eine Veränderung der Kosten-Nutzen-Analyse zu erzielen.[1449] Damit fehlt der ökonomischen Analyse ein eigenständiges Kriterium, um ein Verhalten als strafbar qualifizieren zu können.[1450] Sie stützt sich allein auf das wirtschaftswissenschaftliche Kriterium der Effizienz, sodass eine eigenständige Legitimation für das Strafrecht fehlt. Der gleiche Effekt, eine weitgehende Abschreckung zu erzielen, könnte durch eine Ausweitung der zivilrechtlichen Haftung erreicht werden, wenn diese über die bloße Kompensation eines Schadens hinausgehen würde, wie es bereits im Zivilrecht durch § 253

1442 *Eidenmüller*, S. 21.
1443 *Eidenmüller*, S. 21.
1444 *Mansdörfer*, Rn. 25.
1445 *Mansdörfer*, Rn. 49.
1446 *Mansdörfer*, Rn. 52.
1447 *Mansdörfer*, Rn. 52.
1448 Vgl. E. III. 2. b). bb).
1449 Vgl. E. III. 2. b). bb).
1450 Vgl. *Anders*, S. 169; so auch *Birkholz*, S. 214, der eingesteht, dass die ökonomische Analyse nicht die Strafwürdigkeit eines Verhaltens bestimmen kann, sondern sich lediglich darauf beschränkt, die Wirkung strafrechtlicher Normen zu beschreiben.

BGB bei immateriellen Schäden partiell der Fall ist.[1451] Ohne eine selbstständige Bestimmung der Strafbarkeit ist jedoch das Strafrecht nicht mehr vom Zivilrecht oder dem Öffentlichen Recht zu unterscheiden. Diese Beliebigkeit ergibt sich auch daraus, dass nach den Vertretern einer ökonomischen Auslegung des Strafrechts, dieses nur dann notwendig sei, wenn es als angemessen erscheint, ein Verhalten strafrechtlich zu sanktionieren.[1452] Dabei bleibt unklar, was als „angemessen" zu verstehen ist.

Schwerer wiegt jedoch die Kritik am Menschenbild des *homo oeconomicus*, welches die ökonomische Analyse vertritt, um auch strafrechtliche Normen anhand eines Effektivitätsmaßstabes auslegen zu können. Eine Handlung darf nicht deshalb als strafbar behandelt werden, weil sie nicht einem Effizienzkriterium entspricht. Vielmehr muss das Strafrecht eine Ordnung sein, die für ausgleichende Gerechtigkeit sorgt.[1453] Auch wenn die Vertreter einer ökonomischen Analyse zugeben, dass ökonomisches Denken nicht der alleinige Maßstab für das Recht sein darf[1454], besteht dennoch die Gefahr, dass sich das Recht durch die Einbeziehung von Effizienz als Maßstab für ein strafbares Verhalten von einem universellen Menschenbild entfernt.[1455]

Zwar wird gegen diese Kritik am Menschenbild des *homo oeconomicus* eingewendet, dass dies lediglich ein Modell sei, das nicht auf alle Fälle zutreffen müsse. Zudem sei es gerade kennzeichnend für ein gelungenes Modell, dass es Komplexität reduziere.[1456] Allerdings muss das Strafrecht auch auf Ausnahmen und Einzelfälle reagieren können. Denn das Strafrecht reagiert mit entsprechenden strafrechtlichen Sanktionen auf Normverstöße, die bis zur Freiheitsentziehung gehen können. Es ist damit nicht hinzunehmen, dass ein Modell für die Auslegung des Strafrechts angewendet wird, das nicht die gesamte Wirklichkeit abdeckt und damit gerade nicht den Einzelfall erfasst, aber dennoch mit der Freiheitsentziehung droht. Aufgrund der Tatsache, dass das Strafrecht das *ultima ratio*-Mittel darstellt, darf nicht versucht werden, die Realität zu vereinfachen. Die Einzelfallgerechtigkeit muss zwingend bewahrt werden.

---

1451 Vgl. *Oetker*, in: Müko-BGB, § 253 Rn. 10 ff.

1452 Vgl. *Birkholz*, S. 257 f.; vgl. auch *Mansdörfer*, Rn. 50.

1453 *Fezer*, JZ 1986, 817, 822.

1454 *Hannemann/Dietlein/Nordmeyer*, ZJS 2013, 163, 168.

1455 *Fezer* JZ 1986, 817, 822.

1456 *Birkholz*, S. 181.

Die ökonomische Analyse funktionalisiert Gerechtigkeit zudem allein anhand des Effektivitätsprinzips.[1457] Dies ist damit zu begründen, dass die ökonomische Analyse auf dem Gedanken des Utilitarismus fußt[1458] und der Utilitarismus Gerechtigkeit dann annimmt, wenn eine Gesellschaft mit ihren Institutionen darauf gerichtet ist, ihren Mitgliedern die größte Befriedigung und damit den größten Nutzen zu bringen.[1459] Der Utilitarismus schafft es aber nicht, die Verschiedenheit der einzelnen Menschen in Bezug auf ihre moralischen Vorstellungen aufzunehmen und macht sogar die Richtigkeit einer Entscheidung von einem wirksamen Einsatz der vorhandenen Mittel abhängig.[1460] Damit wäre aber eine Freiheitsverletzung selbst dann gerechtfertigt, wenn andere daraus einen größeren Nutzen hätten oder dies für die Mehrheit eine effektive Mittelverwendung darstellt.[1461]

Aus den genannten Gründen ist daher die ökonomische Analyse als Auslegungsmittel für das Strafrecht ungeeignet und daher abzulehnen.

### c) Selbstbestimmung als Grundlage des freiheitlichen Rechtsbegriffs

Der freiheitliche Rechtsbegriff rückt im Gegensatz zur Systemtheorie und der ökonomischen Analyse das Individuum in den Vordergrund und stellt zudem eine strafrechtsimmanente[1462] Theorie dar. Daher scheint diese Theorie vor dem Charakter des Strafrechts eher geeignet zu sein, brauchbare Ergebnisse für die genannte Fragestellung zu liefern, ob es ein hypothetisches Einverständnis bei der Untreue gibt. Gegen diesen freiheitlichen Rechtsbegriff, der maßgeblich auf den Arbeiten *Kants* zur Thematik der Freiheit aufbaut[1463], wird eingewendet, dass sich diese Art der Analyse vor allem im Vergleich zur Systemtheorie und der ökonomischen Analyse zu sehr von der Gegenwart entferne und daher längst überholt sei.[1464]

---

1457 *Kelker*, S. 231 f.
1458 *Eidenmüller*, S. 22.
1459 *Rawls*, S. 40.
1460 *Rawls*, S. 45.
1461 *Kelker*, S. 232.
1462 Vgl. *Zaczyk*, in: FS-E.A. Wolff, S. 509, 510.
1463 Zu den Arbeiten E.A. Wolffs, vgl. *Zaczyk*, in: FS-E.A. Wolff, S. 509, 509.
1464 Vgl. zu dieser Kritik *Kelker*, S. 339.

### aa) Grundlagen eines freiheitlichen Rechtsbegriffs

Grundlegend für den freiheitlichen Rechtsbegriff sind die Schriften *Kants* und dessen kategorischer Imperativ. *Kant* formuliert den kategorischen Imperatives mit dem Inhalt: „Handle nur nach derjenigen Maxime, durch die du zugleich wollen kannst, daß sie ein allgemeines Gesetz bilde.“[1465] Der kategorische Imperativ fordere also das Subjekt auf, sein eigener ethischer Gesetzgeber für seine jeweiligen Handlungen zu sein. Dabei sei jedoch Voraussetzung, dass sich das Subjekt von den eigenen Bestimmungsgründen und Begierden frei mache und sich auch von äußeren Beeinflussungen löse. Das Subjekt dürfe sich nur von der eigenen Vernunft leiten lassen.[1466] Diese Selbstgesetzgebung sei dann auch als Autonomie des Subjekts zu verstehen, da das Subjekt die moralischen Prinzipien seines Handelns allein aufgrund seiner Vernunft bilden könne bzw. es ihm sogar zugetraut werde.[1467]

Zugleich werden hohe Anforderungen an diese allgemeinen Gesetze gestellt, da gerade hier der Maßstab der Verallgemeinerungsfähigkeit bestehe, die eigensüchtige Motive nicht erfüllen können.[1468] Der kategorische Imperativ setze nämlich voraus, dass das Gesetz allgemein, d.h. für jeden gültig sein könne und daher in allen Stationen von jedem als gültig verstanden werde.[1469] Der kategorische Imperativ habe damit zwei Voraussetzungen für ein allgemeines Gesetz: Der Einzelne müsse bei der Bildung einer Maxime autonom gehandelt haben und die Maxime müsse verallgemeinerungsfähig sein.[1470]

In diesem Zusammenhang wird die Autonomie des Einzelnen betont, um zu zeigen, dass der kategorische Imperativ ein praktisches Gesetz ist: Als Voraussetzung für den kategorischen Imperativ setze nämlich *Kant* gerade die Freiheit des Einzelnen voraus, selbstbestimmte Entscheidungen zu treffen. Das Menschsein habe für *Kant* einen eigenen Wert, der absolut sei und daher nicht eingeschränkt werden könne. Aus diesem absoluten Wert des Menschseins können dann alle anderen Willensgesetze abgeleitet werden. Die Achtung des Subjekts stelle daher selbst einen kategorischen

---

1465 *Kant*, Ethik und Religionsphilosophie, GMdS, BA 52, S. 51.
1466 *Kelker*, S. 349.
1467 *Kelker*, S. 349.
1468 *Kelker*, S. 350.
1469 *E.A. Wolff*, in: Hassemer, Strafrechtspolitik, S. 137, 176.
1470 *Kelker*, S. 350.

Imperativ dar.[1471] Aus diesem objektiven Prinzip lassen sich nach *Kant* dann alle Gesetze des Willens ableiten.[1472]

Der kategorische Imperativ bezieht sich originär aber nur auf moralisches Handeln. Fraglich ist daher, inwiefern diese Grundlagen und Wertungen für das Recht und hierbei insbesondere für das Strafrecht übernommen werden können. Hierzu ist noch einmal klarzustellen, dass *Kant* die Freiheit sowohl positiv als auch negativ definiert: In ihrer positiven Form beschreibt *Kant* die Freiheit als eine Freiheit von Willkür, in der jeder Einzelne das Vermögen habe, für sich selbst zu handeln.[1473] In negative Hinsicht führt *Kant* aus, dass die Freiheit des Einzelnen nicht grenzenlos sei, sondern durch die Verallgemeinerungsfähigkeit des Denkens und der Naturgesetze beschränkt werde. Der kategorische Imperativ verbinde somit das Subjekt mit der Allgemeinheit, die aus weiteren Subjekten bestehe, da die Freiheit des Einzelnen durch Allgemeinheit beschränkt werde.[1474] Aus dieser Konsequenz folge, dass der Einzelne sich nach dem kategorischen Imperativ nur hinsichtlich eines solchen Gesetzes verpflichten könne, welches er auch in einer Gemeinschaft, deren Mitglieder sich wechselseitig respektieren, als Gesetz wolle. Der kategorische Imperativ fordere daher zur Herstellung gegenseitiger Anerkennungsverhältnisse auf.[1475] Dies resultiere insbesondere daraus, dass ein jedes Subjekt als Zweck nach dem kategorischen Imperativ zu beachten sei.[1476]

Diese Intersubjektivität in ihrer äußeren Erscheinungsweise müsse durch das Recht abgesichert werden.[1477] In diesem Fall müsse sich das Recht jedoch auf das für die jeweiligen Subjekte Gemeinsame beziehen, nämlich auf die Vernunft. Ein Rechtsgesetz habe damit zwingend eine Rückkopplung zur Vernunft des Einzelnen zur Folge, wenn es bindende Handlungsregeln aufstelle.[1478] Dies sei deshalb notwendig, da der Mensch sich nicht immer lediglich an seinem guten Willen orientiere. Der Mensch sei zwar zur reinen Vernunft fähig, aber doch nicht immer hierzu in der

---

1471 *Kelker*, S. 354 unter Verweis auf *Kant*, Ethik und Religionsphilosophie, GMdS, BA 65, 66, S. 60 f.

1472 *Kant*, Ethik und Religionsphilosophie, GMdS, BA 67, S. 61.

1473 *Kahlo*, S. 289 f.

1474 Vgl. *Anders*, S. 352 mit Bezug auf *Kant,* Ethik und Religionsphilosophie, MdS, AB 45, S. 345; vgl. auch *Kelker*, S. 363 f.

1475 *Kahlo*, S. 297, vgl. auch *Kelker*, S. 377:.

1476 *Kelker*, S. 377.

1477 Vgl. *Kelker*, S. 380; *Köhler*, AT, S. 11.

1478 *Kelker*, S. 380.

Lage. Die eigenen Vorteile oder auch der jeweilige Charakter des Subjekts können Einfluss auf den Willen haben. Auch wenn sich das Subjekt hiervon freimachen könne, können seine besonderen Erfahrungen einen Einfluss auf die Willensbildung haben.[1479] Auch könne ein jeder eine unterschiedliche Auffassung darüber haben, was er als richtig im Sinne des kategorischen Imperativs verstehe.[1480] Die Willkür des Einzelnen treffe daher auf die Willkür der anderen Subjekte, was das Dasein unmittelbar beeinflusse.[1481] Der kategorische Imperativ führe daher nicht immer allein zur Allgemeingültigkeit einer Handlung.[1482] Es sei für die jeweiligen Subjekte notwendig, eine eigene Rechtsgemeinschaft zu bilden, um die Freiheit des Einzelnen bei der Begründung von Gesetzen bewahren zu können.[1483] Diese Rechtsgemeinschaft sei gezwungen, aufgrund ihrer durch den kategorischen Imperativ gegeben Möglichkeiten eine einheitliche Lösung zur Bewahrung der individuellen Freiheit zu finden. Dies ermögliche gerade das Recht.[1484] Recht sei eine gemeinschaftliche Leistung, um die äußeren Verhältnisse innerhalb einer Rechtsgemeinschaft in Anbetracht unterschiedlicher Wohls- und Gutskonzeptionen zu organisieren.[1485] Gerade die Vernunft zwinge zu einer durch das Recht bedingten, eigenständigen Konzeption des Äußeren.[1486] Die Abweichung von der jeweiligen Moral könne zudem die Ethik selbst nicht sanktionieren, sondern sie könne lediglich einen Verstoß feststellen. Allein das Recht könne die Bewahrung der äußerlichen Verhältnisse innerhalb einer Gemeinschaft durchsetzen und damit den kategorischen Imperativ Realität werden lassen[1487], um wechselseitig die Autonomie aller Rechtssubjekte abzusichern.[1488] Das

---

1479 *Kahlo*, S. 298; vgl. auch *E.A. Wolff*, in: Hassemer, Strafrechtspolitik, S. 137, 185.

1480 *E.A. Wolff*, in: Hassemer, Strafrechtspolitik, S. 137, 185.

1481 *Köhler*, Begriff der Strafe, S. 44.

1482 *Kahlo*, S. 299.

1483 *Kahlo*, S. 299; zustimmend *Kelker*, S. 386; auch *E.A. Wolff*, in: Hassemer, Strafrechtspolitik, S. 137, 189 spricht davon, dass die Probleme des Einzelnen im Verhältnis zu anderen nur innerhalb einer Gemeinschaft gelöst werden können.

1484 *E.A. Wolff*, in: Hassemer, Strafrechtspolitik, S. 137, 186.

1485 *Köhler*, AT, S. 12.

1486 *Köhler*, AT, S. 13.

1487 Vgl. *Kant,* Ethik und Religionsphilosophie, MdS, AB 34, 35, S. 338; *Kelker*, S. 385; *Köhler*, AT, S. 13.

1488 *Kelker*, S. 386.

Unrechtsverhalten solle durch die Zwangsmaßnahme beseitigt oder gar verhindert werden.[1489]

Das Recht sei dabei jedoch nur insoweit legitimiert, wie es dazu beitrage, die Freiheit der Subjekte zu gewähren. Die wechselseitige Anerkennung der Freiheit limitiere jedoch die Anwendungsweite des Rechts im Hinblick auf die Sicherung und Gewährung der äußeren Freiheit.[1490] Dabei müsse die Willkür des einen mit der Willkür des anderen „vereinigt" werden.[1491] Das Recht organisiere damit die äußeren Verhältnisse und koordiniere so die selbstbestimmten Subjekte[1492], um damit einen dauerhaften Rechtsfrieden zu ermöglichen.[1493]

### bb) Aufgabe des Strafrechts nach dem freiheitlichen Rechtsbegriff

Schließlich stellt sich die Frage, wie sich Aufgaben des Strafrechts nach dem freiheitlichen Rechtsbegriff darstellen, wenn es Aufgabe des Rechts ist, allein die äußere Freiheit eines Subjekts zu sichern und zu gewähren, um die Autonomie der Subjekte einer Rechtsgemeinschaft zu bewahren.

Nach den Vertretern eines freiheitlichen Rechtsbegriffes ist es zu beachten, dass die Möglichkeiten des Einzelnen die Gleichheits- und der Friedensverhältnisse des anderen innerhalb der freiheitlichen Rechtsgemeinschaft zu verletzen, eine mögliche Tatsache sei. Da die Achtung der gegenseitigen Freiheit nicht so selbstverständlich wie ein kausales System sei, sei innerhalb der freiheitlichen Rechtsgemeinschaft jeder gezwungen, sich richtig im Sinne des kategorischen Imperativs zu verhalten. Wenn solche Angriffe auf die Gleichheits- und Friedensverhältnisse aus der Rechtsgemeinschaft erfolgen, werden die anderen Mitglieder der Rechtsgemeinschaft dieses nicht tatenlos zulassen. Sie werden versuchen, solche Verletzungen einzuschränken und auszugleichen.[1494] Denn das Unrecht einer Tat setze gerade die Verletzung der äußeren Freiheit voraus, sodass andere Mitglieder der Rechtsgemeinschaft dadurch die Verletzung der äußeren

---

1489 *Köhler*, AT, S. 22.

1490 *Kelker*, S. 387; *Köhler*, AT, S. 14.

1491 *Kant,* Ethik und Religionsphilosophie, MdS, AB 31, 32, S. 336.

1492 *Köhler*, AT, S. 12 f.

1493 *Köhler*, Begriff des ursprünglichen Erwerbs, S. 19, 23.

1494 *EA. Wolff,* in: Hassemer, Strafrechtspolitik, S. 137, 210 f.

Freiheit ebenso betroffen seien.[1495] Dies bestimme den objektiven Erfolgsmoment der Verletzung, in der das konkrete substantielle Freiheitsdasein der Person oder der Rechtsgemeinschaft verletzt sei. Hiermit sei dann auch die rechtliche Selbstständigkeit der Person oder der jeweiligen Gemeinschaftsform betroffen und in Frage gestellt.[1496] Auf der anderen Seite verkehre das Subjekt, das die äußere Freiheit eines anderen Subjekts oder der Rechtsgemeinschaft verletze, das geltende Recht in Unrecht um und hebe damit die jeweilige Geltung des Rechts auf.[1497]

Das Strafrecht sei vor allem dann notwendig, um eine klare Regelung über ein strafbares Verhalten festzulegen, wenn das Bürgerliche Recht und das Verwaltungs- bzw. Staatsrecht in ihren Regelungen diffiziler werden und sich daher deutlicher voneinander in ihren Auffassungen trennen, welches Verhalten ein „Verbrechen" darstelle und wie die Bestrafung durchzuführen sei.[1498] Das Strafrecht sorgt demnach nach dem freiheitlichem Rechtsbegriff dafür, dass einheitlich festgelegt wird, mit welchem Verhalten sich jemand strafbar macht und wie dieses Verhalten zu bestrafen ist.

Dabei dürfe sich das Strafrecht nicht auf eine bloße „Schutzwehr" beschränken, sondern müsse das Gleichheits- bzw. Anerkennungsverhältnis wieder herstellen, welches aus der gegenseitigen Anerkennung der Mitglieder innerhalb der Rechtsgemeinschaft resultiere. Das Bürgerliche Recht und seine staatlichen Stützen ermöglichen dem Einzelnen ein selbstorientiertes Dasein in der Rechtsgemeinschaft mit den anderen Subjekten. Das Verbrechen sei die Verletzung des gegenseitigen Gleichheits- bzw. Anerkennungsverhältnisses, sodass der Einzelne nicht mehr sein selbstorientiertes Leben verfolgen könne und auf weitere Unterstützung angewiesen sei.[1499] Nun müsse das Strafrecht einschreiten. Damit werden durch das Strafrecht nur solche Fälle erfasst, in denen der Einzelne typischerweise nicht zurechtkommt und auf die Unterstützung durch die Rechtsgemeinschaft angewiesen sei.[1500] Zur weiteren Bestimmung wird dabei auch der Begriff des Vertrauens benötigt, das als „die Annahme der Möglichkeit und der Verwirklichung praktischen richtigen Verhaltens eines anderen" definiert werde. Die Rechtsgemeinschaft verwandle und stär-

1495 *Köhler*, AT, S. 20.
1496 *Köhler*, AT, S. 22 f.
1497 *Köhler*, AT, S. 23.
1498 *E.A. Wolff*, in: Hassemer, Strafrechtspolitik, S. 137, 211.
1499 *E.A. Wolff*, in: Hassemer, Strafrechtspolitik, S. 137, 211 f.
1500 *E.A. Wolff*, in: Hassemer, Strafrechtspolitik, S. 137, 212.

ke das Vertrauen. Die Möglichkeiten des Vertrauens werden dabei durch das Rechtswesen erweitert. Auch wenn gerade das Bürgerliche Recht zu einer Versachlichung des Vertrauens führe, habe dieses doch eine besondere Bedeutung im Strafrecht. Denn hier begegnen sich die Beteiligten direkt. Das Strafrecht führe damit zu einer Absicherung dieses Vertrauens in der Annahme, dass die Subjekte sich innerhalb der Rechtsgemeinschaft richtig verhalten.[1501] Mit richtigem Verhalten meint man in diesem Zusammenhang, dass das jeweilige Subjekt sich entsprechend den in der Rechtsgemeinschaft definierten allgemeinen Gesetzen und damit in den jeweiligen Regelungen innerhalb einer Rechtsgemeinschaft verhalte.[1502]

*E.A. Wolff* definiert ein Verbrechen schließlich als „die umrissene Verletzung des rechtlich konstituierten Basisvertrauens und setzt voraus, daß ein anderer oder der Staat in einer Art verletzt werden, auf die sie sich – in dem von der Rechtsordnung eingeräumten selbstorientierten Dasein – nicht aus eigener Kraft einstellen können".[1503]

*Köhler* definiert dagegen ein Verbrechen als die „subjektiv-objektiv handelnde Verletzung des Rechts in seiner besonderen und allgemeingesetzlichen Geltung („als Recht") in einem Maße, das die rechtliche Selbstständigkeit der betroffenen Personen oder Gemeinschaft grundlegend beeinträchtigt" wird.[1504] Dem Täter sei bei seiner Tat klar, dass seine Handlung nach dem kategorischen Imperativ kein allgemeines Gesetz darstelle und dass seine Handlung damit keine Allgemeingültigkeit beanspruchen könne.[1505] Dennoch habe der Täter durch seine Tat eine Freiheit in Anspruch genommen und als allgemeingültig dargestellt, die ihm nach dem allgemeinen Willen nicht zugekommen sei.[1506]

Das Verbrechen konkretisiert sich dabei weiter nach den unterschiedlichen Freiheitsobjektivationen. *Köhler* benutzt den Begriff des Rechtsgutes lediglich als Mittelbegriff, um Rechtsnormen nach personalen und institutionell-gemeinschaftlichen Besonderheiten ordnen zu können.[1507] Das Rechtsgut werde als „der Inbegriff der auf ein besonderes (subjektives, intersubjektives) Freiheitsdasein und dessen Existenzbedingungen bezoge-

---

1501 *E.A. Wolff*, in: Hassemer, Strafrechtspolitik, S. 137, 212 f.
1502 Vgl. *E.A. Wolff*, in: Hassemer, Strafrechtspolitik, S. 137, 212 f.
1503 *E.A. Wolff*, in: Hassemer, Strafrechtspolitik, S. 137, 213.
1504 *Köhler*, AT, S. 22.
1505 *Köhler*, Begriff der Strafe, S. 31.
1506 *Köhler*, bewusste Fahrlässigkeit, S. 141.
1507 *Köhler*, AT, S. 25.

nen rechtlichen Verhaltensnormen“ definiert.[1508] Diese werden allein durch das Rechtsverhältnis freier Subjekte untereinander gebildet.[1509] Das Strafrecht müsse sich zudem auf „schuldhaft-schwere“ Verletzungen zurückziehen.[1510]

Aufgabe des Strafrechts sei es, die äußere Freiheit und damit die rechtliche Selbstständigkeit der Person oder Rechtsgemeinschaft zu schützen[1511] und das jeweilige Vertrauen, dass sich die anderen in diesem Sinne richtig verhalten, abzusichern.

#### cc) Aufgabe des § 266 StGB nach dem freiheitlichen Rechtsbegriff

Nachdem der freiheitliche Rechtsbegriff und dessen Aufgabendefinition für das Strafrecht dargestellt wurden, soll nun versucht werden, die Aufgabe des § 266 StGB nach dem freiheitlichen Rechtsbegriff zu bestimmen. Grundsätzlich schützt § 266 StGB vor einer pflichtwidrigen Handlung, die die Vermögensbetreuungspflicht des Vermögensbetreuungspflichtigen gegenüber dem fremden Vermögen verletzt, woraus dann ein Vermögensnachteil erwächst.[1512] Dabei schützt § 266 StGB nach herrschender Auffassung allein das Vermögen.[1513]

Damit wird das Vermögen nach dem freiheitlichen Rechtsbegriff, welches sich erst in der Rechtsgemeinschaft mit anderen Subjekten konstituiert, in seinem äußeren Bestand durch § 266 StGB abgesichert. Die Handlung des Vermögensbetreuungspflichtigen muss deshalb, um für die Erfüllung des Tatbestandes relevant zu sein, diese äußere Freiheit beeinträchtigen. Strafrechtlich nicht relevant wären dann Handlungen, die lediglich die Art und Weise der Zusammensetzung des Vermögens betreffen, da hier nicht der Bestand als solches betroffen wäre. Daher muss auch nach dem freiheitlichen Rechtsbegriff eine Vermögenssaldierung erfolgen, um den Vermögensnachteil feststellen zu können.[1514]

1508 *Köhler*, AT, S. 25.
1509 *Köhler*, ZStW 104 (1992), 3, 15.
1510 *Köhler*, ZStW 104 (1992), 3, 15.
1511 *Köhler*, AT, S. 26.
1512 Vgl. *Saliger*, in: SSW-StGB, § 266 Rn. 1; *Wessels/Hillenkamp*, BT II, § 20 Rn. 747.
1513 Vgl. oben unter C. V. 6. b). aa).
1514 Vgl. B. III. 3.

Zudem ist die Grundidee des freiheitlichen Rechtsbegriffs mit dem kategorischen Imperativ zu beachten. Nach dem kategorischen Imperativ soll ein jeder nur nach der Maxime handeln, die stets ein allgemeines Gesetz bilden könnte. Hierdurch wird ein gegenseitiges Anerkennungsverhältnis in der jeweiligen Rechtsgemeinschaft geschaffen. Denn ein jeder muss immer so handeln, dass die anderen Subjekte innerhalb der Rechtsgemeinschaft seine Handlung als allgemeines Gesetz anerkennen können, da das Gesetz sonst nicht allgemein und damit nicht für jeden verbindlich wäre. Dabei kann jedoch jeder Einzelne aufgrund seiner Vernunft entscheiden, welches Verhalten in der jeweiligen Situation im Sinne des kategorischen Imperativs richtig sein soll.

Dies muss ebenso für die Untreue gelten. Grundlage einer Strafbarkeit aus § 266 StGB ist dabei die Inhaberschaft einer besonderen Pflicht gegenüber dem zu betreuenden Vermögen. Diese Vermögensbetreuungspflicht wird entweder durch Rechtsgeschäft, durch Gesetz oder behördlichen Auftrag begründet. Wenn die Vermögensbetreuungspflicht durch Rechtsgeschäft begründet wurde, sind es der Vermögensinhaber und der Vermögensbetreuungspflichtige, die die Vermögensbetreuungspflicht durch gegenseitige Anerkennung begründet haben. Anders sieht es dagegen aus, wenn die Vermögensbetreuungspflicht durch Gesetz oder behördlichen Auftrag begründet wurde. Hier kann nicht angenommen werden, dass die Vermögensbetreuungspflicht und damit die gegenseitige Anerkennung von Vermögensbetreuungspflichtigem und Vermögensinhaber unmittelbar erfolgt ist, da sich beide weder rechtsgeschäftlich noch in einer sonstigen bzw. tatsächlichen Weise in Vermögensfragen angenähert haben. Daher kann das Bestehen dieser Vermögensbetreuungspflicht nicht unmittelbar aus dem gegenseitigen Anerkennungsverhältnis begründet werden.

Dies ist auch gar nicht nötig, da sich die Vermögensbetreuungspflicht aufgrund eines Gesetzes oder behördlichen Auftrages mittelbar aus dem gegenseitigen Anerkennungsverhältnis begründen lässt. Dies ergibt sich aus der Begründung, die die Vertreter des freiheitlichen Rechtsbegriffs für die Erschaffung eines Staates liefern. Denn durch den Staat werden im weitesten Sinne die Gesetze und behördliche Aufträge erlassen, auf denen dann das Treueverhältnis und damit die Vermögensbetreuungspflicht beruhen. Nach den Vertretern eines freiheitlichen Rechtsbegriffs werde ein Staat, der die Aufgaben der Gesetzgebung, Gesetzesanwendung und Rechtsprechung übernehme, durch den allgemeinen Rechtswillen begründet, der jedes autonome Subjekt innerhalb der Rechtsgemeinschaft verbinde. Dieser allgemeine Rechtswille ergebe sich aus dem Gedanken der Vernunft, der in jedem Subjekt einer Rechtsgemeinschaft vorhanden sein soll. Zudem verlange dies das Sicherungsinteresse eines jeden Individuums innerhalb einer Rechtsgemeinschaft.[1515] Mit Hilfe des Staates werden daher die Rechtsvernunft und das Sicherungsinteresse der Subjekte befriedigt. Die sich durch den Staat ergebenden Gesetze, Gesetzesanwendungen und Rechtsprechungen sind damit Ausdruck der Rechtsvernunft eines jeden Subjektes, das Teil des Staates ist. Dies legitimiert gleichzeitig den Staat in seiner Handlungsweise. Damit ist auch ein Treueverhältnis, welches auf einem Gesetz oder einem behördlichen Auftrag basiert, Ausdruck der Rechtsvernunft und der gegenseitigen Anerkennung der Subjekte, die durch die Rechtsgemeinschaft verbunden sind.

Das gegenseitige Anerkennungsverhältnis ist auch für die Feststellung der pflichtwidrigen Handlung notwendig. Verstößt der Täter gegen Vorgaben der Vermögensbetreuungspflicht, ist das gegenseitige Anerkennungsverhältnis unmittelbar betroffen. Durch das gegenseitige Anerkennungsverhältnis in Form der Vermögensbetreuungspflicht macht der Vermögensinhaber klar, wo für ihn die Verletzung der äußeren Freiheit in Bezug auf sein Vermögen beginnt. Die Verbindlichkeit dieser Regelungen ergibt sich nicht allein daraus, dass der Vermögensinhaber sie einseitig aufstellt. Der kategorische Imperativ verlangt, dass eine jede Handlung auf einer Maxime beruht, die zugleich ein allgemeines Gesetz sein könnte. Auch die Vorgaben des Vermögensinhabers müssen verallgemeinerungsfähig und daher durch den Vermögensbetreuungspflichtigen anerkannt worden sein, um Geltung zu beanspruchen. Liegen keine Vorgaben des Vermögensinhabers vor und muss daher die Pflichtwidrigkeit der Handlung aufgrund der relevanten Regelungen aus dem jeweiligen Rechtsverhältnis festgestellt werden, liegt ein mittelbarer Verstoß gegen das gegenseitige Anerkennungsverhältnis vor. Denn diese Regelungen sind durch den Vermögensinhaber und auch durch den Vermögensbetreuungspflichtigen zumindest mittelbar als allgemeingültig anerkannt worden, da sie durch den Staat, der auch sie repräsentiert, verabschiedet wurden. Sie sind Ausdruck der Rechtsvernunft und der gegenseitigen Anerkennung.

Dabei ist zu beachten, dass das Strafrecht nur die äußere Freiheit schützt, sodass nicht jeder, sondern nur ein hinreichend schwerwiegender Verstoß gegen eine durch den Staat definierte Regelung aus dem jeweiligen Rechtsverhältnis als pflichtwidrige Handlung i.S.d. § 266 StGB zu

1515 *Köhler*, AT, S. 16.

qualifizieren ist. Der Vermögensinhaber darf außerdem darauf vertrauen, dass der Vermögenbetreuungspflichtige die durch das gegenseitige Anerkennungsverhältnis auferlegten Regeln beachtet.

Aufgabe des § 266 StGB ist es daher, die äußere Freiheit in Bezug auf das Vermögen sicherzustellen, die durch eine Verletzung des gegenseitigen Anerkennungsverhältnisses bedroht ist und zu entsprechenden Vermögenseinbußen führen könnte. Aus dem gegenseitigen Anerkennungsverhältnis ist die Vermögensbetreuungspflicht erwachsen. Sie begründet die besondere Macht des Vermögensbetreuungspflichtigen, auf das Vermögen von „innen" einwirken und damit in die äußere Freiheit des Vermögensinhabers eingreifen zu können. Bei einer Verletzung der äußeren Freiheit liegt zugleich eine pflichtwidrige Handlung vor, da dies als ein hinreichend schwerer Verstoß zu werten ist.

#### dd) Möglichkeit eines hypothetischen Einverständnisses nach dem freiheitlichen Rechtsbegriff

Fraglich ist, ob der freiheitliche Rechtsbegriff die Einführung eines hypothetischen Einverständnisses bei der Untreue rechtfertigen kann.

Hierzu muss noch einmal deutlich gemacht werden, dass sich die Frage nach einem hypothetischen Einverständnis erst dann stellt, wenn eine pflichtwidrige Handlung zu einem Vermögensnachteil geführt hat. Wenn die Handlung allerdings als pflichtwidrig zu qualifizieren ist, steht nach dem freiheitlichen Rechtsbegriff fest, dass die äußere Freiheit des Vermögensinhabers in einer schwerwiegenden Weise verletzt wurde, sodass die Handlung grundsätzlich zu sanktionieren ist, wenn sie zugleich zu einem Vermögensnachteil geführt hat. In diesem Fall greift die Schutzrichtung des § 266 StGB, die äußere Freiheit in Bezug auf das Vermögen sicherzustellen. Denn durch eine solche Handlung wurden die allgemeinen Regeln, die den Umgang des Vermögensbetreuungspflichtigen mit dem Vermögen des Vermögensinhabers bestimmen, schwerwiegend verletzt. Damit liegt ein hinreichend schwerer Verstoß gegen das gegenseitige Anerkennungsverhältnis vor. Jedoch sollen das Recht und insbesondere das Strafrecht diese äußere Freiheit des Subjekts sicherstellen und darüber hinaus das Vertrauen absichern, dass sich die anderen Subjekte innerhalb der jeweiligen Rechtsgemeinschaft ebenfalls richtig im Sinne der allgemeinen Regeln verhalten, die mit Hilfe des kategorischen Imperativs festgelegt wurden. Die Besonderheit beim hypothetischen Einverständnis ist nun, dass nachträglich untersucht wird, ob der Vermögensinhaber sein Einverständnis zur tatbestandlichen Handlung abgegeben hätte, wenn er über diese ordnungsgemäß aufgeklärt worden wäre.

Hierzu muss beachtet werden, dass eine Verletzung der äußeren Freiheit nur dann erfolgen kann, wenn sich der Vermögensbetreuungspflichtige und der Vermögensinhaber über die Grenzen der Vermögensbetreuungspflicht unmittelbar oder mittelbar geeinigt haben. Nur in diesem Bereich ist es dem Vermögensbetreuungspflichtigen erlaubt, die Verwaltung des Vermögens vorzunehmen. Denn die Grundlage für die Vermögensbetreuungspflicht und die Feststellung der Pflichtwidrigkeit ist das gegenseitige Anerkennungsverhältnis zwischen Vermögensinhaber und Vermögensbetreuungspflichtigen. Dieses gegenseitige Anerkennungsverhältnis kann nun durch ein Einverständnis erweitert werden, sodass keine pflichtwidrige Handlung vorliegt. Eine Verletzung der äußeren Freiheit bleibt zwar durch ein Einverständnis tatbestandslos, der freiheitliche Rechtsbegriff verlangt aber, dass der Vermögensinhaber über die bevorstehende Handlung und deren Konsequenzen reflektieren konnte.[1516] Denn die Selbstbestimmung in Form der Einwilligung oder des Einverständnisses wird erst zum Rechtfertigungsgrund, wenn die Handlung des Täters den Willen des Opfers repräsentiert. Grundsätzlich besteht das abstrakte Gebot, die äußere Freiheit des anderen zu respektieren.[1517]. Allerdings würde ein hypothetisches Einverständnis nach dem Grundsätzen des freiheitlichen Rechtsbegriffs nicht in einem ausreichenden Maße das Selbstbestimmungsrecht des Vermögensinhabers beachten, da er erst nach der pflichtwidrigen Handlung befragt wird, ob er der Tat zugestimmt hätte, wenn er hierüber ordnungsgemäß aufgeklärt worden wäre. Zudem wäre das abstrakte Gebot, die Rechtsgüter des Vermögensinhabers unangetastet zu lassen, nicht durch ein konkretes Gebot auf der Grundlage eines gegenseitigen Anerkennungsverhältnisses ersetzt worden, sodass für den Vermögensbetreuungspflichtigen keine Erlaubnis besteht, die äußere Freiheit des Vermögensinhabers in Form des Vermögens anzutasten. Damit würde wohl eine Auslegung anhand des freiheitlichen Rechtsbegriffes nicht zu dem Ergebnis kommen, dass ein hypothetisches Einverständnis im Rahmen des § 266 StGB anerkannt werden kann.

---

1516 *Köhler*, AT, S. 246.
1517 *Köhler*, AT, S. 243.

#### d) Ergebnis zur theoretischen Absicherung hinsichtlich der Bestimmung des hypothetischen Willens des Vermögensinhabers

Weder die Systemtheorie noch die ökonomische Analyse liefern ein eindeutiges Ergebnis dafür, ob die Übertragung der hypothetischen Einwilligung auf die Untreue zu rechtfertigen wäre. Dabei ist im Zweifel anzunehmen, dass sich diese Theorien für die Anerkennung der hypothetischen Einwilligung aussprechen, soweit dies im Interesse der „Wirtschaft“ liegt. Aber selbst wenn ein solches Ergebnis durch eine der genannten Theorien begründet werden kann, müsste man es aufgrund der grundsätzlichen Bedenken gegen eine Auslegung verwerfen, die sich auf die Grundlage der Systemtheorie oder der ökonomischen Analyse stützt. Zu groß ist die Skepsis, ob solche Theorien überhaupt im Strafrecht angewendet werden können. Damit scheidet eine vermeintlich wirtschaftsnahe Auslegung des § 266 StGB aus, sodass ein hypothetischen Einverständnisses nicht durch eine solche Auslegung und insbesondere nicht durch die Systemtheorie oder die ökonomische Analyse begründet werden kann.

Nach dem freiheitlichen Rechtsbegriff und der entsprechenden Berücksichtigung des Repräsentationsprinzips bei der Einwilligung würde die hypothetische Einwilligung in der Form des hypothetischen Einverständnisses bei der Untreue einen zu starken Eingriff in das Selbstbestimmungsrecht des Vermögensinhabers bedeuten, sodass eine Übertragung auf die Untreue ausscheidet. Damit werden die dogmatischen Bedenken im Hinblick auf den mangelhaften Schutz des Selbstbestimmungsrechts bestätigt, die gegen ein hypothetisches Einverständnis erhoben werden, weil es nicht das Subsidiaritätsprinzip der mutmaßlichen Einwilligung beachtet und ein verbleibendes Handlungsunrecht aufgrund der fehlenden Versuchsstrafbarkeit nicht sanktioniert werden kann. Darüber hinaus wird bereits gegen die hypothetische Einwilligung geltend gemacht, dass durch sie das Selbstbestimmungsrecht des Rechtsgutsinhabers nicht ausreichend beachtet wird.[1518] Diese Problematik stellt sich bei der Untreue aufgrund der fehlenden Versuchsstrafbarkeit verstärkt. Dieses Ergebnis wird durch die Auslegung anhand des freiheitlichen Rechtsbegriffs bestätigt, sodass eine Übertragung nicht gerechtfertigt werden kann.

---

1518 Vgl. bereits unter C. V. 3. b). aa).

## *IV. Vergleichbarkeit des Verhältnisses Arzt-Patient-Verhältnisses mit dem Verhältnis zwischen dem Vermögensbetreuungspflichtigen und dem Vermögensinhaber zur Rechtfertigung einer Übertragung der hypothetischen Einwilligung*

Die Übertragung der hypothetischen Einwilligung auf die Untreue könnte sich schließlich aufgrund der besonderen Konzeption der Untreue rechtfertigen lassen. Die Anwendung der hypothetischen Einwilligung wird im Arztstrafrecht vor allem durch die Besonderheiten des Arzt-Patienten-Verhältnisses und der daraus resultierenden weitgehenden ärztlichen Aufklärungspflichten begründet. Etwas Ähnliches könnte sich aus der Besonderheit der Beziehung zwischen dem Vermögensbetreuungspflichtigen und dem Vermögensinhaber ergeben.

### 1. Übertragung der hypothetischen Einwilligung aufgrund der geringeren Schutzbedürftigkeit des Vermögensbetreuungspflichtigen

Zunächst könnte sich die Übertragung der hypothetischen Einwilligung daraus rechtfertigen, dass der Vermögensbetreuungspflichtige in einer vergleichbaren Weise wie der Arzt im Arzt-Patienten-Verhältnis schutzwürdig wäre. Hierzu ist zunächst die Vermögensbetreuungspflicht dazustellen, bevor das Arzt-Patienten-Verhältnis mit dem Verhältnis zwischen dem Vermögensbetreuungspflichtigen und dem Vermögensinhaber verglichen werden kann. Denn die Vermögensbetreuungspflicht gestaltet die Beziehung zwischen dem Vermögensbetreuungspflichtigen und dem Vermögensinhaber aus.

#### a) Bestimmung des Verhältnisses zwischen dem Vermögensinhaber und dem Vermögensbetreuungspflichtigen durch die Vermögensbetreuungspflicht

Die Untreue ist ein Sonderdelikt.[1519] Nur der Inhaber der Vermögensbetreuungspflicht kann tauglicher Täter der Untreue sein. Dabei ist es nach der herrschenden Ansicht unerheblich, ob der Täter die Treuebruchalterna-

---

1519 BGHSt 13, 330, 331; 26, 53, 53; 51, 100, 121; *Fischer*, § 266 Rn. 185; *Heger*, in: Lackner/Kühl, § 266 Rn. 2; *Mitsch*, Jus 2011, 97, 98; *Perron*, in: Schönke/

tive in § 266 Abs. 1 Alt. 2 StGB oder die Missbrauchsalternative § 266 Abs. 1 Alt. 1 StGB begeht. In beiden Fällen muss der Täter vermögensbetreuungspflichtig sein (sog. „streng monistische“[1520] Theorie).[1521] Die Annahme, dass der Täter der Missbrauchsalternative auch vermögensbetreuungspflichtige sein muss, dient gleichzeitig der Restriktion dieser Tatbestandsalternative.[1522] Zunächst soll die Begründung der Vermögensbetreuungspflicht erläutert werden. Anschließend wird die besondere Macht des Vermögensbetreuungspflichtigen dargestellt. Schließlich soll noch aufgezeigt werden, wann die Vermögensbetreuungspflicht verletzt ist. Diese Darstellung macht deutlich, dass zwar im Wesentlichen der Vermögensinhaber den Umgang mit seinem Vermögen bestimmen kann. Innerhalb der Vermögensbetreuungspflicht kann jedoch der Vermögensbetreuungspflichtige sanktionslos das Vermögen des Vermögensinhabers verwalten und hierüber auch disponieren.

#### aa) Begründung der Vermögensbetreuungspflicht

Die Vermögensbetreuungspflicht wird durch eine besonders qualifizierte Pflichtenstellung zum fremden Vermögen begründet und bestimmt sich damit aus dem Verhältnis zwischen dem Vermögensinhaber und dem Vermögensbetreuungspflichtigen.[1523] Dafür reicht nicht jede Beziehung zu einem fremden Vermögen aus. Um eine besonders qualifizierte Pflichtenstellung annehmen zu können, werden spezielle Kriterien herangezogen, die innerhalb einer Gesamtbetrachtung gewichtet werden. Notwendige Kriterien sind dabei, dass die Vermögensfürsorge fremdnützig ist, dass sie die Hauptpflicht im Vertrag zwischen Vermögensinhaber und Verpflichteten darstellt und dass dem Verpflichteten ein gewisser Ermessensspielraum bei Vermögensentscheidungen verbleibt. Erst die besondere Pflichtenstellung zum fremden Vermögen begründet die besondere Einwirkungsmacht des Täters auf das fremde Vermögen.[1524]

---

Schröder, § 266 Rn. 52; *Saliger*, in: SSW-StGB, § 266 Rn. 1; *Satzger*, NStZ 2009, 297, 299.

1520 Begriff insoweit geprägt durch *Schünemann*, in: LK-StGB, § 266 Rn. 12.

1521 Vgl. E. III 2. b). cc). (2). b). und hier Fn. 1330.

1522 Vgl. B. II. 1. b).

1523 *Esser*, in: AnwK-StGB, § 266 Rn. 13.

1524 Vgl. auch für weitere Einzelheiten B. II. 1. b).

### bb) Die besondere Macht des Vermögensbetreuungspflichtigen

Die Vermögensbetreuungspflicht ist durch die besondere Macht des Vermögensbetreuungspflichtigen gekennzeichnet, durch die er das von § 266 StGB geschützte Rechtsgut beeinträchtigen kann. Die Vermögensbetreuungspflicht bestimmt somit auch den Deliktscharakter des § 266 StGB: Denn der Täter übt die ihm anvertraute, durch die Vermögensbetreuungspflicht gekennzeichnete Machtstellung innerhalb einer fremden Vermögenssphäre vorsätzlich pflichtwidrig aus und verursacht dadurch einen Vermögensnachteil beim Vermögensinhaber.[1525] Das fremde Vermögen wird damit vorsätzlich „von innen heraus“ beschädigt, was den Unrechtsgehalt der Untreue auszeichnet. Die Art und Weise, wie das fremde Vermögen beschädigt wird und damit ein Angriff von innen heraus geschieht, kann dabei höchst unterschiedlich sein und ist durch das jeweilige Verhältnis zwischen dem Vermögensbetreuungspflichtigen und dem Vermögensinhaber geprägt.[1526] Grundsätzlich ist dieser Anwendungsbereich der Untreue durch das Auseinanderfallen von Vermögensinhaberschaft und Vermögensverwaltung gekennzeichnet.[1527] Daher erwächst aus der Übertragung von Dispositionsmacht über fremdes Vermögen auch die strafrechtliche Verantwortung, die Vermögensverwaltung pflichtgemäß auszuüben.[1528] Die Selbstständigkeit bei Vermögensfragen, die eine effektive Vermögensverwaltung kennzeichnet, ist daher eines Hauptkriterien zur Bestimmung der Vermögensbetreuungspflicht[1529] und setzt zwingend voraus, dass dem Vermögensbetreuungspflichtigen ein gewisser Spieleraum hinsichtlich etwaiger Vermögensfragen zukommt.[1530] Die selbstständige Verwaltung von Vermögen muss daher die Hauptpflicht in der Beziehung zum Vermögensinhaber darstellen.[1531] Die Selbstständigkeit kennzeichnet die besondere Macht des Vermögensbetreuungspflichtigen, innerhalb der Vermögensbetreuungspflicht und damit innerhalb der Sphäre des Vermögensinhabers unabhängig Vermögensdispositionen vornehmen zu können.

---

1525 *Saliger*, in: SSW-StGB, § 266 Rn. 3.

1526 *Schünemann*, NStZ 2005, 473, 474.

1527 *Saliger*, in: SSW-StGB, § 266 Rn. 3.

1528 *Dierlamm*, in: Müko-StGB, § 266 Rn. 3; ähnlich auch *Kindhäuser*, in NK-StGB, § 266 Rn. 3; *Perron*, in: Schönke/Schröder, § 266 Rn. 2.

1529 Vgl. *Beulke*, in: FS-Eisenberg, S. 245, 250; *Saliger*, in: SSW-StGB, § 266 Rn. 10; *Hoyer*, in: SK-StGB, § 266 Rn. 32.

1530 *Beulke*, in: FS-Eisenberg, S. 245, 249.

1531 *Kindhäuser*, in: NK-StGB, § 266 Rn. 43 ff.

Damit unterscheidet sich die Angriffsmodalität bei der Untreue von den sonstigen Vermögensdelikten und hier insbesondere vom Betrug gem. § 263 StGB. Denn diese wirken „von außen“ auf das Vermögen des Opfers ein, in dem durch Täuschung oder Nötigung die Verfügungsgewalt über den Vermögensgegenstand erreicht wird.[1532]

### cc) Verletzung der Vermögensbetreuungspflicht als Kennzeichen für eine pflichtwidrige Handlung

Die Vermögensbetreuungspflicht ist relevant, wenn es um die Bestimmung der pflichtwidrigen Handlung geht. Zwar setzt der objektive Tatbestand der Untreue voraus, dass eine pflichtwidrige Handlung einen Vermögensnachteil verursacht, was für beide Untreuevarianten gleichermaßen gilt.[1533]

Hierbei ist jedoch zu beachten, dass die Pflichtverletzung nicht mit der Verletzung der Vermögensbetreuungspflicht gleichgesetzt werden kann. Denn es sind nur solche Pflichtverletzungen für § 266 StGB relevant, die sich im Rahmen der Vermögensbetreuungspflicht befinden.[1534] Ein pflichtwidriges Handeln ist erst dann gegeben, wenn die verletzte außerstrafrechtliche Pflicht innerhalb der Vermögensbetreuungspflicht angesiedelt ist.[1535]

Zur weiteren Konkretisierung wird teilweise vertreten, dass das Verhältnis zwischen Vermögensbetreuungspflicht und konkreter Pflichtverletzung in einem funktionalen Zusammenhang gesehen werden muss.[1536] Dies wird von den Vertretern dieser Ansicht damit begründet, dass sich die konkrete Pflichtverletzung als signifikante Ausübung der internen Machtstellung des Vermögensbetreuungspflichtigen erweisen bzw. wesentlich von ihr geprägt sein müsse. Danach kommen nur solche Pflichten in Betracht, die typischerweise nur der Vermögensbetreuungspflichtige erfüllen kön-

1532 *Schünemann*, in: LK-StGB, § 266 Rn. 1.

1533 *Fischer*, § 266 Rn. 57; *Saliger*, in: SSW-StGB, § 266 Rn. 31.

1534 *Fischer*, § 266 Rn. 60; *Kindhäuser*, in: NK-StGB, § 266 Rn. 62.

1535 BGH NStZ 1986, 361, 362; NJW 1991, 1069 1069; NStZ 1994, 35, 36; BGHSt 47, 295, 298 f.; OLG Düsseldorf MDR 1997, 699, 699; *Fischer*, § 266 Rn. 60.

1536 LG Düsseldorf NJW 2004, 3275, 3281; *Eisele*, GA 2001, 377, 388; *Kubiciel*, NStZ 2005, 353, 360; *Mitsch*, BT II, § 8 Rn. 46; *Perron*, in: Schönke/Schröder, § 266 Rn. 36; *Rönnau/Hohn*, NStZ 2004, 113, 114; *Saliger*, in: SSW-StGB, § 266 Rn. 46.

ne.[1537] Zur Beantwortung der Frage, ob die vorgeworfene Pflichtverletzung in einem funktionalen Zusammenhang zum Aufgabenkreis des Vermögensbetreuungspflichtigen stehe und damit eine relevante Pflicht sei, sei zunächst der Aufgabenkreis als solcher zu definieren. Der Aufgabenkreis wird durch die Treuepflicht ausgestaltet. Inhalt und Umfang der Treuepflicht ergeben sich aus den Vertragsbeziehungen und deren Auslegung nach Treu und Glauben.[1538]

Jedoch werden nur solche Verpflichtungen aus dem Treueverhältnis relevant, die auch einen Vermögensbezug aufweisen. Eine Pflichtverletzung liegt daher nur dann vor, wenn eine vermögensschützende Pflicht verletzt wird und sich die Handlung in einem funktionellen Zusammenhang mit der Aufgabestellung des Vermögensbetreuungspflichtigen befindet. Der funktionale Zusammenhang bedarf daher der weiteren Konkretisierung durch den Vermögensbezug, um den vermögensschützenden Charakter des § 266 StGB beizubehalten.[1539] Andernfalls verkenne man gerade diesen Charakter [1540] und überdehne den Schutzbereich des § 266 StGB.[1541]

Der funktionelle Zusammenhang ist daher so zu erweitern, dass nur bei einem Verstoß gegen vermögensschützende Pflichten aus der Vermögensbetreuungspflicht eine pflichtwidrige Handlung vorliegt. Nur dann bestehe ein Zusammenhang zwischen Vermögensbetreuungspflicht und konkreter Pflichtwidrigkeit[1542], sodass der Schutzzweck des § 266 StGB als vermögensschützende Norm gewahrt bliebe. Daher scheiden auch solche Normverletzungen für die untreuerelevante Pflichtwidrigkeit aus, die lediglich dem öffentlichen Interesse dienen, da hier der vermögensschützende Charakter fehle.[1543]

---

1537 *Hillenkamp*, NStZ 1981, 161, 166; *Ransiek* ZStW 116 (2004), 634, 672; *Rönnau/Hohn*, NStZ 2004, 113, 114.

1538 LG Düsseldorf NJW 2004, 3275, 3281; *Rönnau/Hohn*, NStZ 2004, 113, 114.

1539 *Corsten*, StraFo 2011, 69; 70.

1540 So aber *Saliger*, der davon ausgeht, dass der Strafgrund der Untreue allein die Ausnutzung der Machtposition des Täters über das fremde Vermögen ist, in: SSW-StGB, § 266 Rn. 39; *ders.*, Parteiengesetz, S. 35.

1541 *Corsten*, wistra 2010, 206, 207.

1542 So nun auch BGHSt 55, 288, 301; BGHSt 56, 203, 211.

1543 BGHSt 55, 288, 300; 56, 203, 211; noch offengelassen von LG Bonn NJW 2001, 1736, 1739 im Fall *Kohl*; *Fischer*, § 266 Rn. 60; *Günther*, in: FS- U. Weber, S. 311, 316; *Krell*, NStZ 2014, 62, 63; *Hadamitzky*, in: Müller-Gugenberger, § 32 Rn. 135a unter Verweis auf § 25 PartG a.F.; *Perron*, in: Schönke/Schröder, § 266 Rn. 19a; *Ransiek*, ZStW 116 (2004), 634, 672; *Saliger*,

Aber auch wenn es Vorgaben des Vermögensinhabers gibt, sind diese nur dann für § 266 StGB relevant, wenn sie einen Vermögensbezug aufweisen.[1544] Dies wird in der Literatur jedoch auch kritisch gesehen.[1545]

Da die Missbrauchsalternative in § 266 Abs. 1 Alt. 1 StGB nach herrschender Auffassung nur einen Spezialfall gegenüber der Treuebruchalternative in § 266 Abs. 1 Alt. 2 StGB darstellt, ist der Vermögensbetreuungspflichtige auch im Rahmen der Missbrauchsalternative vermögensbetreuungspflichtig.[1546] Damit zeichnet die Verletzung der Vermögensbetreuungspflicht beide Untreuevarianten aus und stellt einen Wesenskern der Untreue dar.[1547] Dies ist eine Konsequenz der streng monistischen Theorie.[1548]

#### dd) Vorrangiger Einfluss des Vermögensinhabers auf die Feststellung der Pflichtwidrigkeit

Schließlich stellt sich die Frage, wann eine pflichtwidrige Handlung vorliegt.[1549] Hierzu ist maßgeblich auf das Innenverhältnis zwischen Vermögensbetreuungspflichtigen und Vermögensinhaber abzustellen.[1550] Einerseits kann der Vermögensinhaber dem Vermögensbetreuungspflichtigen durch Vertrag, Satzung oder sonstige Einzelanweisung Vorgaben hinsichtlich des Umganges mit seinem Vermögen machen, andererseits ist auf gesetzliche Regelungen zurückzugreifen, die die Pflichtwidrigkeit einer Handlung im Verhältnis zwischen Vermögensinhaber und Vermögensbetreuungspflichtigen beschreiben.[1551] Bei der Feststellung der Pflichtwidrigkeit zeigt sich jedoch, dass dem Vermögensinhaber weitreichende Möglichkeiten verbleiben, gegenüber dem Vermögensbetreuungspflichtigen selbst den Umgang mit seinem Vermögen zu bestimmen, sodass den gesetzlichen Regelungen lediglich eine sekundäre Bedeutung zukommt. Da-

---

in: SSW-StGB, § 266 Rn. 37; *Schlößer/Dörfler*, wistra 2007, 326, 329; *Schünemann*, NStZ 2006, 195, 198; *Vollhard*, in: FS-Lüderssen, S. 673, 678.

1544 *Seier*, in: Achenbach/Ransiek/Rönnau, V 2 Rn. 212.

1545 *Ibold*, S. 139; *Nuß*, S. 573, 493; *Ransiek*, StV 2009, 321, 321.

1546 E. III 2. b). cc). (2). b).

1547 *Esser*, in: AnwK-StGB, § 266 Rn. 10.

1548 *Dierlamm*, in: Müko-StGB, § 266 Rn. 31; *Saliger*, in: SSW-StGB, § 266 Rn. 6.

1549 Vgl. hierzu auch die grundsätzlichen Ausführungen unter B. II. 2.

1550 *Fischer*, § 266 Rn. 58.

1551 Vgl. B. II. 2.

her kann der Vermögensinhaber maßgeblich die Pflichtwidrigkeit einer Handlung bestimmen.[1552]

### (1) Pflichtwidrigkeit der Handlung bei Verstoß gegen Vorgaben des Vermögensinhabers

Deutlich wird dies zunächst daraus, dass ein Verstoß gegen die Vorgaben des Vermögensinhabers unmittelbar die Pflichtwidrigkeit einer Handlung begründet, während eine solche Feststellung bei einem Verstoß gegen eine Sorgfaltsgeneralklausel problematisch ist. Denn in letzterem Fall kommt dem Vermögensbetreuungspflichtigen oft ein Ermessensspielraum bei der Vornahme seiner Geschäfte zu. Durch die Rechtsprechung, insbesondere durch den 1. Senat des BGH, wurde daher beispielsweise die „gravierende Pflichtverletzung" entwickelt um festzustellen, ob eine Entscheidung des Vermögensbetreuungspflichtigen pflichtwidrig i.S.d. § 266 StGB ist.[1553] In der Literatur ist die Anwendung der gravierenden Pflichtverletzung nicht unumstritten und deren Anwendung wird nicht einheitlich vertreten.[1554]

Im Gegensatz dazu führen Verstöße gegen Vorgaben des Vermögensinhabers unmittelbar zur Pflichtwidrigkeit der Handlung.[1555] Denn bei einem Verstoß gegen diese Vorgaben richtet sich der Vermögensbetreuungspflichtige gegen explizite Anweisungen des Vermögensinhabers und nimmt sich damit eine Dispositionsmöglichkeit über das fremde Vermögen heraus, die ihm nicht zusteht und auch nicht durch den Vermögensinhaber eingeräumt wurde. Der Wille des Vermögensinhabers ist zur Bestimmung der Pflichtwidrigkeit daher unbedingt zu beachten.[1556] Dies macht aber auch deutlich, dass das Selbstbestimmungsrecht des Vermö-

---

1552 Diese weitreichende Möglichkeit für den Vermögensinhaber besteht aber nicht, wenn in Fällen der Untreue zum Nachteil einer GmbH die Grenze der Existenzvernichtung betroffen ist, vgl. E. I. 2. a). cc). (1).

1553 Vgl. zur gravierenden Pflichtverletzung B. II. 2. b). und insbesondere auch die Rechtsprechung des 3. Senats im Fall „Mannesmann" BGHSt 51, 331.

1554 *Saliger*, in: SSW-StGB, § 266 Rn. 49 ff.; *Schünemann*, in: LK-StGB, § 266 Rn. 95 ff.

1555 *Kubiciel*, NStZ 2005, 353, 358; *Ransiek*, ZStW 116 (2004), 634, 642; *Rönnau*, ZStW 119 (2007), 887, 907; *Rose*, wistra 2005, 281, 286.

1556 Vgl. *Kubiciel*, NStZ 2005, 353, 358; *Ransiek*, ZStW 116 (2004), 634, 642; *Rönnau*, ZStW 119 (2007), 887, 907; *Rose*, wistra 2005, 281, 286; vgl. auch unter E. III. 3. e). cc).

gensinhabers über sein Vermögen umfassend in § 266 StGB beachtet wird, wenn er entsprechende Vorgaben macht. Damit ist der Vermögensinhaber primär dazu berufen, den strafrechtlichen Schutz seines Vermögens zu bestimmen. Fehlen solche Vorgaben, ist sekundär auf die Normen des jeweiligen Verhältnisses zurückzugreifen, um die Pflichtwidrigkeit der Handlung bestimmen zu können. Klare Vorgaben durch den Vermögensinhaber geben dem Vermögensbetreuungspflichtigen eine deutliche Leitlinie vor, an der er sich beim Umgang mit dem fremden Vermögen orientieren kann, sodass es ein eindeutig definiertes Gebiet gibt, in dessen Bereich der Vermögensbetreuungspflichtige sich nicht strafbar macht, wenn er über das fremde Vermögen disponiert.

###### (2) Festlegung einer nichtvermögensschützenden Norm als vermögensschützend im Innenverhältnis

Es ist dem Vermögensinhaber unter bestimmten Umständen möglich, eine nicht vermögensschützende Norm durch eine Vereinbarung im Innenverhältnis als vermögensschützend zu vereinbaren, sodass ein Verstoß gegen diese Bestimmung aufgrund der besondere Vereinbarung doch Untreuerelevanz aufweist.

Verstößt der Vermögensbetreuungspflichtige bei der Ausführung der ihm übertragenen Geschäfte gegen ein gesetzliches Verbot oder eine sonstige Norm, kann aus dem bloßen Normverstoß nicht unmittelbar eine pflichtwidrige Handlung begründet werden. Dies gilt insbesondere bei Verstößen gegen Normen, die einem öffentlichen Interesse dienen.[1557] Damit kann jedoch der Verstoß gegen eine nichtvermögensschützende Norm grundsätzlich keine pflichtwidrige Handlung begründen.

Der BGH hat aber entschieden, dass ein Verstoß gegen eine nichtvermögensschützende Norm dann Relevanz für § 266 StGB ausweise, wenn diese Norm als vermögensschützend im Innenverhältnis vereinbart worden sei. Dies sei der Fall, wenn gewisse Voraussetzungen erfüllt seien, die im Zusammenhang mit einer solchen vertraglichen Bestimmung stehen.[1558] Zunächst müsse für den Vermögensinhaber überhaupt ein relevanter vermögensrechtlicher Bezug bestehen, warum er eine solche Vereinbarung im

1557 Vgl. E. III. 1. c).
1558 BGHSt 56, 203, 212, BGH NStZ 2013, 164, 164.

Innenverhältnis treffen wolle. Dies ergab sich im vom BGH zu entscheidenden Fall[1559] daraus, dass bei einem entsprechenden Verstoß gegen das Parteiengesetz mit hohen Sanktionszahlungen zu rechnen gewesen sei und daher ein anerkennenswertes Interesse der Partei als Vermögensinhaber bestand, die Vereinbarung zu treffen, dass die entsprechenden Passagen des Parteiengesetzes im Innenverhältnis zum Vermögensbetreuungspflichtigen ernst zu nehmen seien.[1560]

Der BGH gab an, dass zwischen den Aufgaben des Vermögensbetreuungspflichtigen und dem zu schützenden Vermögen ein hinreichender funktionaler Zusammenhang bestehen müsse. Dies rechtfertige es, entsprechende Pflichten zum Schutz des Parteivermögens im Innenverhältnis zu statuieren, die auch auf Ebene des Strafrechts zu beachten sind.[1561]

Der BGH stellt damit zwei Voraussetzungen für den Fall auf, dass eine nichtvermögensbezogene gesetzliche Pflicht durch die Vereinbarung im Innenverhältnis auch vermögensschützend i.S.d. § 266 StGB wirken soll: Der Vermögensinhaber muss bei einem Verstoß gegen diese Pflicht mit einem Vermögensverlust rechnen, sodass es ein „anerkennenswertes" Interesse an der Vereinbarung einer solchen Pflicht auf Seiten des Vermögensinhabers gibt, da ein entsprechender Bezug zum Vermögen besteht. Zweitens muss ein funktionaler Zusammenhang zwischen den Aufgaben des Vermögensbetreuungspflichtigen und dem zu schützenden Vermögen des Vermögensinhabers bestehen, sodass es gerechtfertigt erscheint, durch die Vereinbarung entsprechender Grenzen im Innenverhältnis das Vermögen zu schützen. Ohne diesen Schutzzweck könnte eine willkürliche Vereinbarung keine Pflicht i.S.d. § 266 StGB erzeugen, da dies dann nicht mehr vom Schutzzweck des § 266 StGB erfasst wäre, weil ein entsprechender Vermögensbezug fehlen würde. Der Vermögensbetreuungspflichtige verstößt dann auch nicht mehr gegen eine öffentliche Pflicht, sondern gegen eine besonders ausgestaltete vermögensrelevante Vertragspflicht, die zwischen ihm und dem Vermögensinhaber vereinbart wurde.[1562] Es kommt daher maßgeblich auf die Frage an, mit welcher Intention die

---

1559 BGHSt 56, 203, 212.

1560 BGHSt 56, 203, 212.

1561 BGHSt 56, 203, 212.

1562 BGH NStZ 2013, 164, 164; *Bittmann*, wistra 2011, 343, 344; *Corsten*, wistra 2011, 389, 390; *Krell*, NStZ 2014, 62, 65.

Pflicht in das Innenverhältnis aufgenommen wurde.[1563] Diese Sichtweise stößt in der Literatur zum Teil auf Zustimmung.[1564]

Diese Möglichkeit, eine nichtvermögensschützende Norm als vermögensschützend im Innenverhältnis zu vereinbaren, wenn bestimmte Voraussetzungen erfüllt sind, zeigt deutlich, welche weitreichenden Handhaben der Vermögensinhaber hat, um das Innenverhältnis und damit auch die Pflichtwidrigkeit einer Handlung festlegen zu können. Allerdings besteht diese Möglichkeit nur dann, wenn ein „anerkennenswertes Interesse" beim Vermögensinhaber besteht und es einen funktionalen Zusammenhang zwischen den Aufgaben des Vermögensbetreuungspflichtigen und dem zu schützenden Vermögen des Vermögensinhabers gibt, sodass der Vermögensinhaber ein Interesse daran hat, sein Vermögen durch die Vereinbarung entsprechender Grenzen im Innenverhältnis zu schützen. Allerdings müssen solche Grenzen im Rahmen der Vermögensbetreuungspflicht vereinbart werden, sodass dem Vermögensbetreuungspflichtigen eine solche Beschränkung bekannt ist. Zudem kann diese Grenze nur unter bestimmten Voraussetzungen vereinbart werden, sodass sie nicht willkürlich für den Vermögensbetreuungspflichtigen ist. Damit überrascht es den Vermögensbetreuungspflichtigen nicht, wenn er bei der Verletzung einer solchen Vereinbarung aus § 266 StGB sanktioniert werden kann. Ähnliches gilt bereits, wenn dem Vermögensbetreuungspflichtige klare Vorgaben gemacht werden, wie er mit dem zu betreuenden Vermögen umzugehen hat.[1565]

#### (3) Aktualisierung der Vorgaben durch das Einverständnis des Vermögensinhabers

Darüber hinaus besteht für den Vermögensinhaber jederzeit die Möglichkeit, durch ein Einverständnis einer geplanten pflichtwidrigen Handlung des Vermögensbetreuungspflichtigen zuzustimmen, was die Befugnis des Vermögensbetreuungspflichtigen entsprechend erweitern und damit grund-

---

1563 *Bittmann*, NStZ 2012, 57, 59; *Krell*, NStZ 2014, 62, 66.

1564 *Gerts*, WiJ 2013, 178, 183; *Hillenkamp*, NStZ 1981, 161, 166; *Michalke*, StV 2011, 247, 250; *Rönnau/Hohn*, NStZ 2004, 113, 114; *Rose*, wistra 2005, 281, 289; *Strelczyk*, S. 176 f.; *Velten*, NJW 2000, 2852, 2853; vgl. *Weimann*, S. 51 Fn. 193; *Wolf*, KJ 2000, 531, 548; a. A. *Brand*, NJW 2011, 1751, 1752; *Rönnau*, StV 2011, 753, 755; *Saliger*, ZIS 2011, 902, 911; *ders.*, Parteiengesetz, S. 58 f.

1565 Vgl. unter E. III. 1. d). bb). (1).

sätzlich die Pflichtwidrigkeit ausschließen würde.[1566] In diesem Fall kann der Vermögensbetreuungspflichtiger ein Geschäft durchführen, auch wenn es zunächst pflichtwidrig gewesen wäre, da es beispielsweise gegen die Vorgaben des Vermögensinhabers verstoßen hätte. Denn der Vermögensinhaber hat durch seine eigenverantwortliche Entscheidung in Form des Einverständnisses die Pflichtwidrigkeit der Handlung durch eine Erweiterung der Vermögensbetreuungspflicht beseitigt.[1567]

Das Einverständnis kann aber nur dann erfolgen, wenn der Vermögensbetreuungspflichtige den Vermögensinhaber über die bevorstehende Handlung vorab aufgeklärt hat. Damit hat es der Vermögensbetreuungspflichtige in der Hand, ein Einverständnis des Vermögensinhabers einzuholen oder die pflichtwidrige Handlung zu unterlassen, um sich damit nicht strafbar zu machen. Ein Einverständnis kommt daher wiederum nur in Kooperation zwischen Vermögensinhaber und Vermögensbetreuungspflichtigen in Betracht.[1568]

#### b) Geringere Schutzbedürftigkeit des Vermögensbetreuungspflichtigen im Vergleich zum Arzt im Arzt-Patienten-Verhältnis

Die hypothetische Einwilligung wurde im Arztstrafrecht entwickelt, um die weitreichenden Aufklärungspflichten des Arztes gegenüber dem Patienten zu Gunsten des Arztes zu korrigieren. Damit erklärt sich das hypothetische Einverständnis aus den Besonderheiten des Arzt-Patienten-Verhältnisses. Im Hinblick auf ein hypothetisches Einverständnis bei der Untreue wird vorgebracht, dass das Verhältnis des Vermögensbetreuungspflichtigen zum Vermögensinhaber nicht mit dem Arzt-Patienten-Verhältnis vergleichbar sei, sodass eine Übernahme der hypothetischen Einwilligung als hypothetisches Einverständnis nicht gerechtfertigt sei.[1569] Um dieses Ergebnis bestätigen können, muss zunächst die Kräfteverteilung im Arzt-Patienten-Verhältnis untersucht werden, bevor ein Vergleich zum Verhältnis zwischen dem Vermögensbetreuungspflichtigen und dem Vermögensinhaber erfolgen kann.

1566 Vgl. oben unter D. I. 1. a).
1567 Vgl. *Schramm*, S. 66.
1568 Vgl. D. II. 2. zu den Voraussetzungen eines Einverständnisses bei § 266 StGB.
1569 *Saliger*, in: FS-Beulke, S. 257, 268; *Rönnau*, Jus 2014, 882, 885.

### aa) Kräfteverteilung im Arzt-Patienten-Verhältnis: Hohe Schutzbedürftigkeit des Arztes

Das Kräfteverhältnis in der Arzt-Patienten-Beziehung ist asymmetrisch ausgeprägt, da ein starker Informations- und Kompetenzunterschied besteht. Denn der Patient ist vom Wissen und Können des jeweiligen Arztes abhängig. Damit einhergehend kann er auch nicht die von den Ärzten getroffenen Entscheidungen auf ihre Richtigkeit oder Qualität hin überprüfen.[1570] Dafür fehlen dem Patienten die notwendige Ausbildung und damit die entsprechenden Informationen. Gleichzeitig ist der Patient grundsätzlich schlichtes Behandlungsobjekt und damit zunächst das Ziel einer jeden Behandlung. Der Patient hofft daher, in seinem behandelnden Arzt sowohl einen Experten als auch einen Partner gefunden zu haben. Darüber hinaus sind Empathie und Vertrauen in das Können und die Kenntnis des Arztes notwendig, um den Patienten erfolgreich behandeln zu können.[1571]

Auf der anderen Seite ist die weitgehende Anerkennung des Selbstbestimmungsrechts des Patienten zu nennen. Um dieses im Strafrecht abzusichern, nahm bereits das Reichsgericht und ihm folgend der BGH an, dass ein jeder medizinische Eingriff eine tatbestandliche Körperverletzung darstellt, die nur durch eine Einwilligung des Patienten gerechtfertigt werden kann. Dies begründet entsprechend Aufklärungspflichten gegenüber dem Patienten, denen der Arzt vor dem Hintergrund der medizinischen Entwicklung nicht mehr gerecht werden kann.[1572] Zudem wird dem Arzt die „Vernunfthoheit" hinsichtlich der Behandlung versagt, sodass die Behandlung allein vom Willen des Patienten abhängt. Damit geht der Wille des Patienten dessen Wohl vor.[1573]

Damit verschob sich das Kräfteverhältnis zwischen Arzt und Patient im Laufe der Zeit. War das Verhältnis anfänglich noch paternalistisch geprägt, verschob sich das Kräfteverhältnis immer mehr in Richtung des Patienten. Denn der Arzt muss neben seiner primären Aufgabe, eine Behandlung durchzuführen, die der ärztlichen Kunst entspricht, auch den umfassenden Informationsrechten des Patienten nachkommen und darlegen, dass er seiner Aufklärungspflicht entsprochen hat. Nur dann kann das Einverständnis

---

1570 Schlussbericht der Enquete-Kommission „*Recht und Ethik der modernen Medizin*", S. 201.

1571 *Woopen*, in: Bild des Arztes im 21. Jahrhundert, S. 191.

1572 Vgl. C. IV. 1.

1573 *Ulsenheimer*, Arztstrafrecht, Rn. 331 f.

des Patienten wirksam sein, sodass der Arzt straffrei bleibt. Diese Problematik hat auch der BGH gesehen. Er sah sich daher genötigt auszuführen, dass an die Beweispflicht des Arztes keine unbilligen Anforderungen gestellt werden dürfen.[1574] Denn der Beweis über die ordnungsgemäße Aufklärung und die anschließende Einwilligung ist die einzige Möglichkeit für den Arzt, bei einer Behandlung straffrei zu bleiben, auch wenn der Patient als Zeuge der Aufklärung widerspricht.

Zudem erkennt der BGH, dass die Situation des Arztes verbessert werden muss, was überhaupt zur Anerkennung der hypothetischen Einwilligung im Arztstrafrecht geführt hat.[1575]

Daraus lässt sich ableiten, dass der Arzt durch die Stärkung des Selbstbestimmungsrechtes mit der weitreichenden Aufklärungspflicht in eine schwierige Situation geraten ist. Der Patient befindet sich gegenüber dem Arzt in einer günstigen Position, da grundsätzlich jeder ärztliche Eingriff sowohl zivil- als auch strafrechtlich sanktioniert werden kann und der Arzt vom Willen des Patienten abhängig ist. Dabei ist es unerheblich, ob der Eingriff *lege artis* durchgeführt wurde. Entscheidend ist allein, ob eine ordnungsgemäße Aufklärung erfolgte und der Patient daraufhin eingewilligt hat. Fehlt dies, besteht bereits die Gefahr, dass der Eingriff Folgen für den Arzt hat und er daraufhin einer zivil- oder sogar strafrechtlichen Sanktion ausgesetzt ist. Das Kräfteverhältnis im Arzt-Patienten-Verhältnis ist damit in Richtung des Patienten verschoben.

#### bb) Kräfteverhältnis zwischen dem Vermögensinhaber und dem Vermögensbetreuungspflichtigen: Täterschutz durch genaue Definition des Pflichtwidrigkeitsbereichs

Es stellt sich anschließend die Frage, ob im Vergleich auch ein solch asymmetrisches Kräfteverhältnis zwischen dem Vermögensinhaber und dem Vermögensbetreuungspflichtigen vorliegt.

Denn auf der einen Seite wird der Vermögensbetreuungspflichtige durch die Vermögensbetreuungspflicht beauftragt, für das Vermögen zu sorgen, und der Vermögensinhaber kann ihm entsprechende Vorgaben hin-

---

1574 Zur Beweispflicht im Zivilprozess im Arzthaftungsprozess vgl. BGH NJW 2014, 1527, 1527.

1575 Vgl. die Rechtsprechungsübersicht zur hypothetischen Einwilligung im Arztstrafrecht, C. V. 1.

sichtlich des Umgangs mit seinem Vermögen machen, die für den Vermögensbetreuungspflichtigen bindend sind. Zudem kann der Vermögensinhaber jederzeit im Rahmen der Vermögensbetreuungspflicht auch nichtvermögensschützende Normen als vermögensschützend vereinbaren. Wenn es keine expliziten Vorgaben des Vermögensinhabers gibt, bestehen lediglich allgemeine gesetzliche Pflichten, aus denen eine pflichtwidrige Handlung und eine Verletzung der Vermögensbetreuungspflicht abgeleitet werden muss.[1576] Dies könnte zunächst für eine schwache Stellung des Vermögensbetreuungspflichtigen sprechen, da die Vermutung besteht, dass der Vermögensbetreuungspflichtige vom Willen des Vermögensinhabers abhängig ist.

Auf der anderen Seite muss aber beachtet werden, dass der Vermögensbetreuungspflichtige innerhalb dieses Rahmens befugt ist, über das Vermögen des Vermögensinhabers zu verfügen und dies tun kann, ohne dabei eine zivil- und insbesondere auch strafrechtliche Sanktion befürchten zu müssen. Einen solchen Spielraum kann und muss der Vermögensbetreuungspflichtige ausnutzen, da es in der Wirtschaft durchaus üblich ist, auch einmal risikoreichere Geschäfte durchzuführen.[1577] Zudem kann der Vermögensinhaber nicht alle Handlungen, die für den Vermögensbetreuungspflichtigen in Frage kommen, durch entsprechende Vorgaben regeln. Dies wäre schon faktisch gar nicht möglich, da der Vermögensinhaber nicht alle zukünftigen Entscheidungen im Hinblick auf sein Vermögen voraussagen kann.

Insofern wurde zwar nicht das Vermögen des Vermögensinhabers im Ganzen auf den Vermögensbetreuungspflichtigen übertragen, jedoch wurde ihm ein Ausschnitt hiervon, und zwar die Dispositionsbefugnis über das Vermögen innerhalb eines bestimmten Bereiches, zugeteilt. Insofern ist zwar die Ausübung dieser Dispositionsfreiheit durch Vertrag, Einzelanweisung oder Gesetz beschränkt. Innerhalb dieser Grenzen ist es aber rechtlich möglich, selbstständig zu handeln und über das Vermögen zu disponieren.[1578] Diese Freiheit, innerhalb des vorgegebenen Spielraums selbstständig über das Vermögen des Vermögensinhabers zu disponieren, ohne dabei strafrechtlich belangt zu werden, wurde durch den BGH auch für unternehmerische Ermessensentscheidungen anerkannt.[1579] Damit be-

1576 Vgl. hierzu E. III. 1. b). und E. III. d.).
1577 Vgl. *Esser*, in: AnwK-StGB, § 266 Rn. 68.
1578 *Kubiciel*, NStZ 2005, 353, 358.
1579 Vgl. hierzu bereits E. I. 2. a). aa). (1).

steht für den Vermögensbetreuungspflichtigen eine weitgehende Möglichkeit, straffrei die Geschäfte des Vermögensinhabers zu besorgen, wenn er sich an die Vorgaben des Vermögensinhabers hält und damit seine Aufgabe, das Vermögen zu verwalten, relativ unbelastet ausführt.

Aber auch wenn es keine Vorgaben des Vermögensinhabers hinsichtlich des Umgangs mit seinem Vermögen gibt und daher auf die Regelungen aus dem jeweiligen Rechtsverhältnis zurückgegriffen werden muss, kann man doch von einer weitgehenden Möglichkeit des Vermögensbetreuungspflichtigen sprechen, seine Aufgaben unbelastet durchzuführen. Denn insbesondere kann nicht aus einer außerstrafrechtlichen Pflichtverletzung ohne weiteres auch die strafrechtliche Pflichtwidrigkeit i.S.d. § 266 StGB begründet werden. Dies verhindert bereits der *ultima ratio*-Grundsatz: Zwar ist das Tatbestandsmerkmal der Pflichtwidrigkeit in § 266 StGB akzessorisch zur gesamten außerstrafrechtlichen Rechtsordnung zu bestimmen.[1580] Dabei lässt sich aber zumindest der Grundsatz ableiten, dass zivilrechtlich erlaubtes Verhalten, nicht strafrechtlich sanktioniert werden darf.[1581] Dies wird teilweise als „negative Akzessorietät" bezeichnet.[1582] Das Verhältnis des Strafrechts zum außerstrafrechtlichen Bereich wird nämlich dadurch bestimmt, dass das Strafrecht dem Rechtsgüterschutz dient und es kein anderes Mittel gibt, einen solchen Rechtsgüterschutz zu gewährleisten.[1583] Allerdings werden die Rechtsgüter zunächst durch außerstrafrechtliche Normen definiert, sodass diese die Regelungen dafür aufstellen, wie mit dem jeweiligen Rechtsgut umzugehen ist. Würde aber außerstrafrechtlich erlaubtes Verhalten strafrechtlich sanktioniert, würde es zu Wertungswidersprüchen kommen, was jedoch nicht mit der „Einheit

---

1580 *Dierlamm*, in: Müko-StGB, § 266 Rn. 152; *Ransiek*, ZStW 116 (2004), 643, 644; *Rönnau/Hohn*, NStZ 2004, 113, 114; *Rönnau*, ZStW 119 (2007), 887, 906; *Saliger*, HRRS 2006, 10, 14; *Tiedemann*, in: FS-Tröndle, S. 320, 328; a.A. *Schünemann*, Organuntreue, S. 22.

1581 *Dierlamm*, in: MüKo-StGB, § 266 Rn. 153; *Dittrich*, S. 34; *Saliger*, HRRS 2006, 10, 14; *Schünemann*, in: LK-StGB, § 266 Rn. 93; *ders.*, NStZ 2005, 473, 474.

1582 *Dierlamm*, in: Müko-StGB, § 266 Rn. 152; *Saliger*, in: SSW-StGB; § 266 Rn. 33.

1583 *Dierlamm*, StraFo 2005, 397, 398; *Gribbohm*, ZGR 1990, 1, 14; *Kaufmann*, in: FS-Henkel, S. 89, 102; *Lüderssen*, in: FS-Eser, S. 163, 167; *Roxin*, AT I, § 2 Rn. 7.

der Rechtsordnung" zu vereinbaren wäre.[1584] Die außerstrafrechtlichen Regelungen gewährleisten somit den Rechtsgüterschutz auf der „Primärebene", während das Strafrecht erst auf „Sekundärebene" hinzukommt.[1585] Dies wird teilweise auch als „asymmetrische Akzessorietät" bezeichnet.[1586] Folglich verhalten sich das Strafrecht und das Zivilrecht zueinander wie zwei konzentrische Kreise: Das Strafrecht bildet den inneren, das Zivilrecht den äußern Kreis, da auch nicht jedes zivilrechtlich verbotene Verhalten automatisch zu einer strafrechtlichen Sanktion führen kann.[1587] Das Strafrecht tritt erst hinzu, wenn dies der Rechtsgüterschutz als *ultima ratio* gebietet. Damit kann nicht aus jeder außerstrafrechtlichen Pflichtverletzung auch die Pflichtwidrigkeit einer Handlung i.S.d. § 266 StGB begründet werden. In diesen Zusammenhang ist die Rechtsprechung zur gravierenden Pflichtverletzung zu beachten. Erst aus einer Gesamtschau von zivilrechtlichen Kriterien kann auf eine strafrechtliche Pflichtwidrigkeit der Handlung geschlossen werden.[1588] Damit bestehen grundsätzlich hohe Hürden, um die Pflichtwidrigkeit annehmen zu können.

Daher muss der Vermögensbetreuungspflichtige nicht in jedem Fall damit rechnen, dass er bei Begehung einer zivilrechtlichen Pflichtverletzung eine strafrechtliche Sanktion erhält. Die Festlegung des Rahmens, der über die Pflichtwidrigkeit einer Handlung bei § 266 StGB entscheidet, wirkt sich also täterbegünstigend aus.[1589]

#### cc) Keine Vergleichbarkeit aufgrund des strukturell höheren Täterschutzes bei § 266 StGB

Wie sich aus diesem Vergleich gezeigt hat, muss nicht jede Handlung des Vermögensbetreuungspflichtigen durch ein Einverständnis abgesichert

---

1584 BVerfGE 39, 1, 47; so auch *Birkholz*, S. 86 f.; *Brammsen*, wistra 2009, 85, 89; *Dierlamm*, StraFo 2005, 397, 398.

1585 *Dierlamm*, StraFo 2005, 397, 398.

1586 *Dierlamm*, in: Müko-StGB, § 266 Rn. 152; *Saliger*, in: SSW-StGB, § 266 Rn. 33.

1587 BGHSt 55, 288, 300; *Brammsen*, wistra 2009, 85, 90; *Dierlamm*, StraFo 2005, 397, 398; *Gehrlein*, NZG 2002, 463, 464; *Kubiciel*, NStZ 2005, 353, 355; *Matt*, NJW 2005, 389, 390; ähnlich *Ransiek*, ZStW 116 (2004), 645, 677; *Schünemann*, NStZ 2006, 196, 199; *Spindler*, ZIP 2006, 348, 351; *Waßmer*, S. 73 f.

1588 BGHSt 47, 187, 197.

1589 *Rönnau*, Jus 2014, 882, 885.

sein, um die strafrechtliche Sanktion zu vermeiden. Das Einverständnis ist dagegen erst notwendig, wenn durch eine geplante Handlung der durch den Vermögensinhaber oder durch die allgemeinen Regelungen für das jeweilige Rechtsverhältnis vorgegebene Rahmen für die Pflichtwidrigkeit überschritten würde, der Vermögensbetreuungspflichtige aber diese Handlung trotzdem durchführen will. Im Gegensatz dazu braucht der Arzt für jeden einzelnen Eingriff die Einwilligung seines Patienten, um nicht strafrechtlich belangt zu werden. Damit hat das Einverständnis bei der Untreue nicht die gleiche Bedeutung wie die Einwilligung im Arztstrafrecht. Der Hintergrund des Arzt-Patienten-Verhältnisses mit der schwachen Stellung des Arztes ist damit im Verhältnis zwischen dem Vermögensbetreuungspflichtigen und dem Vermögensinhaber nicht in einer vergleichbaren Weise gegeben. Denn der Vermögensbetreuungspflichtige macht sich nicht bei jeder Handlung, bei der er mit dem zu betreuenden Vermögen in Kontakt kommt, strafbar. § 266 StGB ist daher gegenüber den §§ 223 StGB ff. mit dem Schutz des Selbstbestimmungsrechtes über die Einwilligung eher täterbegünstigend ausgestaltet, sodass der Vermögensbetreuungspflichtige keinem vergleichbaren Strafbarkeitsrisiko ausgesetzt ist wie ein Arzt. Allerdings wurde die hypothetische Einwilligung im Arztstrafrecht entwickelt, um den hohen Anforderungen an die ärztliche Aufklärungspflicht ein Korrektiv entgegenzustellen und damit das Strafbarkeitsrisiko für den Arzt abzusenken. Diese Notwendigkeit besteht bei der Untreue nicht, da sich der Vermögensbetreuungspflichtige, wenn er den Vorgaben gemäß handelt, nicht strafbar macht.[1590] Da der Vermögensinhaber bereits selbst recht weitgehend bestimmen kann, wann eine pflichtwidrige Handlung vorliegt, besteht auch in den seltensten Fällen eine Notwendigkeit, den Vermögensinhaber über die bevorstehende Handlung aufzuklären. Im Gegensatz dazu besteht im Arztstrafrecht die weitgehende Pflicht, über die bevorstehende Behandlung aufzuklären, da es hier unmittelbar durch den ärztlichen Eingriff zu einer Beeinträchtigung der sehr hochwertigen und besonders schutzwürdigen Rechtsgüter der körperlichen Unversehrtheit

1590 Verletzt der Vermögensbetreuungspflichtige diese Grenze, liegt ein Autonomieverstoß vor, da allein der Vermögensinhaber über den Umgang mit seinem Vermögen entscheidet. Diese Autonomie ist bei Vermögensdelikten nicht eingeschränkt und lässt sich mit der Autonomie vergleichen, die betroffen ist, wenn ein ärztlicher Eingriff ohne die Einwilligung des Patienten stattfindet. Denn ein Patient entscheidet ebenfalls allein darüber, wie der Umgang mit seinem Körper erfolgt, *Sturm*, S. 237; vgl. hierzu auch *Anders*, S. 115.

und des Selbstbestimmungsrechtes kommt,[1591] während es bei der Untreue lediglich um die Verletzung der Vermögensbetreuungspflicht und den Schutz des Vermögens geht.

Außerdem muss es einen Spielraum für den Vermögensbetreuungspflichtigen bei der Vermögensverwaltung geben, da das Vermögen nicht wirksam verwaltet werden kann, wenn eine jede Veränderung des Vermögensbestandes zu einer pflichtwidrigen Handlung führen würde. Denn das Handlungsunrecht der Untreue wird gerade durch den Fehlgebrauch eingeräumter Dispositionsmacht beschrieben.[1592] Und gerade der Entscheidungsspielraum hinsichtlich der Vermögensverwaltung ist ein wesentliches Kriterium dafür, überhaupt eine Vermögensbetreuungspflicht annehmen zu können. Wird dieser Spielraum durch Weisungen oder Vorgaben zu eng begrenzt, kann auch keine Vermögensbetreuungspflicht mehr angenommen werden.[1593] Der Entscheidungsspielraum ist dabei gerade durch das Fehlen von Kontrolle gekennzeichnet.[1594] Diesen Entscheidungsspielraum hat der Arzt durch das Selbstbestimmungsrecht des Patienten jedoch nicht.

Damit würde ein hypothetisches Einverständnis bei der Untreue von der Grundkonzeption der hypothetischen Einwilligung abweichen, ein Korrektiv für weitreichende Aufklärungspflichten darzustellen, um die starke Stellung des Rechtsgutsinhabers zu Gunsten des Täters auszugleichen. Bei der Untreue besteht nicht die Notwendigkeit, einen vergleichbaren Täterschutz durch die Aufweichung des Opferschutzes zu betreiben. Da der Opferschutz im Gegensatz zu § 266 StGB bei den Delikten gegen die körperliche Unversehrtheit deutlich höher ist, erscheint die Einführung eines hypothetischen Einverständnisses nur dann gerechtfertigt zu sein, wenn der Vermögensinhaber einen vergleichbaren Schutz erhält oder die Stellung des Vermögensbetreuungspflichtigen zu Gunsten des Vermögensinhabers verschoben wird. Vor diesem Hintergrund scheint die Einführung

---

1591 Das Erfordernis der Einwilligung fußt unmittelbar aus dem Schutz des körperlichen Wohl aus Art 2 Abs. 1 GG und der geschützten Menschenwürde aus Art. 1 Abs. 1 GG, vgl. *Ulsenheimer*, Arztstrafrecht, Rn. 329; vgl. hierzu auch C. III.

1592 Vgl. *Beulke*, in: FS-Eisenberg, S. 245, 249; *Dierlamm*, in: Müko-StGB, § 266 Rn. 52; *Kindhäuser*, in: NK-StGB, § 266 Rn. 3.

1593 BVerfGE 126, 170, 209; *Dierlamm*, in: Müko-StGB, § 266 Rn. 52; *Kindhäuser*, in: NK-StGB, § 266 Rn. 47; *Saliger*, in: SSW-StGB, § 266 Rn. 10.

1594 BGH NJW 2013, 1615, 1615; *Fischer*, § 266 Rn. 37; *Saliger*, in: SSW-StGB, § 266 Rn. 10.

eines hypothetischen Einverständnisses bei § 266 StGB nicht gerechtfertigt zu sein.

## 2. Keine Übertragung des hypothetischen Einwilligung auf § 266 StGB aufgrund einer vergleichbaren Informationsasymmetrie

Es ist jedoch zu untersuchen, ob es eine vergleichbare Informationsasymmetrie zwischen dem Vermögensbetreuungspflichtigen und dem Vermögensinhaber besteht, die eine Übertragung der hypothetischen Einwilligung bei der Untreue rechtfertigen könnte. Dies könnte die Anwendung eines hypothetischen Einverständnisses rechtfertigen.[1595]

### a) Annahme der Informationsasymmetrie als Grundlage des hypothetischen Einverständnisses

Zunächst wird die Informationsasymmetrie im Arzt-Patienten-Verhältnis herangezogen, um die Einführung der hypothetischen Einwilligung im Arztstrafrecht zu begründen.[1596] Denn beim Arzt besteht eine Informationsherrschaft, die erst durch die entsprechende Aufklärung gegenüber dem Patienten beseitigt wird. Dies stellt den Ausgangspunkt für die Überlegungen zum hypothetischen Einverständnis dar.[1597] Auch bei der Untreue tritt ein solches Informationsgefälle auf. Beispielhaft wird auf das Verhältnis zwischen Organ und Anteilseignern verwiesen. Denn Organe einer Gesellschaft sollen eine vergleichbare Informationsherrschaft gegenüber den Anteilseignern haben.[1598] Fraglich ist jedoch, ob sich aus der Informationsherrschaft des Vermögensbetreuungspflichtigen die Übertragung der hypothetischen Einwilligung rechtfertigen lässt.

---

1595 Vgl. *Krüger*, in: FS-Beulke, S. 137, 149 f.

1596 *Krüger*, in: FS-Beulke, S. 137, 141 f.

1597 *Krüger*, in: FS-Beulke, S. 137, 141 f.

1598 *Krüger*, in: FS-Beulke, S. 137, 149, der jedoch am Ende seiner Ausführungen die Praxisrelevanz des hypothetischen Einverständnisses verneint.

### b) Unterschiedliche Struktur der Informationssymmetrie als Einwand gegen die Übernahme der hypothetischen Einwilligung

Grundsätzlich ist zu sagen, dass auch bei der Untreue eine gewisse Informationsasymmetrie besteht, was mit einem entsprechenden Kontrollverlust für den Vermögensinhaber einhergeht. Dies kennzeichnet gerade die Vermögensbetreuungspflicht, da die Möglichkeit zur selbstständigen Vermögensentscheidung mit einem Verlust an Kontrolle für den Vermögensinhaber einhergeht.[1599]

Diese Informationsasymmetrie ist jedoch nicht mit der Informationsasymmetrie im Arzt-Patienten-Verhältnis zu vergleichen.[1600] Denn der Arzt ist aufgrund seiner Ausbildung in allen medizinischen Bereichen dem Patienten überlegen, sodass diesem vielfach nichts anderes übrig bleibt, als auf den Rat des Arztes zu hören.

Allerdings muss hier auf die Besonderheiten der jeweiligen Informationssymmetrie eingegangen werden. Sowohl das Arzt-Patienten-Verhältnis als auch die Beziehung zwischen dem Vermögensbetreuungspflichtigen und dem Vermögensinhaber sind als „principal agent"-Verhältnis ausgestaltet, was entsprechende Rückschlüsse zulässt.

#### aa) Beschreibung des Informationsgefälles in „principal agent"-Verhältnissen

Wie bereits an anderer Stelle erwähnt wurde, ist das „principal agent"-Verhältnis durch eine asymmetrische Informationsverteilung geprägt. Modellhaft für die „principal agent"-Theorie ist zwar die Beziehung zwischen Unternehmenseigentümer und Management des jeweiligen Unternehmens.[1601] Aber auch die Beziehung zwischen Arzt und Patient kann als Anwendungsfall für die „principal agent"-Theorie genannt werden.[1602]

Innerhalb eines „principal agent"-Verhältnisses kann das Informationsgefälle auf zwei verschiedene Weisen unterschieden werden. Zunächst kann das Informationsgefälle dadurch entstehen, dass der „principal" nicht genau beobachten kann, was der „agent" tut. In diesem Fall spricht man

---

1599 Vgl. die Ausführungen bei E. III. 2. c).

1600 Dies bezweifelt auch *Saliger*, in: FS-Beulke, S. 257, 268.

1601 Vgl. zu den Grundlagen der „principal agent"-Theorie E. III. 2 c). bb). (1).

1602 *Richter/Furubotn*, S. 174.

von einem versteckten Handeln („hidden action"). Von versteckten Informationen („hidden information") spricht man dagegen, wenn der „agent" aufgrund seiner Ausbildung oder seiner besonderen Stellung in der Lage ist, Beobachtungen zu machen, die dem „principal" so nicht möglich sind.[1603] Das Ausnutzen eines Informationsdefizites wird dabei als „moral hazard" bezeichnet.[1604] Auf diese Informationsdefizite kann einerseits mit der Implementierung eines Anreizsystems reagiert werden oder es werden verbesserte Kontrollinstanzen geschaffen.[1605] Dies erfolgt, um zu verhindern, dass der „agent" entsprechende Informationsdefizite ausnutzt.

#### bb) Keine vergleichbare Informationsasymmetrie zur Rechtfertigung einer Übertragung der hypothetischen Einwilligung auf die Untreue

Zwar gibt es sowohl im Arzt-Patienten-Verhältnis als auch im Verhältnis zwischen dem Vermögensbetreuungspflichtigen und dem Vermögensinhaber eine Informationsasymmetrie. Allerdings liegen hier unterschiedliche Informationsgefälle vor. Im Arzt-Patienten-Verhältnis kann der Patient zwar die Durchführung der Behandlung beobachten. Hierbei kann er aber nicht beurteilen, ob das Verhalten des Arztes als „principal" ordnungsgemäß erfolgt ist. Damit liegt ein Fall von „hidden information" vor.[1606]

Im Verhältnis zwischen dem Vermögensbetreuungspflichtigen und dem Vermögensinhaber kann die Begründung eines Informationsgefälles durchaus ambivalent sein, sodass sich diese Konstellationen sowohl als „hidden action" als auch „hidden information" einordnen lassen. Denn Mischformen sind durchaus möglich.[1607] Außerdem ist der Anwendungsbereich des § 266 StGB zu breit gestreut, um generell sagen zu können, wie das Informationsdefizit zwischen dem Vermögensbetreuungspflichtigen und dem Vermögensinhaber zu qualifizieren ist. In diesem Vergleich zeigt sich aber noch einmal deutlich, dass das Informationsgefälle beim Arzt-Patienten-Verhältnis deutlich zu Gunsten des Arztes ausgeprägt ist und die Behandlung in den seltensten Fällen vom Patienten überschaut werden kann. In einem solchen Maß ist dies bei der Untreue nicht der Fall.

---

1603 *Kräkel*, S. 21; *Richter/Furubotn*, S. 174.
1604 *Kräkel*, S. 22.
1605 Vgl. die Übersicht bei *Picot/Dietl/Franck*, S. 77; zudem *Kräkel*, S. 29 f.
1606 *Picot/Dietl/Franck*, S. 77.
1607 *Kräkel*, S. 22.

Oftmals gibt es zudem auf Seiten des Vermögensinhabers Instanzen (z.B. der Aufsichtsrat einer Aktiengesellschaft, vgl. §§ 95 ff. AktG), die die Handlungen des Vermögensbetreuungspflichtigen effektiv kontrollieren können und hierzu auch in der Lage sind. Zudem lässt sich eine wirtschaftliche Beurteilung leichter nachvollziehen als eine medizinische Prognose oder Behandlung. Das Informationsgefälle ist daher im Verhältnis zwischen dem Vermögensbetreuungspflichtigen und dem Vermögensinhaber nicht so stark ausgeprägt. Daher ist die hypothetische Einwilligung nicht notwendig, um ein entsprechendes Informationsgefälle zu korrigieren, sodass sich hieraus auch keine Rechtfertigung für eine Übertragung ergibt.[1608]

Unabhängig von der Vergleichbarkeit der Informationsasymmetrie stellt sich die Frage, ob nicht die Reaktion auf diese Asymmetrie die eigentliche Problematik beim Arzt-Patienten-Verhältnis darstellt. Denn in diesem Zusammenhang ist zu beachten, dass diesem Informationsgefälle mit einer umfangreichen Aufklärungspflicht für den Arzt vorgesorgt wird.[1609] Dies ist eine Möglichkeit, um in einem „principal agent"-Verhältnis auf eine Informationsasymmetrie reagieren zu können. Die Aufklärungspflicht des Arztes geht sogar so weit, dass gefordert wird, die Anforderungen an die ärztliche Aufklärungspflicht abzusenken, um das Risiko einer Strafbarkeit zu begrenzen.[1610] Damit liegt die Problematik nicht bei der Informationsasymmetrie, sondern in der hierauf gerichteten Kontrolle durch entsprechende Informationspflichten, die durch die zivilrechtliche Rechtsprechung immer weiter ausgeweitet werden. Eine vergleichbare Problematik besteht jedoch bei der Untreue nicht. Denn die Informationspflicht ist bei der Untreue in einer deutlichen Abhängigkeit zum vorzunehmenden Geschäft zu sehen. Darüber hinaus ist der Vermögensbetreuungspflichtige nicht auf ein Einverständnis angewiesen, um seine Aufgaben in der Vermögensverwaltung vornehmen zu können. Denn die Vermögensbetreuungspflicht garantiert ihm einen straffreien Raum zur Durchführung seiner Aufgaben. Damit kann es ein Informationsgefälle aber nicht rechtfertigen, die hypothetische Einwilligung auf die Untreue zu übertragen, da diese nicht mit dem Informationsgefälle im Arzt-Patienten-Verhältnis verglichen werden kann.[1611]

1608 *Saliger*, in: FS-Beulke, S. 257, 268.
1609 Vgl. C. III. 2.
1610 Vgl. C. II. 5. b). aa).
1611 So auch *Saliger*, in: FS-Beulke, S. 257, 268.

## 3. Übertragung des hypothetischen Einverständnisses aufgrund der strukturellen Unterbestimmtheit des § 266 StGB?

Schließlich könnte sich aus der strukturellen Unterbestimmtheit des Untreuetatbestandes die Legitimation für die Übertragung der hypothetischen Einwilligung auf die Untreue ergeben. Anders als im Arztstrafrecht, wo die hypothetische Einwilligung entwickelt wurde, um die Strafbarkeitsrisiken für Ärzte bei Aufklärungsfehlern zu begrenzen, geht es bei der Untreue eher darum, den Tatbestand des § 266 StGB aufgrund seines relativ unbestimmten Wortlautes einer Restriktion zu unterziehen. Denn bei fast jedem Tatbestandsmerkmal des § 266 StGB wird bezweifelt, ob dieser mit dem Bestimmtheitsgrundsatz zu vereinbaren ist. Dies gilt insbesondere für die Tathandlung, die Bestimmung der Vermögensbetreuungspflicht, die Festlegung der Pflichtwidrigkeit und den Vermögensnachteil.[1612]

Fraglich ist daher, ob sich aus dieser strukturellen Unterbestimmtheit des § 266 StGB die Übertragung der hypothetischen Einwilligung auf die Untreue rechtfertigen ließe. Dies könnte damit zu begründen sein, dass die Unterbestimmtheit des § 266 StGB es notwendig macht, ein täterschützendes Korrektiv in den Tatbestand der Untreue einzufügen. In diesem Falle müsste die hypothetische Einwilligung jedoch einen Beitrag zur Normenkonkretisierung des § 266 StGB leisten, um als Restriktion legitimiert zu sein. Eine vergleichbare Restriktion könnte bei der Untreue die gravierende Pflichtverletzung darstellen. Aus deren Darstellung lässt sich ein entsprechender Maßstab entwickeln, wann eine dogmatische Figur, die die Strafbarkeit des Vermögensbetreuungspflichtigen einschränken soll, eine geeignete Restriktion des § 266 StGB darstellt.

### a) Die gravierende Pflichtverletzung als Beitrag zur Normenkonkretisierung des § 266 StGB

Die gravierende Pflichtverletzung wurde bei der Vergabe von risikobehafteten Krediten und bei der Organuntreue im Rahmen von unternehmerischen Ermessensentscheidungen entwickelt, um die strafrechtliche Pflichtwidrigkeit einer Handlung des Vermögensbetreuungspflichtigen bestimmen zu können. Insbesondere bei unternehmerischen Ermessensentschei-

---

1612 Vgl. hierzu B. und die dort genannte Rechtsprechung des Bundesverfassungsgerichts.

dungen gibt es vielfach keine genauen Vorgaben des Vermögensinhabers, wie der Vermögensbetreuungspflichtige in der jeweiligen Situation mit seinem Vermögen umzugehen hat. Beispielsweise können die Anteilseigner einer Aktiengesellschaft dem Vorstand keine Weisungen darüber erteilen, wie dieser die Geschäfte der Gesellschaft zu führen hat. Er handelt daher unabhängig.[1613] Daher kann die Pflichtwidrigkeit einer Handlung nicht ohne weiteres bestimmt werden, sondern muss anhand von meist unbestimmten Normen aus dem jeweiligen Rechtsverhältnis wie beispielsweise § 93 AktG festgestellt werden.[1614] Mit der gravierenden Pflichtverletzung sollte der vermeintlichen Unterbestimmtheit des Tatbestandsmerkmales der Pflichtwidrigkeit begegnet werden, um die Anwendung des § 266 StGB bei unternehmerischen Ermessensentscheidungen vorhersehbarer zu machen. Ziel dessen ist es, voraussagen zu können, wann eine Handlung des Vermögensbetreuungspflichtigen bei einer Ermessensentscheidung als pflichtwidrig zu qualifizieren ist.[1615] Die Figur der gravierenden Pflichtverletzung dient außerdem zur Sicherstellung des *ultima ratio*-Grundsatzes, da auf diese Weise das Merkmal der Pflichtwidrigkeit eingeengt wird, sodass das Strafrecht das letzte Mittel des Rechtsgüterschutzes bleibt.[1616] Damit wird versucht, dem strafrechtlichen Bestimmtheitsgrundsatz zu genügen.[1617]

Auch das Bundesverfassungsgericht sprach der gravierenden Pflichtverletzung ausdrücklich eine tatbestandsbegrenzende Funktion zu.[1618]

Nach dem Gesagten dient die gravierende Pflichtverletzung zur genaueren Beschreibung, wann überhaupt eine pflichtwidrige und damit strafbare Handlung vorliegt. Dies stellt dabei die generelle Aufgabe der Restriktion dar, die Frage nach der Strafbarkeit aus § 266 StGB näher zu beschreiben, da der Tatbestand des § 266 StGB zu unbestimmt ausgefallen ist und daher die Rechtsprechung die Aufgabe übernehmen muss[1619], den Anwendungsbereich des § 266 StGB näher auszugestalten.

---

1613 *Schramm*, S. 132; *Spindler*, in: Müko-AktG, § 76 Rn. 22;.

1614 Vgl. B. II. 2.

1615 *Beulke*, in: FS-Eisenberg, S. 245, 252 f.; *Dierlamm*, StraFo 2005, 397, 402; *Kubiciel*, NStZ 2005, 353, 357; *Matt*, NJW 2005, 389, 390; vgl. auch *Ransiek/Hüls*, ZGR 2009, 157, 170.

1616 *Beulke*, in: FS-Eisenberg, S. 245, 253.

1617 *Dierlamm*, StraFo 2005, 397, 402.

1618 *Saliger*, in: SSW-StGB, § 266 Rn. 47.

1619 Vgl. hier die bisherige Rechtsprechung des Bundesverfassungsgerichts unter B. IV. 1. bzw. 2.

### b) Keine Legitimation eines hypothetischen Einverständnisses aufgrund der Unterbestimmtheit des § 266 StGB

Fraglich ist nun, ob sich diese Rechtfertigung der Restriktion, den Tatbestand des § 266 StGB aufgrund seiner Unbestimmtheit näher auszugestalten, auch bei der Übertragung der hypothetischen Einwilligung auf die Untreue finden lässt. Grundlegend ist hierbei jedoch, dass das Einverständnis zu einer entsprechenden Erweiterung der Vermögensbetreuungspflicht in Bezug auf die vorzunehmende Handlung führt. Damit ein hypothetisches Einverständnis als Beitrag zur Restriktion gewertet werden kann, muss ein hypothetisches Einverständnis die Vermögensbetreuungspflicht, die die Grundlage für ein pflichtwidriges Verhalten bildet, näher ausgestalten, sodass für den Vermögensbetreuungspflichtigen klarer wird, wann er eine pflichtwidrige Handlung begeht. Nur wenn dies der Fall ist, besteht eine Vergleichbarkeit zur gravierenden Pflichtverletzung und die Anwendung eines hypothetischen Einverständnisses könnte entsprechend legitimiert sein.

Allerdings ist hierbei zu beachten, dass die hypothetische Einwilligung im Arztstrafrecht entwickelt wurde, um die weitreichende Aufklärungspflicht des Arztes zu beschränken, sodass der Arzt nicht bei einer jeden noch so kleinen Verletzung der ärztlichen Aufklärungspflicht einer eventuellen Strafbarkeit ausgesetzt ist.[1620]

Jedoch ist die Situation, in der sich der Vermögensbetreuungspflichtige befindet, wenn eine pflichtwidrige Handlung seinerseits bevorsteht, nicht mit der Situation des Arztes zu vergleichen. Denn der Arzt ist zwingend auf die Einwilligung des Patienten angewiesen und muss gleichzeitig hierfür die umfangreichen Aufklärungspflichten beachten, die durch die weitgehende Anerkennung der Patientenrechte und hier insbesondere durch das Selbstbestimmungsrecht des Patienten aufgestellt wurden. Im Gegensatz dazu kann der Vermögensbetreuungspflichtige seine Aufgaben ohne ein entsprechendes Einverständnis durchführen, da sich die Grenzen der Pflichtwidrigkeit aus der Vermögensbetreuungspflicht bereits selbst ergeben, sodass der Vermögensinhaber nicht zwingend befragt werden muss, um eine Disposition über das Vermögen zu rechtfertigen. Dies ist erst der Fall, wenn der Vermögensbetreuungspflichtige diesen vorgegebenen

1620 Dies ist nach der Literatur einer der Gründe für die Einführung der hypothetischen Einwilligung im Strafrecht, vgl. oben unter C. V. 3. a). aa).

Raum verlassen will. Damit sind die Handlungen des Vermögensbetreuungspflichtigen innerhalb der Vermögensbetreuungspflicht zunächst nicht als pflichtwidrig anzusehen.[1621] Wesentlich für die Bestimmtheit des § 266 StGB ist damit nicht die Einwilligung, sondern die Bestimmung dieses Raumes, der die Pflichtwidrigkeit verkörpert. Insoweit kann man davon ausgehen, dass keine Unterbestimmtheit des § 266 StGB in Bezug auf das Einverständnis vorliegt. Denn es kommt auf das Einverständnis erst an, wenn eine pflichtwidrige Handlung vorliegt. Die Problematik liegt damit bei der Frage, ob eine pflichtwidrige Handlung vorliegt.

Die Aufklärungspflicht bei der Untreue hat daher nicht die Bedeutung, die die Aufklärungspflicht im Arztstrafrecht hat, weil sich der Vermögensbetreuungspflichtige lediglich an die Grenzen aus der Vermögensbetreuungspflicht halten muss, um die Pflichtwidrigkeit seiner Handlung zu vermeiden. Da jedoch die Aufklärungspflicht bei der Untreue lediglich eine untergeordnete Rolle spielt, kann sich eine Übertragung der hypothetischen Einwilligung nicht aufgrund einer bestehenden Aufklärungspflicht bei pflichtwidrigen Handlungen legitimieren. Dies wäre erst der Fall, wenn der Aufklärungspflicht bei der Untreue eine der Aufklärungspflicht im Arztstrafrecht vergleichbare Rolle zukommt. Allerdings ist für die Pflichtwidrigkeit allein die Vermögensbetreuungspflicht maßgeblich, sodass dies der Ansatzpunkt für eine Restriktion des Untreuetatbestandes hätte sein müssen. Ein Restriktionsversuch im Hinblick auf die Aufklärungspflicht ist dabei unbeachtlich, da sich ein solches Problem bei § 266 StGB nicht stellt[1622], sodass das hypothetische Einverständnis nicht zu einem Mehr an Bestimmtheit beim § 266 StGB führt. Durch ein hypothetisches Einverständnis wird es für den Vermögensbetreuungspflichtigen eben nicht klarer, wann eine pflichtwidrige Handlung vorliegt. Ein hypothetisches Einverständnis setzt das Vorliegen einer pflichtwidrigen Handlung voraus und würde daher, wie die hypothetische Einwilligung im Arztstrafrecht, versuchen, eine konfliktorientierter Lösung in die Untreuedogmatik zu integrieren.[1623] Ein Beitrag zur Normenkonkretisierung liegt durch das hypothetische Einverständnis nicht vor.

1621 Vgl. E. IV. 1.

1622 So aber *Saliger*, in: FS-Beulke, S. 257, 268; *Rönnau*, Jus 2014, 882, 885.

1623 Vgl. *Zabel*, GA 2015, 219, 222 in Bezug auf die hypothetische Einwilligung im Arztstrafrecht.

# F. Ergebnis und Zusammenfassung der wesentlichen Ergebnisse

Zunächst ist nach Kapitel B. festzuhalten, dass das Bundesverfassungsgericht den Untreuetatbestand noch als verfassungskonform erachtet und damit alle Einwände entkräftet hat, die gegen die Bestimmung der Vermögensbetreuungspflicht, der Pflichtwidrigkeit und des Vermögensnachteils im Hinblick auf den Bestimmtheitsgrundsatz aus Art. 103 Abs. 2 GG erhoben worden sind. Damit ist zwar das Bestimmtheitsproblem des § 266 StGB nicht aus der Welt geschafft worden. Allerdings muss beachtet werden, dass § 266 StGB eine bestimmte, immer komplexer werdende Funktion in unserer arbeitsteiligen Wirtschaft übernimmt. Denn nur mit dem Untreuetatbestand kann das pflichtwidrige Verhalten eines Vermögensbetreuungspflichtigen sanktioniert werden. Diese Notwendigkeit erkennt auch das Bundesverfassungsgericht und erklärt daraufhin den § 266 StGB als verfassungskonform. Gleichzeitig gibt das Bundesverfassungsgericht aber der Rechtsprechung auf, den Untreuetatbestand und dessen Anwendung durch eine konkretisierende Rechtsprechung vorhersehbarer zu machen. Als einen Versuch hierzu nennt das Bundesverfassungsgericht die gravierende Pflichtverletzung. Damit beauftragt das Bundesverfassungsgericht explizit die Rechtsprechung, die Defizite des Untreuetatbestandes im Hinblick auf den Bestimmtheitsgrundsatz auszugleichen. Hierdurch delegiert das Bundesverfassungsgericht eine Aufgabe der Gesetzgebung, einen Straftatbestand so konkret wie möglich zu fassen, an die Rechtsprechung, ohne dabei allerdings die verfassungsgerichtliche Kontrolldichte entsprechend auszuweiten. Dies ist jedoch inkonsequent, da die Kontrolldichte entsprechend erweitert werden müsste.

Damit stellt sich die Frage, ob die hypothetische Einwilligung auf die Untreue übertragen werden kann und damit einen legitimen Versuch darstellt, den Anwendungsbereich des § 266 StGB weiter zu konkretisieren. In Kapitel C. wird zunächst versucht, die tatsächliche Einwilligung von den Surrogaten mutmaßliche und hypothetische Einwilligung abzugrenzen. Außerdem wurden die Grundlagen der ärztlichen Haftung im Strafrecht dargestellt. Dabei zeigt sich, dass die hypothetische Einwilligung zunächst im Zivilrecht entwickelt wurde, um den Missbrauch der Aufklärungsrüge für zivilrechtliche Haftungsansprüche zu begegnen. Dies war nötig geworden, da für einen Patienten eine fehlerhafte Aufklärung durch den Arzt deutlich leichter zu beweisen war als einen Behandlungsfehler. Dabei gelingt es der zivilrechtlichen Rechtsprechung die hypothetische Einwilligung selbstbestimmungsfreundlich in die Beweislastgrundsätze zu integrieren. Die Integration der hypothetischen Einwilligung ins Strafrecht misslingt jedoch der strafrechtlichen Rechtsprechung. Ihr gelingt es nicht, die hypothetische Einwilligung dogmatisch sauber in die strafrechtliche Prüfung zu verankern. Auch in der Literatur werden die unterschiedlichsten dogmatischen Grundlagen für ein hypothetisches Einverständnis genannt. Damit ist es nicht gelungen, eine eindeutige dogmatische Grundlage für die hypothetische Einwilligung zu entwerfen.

Außerdem muss die hypothetische Einwilligung, wie sie sich nach der bisherigen Rechtsprechung darstellt, als eine zu weit gehende Beschränkung des Selbstbestimmungsrechtes der Patienten verstanden werden, die so nicht hinnehmbar ist. Auch wenn die Notwendigkeit besteht, die ärztliche Haftung für Aufklärungsfehler zu beschränken, gäbe es andere Möglichkeiten, dies zu tun. Viel eher ist die Gesetzgebung aufgerufen wie in Österreich den Tatbestand der eigenmächtigen Heilbehandlung zu normieren, um die strafrechtliche Haftung der Ärzte neu definieren zu können. Damit könnte eine entsprechende Einschränkung der Haftung erreicht werden. Die hypothetische Einwilligung ist hierzu nicht ausreichend, da sie allein zu Lasten des Selbstbestimmungsrechtes geht. Die hypothetische Einwilligung ist daher abzulehnen.

Darüber hinaus hat sich in Kapitel D. gezeigt, dass bei § 266 StGB zwar keine Einwilligung, dafür aber ein Einverständnis die Tatbestandsmäßigkeit der pflichtwidrigen Handlung des Vermögensbetreuungspflichtigen beseitigen kann. Die Voraussetzungen des Einverständnisses entsprechen jedoch weitestgehend derjenigen der tatsächlichen Einwilligung. Dies erlaubt es damit, den Anwendungsbereich eines möglichen hypothetischen Einverständnisses mit Hilfe der bisherigen Rechtsprechung zur hypothetischen Einwilligung in Kapitel E. zu bestimmen. Damit der Anwendungsbereich eröffnet ist, ist es zunächst notwendig, dass eine pflichtwidrige Handlung zu einem Vermögensnachteil geführt hat, bevor sich die Frage stellt, ob der Vermögensinhaber der Handlung des Vermögensbetreuungspflichtigen zugestimmt hätte, wenn dieser über die bevorstehende Handlung ordnungsgemäß aufgeklärt hätte. Dabei muss die Äußerung durch das Gericht entsprechend gewürdigt werden, da der Vermögensinhaber unter dem Eindruck der pflichtwidrige Handlung stehen könnte. Denn maßgeblich ist allein, ob der Vermögensinhaber im Zeitpunkt der tatbestandlichen Handlung dieser zugestimmt hätte.

Dabei kann das hypothetische Einverständnis als Anwendungsfall im Rahmen des Pflichtwidrigkeitszusammenhanges bei der Untreue gewertet werden. Zumindest kann dies mit einer gewissen Argumentation erreicht werden. Damit zeigt sich aber auch, dass die hypothetische Einwilligung auf einer „schwammigen" Grundlage fußt, die nahezu jedes Auslegungsergebnis erreichen lässt. Zwar gelingt so die Abgrenzung zur strafrechtlich grundsätzlich irrelevanten Genehmigung. Allerdings beachtet ein hypothetisches Einverständnis im Gegensatz zum mutmaßlichen Einverständnis nicht den Subsidiaritätsgrundsatz. Hinzu kommt, dass der Untreuetatbestand keine Versuchsstrafbarkeit kennt, sodass ein verbleibendes Handlungsunrecht des Vermögensbetreuungspflichtigen anders als beim Arzt nach § 223 Abs. 2 StGB nicht sanktioniert werden kann. Das hypothetische Einverständnis stellt daher einen stärkeren Eingriff in das Selbstbestimmungsrecht des Vermögensinhabers dar als die hypothetische Einwilligung für den Patienten bei einer ärztlichen Behandlung. Die hypothetische Einwilligung ist deshalb bereits abzulehnen. Die praktische Anwendung zeigt zudem, dass es bei einem hypothetischen Einverständnis zu Beweisschwierigkeiten hinsichtlich des hypothetischen Willens kommen kann.

Das hypothetische Einverständnis lässt sich auch nicht durch eine systemtheoretische oder ökonomische Auslegung des § 266 StGB rechtfertigen. Nach dem freiheitlichen Rechtsbegriff muss aber das Repräsentationsprinzip beachtet werden, dem die Einwilligung folgt. Danach steht hinter der Einwilligung und dem Einverständnis der Wille des Rechtsgutsinhabers und nur wenn dieser über den bevorstehenden Eingriff in einem ausreichenden Maße reflektieren kann, wird der Täter durch den Willen des Rechtsgutsinhabers gerechtfertigt. Nimmt man diesen Gedanken ernst, muss auch ein hypothetisches Einverständnis bei der Untreue abgelehnt werden, da dem Rechtsgutsinhaber durch eine hypothetische Einwilligung oder ein hypothetisches Einverständnis die Möglichkeit genommen wird, über den bevorstehenden Eingriff zu reflektieren.

Zudem lässt sich die Übertragung der hypothetischen Einwilligung auf die Untreue nicht durch die Vergleichbarkeit der Beziehung zwischen Vermögensinhaber und Vermögensbetreuungspflichtigen und dem Arzt-Patienten-Verhältnis legitimieren. Denn der Arzt muss aufgrund des Selbstbestimmungsrechtes den Patienten über jede Behandlung aufklären und darf mit dieser erst beginnen, wenn der Patient seine Einwilligung hierzu erteilt hat. Die Position des Vermögensbetreuungspflichtigen ist jedoch nicht derart schwach ausgestaltet. Durch die Vermögensbetreuungspflicht wurde dem Vermögenbetreuungspflichtigen die Möglichkeit eingeräumt, über das Vermögen des Vermögensinhabers sanktionslos und selbstständig zu disponieren, solange er sich an die aufgegebenen Grenzen hält. Erst wenn er diese Grenzen überschreitet, stellt sich die Frage nach einem Einverständnis. Damit ist das Einverständnis für den Vermögensinhaber nicht derart relevant wie die Einwilligung für den Arzt. Deshalb ist es auch nicht notwendig, in diesem Bereich die Strafbarkeit des Vermögensbetreuungspflichtigen einzugrenzen.

Auch der ggf. bestehende Informationsvorsprung des Vermögensbetreuungspflichtigen gegenüber dem Vermögensinhaber legitimiert nicht die Übertragung der hypothetischen Einwilligung auf den Untreuetatbestand. Zunächst kann diese Informationsasymmetrie nicht mit dem Informationsgefälle im Arzt-Patienten-Verhältnis verglichen werden. Außerdem ist die hypothetische Einwilligung eine Reaktion auf die weitreichenden Aufklärungspflichten, die der Arzt gegenüber dem Patienten erfüllen muss. Diese bestehen jedoch für den Vermögensbetreuungspflichtigen gegenüber dem Vermögensinhaber nicht in vergleichbarer Weise.

Zudem lässt sich die Übertragung der hypothetischen Einwilligung nicht aus der Unterbestimmtheit des § 266 StGB rechtfertigen. Ein solcher Restriktionsversuch hätte an einem Tatbestandsmerkmal des § 266 StGB anknüpfen müssen. Allerdings knüpft ein hypothetisches Einverständnis nicht an die Vermögensbetreuungspflicht an. Die hypothetische Einwilligung und damit ein hypothetisches Einverständnis stellen eher einen Versuch dar, entsprechende Aufklärungspflichten zu begrenzen. Diese Notwendigkeit besteht aber bei der Untreue nicht, da keine vergleichbare Aufklärungspflicht für den Vermögensbetreuungspflichtigen besteht. Damit führt das hypothetische Einverständnis nicht zu einer Restriktion des Untreuetatbestandes, denn sie verdeutlicht die Pflichtwidrigkeit nicht. Auch die Parallele zur gravierenden Pflichtverletzung greift nicht, da hier an die Handlung des Vermögensbetreuungspflichtigen angeknüpft wird und nicht an ein Aufklärungsdefizit.

Die hypothetische Einwilligung kann daher nicht auf die Untreue übertragen werden.

# Literaturverzeichnis


*Achenbach*, Hans / *Ransiek*, Andreas / *Rönnau*, Thomas: Handbuch des Wirtschafstrafrechts, 4. Auflage, Heidelberg 2015 (zit.: *Bearbeiter*, in: Achenbach/Ransiek/Rönnau).

*Achenbach*, Hans / *Ransiek*, Andreas: Handbuch des Wirtschafstrafrecht, 2. Auflage, Heidelberg 2008 (zit.: *Bearbeiter*, in: Achenbach/Ransiek, 2. Aufl.).

*Adams*, Michael: Ökonomische Theorie des Rechts: Konzepte und Anwendungen, 2. Auflage, Frankfurt a.M. 2004 (zit.: *Adams*).

*Albrecht*, Andreas: Die „hypothetische Einwilligung" im Strafrecht, Diss. iur. (Bayreuth 2009), Berlin 2010 (zit.: *Albrecht*).

*Aldenhoff*, Hans-Hermann / *Kuhn*, Sascha: § 266 StGB – Strafrechtliches Risiko bei der Unternehmenssanierung durch Banken?, in: ZIP 2004, 103.

*Altenhain*, Karsten / *Wietz*, Christopher: Die Ausstrahlungswirkung des Referentenentwurfs zum Internationalen Gesellschaftsrecht auf das Wirtschaftsstrafrecht, in: NZG 2008, 569.

*Amelung*, Knut: Die Einwilligung in die Beeinträchtigung eines Grundrechtsgutes, Berlin 1981 (zit.: *Amelung*).

- Über die Einwilligungsfähigkeit (Teil 1), in: ZStW 104 (1992), 525.

*Anders*, Ralf Peter: Untreue zum Nachteil der GmbH: Versuch einer strafrechtsbegründenden Rekonstruktion der Rechtspersönlichkeit der Korporation, Habil. iur. (Hamburg 2011), Berlin 2012 (zit.: *Anders*).

*Arloth*, Frank: Zur Abgrenzung von Untreue und Bankrott bei der GmbH, in: NStZ 1990, 570.

*Arzt*, Gunther: Zur Untreue durch befugtes Handeln, in: Festschrift für Hans-Jürgen Bruns, hrsg. v. Wolfgang Frisch u.a., Köln 1978, S. 365 (zit.: *Arzt*, in: FS-Bruns).

*Arzt*, Gunther / *Weber*, Ulrich: Strafrecht Besonderer Teil, Bielefeld 2000 (zit.: *Arzt/Weber*).

*Bauer*, Wolfgang: Die strafrechtliche Beurteilung des ärztlichen Heileingriffs, Diss. iur. (Regensburg 2008), Hamburg 2008 (zit.: *Bauer*).

*Baumann*, Jürgen / *Weber*, Ulrich / *Mitsch*, Wolfgang: Strafrecht Allgemeiner Teil, 12. Auflage, Bielefeld 2016 (zit. *Bearbeiter*, in: Baumann/Weber/Mitsch).

*Baumann*, Jürgen / *Weber*, Ulrich: Strafrecht Allgemeiner Teil, 10. Auflage, Bielefeld 1995 (zit.: *Bearbeiter*, in: Baumann/Weber).

*Beckemper*, Katharina: Anmerkung zu BGH, Urteil v. 13.4.2010 – 5 StR 428/09 (LG Hamburg), in: ZJS 2010, 554.

- Anmerkung zu BVerfG, Beschl. V. 23.6.2010 – 2 BvR 105/09, 2 BvR 491/09, in: ZJS 2011, 88.

- Das Rechtsgut "Vertrauen in die Funktionsfähigkeit der Märkte", in: ZIS 2011, 318.

- Anmerkung zu BGH, Urteil v. 20. 2. 2013 – 1 StR 320/12 (LG Kempten), in: NZWiSt 2013, 232.

*Becker*, Christian / *Walla*, Fabian / *Endert*, Volker: Wer bestimmt das Risiko? Zur Untreuestrafbarkeit durch riskante Wertpapiergeschäfte in der Banken-AG, in: WM 2010, 875.

*Becker*, Christian: Und ewig lockt die Untreue – Randnotizen zum Stand der Dogmatik des § 266 StGB anlässlich von BGH HRRS 2011 Nr. 1153, in: HRRS 2012, 234.

*Becker*, Gary S.: Crime and Punishment: An Economic Approach, in: The Journal of Political Economy 1968, 169.

*Behling*, Ernst: Die strafrechtliche Verantwortlichkeit des Arztes bei Vornahme und Unterlassung operativer Eingriffe, in: ZStW 44 (1924), 220.

*Bernsmann*, Klaus: Alles Untreue? Skizzen zu Problemen der Untreue nach § 266 StGB, in: GA 2007, 219.

*Bernsmann*, Klaus / *Gatzweiler*, Norbert: Verteidigung bei Korruptionsfällen, 2. Auflage, Heidelberg 2014 (zit.: *Bernsmann/Gatzweiler*).

*Bertel*, Christian / *Schwaighofer*, Klaus / *Venier*, Andreas: Österreichisches Strafrecht, Besonderer Teil I: §§ 75 bis 168e StGB, 11. Auflage, Wien 2010 (zit.: *Bertel/Schwaighofer*).

*Beulke*, Werner: Wirtschaftslenkung im Zeichen des Untreuetatbestandes, in: Festschrift für Ulrich Eisenberg, hrsg. v. Henning Ernst Müller, Günther M. Sander und Helena Válková, München 2009, S. 245 (zit.: *Beulke*, in: FS-Eisenberg).

- Zur alten und neuen Entgrenzung des § 142 StGB – Die nach einem Beschluss des Bundesverfassungsgerichts unzulässige Subsumtion des unvorsätzlichen Sich-Entfernens vom Unfallort und ihre Folgen, in: Festschrift für Manfred Maiwald, hrsg. v. Bloy, Rene, Böse, Martin, Hillenkamp, Thomas u.a., Berlin 2010, S. 21 (zit.: *Beulke*, in: FS-Maiwald).

*Beuthin*, Volker: Gilt im Stellvertretungsrecht ein Abstraktionsprinzip?, in: Festschrift 50 Jahre Bundesgerichtshof – Festgabe aus der Wissenschaft, Band I. Bürgerliches Recht, hrsg. v. Claus-Wilhelm Canaris und Andreas Heldrich, München 2000, S. 81 (zit.: *Beuthin*, in: FS-BGH 2000).

*Birkenstock*, Reinhard Georg: Die Bestimmtheit von Straftatbeständen mit unbestimmten Gesetzesbegriffen, Diss. iur. (Marburg 2004), Köln 2004 (zit.: *Birkenstock*).

*Birkholz*, Matthias: Untreuestrafbarkeit als strafrechtlicher "Preis" der beschränkten Haftung Diss. iur. (Rostock 1996), Berlin 1998 (zit.: *Birkholz*).

*Bittmann*, Folker: Handbuch Insolvenzstrafrecht, Berlin 2004 (*Bitmann*, in: Handbuch Insolvenzstrafrecht).

- Anmerkung zu BGH, Beschl. v. 13.4.2011 – 1 StR 94/10 (LG Köln), in: wistra 2011, 343.

- Dogmatik der Untreue, insbesondere des Vermögensnachteils, in: NStZ 2012, 57.

- Thesen zur Bankenkrise und zur Untreue (§ 266 StGB), in: CCZ 2012, 144.

BMI: Polizeiliche Kriminalstatistik für die Bundesrepublik Deutschland, 2016, zuletzt abgerufen am 21. Oktober 2017, verfügbar unter: https://www.bmi.bund.de/SharedDocs/downloads/DE/publikationen/2017/pks-2016.html

*Bockelmann*, Werner: Rechtliche Grundlagen und rechtliche Grenzen der ärztlichen Aufklärungspflicht, in: NJW 1961, 945.

- Der ärztliche Heileingriff in Beiträgen zur Zeitschrift für die gesamte Strafrechtswissenschaft im ersten Jahrhundert ihres Bestehens, in: ZStW 93 (1981), 105.

*Böcker*, Philipp: Die hypothetische Einwilligung im Zivil- und Strafrecht, in: JZ 2005, 925.

*Bollacher*, Florian / *Stockburger*, Jochen: Der ärztliche Heileingriff in der strafrechtlichen Fallbearbeitung, in: Jura 2006, 908.

*Borges*, Georg: Gläubigerschutz bei ausländischen Gesellschaften mit inländischem Sitz, in: ZIP 2004, 733.

*Bork*, Reinhard: Allgemeiner Teil des Bürgerlichen Gesetzbuchs, 4. Auflage, Tübingen 2016 (zit.: *Bork*, BGB-AT).

*Bornemann*, Alexander: Rechtsscheinvollmachten in ein- und mehrstufigen Innenverhältnissen, in: AcP 2007, 102.

*Bosch*, Nikolaus: Anmerkung zu BGH, Beschluss v. 5.7.2007 – 4 StR 549/06 (LG Halle), in: JA 2008, 70.

*Bosch*, Nikolaus / *Lange*, Werner: Unternehmerischer Handlungsspielraum des Vorstandes zwischen zivilrechtlicher Verantwortung und strafrechtlicher Sanktion, in: JZ 2009, 225.

*Brammsen*, Jörg: Strafbare Untreue des Geschäftsführers bei einverständlichen Schmälerungen des GmbH-Vermögens?, in: DB 1989, 1609.

-Vorstandsuntreue, in: wistra 2009, 85.

*Brand*, Christian: Untreue und Bankrott in der KG und GmbH & Co KG, Diss. iur. (Konstanz 2009), Berlin 2010 (zit.: *Brand*).

Anmerkung zu BGH, Beschluss v. 13.4.2011 – 1 StR 94/10 (LG Köln), in: NJW 2011, 1751.

*Bräunig*, Alexander: Untreue in der Wirtschaft, Diss. iur. (Hamburg 2011), Berlin 2011 (zit.: *Bräunig*).

*Brennenstuhl*, Joachim: Die Rückwirkungsanordnungen des bürgerlichen Rechts und ihre Bedeutung für das Strafrecht, Diss. iur. (Tübingen 1993), Tübingen 1994 (zit.: *Brennenstuhl*).

*Brocker*, Lars: Rechtsprechungsänderungen und Vertrauensschutz – Staatsfunktionsgerechte Auslegung des rechtsstaatlichen Rückwirkungsverbotes, in: NJW 2012, 2996.

*Brodowoski*, Dominik: Diskussionsbeiträge der 36. Tagung der deutschsprachigen Stafrechtslehrerinnen und Strafrechtslehrer 2015 in Augsburg, in: ZStW 127 (2015), 691.

*Burger*, Stefan: Untreue (§ 266 StGB) durch Auslösen von Sanktionen zu Lasten von Unternehmen, Diss. iur. (Tübingen 2006), Herbolzheim 2007 (zit.: *Burger*).

*Burkhardt*, Björn: Zu einer restriktiven Interpretation der Treuebruchshandlung, in: NJW 1973, 2190.

*Büttner*, Hermann: Die deliktische Einordnung der ärztlichen Eingriffsaufklärung – ein juristischer Behandlungsabbruch?, Festschrift für Karlmann Geiß, hrsg. v. Hans Erich Brandner u.a., Köln 2000, S. 353 (zit.: *Büttner*, in: FS-Geiß)

*Bydlinski*, Franz: Juristische Methodenlehre und Rechtsbegriffe, 2. Auflage Wien, New York 1991 (zit.: *Bydlinski*).

*Conrad*, Christian / *Koranyi*, Johannes: Die "hypothetische Einwilligung" im Zivil- und Strafrecht vor dem Hintergrund des neuen § 630 h II 2 BGB, in: Jus 2013, 979.*Cooter*, Robert/ *Ulen* Thomas: Law & Economics, 6th Edition, Harlow 2014 (zit.: *Cooter/ Ulen)*.

*Corsten*, Johannes: Einwilligung in die Untreue sowie in die Bestechlichkeit und Bestechung, Diss. iur. (Bonn 2011), Baden-Baden 2011 (zit.: *Corsten*).

Pflichtverletzung und Vermögensnachteil bei der Untreue, in: wistra 2010, 206.

- Anmerkung zu BGH, Beschluss v. 13.9.2011 – 1 StR 220/09 (OLG Nürnberg), in: StraFo 2011, 69.

- Anmerkung zu BGH, Beschluss v. 13.4.2011 – 1 StR 94/10 (LG Köln), in: wistra 2011, 389.

*Dahs*, Hans: § 266 StGB – allzuoft missverstanden, in: NJW 2002, 272.

*Deiters*, Mark: Organuntreue durch Spenden und prospektiv kompensationslose Anerkennung, in: ZIS 2006, 152.

*Deutsch*, Erwin: Anmerkung zu BGH, Urteil v. 7.2.1984 – VI ZR 174/82 (OLG Frankfurt), in: NJW 1984, 1399.

*Deutsch*, Erwin / *Spickhoff*, Andreas: Medizinrecht, 7. Auflage, Berlin 2014 (zit.: *Deutsch/Spickhoff*).

*Dierlamm*, Alfred: Untreue – ein Auffangtatbestand?, in: NStZ 1997, 534.

- Neue Entwicklungen bei der Untreue – Loslösung des Tatbestandes von zivilrechtlichen Kategorien?, in: StraFo 2005, 397.

*Dittrich*, Elisabeth: Die Untreuestrafbarkeit von Aufsichtsratsmitgliedern bei der Festsetzung überhöhter Vorstandvergütungen, Diss. iur. (Tübingen 2005), Berlin 2007 (zit.: *Dittrich*).

*Doster*, Werner: Strafrechtliche Ermittlungsverfahren gegen Bankmitarbeiter wegen des Verdachts der Untreue, in: WM 2001, 337.

*Dreier*, Horst: Grundgesetz Kommentar, 2. Auflage, Band 3 Art. 83-146 GG, Tübingen 2008 (zit.: *Bearbeiter*, in: Dreier-GG).

*Dunkel*, Wolfgang: Erfordernis des Merkmals "Vermögensbetreuungspflicht" im Rahmen des Mißbrauchstatbestandes der Untreue (§ 266 I 1. Alternative StGB), Diss. iur. (Bielefeld 1975), Bochum 1976 (zit.: *Dunkel*).

*Duttge*, Gunnar: Die „hypothetische Einwilligung" als Strafausschlußgrund: Wegweisende Innovation oder Irrweg?, in: Festschrift für Friedrich-Christian Schroeder, hrsg. von Andreas Hoyer u.a., Heidelberg 2008, S. 179 (zit.: *Duttge,* in: FS-Schroeder).

*Edlbauer*, Benedikt: Die hypothetische Einwilligung als arztstrafrechtliches Haftungskorrektiv, Diss. iur. (Passau 2009), Hamburg 2009 (zit.: *Edlbauer*).

*Edlbauer*, Benedikt / *Irrgang*, Stefanie: Die Wirkung der Zustimmung und ihre Surrogate im Untreuetatbestand, in: JA 2010, 786.

*Ehlers*, Alexander / *Broglie*, Maximilian : Arzthaftung, 4. Auflage, München 2008 (zit.: *Bearbeiter*, in: Ehlers/Broglie-Arzthaftung).

*Eidenmüller*, Horst: Effizienz als Rechtsprinzip, 4. Auflage, Diss. iur. (München 1995), Tübingen 2015 (zit.: *Eidenmüller*).

*Eisele*, Jörg: Untreue in Vereinen mit ideeller Zielsetzung, in: GA 2001, 377.

- Anmerkung zu BGH, Urteil v. 15.10.2003 – 1 StR 300/03 (LG Ravensburg), in: JA 2005, 252.

- Rechtfertigung kraft hypothetischer Einwilligung – Übernahme einer zivilrechtlichen Rechtsfigur in das Strafrecht? in: Festschrift für Hans-Wolfgang Strätz, hrsg. v. Harald Derschka, Rainer Hausmann und Martin Löhning, Regenstauf 2009, S. 163 (zit.: *Eisele*, in: FS-Strätz).

*Engisch*, Karl: Ärztlicher Eingriff zu Heilzwecken und Einwilligung, in: ZStW 58 (1939), 1.

- Die normativen Tatbestandselemente im Strafrecht, in: Festschrift für Edmund Mezger, hrsg. v. Karl Engisch u.a., München 1954, S. 127 (zit.: *Engisch*, in: FS-Mezger).

- Einführung in das juristische Denken, 11. Auflage, Stuttgart 2010 (zit.: *Engisch*).

*Entorf*, Horst: Ökonomische Theorie der Kriminalität : Die Präventivwirkung zivil- und strafrechtlicher Sanktionen – Beiträge zum VI. Travemünder Symposium zur ökonomischen Analyse vom 25.-28. März 1998, hrsg. v. Claus Ott und Hand-Bernd Schäfer, Tübingen 1999, S. 1 (zit.: *Entorf*, in: Präventivwirkung zivil- und strafrechtlicher Sanktionen).

*Epping*, Volker: Grundrechte, 7. Auflage, Heidelberg 2017 (zit.: *Epping*).

*Erb*, Volker: Rechtmäßiges Alternativverhalten und seine Auswirkung auf die Erfolgszurechnung im Strafrecht, Diss. iur. (Mainz 1990), Berlin 1991 (zit.: *Erb*).

- Die Schutzfunktion von Art. 103 Abs. 2 GG bei Rechtfertigungsgründen, in: ZStW 108 (1996), 266.

*Erlei*, Mathias / *Leschke*, Martin / *Sauerland*, Dirk: Institutionenökonomik, 3. Auflage, Stuttgart 2016 (zit.: *Erlei/Leschke/ Sauerland)*.

*Eser*, Albin: Medizin und Strafrecht: Eine schutzgutorientierte Problemübersicht, in: ZStW 97 (1985), 1.

*Esser*, Josef / *Schmidt*, Eike: Durchführungshindernisse und Vertragshaftung, Schadensausgleich und Mehrseitigkeit beim Schuldverhältnis, Band I, Teilband 2, 7. Auflage, Heidelberg 1993 (zit.: *Esser/Schmidt*).

*Fezer*, Karl-Heinz: Aspekte einer Rechtskritik an der economic analysis of law und am property rights approach, in: JZ 1986, 817.

*Fischer*, Thomas: Strafgesetzbuch und Nebengesetze, 64. Auflage, München 2017 (zit.: *Fischer*).

*Flume*, Werner: Allgemeiner Teil des Bürgerlichen Rechts, Zweiter Band: Das Rechtsgeschäft, 3. Auflage, Berlin 1979 (zit.: *Flume*, Rechtsgeschäft).

*Forsthoff,* Ulrich: Die Bedeutung der Rechtsprechung des EuGH zur Mobilität von Gesellschaften über das Gesellschaftsrecht hinaus, in: EuZW 2015, 248.

*Frank,* Rainer / *Löffler*, Wolf: Grundfragen der überholenden Kausalität, in: Jus 1985, 602.

*Franz,* Karljosef / *Hansen*, Karl-Justus: Aufklärungspflicht aus ärztlicher und juristischer Sicht, 2. Auflage, München 1997 (zit.: *Franz/Hansen*).

*Freund*, Georg: Strafrecht Allgemeiner Teil, 2. Auflage, Berlin 2009 (zit.: *Freund*).

*Frister*, Helmut: Strafrecht Allgemeiner Teil, 7. Auflage, München 2015 (zit.: *Frister*, AT).

*Gallas, Wilhelm*: Zum gegenwärtigen Stand der Lehre vom Verbrechen, in: ZStW 67 (1955), 1.

*Garbe*, Manuel: Wille und Hypothese – Zur Rechtsfigur der hypothetischen Einwilligung im Zivil- und Strafrecht, Diss. iur. (Berlin 2010), Berlin 2011 (zit.: *Garbe*).

*Gebauer*, Martin: Hypothetische Kausalität und Haftungsgrund, Habil. iur. (Heidelberg 2006) Tübingen 2007 (zit.: *Gebauer*).

*Geerds*, Friedrich: Einwilligung und Einverständnis des Verletzten im Strafrecht, in: GA 1954, 262.

*Gehrlein*, Markus: Strafbarkeit von Vorständen wegen leichtfertiger Vergabe von Unternehmensspenden, in: NZG 2002, 463.

- Grundwissen Arzthaftungsrecht, 2. Auflage, München 2015 (zit.: *Gehrlein*, Arzthaftungsrecht).

*Geiß*, Karlmann / *Greiner*, Hans Peter: Arzthaftpflichtrecht, 7. Auflage, München 2014 (zit.: *Bearbeiter*, in: Geiß/Greiner-Arzthaftpflichtrecht).

*Geppert*, Klaus: Anmerkung zu BGH, Urteil v. 25.3.1988 – 2 StR 93/88 (LG Aachen), in: JZ 1988, 1022.

- Hypothetische Einwilligung als Rechtfertigungsgrund, in: JK 12/04, § 223/3 StGB.

*Gerst*, Hans-Joachim: Organuntreue und gesetzeswidrige Zahlungen, in: WiJ 2013, 178.

*Giesen*, Dieter: Anmerkung zu BGH, Urteil v. 5.2.1991 – VI ZR 108/90 (OLG Oldenburg), in: JZ 1991, 677.

*Glatz*, Christian: Der Arzt zwischen Aufklärung und Beratung, Diss. iur. (Mannheim 1996), Berlin 1998 (zit.: *Glatz*).

*Gleixner-Eberle*, Elisabeth: Die Einwilligung in die medizinische Behandlung Minderjähriger: eine arztrechtliche Untersuchung im Rechtsvergleich mit Österreich und der Schweiz sowie mit Blick auf das Internationale Privat- und Strafrecht, Diss. iur. (Göttingen 2012), Berlin 2014 (zit.: *Gleixner-Eberle).*

*Greiff*, Martin Sebastian: Notwendigkeit und Möglichkeiten einer Entkriminalisierung leicht fahrlässigen ärztlichen Handelns, Diss. iur. (Heidelberg 2005), Hamburg 2005 (zit.: *Greiff*).

*Gribbohm*, Günter: Treuebruch und Vermögensnachteil bei der Untreue – OLG Braunschweig, NJW 1965, 1193, in: Jus 1965, 389.

- Untreue zum Nachteil der GmbH – Zur Harmonisierung zivil- und strafrechtlicher Pflichten des GmbH-Geschäftsführers und –Gesellschafters, ZGR 1990, 1.

*Gropp*, Walter: Hypothetische Einwilligung im Strafrecht?, in: Festschrift für Friedrich-Christian Schroeder, hrsg. von Andreas Hoyer u.a., Heidelberg 2008, S. 197 (zit.: *Gropp*, in: FS- Schroeder).

*Grünwald*, Gerald: Bedeutung und Begründung des Satzes "nulla poena sine lege", in: ZStW 76 (1964), 1.

Zum Rücktritt der Tatbeteiligten im künftigen Recht, in: Festschrift für Hans Welzel, hrsg. v. Günter Stratenwerth u.a., Berlin 1974, S. 701 (zit.: *Grünwald*, in: FS-Welzel).

*Günther*, Hans-Ludwig: Die Untreue im Wirtschaftsrecht, in: Festschrift für Ulrich Weber hrsg. v. Bernd Heinrich u.a., Bielefeld 2004, S. 311 (zit.: *Günther*, in: FS-U. Weber).

*Haas*, Volker: Zur Bedeutung hypothetischer Geschehensverläufe für den Ausschluss des Tatunrechts, in: GA 2015, 147.

*Habetha*, Jörg. Bankrott und Untreue in der Unternehmenskrise-Konsequenzen der Aufgabe der „Interessentheorie“ durch den BGH, in: NZG 2012, 1134.

*Hart*, Dieter: Autonomiesicherung im Arzthaftungsrecht – Ein Beitrag zur Entkopplung von ärztlicher Aufklärungspflicht und Körperverletzung, Festschrift für Helmut Heinrichs, hrsg. von Andreas Heldrich u.a., München 1998, S. 291 (zit.: *Hart*, in: FS-Heinrichs).

*Hannemann*, Jan-Gero Alexander / *Dietlein*, Georg / *Nordmeyer*, Arne: Gerechtigkeit als Kostenfrage oder Kosten als Gerechtigkeitsfrage – Eine Einführung in die ökonomische Analyse des Rechts, in: ZJS 2013, 163.

*Hassemer*, Winfried: Juristische Methodenlehre und richterliche Pragmatik, Rechtstheorie 39 (2008), 1.

- Die Basis des Wirtschaftsstrafrecht, in: wistra 2009, 169.

*Hellmann*, Uwe: Das Neben-Strafverfahrensrecht der Abgabenordnung, Habil. iur. (Osnabrück 1992), Köln 1994 (zit.: *Hellmann*).

- Risikogeschäfte und Untreuestrafbarkeit, in: ZIS 2007, 433.

*Hengstenberg*, Nike: Die hypothetische Einwilligung im Strafrecht: Zu den "Risiken und Nebenwirkungen" eines Transfers der Rechtsfigur aus dem Zivil- in das Strafrecht, Diss. iur. (Heidelberg 2012), Berlin 2013 (zit.: *Hengstenberg)*.

*Hillenkamp*, Thomas: Vorsatztat und Opferverhalten, Habil. iur. (Göttingen 1980) Göttingen 1981 (zit.: *Hillenkamp*).

- Risikogeschäfte und Untreue, in: NStZ 1981, 161.

*Hirte*, Heribert / *Bücker*, Thomas: Grenzüberschreitende Gesellschaften, 2. Auflage, Köln 2006 (zit.: *Bearbeiter*, in: Hirte/Bücker).

*Hoven*, Elisa: Anmerkung zu BGH, Beschl. v. 27.8.2014 – 5 StR 181/14 (LG Neuruppin), in: NStZ 2014, 646.

*Hübner*, Engelbert: Scheckkartenmißbrauch und Untreue, in: JZ 1973, 407.

*Hüttenrauch*, Katrin: Anmerkung zu BGH, Urteil v. 11.10.2011 – 1 StR 134/11 (LG Bayreuth), in: NJ 2013, 39.

*Ibold*, Victoria: Unternehmerische Entscheidungen als pflichtwidrige Untreuehandlungen, Diss. iur. (München 2010), Berlin 2011.

*Ignor*, Alexander / *Sättele*, Alexander: Pflichtwidrigkeit und Vorsatz bei der Untreue (§ 266 StGB) am Beispiel der sog. Kredituntreue, in: Festschrift für Rainer Hamm, hrsg. v. Regina Michalke u.a., Berlin 2008, S. 211 (zit.: *Ignor/Sättele*, in: FS-Hamm).

*Jäger*, Christian: Die hypothetische Einwilligung – ein Fall der rückwirkenden juristischen Heilung in der Medizin, in: Festschrift für Heike Jung, hrsg. v. Heinz Müller-Dietz u.a., Baden- Baden 2007, S. 345 (zit.: *Jäger*, in: FS-Jung).

- Anmerkung zu BGH, Urteil v. 11.10.2011 – 1 StR 134/11 (LG Bayreuth), in: JA 2012, 70.

*Jahn*, Joachim: Anmerkung zu BGH, Urteil v. 5. 7. 2007 – 4 StR 549/06, in: Jus 2007, 1145.

- Anmerkung zu BGH, Urteil v. 20. 11. 2008 – 4 StR 328/08, in: Jus 2009, 370.

*Jakobs*, Günther: Strafrecht Allgemeiner Teil, 2. Auflage, Berlin 1999 (zit.: *Jakobs*, AT).

- Untreue-Vorwurf wegen Verletzung gesellschaftsrechtlicher Sonderpflichten- Mannesmann/Vodafone, in: NStZ 2005, 276.

*Jansen*, Scarlett: Die hypothetische Einwilligung im Strafrecht – Notwendiges Korrektiv oder systemwidriges Institut?, in: ZJS 2011, 482.

*Jarass*, Hans D. / *Pieroth*, Bodo: Grundgesetz Kommentar, 14. Auflage, München 2016 (zit.: *Bearbeiter*, in: Jarass/Pieroth-GG).

*Jescheck*, Hans-Heinrich / *Weigend*, Thomas: Lehrbuch des Strafrechts: Allgemeiner Teil, 5. Auflage, Berlin 1996 (zit.: *Jescheck*/*Weigend*).

*Jung*, Heike: Außenseitermethode und strafrechtliche Haftung, in: ZStW 97 (1985), 47.

*Kahlo*, Michael: Das Problem des Pflichtwidrigkeitszusammenhanges bei den unechten Unterlassungsdelikten, Diss. iur. (Fankfurt a.M. 1988), Berlin 1990 (zit.: *Kahlo*).

*Kant*, Immanuel: Schriften zur Ethik und Religionsphilosophie, 5. Ausgabe, hrsg. v. Wilhelm Weischedel, Darmstadt 1983 (zit.: *Kant*, Ethik und Religionsphilosophie).

*Kargl*, Walter: Die Missbrauchskonzeption der Untreue, in: ZStW 113 (2001), 565.

*Katzenmeier*, Christian: Arzthaftung, Habil. iur. (Heidelberg 2001) Tübingen 2002 (zit.: *Katzenmeier*, Arzthaftung).

- Der Behandlungsvertrag – Neuer Vertragstypus im BGB, in: NJW 2013, 817.

*Kasiske*, Peter: Strafbare Existenzgefährdung der GmbH und Gläubigerschutz, in: JR 2011, 235.

*Kaufmann*, Arthur: Subsidiaritätsprinzip und Strafrecht, Festschrift für Heinrich Henkel, hrsg. v. Claus Roxin in Verbindung mit Hans-Jürgen Bruns und Herbert Jäger, Berlin 1974, S. 89 (zit.: *Kaufmann*, in: FS-Henkel).

*Kelker*, Brigitte: Zur Legitimität von Gesinnungsmerkmalen im Strafrecht, Habil. iur. (Tübingen 2005), Frankfurt a.M. 2007 (zit.: *Kelker*).

*Kiethe*, Kurt: Die Grenzen der strafrechtlichen Verantwortlichkeit von Bürgermeistern – Zugleich Besprechung von BGH, Urteil v. 9. 12. 2004 – 4 StR 294/04, in: NStZ 2005, 529.

*Kirchgässner*, Gebhard: Führt der homo oeconomicus das Recht in die Irre?, in: JZ 1991, 104.

- Homo Oeconomicus: The economic model of behaviour and its applications in economics and other social sciences; 3. Auflage; New York 2008 (zit.: *Kirchgässner*).

*Knauer*, Christoph: Die Strafbarkeit der Bankvorstände für missbräuchliche Kreditgewährung, in: NStZ 2002, 399.

*Köhler*, Michael: Die bewusste Fahrlässigkeit, Habil. iur. (Heidelberg 1978), Heidelberg 1982 (zit.: *Köhler*, bewusste Fahrlässigkeit).

- Begriff der Strafe, Heidelberg 1986 (zit.: *Köhler*, Begriff der Strafe).

- Freiheitliches Rechtsprinzip und Betäubungsmittelstrafrecht, in: ZStW 104 (1992), 3.

- Strafrecht Allgemeiner Teil, Berlin Heidelberg u.a. 1997 (zit.: *Köhler*, AT).

- Immanuel Kants Begriff des ursprünglichen Erwerbs in seiner Bedeutung für eine Theorie des gesellschaftlichen Vermögenserwerbs, in: Die Idee des Sozialstaates: conditio sine qua non der Freiheit des Weltbürgers?, hrsg. v. Diethelm Klesczewski (u.a.), Paderborn 2006, S. 19 (zit.: *Köhler*, Begriff des ursprünglichen Erwerbs).

- Selbstbestimmung im Rechtsverhältnis zwischen Patient und Arzt, in: Festschrift für Wilfried Küper, hrsg. v. Michael Hettinger u.a., Heidelberg 2007, S. 275 (zit.: *Köhler*, in: FS-Küper).

*Kraatz*, Erik: Aus der Rechtsprechung zum Arztstrafrecht 2011/2012 Teil 1: Zum ärztlichen (Heil-)Eingriff, in: NStZ-RR 2012, 361.

*Kräkel*, Matthias: Organisation und Management, 4. Auflage, Tübingen 2007 (zit.: *Kräkel*).

*Krause*, Daniel: Anmerkung zu BGH, Urteil v. 21.12.2005 – 3 StR 470/04 (LG Düsseldorf), in: StV 2006, 307.

*Krell*, Paul: Zur Bedeutung der "Drittnormen" für die Untreue, in: NStZ 2014, 62.

*Kretschmar*, Joachim: Das Fahrlässigkeitsdelikt, in: Jura 2000, 267.

*Krey*, Volker: Strafrecht: Der verwechselte Mantel, in: Jus 1970, 290.

- Studien zum Gesetzesvorbehalt im Strafrecht, Berlin 1977 (zit.: *Krey*).

*Krey*, Volker / *Esser*, Robert: Deutsches Strafrecht – Allgemeiner Teil, 6. Auflage, Stuttgart 2016 (zit.: *Krey/Esser*, AT).

*Krüger*, Matthias: Neues aus Karlsruhe zu Art. 103 GG Absatz 2 GG und § 266 StGB – Bespr. von BVerfG, Beschl. vom 23. 6. 2010 – 2 BvR 2559/08, NStZ 2010, 626, in: NStZ 2011, 369.

- Zur hypothetischen Einwilligung – Grund, Grenzen und Perspektiven einer verkannten Zurechnungsfigur, in: Festschrift für Werner Beulke, hrsg. von Christian Fahl u.a.; Heidelberg 2015, S. 137 (zit.: *Krüger*, in: FS-Beulke).

*Krümpelmann*, Justus: Lehre vom Risikovergleich bei den fahrlässigen Erfolgsdelikten, in: GA 1984, 491.

*Kubiciel*, Michael: Gesellschaftsrechtliche Pflichtwidrigkeit und Untreuestrafbarkeit, in: NStZ 2005, 353.

*Kühl*, Kristian: Strafrecht – Allgemeiner Teil, 8. Auflage, München 2017 (zit.: *Kühl*, AT).

*Kuhlen*, Lothar: Objektive Zurechnung bei Rechtfertigungsgründen, in: Festschrift für Claus Roxin, hrsg. v. Bernd Schünemann u.a., Berlin 2001, S. 331 (zit.: *Kuhlen*, in: FS-Roxin).

- Ausschluss der objektiven Zurechnung bei Mängeln der wirklichen und der mutmaßlichen Einwilligung, in: Festschrift für Heinz Müller-Dietz, hrsg. v. Guido Britz u.a., München 2001, S. 431 (zit.: *Kuhlen*, in: FS-Müller-Dietz).

- Ausschluss der objektiven Erfolgszurechnung bei hypothetischer Einwilligung des Betroffenen – zugleich Besprechung des Beschlusses des Bundesgerichtshofs v. 15.10.2003 – 1 StR 300/03, in: JR 2004, 227.

*Labsch*, Karl Heinz: Untreue § 266 StGB: Grenze und Möglichkeit einer neuen Deutung, Diss. iur. (Bayreuth 1982), Lübeck 1983 (zit.: *Labsch)*

- Grundprobleme des Mißbrauchstatbestandes der Untreue I, in: Jura 1987, 343.

*Lackner*, Karl / *Kühl*, Kristian: Strafgesetzbuch Kommentar, 28. Auflage, München 2014 (zit.: *Bearbeiter*, in: Lackner/Kühl)

*Ladeur*, Karl-Heinz: Postmoderne Rechtstheorie, Berlin 1992 (zit.: *Ladeur*).

*Lange*, Hermann / *Schiemann*, Gottfried: Schadensersatz, 3. Auflage, Tübingen 2003 (zit.: *Bearbeiter*, in: Lange/Schiemann).

*Larenz*, Karl: Methodenlehre der Rechtswissenschaft, 6. Auflage, Berlin 1991 (zit.: K. Larenz).

Larenz, Karl / Canaris, Claus-Wilhelm: Methodenlehre der Rechtswissenschaft, 3. Auflage, Berlin 1995 (zit.: *K. Larenz/C. Canaris*).

*Laufs*, Adolf /*Katzenmeier*, Christian / *Lipp*, Volker Arztrecht, 7. Auflage, München 2015 (zit.: *Bearbeiter*, in: Laufs/Katzenmeier/Lipp).

*Laufs*, Adolf / *Uhlenbruck*, Wilhelm, Handbuch des Arztrechts, 4. Auflage, München 2010 (zit.: *Bearbeiter*, in: Handbuch-Arztrecht).

Leipziger Kommentar zum Strafgesetzbuch, 12. Auflage, erster, zweiter und neunter Band, 1. Teilband, hrsg. v. Heinrich Wilhelm Laufhütte u. a., Berlin 2012. (zit.: *Bearbeiter*, in: LK- StGB).

Leipziger Kommentar zum Strafgesetzbuch, 11. Auflage, erster Band, hrsg. v. Burkhard Jähnke u. a., Berlin 2003 (zit.: *Bearbeiter*, in: LK- StGB, 11. Aufl.).

*Leipold*, Klaus / *Tsambikakis*, Michael / *Zöller*, Mark: Anwalt Kommentar StGB, 2. Auflage, Heidelberg 2015 (zit.: *Bearbeitern*, in: AnwK-StGB).

*Lorz*, Sigrid: Arzthaftung bei Schönheitsoperationen, Diss. iur. (Erlangen 2006), Berlin 2007.

*Loskot*, Anika: Die ärztliche Aufklärungspflicht bei medikamentöser Behandlung, Diss. iur. (Wien 2009), Wien 2009 (zit.: *Loskot*).

*Luhmann*, Niklas: Soziale Systeme, Grundriß einer allgemeinen Theorie, 15. Auflage, Frankfurt a.M. 2012 (zit.: *Luhmann*, Soziale Systeme) .

- Das Recht der Gesellschaft, Frankfurt a. M. 1993, Lizenzausgabe 2002 (zit.: *Luhmann*, Recht der Gesellschaft) .

- Die Wirtschaft der Gesellschaft, Frankfurt a.M. 1988, Lizenzausgabe 2002 (zit.: *Luhmann*, Wirtschaft der Gesellschaft).

- Vertrauen: ein Mechanismus der Reduktion sozialer Komplexität, 5. Auflage, Konstanz, 2014 (zit.: *Luhmann*, Vertrauen).

*Lüderssen*, Klaus: Zur Konkretisierung der Vermögensbetreuungspflicht in § 266 Strafgesetzbuch durch § 87 Abs. 1 Satz 1 Aktiengesetz, in: Festschrift für Friedrich-Christian Schroeder, hrsg. von Andreas Hoyer u.a., Heidelberg 2008, S. 569 (zit.: *Lüderssen*, in: FS-Schroeder).

- Risikomanagement und "Risikoerhöhungstheorie" – auf der Suche nach Alternativen zu § 266 StGB, in: Festschrift für Klaus Volk, hrsg. v. Winfried Hassemer u.a., München 2009, S. 345 (zit.: *Lüderssen*, in: FS-Volk)

- Primäre oder sekundäre Zuständigkeit des Strafrechts?, in: Festschrift für Albin Eser, hrsg. v. Jörg Arnold u.a., München 2005 (zit.: *Lüderssen*, in: FS-Eser).

*Mankowski*, Peter / *Bock*, Stefanie: Fremdrechtsanwendung im Strafrecht durch Zivilrechtsakzessorietät bei Sachverhalten mit Auslandsbezug für Blanketttatbestände und Tatbestände mit normativen Tatbestandsmerkmalen, in: ZStW 120 (2008), 704.

*Mansdörfer*, Marco: Zur Theorie des Wirtschaftsstrafrechts: zugleich eine Untersuchung zu funktionalen Steuerungs- und Verantwortlichkeitsstrukturen bei ökonomischem Handeln, Habil. iur. (Freiburg 2010), Heidelberg 2011 (zit.: *Mansdörfer*).

*Martin*, Susanne: Bankuntreue, Diss. iur. (Köln 1999), Berlin 2000 (zit.: *Martin*).

*Martins*, Rüdiger / *Winkhart-Martins*, Martina: Arzthaftungsrecht, Fallgruppenkommentar, 3. Auflage, Köln 2010 (zit.: *Martins/Winkhart*, in: Fallgruppenkommentar).

*Matt*, Holger: Missverständnisse zur Untreue – Eine Betrachtung auch zum Verhältnis von (Straf-)Recht und Moral, in: NJW 2005, 389.

*Maurach*, Reinhart / *Schroeder*, Friedrich-Christian / *Maiwald*, Manfred: Strafrecht Besonderer Teil, Teilband 1, Straftaten gegen Persönlichkeits- und Vermögenswerte, 10. Auflage, Heidelberg 2009(zit.: *Maurach/Schroeder/Maiwald*).

*Maurach*, Reinhart / *Zipf*, Heinz: Strafrecht Allgemeiner Teil, Teilband 1, 8. Auflage, Heidelberg 1992 (zit.: *Maurach/Zipf*, AT).

*Maunz*, Theodor / *Dürig*, Günter (Begründer): Grundgesetz Kommentar, Loseblattwerk, 69. Ergänzungslieferung 2013, München 2013 (zit.: *Bearbeiter*, in: Maunz/Düring-GG).

*Merkel*, Grischa: Prinzipielles und Prozessuales zur hypothetischen Einwilligung in ärztliche Heileingriffe, in: JZ 2013, 975.

*Meyer*, Dieter: Die mißbräuchliche Benutzung der Scheckkarte – Betrug oder Untreue? – BGHSt 24, 386, in: Jus 1973, 214.

*Michalke*, Regina: Untreue – neue Vermögensbetreuungspflichten durch Compliance-Regeln, in: StV 2011, 247.

*Mitsch*, Wolfgang: Strafrecht Besonderer Teil 2, Teilband 1, 2. Auflage, Berlin 2003 (zit.: *Mitsch*).

- Die "hypothetische Einwilligung" im Arztstrafrecht, in: JZ 2005, 279.

- Die Untreue – Keine Angst vor § 266 StGB, in: Jus 2011, 97.

- Die hypothetische behördliche Genehmigung im Strafrecht, in: Festschrift für Hans Achenbach, hrsg. von Uwe Hellmann und Christian Schröder u.a., Heidelberg 2011 (zit.: *Mitsch*, in: FS-Achenbach).

- Die mutmaßliche Einwilligung, in: ZJS 2012, 38.

*Möllers*, Christoph. Nachvollzug ohne Maßstabbildung: richterliche Rechtsfortbildung in der Rechtsprechung des Bundesverfassungsgerichts, in: JZ 2009, 668.

*Momsen*, Carsten/*Grützner*, Thomas: Wirtschaftsstrafrecht – Handbuch für die Unternehmens- und Anwaltspraxis, München 2013 (zit.: *Bearbeiter*, in: MG-Wirtschaftsstrafrecht).

*Mosiek*, Marcus: Fremdrechtsanwendung – qou vadis?, in: StV 2008, 94.

- Anmerkung zu BGH, Urteil v. 17.7.2009 – 5 StR 394/08 a (LG Berlin), in: HRRS 2009, 565.

*Müller*, Gerda: Fortpflanzung und ärztliche Haftung, in: Festschrift für Erich Steffen, hrsg. von Erwin Deutsch u.a., Berlin 1995, S. 355 (zit.: *Müller*, in: FS-Steffen).

*Müller-Dietz*, Heinz: Mutmaßliche Einwilligung und Operationserweiterung – BGH, NJW 1988, 2310, in: Jus 1989, 280.

*Müller-Gugenberger*, Christian: Wirtschaftsstrafrecht, 6. Auflage, Köln 2015 (zit.: *Bearbeiter*, in: Müller-Gugenberger).

Münchener Kommentar zum Aktiengesetz, 4. Auflage, Band 4; hrsg. v. *Goette*, Wulf / *Habersack*, Mathias / *Kalss*, Susanne, München 2014 (*Bearbeiter*, in: Müko-AktG).

Münchener Kommentar zum Bürgerlichen Gesetzbuch; 6. Auflage, Band I; 7. Auflage, 2015; Band II, 7. Auflage, 2016 Band IV, 7. Auflage, 2016; V- Teilband 2, 7. Auflage, 2017 und Band VI, 7. Auflage, 2017, hrsg. v. Franz Jürgen *Säcker* und Roland *Rixecker*, München (zit. *Bearbeiter*, in: Müko-BGB).

Münchener Kommentar zum GmbHG, 2. Auflage, Band 2 §§ 35-52; hrsg. v. Holger *Fleischer* und Wulf *Goette*, München 2016 (*Bearbeiter*, in: Müko-GmbHG).

Münchener Kommentar zum Strafgesetzbuch, Band 1, 3. Auflage 2017; Band 3, 3. Auflage, 2017; Band 4, 2. Auflage, 2012 und Band 5, 2. Auflage, 2014, hrsg. v. Wolfgang *Joecks* und Klaus *Miebach*, München (zit.: *Bearbeiter*, in: MüKo-StGB).

Münchener Kommentar zur Zivilprozessordnung, 6. Auflage, Band 1 – § 1-354, hrsg. v. *Rauscher*, Thomas / *Wax*, Peter, München 2016 (zit.: *Bearbeiter*, in: Müko-ZPO).

*Musielak*, Hans Joachim: Zivilprozessordnung, 14. Auflage, München 2017 (zit.: *Bearbeiter*, in: Musielak-ZPO).

*Nelles*, Ursula: Untreue zum Nachteil von Gesellschaften, Habil. iur. (Münster 1990), Berlin 1990 (zit.: *Nelles*).

*Nippa*, Michael / *Grigoleit*, Jens: Corporate Governance ohne Vertrauen? Ökonomische Konsequenzen der Agency-Theorie, in: Freiberger Arbeitspapiere, 01/2006.

Nomos Kommentar zum Strafgesetzbuch, 7. Auflage, hrsg. v. Urs *Kindhäuser*, Ulfrid *Neumann* und Hans-Ulrich *Paeffgen*, Baden-Baden 2017 (zit.: *Bearbeiter*, in: NK-StGB).

*Nuß*, Tobias: Untreue durch Marketingkommunikation, Diss. iur. (Würzburg 2006), Berlin 2006.

*Nüßgens*, Karl: Zur hypothetischen Einwilligung eines Patienten, in: Festschrift für Rudolf Nirk, hrsg. v. Karl Bruchhausen u.a., München 1992, S. 745 (zit.: *Nüßgens*, in: FS-Nirk).

*Otto*, Harro: Anmerkung zu BGH, Urteil v. 13.6.1985 – 4 StR 213/85 (LG Bielefeld), in: JZ 1985, 1005.

- Grundkurs Strafrecht, Allgemeine Strafrechtslehre, 7. Auflage, Berlin 2004 (zit.: *Otto*, GK).

- Einwilligung, mutmaßliche, gemutmaßte und hypothetische Einwilligung, in: Jura 2004, 679.

*Palandt*, Otto: Bürgerliches Gesetzbuch, 76. Auflage, München 2017 (zit.: *Bearbeiter*, in: Palandt).

*Pattberg*, Jan Holger: Die strafrechtliche Verantwortlichkeit des Directors einer englischen Limited in Krise und Insolvenz, Diss. iur. (Mannheim 2009), Hamburg 2010 (zit.: *Pattberg*).

*Perron*, Walter: Probleme und Perspektiven des Untreuetatbestandes, in: GA 2009, 219.)

*Picot*, Arnold / *Dietl*, Helmut /*Franck*, Egon: Organisation: eine ökonomische Perspektive, 4. Auflage, Stuttgart 2007 (zit.: *Picot / Dietl / Franck*).

*Preis*, Ulrich / *Schneider*, Angie: Das Patientenrechtegesetz – eine gelungene Kodifikation?, in: NZS 2013, 281.

*Prittwitz*, Cornelius: Funktionalisierung des Strafrechts, in: StV 1991, 435.

*Posner*, Richard A.: Economic Analysis of Law, 9th Edition, New York 2014 (zit.: *Posner*).

*Puppe*, Ingeborg: Kausalität der Sorgfaltspflichtverletzung – BGH, NJW 1982, 292, in: Jus 1982, 660.

- Der halbherzige Rücktritt – Zugleich eine Besprechung von BGHSt 31, 46, in: NStZ 1984, 488.

- Anmerkung zu BGH, Beschl. v. 6.11.1984 – 4 StR 72/84 (OLG Stuttgart), in: JZ 1985, 295.

- Die strafrechtliche Verantwortung des Arztes bei mangelnder Aufklärung über eine Behandlungsalternative – Zugleich Besprechung von BGH, Urteile vom 3.3.1994 und 29.6.1995, in: GA 2003, 764.

- Anmerkung zu BGH, Urteil v. 20.1.2004 – 1 StR 319/03 (LG Freiburg), in: JR 2004, 469.

*Radtke*, Henning: Einwilligung und Einverständnis bei der sog. GmbH-rechtlichen Untreue, GmbHR 1998, 311 bzw. 1998, 361.

- Untreue (§ 266 StGB) zu Lasten von ausländischen Gesellschaften mit faktischem Sitz in Deutschland?, in: GmbHR 2008, 729.

- Strafrechtliche Untreue durch Manager und verfassungsrechtlicher Bestimmtheitsgrundsatz, in: GmbHR 2010, 1121.

*Radtke*, Henning / *Hoffmann*, Maike: Gesellschaftsrechtakzessorietät bei der strafrechtlichen Untreue zu Lasten von Kapitalgesellschaften? – oder: „Trihotel" und die Folgen, in: GA 2008, 535.

*Ransiek*, Andreas: Risiko, Pflichtwidrigkeit und Vermögensnachteil bei der Untreue, in: ZStW 116 (2004), 634.

- „Verstecktes" Parteivermögen und Untreue, in: NJW 2007, 1727.

- Anmerkung zu BGH, Urteil v. 29. 8. 2008 – 2 StR 587/07 (LG Darmstadt), in: NJW 2009, 89.

- Untreue durch Vermögenseinsatz zu Bestechungszwecken, in: StV 2009, 321.

*Ransiek*, Andreas / *Hüls*, Silke: Strafrecht zur Regulierung der Wirtschaft, in: ZGR 2009, 157.

*Rawls*, John: Eine Theorie der Gerechtigkeit (deutsche Übersetzung), 1. Auflage, Berlin 1975 (zit.: *Rawls*).

*Rengier*, Rudolf: Strafrecht Allgemeiner Teil, 9. Auflage, München 2017 (zit.: *Rengier*, AT).

*Renzikowski*, Joachim: Eigenverantwortliche Selbstgefährdung, einverständliche Fremdgefährdung und ihre Grenzen, in: HRRS 2009, 347.

- Die hypothetische Einwilligung, in: Festschrift für Gerfried Fischer, hrsg. v. Bernd-Rüdiger Kern und Hans Lilie u.a., Frankfurt a.M. 2010, S. 365 (zit.: *Renzikowski*, in: FS-Fischer).

*Richter*, Rudolf / *Furubotn*, Eirik: Neue Institutionenökonomik, 4. Auflage, Tübingen 2011 (zit.: *Richter/Furubotn*).

*Riedelmeier*, Sabine: Ärztlicher Heileingriff und allgemeine Strafrechtsdogmatik, Diss. iur. (2004 Düsseldorf), Baden-Baden 2004 (zit: *Riedelmeier*).

*Ripperger*, Tanja: Ökonomik des Vertrauens – Analyse eines Organisationsprinzips, Diss. re. pol. (München 1997) Tübingen 1998 (zit.:*Ripperger*).

*Rojas*, Luis: Grundprobleme der Haushaltsuntreue, Diss. iur. (Freiburg 2010), Baden-Baden 2011 (zit.: *Rojas*).

*Rönnau*, Thomas: Willensmängel bei der Einwilligung, Habil. iur. (Kiel 1999), Tübingen 2001 (zit.: *Rönnau*, Willensmängel).

Anmerkung zu BGH, Urteil v. 15.10.2003 – 1 StR 300/03 (LG Ravensburg), in: JZ 2004, 800.

- Haftung der Direktoren einer in Deutschland ansässigen englischen Private Limited Company by Shares nach deutschen Strafrecht – eine erste Annäherung, in: ZGR 2005, 832.

- Untreue als Wirtschaftsdelikt, in: ZStW 119 (2007), 887.

- Einrichtung „schwarzer“ (Schmiergeld-)Kassen in der Privatwirtschaft – eine strafbare Untreue, in: Festschrift für Klaus Tiedemann, hrsg. v. Ulrich Sieber, Gerhard Dannecker, Urs Kindhäuser u a., Köln 2008, S. 713 (zit.: *Rönnau*, in: FS-Tiedemann).

- Anmerkung zu BGH, Urteil v. 29.8.2008 – 2 StR 587/07 (LG Darmstadt), in: StV 2009, 246.

- (Rechts-)Vergleichende Überlegungen zum Tatbestand der Untreue, in: ZStW 122 (2010), 299.

- Die Zukunft des Untreuetatbestandes, in: StV 2011, 753.

- Was kann das Wirtschaftsstrafrecht leisten – oder: Brauchen wir ein "Drittes Gesetz im Umgang mit der Wirtschaftskriminalität"? in: Wirtschaftsstrafrecht: Plage oder Gewinn für den Standort Deutschland?; hrsg v. Karsten Schmidt, Thomas Rönnau und Michael Fehling, Hamburg 2013, S. 9 (zit.: *Rönnau*, in: Wirtschaftsstrafrecht: Plage oder Gewinn).

- Grundwissen – Strafrecht: Hypothetische Einwilligung, in: Jus 2014, 882:

*Rönnau*, Thomas / *Hohn*, Kristian: Die Festsetzung (zu) hoher Vorstandvergütungen durch den Aufsichtsrat – ein Fall für den Staatsanwalt?, in: NStZ 2004, 113.

*Ross*, Stephen A.: The Economic Theory of Agency: The Principals's Problem, in: American Economic Review 1973, 134 (zit.: *Ross*, American Economic Review).

*Rose*, Frank: Die strafrechtliche Relevanz von Risikogeschäften, in: wistra 2005, 281.

*Rosenau*, Henning: Die hypothetische Einwilligung im Strafrecht, in: Festschrift für Manfred Maiwald, hrsg. von René Bloy u.a., Berlin 2010, S. 865 (zit.: *Rosenau*, in: FS-Maiwald).

*Roxin*, Claus: Strafrecht Allgemeiner Teil, Band II, 1. Auflage München 2003 (zit.: Roxin, AT II).

- Strafrecht Allgemeiner Teil, Band I, 4. Auflage, München 2006 (zit.: *Roxin*, AT I).

*Roxin*, Claus/*Schroth*, Ulrich: Handbuch des Medizinstrafrechts, 4. Auflage, Stuttgart 2010 (zit.: *Bearbeiter*, in: Roxin/Schroth-Medizinstrafrecht).

*Rudolphi*, Hans-Joachim / *Wolter*, Jürgen: Systematischer Kommentar zum Strafgesetzbuch, Band I, §§ 1- 37, 9. Auflage, Köln 2016; 148. Ergänzungslieferung, 2015 (*Bearbeiter*, in: SK-StGB).

*Rudolphi*, Hans Joachim: Literatur Übersicht Strafrecht – Allgemeiner Teil, in: ZStW 86 (1974), 68.

*Rübenstahl*, Markus / *Wasserburg*, Klaus: „Haushaltsuntreue" bei Gewährung von Subventionen – Zugleich Besprechung des Urteils des BGH vom 8. 4. 2003, in: NStZ 2004, 521.

*Rüthers*, Bernd / *Fischer*, Christian / *Birk*, Axel: Rechtstheorie mit Juristischer Methodenlehre, 9. Auflage, München 2016 (zit.: *Rüthers/Fischer/Birk*).

*Rüthers*, Bernd: Rechtsdogmatik und Rechtspolitik unter dem Einfluss des Richterrechts, Trier 2003 (zit.: *Rüthers*, Rechtsdogmatik und Rechtspolitik).

*Sachs*, Michael: Grundgesetz Kommentar, 7. Auflage, München 2014 (zit.: *Bearbeiter*, in: Sachs- GG).

*Saliger*, Frank: Wider die Ausweitung des Untreuetatbestandes – Eine kritische Analyse des neueren Rechtsprechung zum Begriff des Vermögensnachteils in § 266 StGB, in: ZStW 112 (2000), 563.

- Parteiengesetz und Strafrecht, Habil. iur. (Frankfurt 2003), Tübingen 2005 (zit.: *Saliger*, Parteiengesetz).

- Gibt es eine Untreuemode? Die neuere Untreuedebatte und Möglichkeit einer restriktiven Auslegung, in: HRRS 2006, 10.

- Parteienuntreue durch schwarze Kassen und unrichtige Rechenschaftsberichte, in: NStZ 2007, 545.

- Auswirkungen des Untreue-Beschlusses des Bundesverfassungsgerichts vom 23.6.2010 auf die Schadensdogmatik, in: ZIS 2011, 902.

- Alternative zur hypothetischen Einwilligung im Strafrecht, in: Festschrift für Werner Beulke, hrsg. v. Christian Fahl u.a., Heidelberg 2015, S. 256 (zit.: *Saliger*, in: FS-Beulke).

*Saliger*, Frank / *Gaede*, Karsten: Rückwirkende Ächtung der Auslandskorruption und Untreue als Korruptionsdelikt – Der Fall Siemens als Startschuss in ein entgrenztes internationalisiertes Wirtschaftsstrafrecht?, in: HRRS 2008, 57.

*Samson*, Erich: Strafrechtliche Rahmenbedingungen für unternehmerische Entscheidungen, in: Gesellschaftsrecht in der Diskussion 2004 – Jahrestagung der Gesellschaftsrechtlichen Vereinigung (VGR), hrsg. v. Der Gesellschaftsrechtlichen Vereinigung, Köln 2005, S. 109 (zit.: *Samson*, Gesellschaftsrecht in der Diskussion).

*Satzger*, Helmut / *Schmitt*, Bertram / *Widmaier*, Gunter: Strafgesetzbuch Kommentar, 3. Auflage, Köln 2016 (zit.: *Bearbeiter*, in: SSW-StGB).

*Satzger*, Helmut: Schwarze Kassen" zwischen Untreue und Korruption – – Eine Besprechung des Urteils BGH – 2 StR 587/07 (Siemens-Entscheidung), in: NStZ 2009, 297.

*Sax*, Walter: Überlegungen zum Treuebruchtatbestand, in: JZ 1977, 663.

*Schäfer, Hans-Bernd / Ott, Claus*: Lehrbuch der ökonomischen Analyse des Zivilrechts, 5. Auflage, Berlin 2012 (zit.: *Schäfer/Ott*).

*Schatz*, Holger: Der Pflichtwidrigkeitszusammenhang beim fahrlässigen Erfolgsdelikt und die Relevanz hypothetischer Kausalverläufe – Zum Einwand rechtmäßigen Alternativverhaltens bei fehlgeschlagener Lockerungsgewährung, in: NStZ 2003, 581.

*Schlehofer*, Horst: „Pflichtwidrigkeit" und „Pflichtwidrigkeitszusammenhang" als Rechtswidrigkeitsvoraussetzungen? Insbesondere zur Frage des Unrechtsausschlusses bei hypothetischer Einwilligung, in: Festschrift für Ingeborg Puppe, hrsg. von Hans-Ullrich Paeffgen u.a., S. 953 (zit.: *Schlehofer*, in: FS-Puppe).

*Schlösser*, Jan / *Dörfler*, Roman: Strafrechtliche Folgen eines Verstoßes gegen den Deutschen Corporate Governance Kodex, in: wistra 2007, 326.

*Schlösser*, Jan: Die Strafbarkeit des Geschäftsführers einer privat company limited bei shares in Deutschland, in: wistra 2006, 81.

Schlussbericht der Enquete-Kommission „*Recht und Ethik der modernen Medizin*" v. 14.5.2002, Vorsitzende Margot v. Renesse, BT-Drucks. 14/9020 (zit.: Schlussbericht der Enquete-Kommission „*Recht und Ethik der modernen Medizin*").

*Schmidhäuser*, Eberhard: Freiheitlicher Rechtsbegriff und allgemeine Strafrechtslehre: Michael Köhler, Strafrecht, Allgemeiner Teil, in: GA 1998, 363.

*Schönke*, Adolf / *Schröder*, Horst: Kommentar zum Strafgesetzbuch, 29. Auflage, München 2014 (zit.: *Bearbeiter*, in: Schönke/Schröder).

- Kommentar zum Strafgesetzbuch, 28. Auflage, München 2010 (zit.: *Bearbeiter*, in: Schönke/Schröder, 28. Aufl.).

- Kommentar zum Strafgesetzbuch Kommentar, 27. Auflage, München 2001 (zit.: *Bearbeiter*, in: Schönke/Schröder, 27. Aufl.).

- Kommentar zum Strafgesetzbuch Kommentar, 26. Auflage, München 2001 (zit.: *Bearbeiter*, in: Schönke/Schröder, 26. Aufl.).

- Kommentar zum Strafgesetzbuch Kommentar, 18. Auflage, München 1976 (zit.: *Bearbeiter*, in: Schönke/Schröder, 18. Aufl.).

*Schramm*, Edward: Untreue und Konsens, Diss. iur. (Tübingen 2004), Berlin 2005.

*Schramm*, Edward / *Hinderer*, Patrick: Die Untreue-Strafbarkeit eines Limited-Directors, § 266 StGB, insbesondere im Lichte des Europäischen Strafrechts, in: ZIS 2010, 494.

*Schreibner*, Hans-Ludwig: Strafrecht und Medizin, Festschrift aus Anlass des fünfzigjährigen Bestehens von Bundesgerichtshof, Bundesanwaltschaft und Rechtsanwaltschaft beim Bundesgerichtshof, hrsg. von Karlmann Geiß u.a, Köln 2000, S. 503, (zit.: *Schreibner*, in: FS-BGH).

*Schroeder*, Friedrich-Christian: Besondere Strafvorschriften gegen Eigenmächtige und Fehlerhafte Heilbehandlungen, Passau 1998 (zit.: *Schroeder*, Heilbehandlung).

*Schröder*, Christian: Untreue durch Investitionen in ABS-Anleihen, in: NJW 2010, 1169.

*Schulz*, Lorenz: Neues zum Bestimmtheitsgrundsatz – Zur Entscheidung des BVerfG vom 23. Juni 2010, in: Festschrift für Claus Roxin zum 80. Geburtstag, Band 1, hrsg. v. Manfred Heinrich und Christian Jäger u.a., Berlin 2011, S. 303 (zit.: *Schulz*, in: FS-Roxin).

*Schünemann*, Bernd: Organuntreue, Berlin 2004 (zit.: *Schünemann*, Organuntreue).

- Die "gravierende Pflichtverletzung" bei der Untreue: dogmatischer Zauberhut oder taube Nuss?, in: NStZ 2005, 473.

- Der Bundesgerichtshoff im Gestrüpp des Untreuetatbestandes, in: NStZ 2006, 196.

- Zur Quadratur des Kreises in der Dogmatik des Gefährdungsschadens, in: NStZ 2008, 430.

- Überfordert die Komplexität der Wirklichkeit die Juristen?, in: wistra 2015, 161.

*Schwartz*, Tobias: Die hypothetische Einwilligung im Strafrecht, Diss. iur. (Trier 2008), Frankfurt am Main 2009 (zit.: *Schwartz*).

*Seier*, Jürgen: Untreue (§ 266 StGB) als "Allzweckwaffe", in: Entwicklungen und Probleme des Strafrechts an der Schwelle zum 21. Jahrhundert: Ringvorlesung der Strafrechtslehrerinnen und -lehrer an der Rechtswissenschaftlichen Fakultät der Universität zu Köln, hrsg. v. Günther Kohlmann, Cornelius Nestler u.a., Berlin 2004, S. 105 (zit.: *Seier*, Untreue als Allzweckwaffe).

*Seibt*, Christoph H. / *Schwarz*, Simon: Aktienrechtsuntreue – Analyse und aktienrechtsspezifische Konturierung der Untreuestrafbarkeit von Geschäftsleitern bei Pflichtverletzungen, in: AG 2010, 301.

*Sickor*, Jens Andreas: Logische Unstimmigkeiten in der höchstrichterlichen Prüfungsformel zur hypothetischen Einwilligung, in: JR 2008, 179.

- Die Übertragung der hypothetischen Einwilligung auf das Strafrecht, in: JA 2008, 11.

*Spickhoff*, Andreas: Medizinrecht, 2. Auflage, München 2014 (zit.: *Bearbeiter*, in: Spickhoff- Medizinrecht).

*Spindler*, Gerald: Vorstandsvergütung und Abfindung auf dem aktien- und strafrechtlichen Prüfstand – Das Mannesmann-Urteil des BGH, in: ZIP 2006, 349.

*Sternberg-Lieben*, Detlev: Die objektiven Schranken der Einwilligung im Strafrecht, Habil. iur. (Tübingen 1995), Tübingen 1998 (zit.: *Sternberg-Lieben*).

- Anmerkung zu BGH, Urt. v. 5.7.2007 – 4 StR 549/06 (LG Halle), in: StV 2008, 190.

- Die Strafbarkeit eines nicht indizierten ärztlichen Eingriff, in: Festschrift für Knut Amelung, hrsg. v. Martin Böse und Detlev Sternberg-Lieben u.a., Berlin 2009 (zit.: *Sternberg-Lieben*, in: FS-Amelung).

*Strelczyk*, Christoph: Die Strafbarkeit der Bildung schwarzer Kassen, Diss. iur. (München 2008), Herbolzheim 2008 (zit.: *Strelczyk*).

*Sturm*, Jan Felix: Die hypothetische Einwilligung im Strafrecht, (Diss. iur. (Hamburg 2015), Tübingen 2016 (zit.: *Sturm*).

*Stürner*, Rolf Jauernig – Bürgerliches Gesetzbuch, 16. Auflage, München 2015 (zit.: *Bearbeiter*, in: Jauernig-BGB).

*Sowada*, Christoph: Die hypothetische Einwilligung im Strafrecht, in: NStZ 2012, 1.

*Swoboda*, Sabine: Die hypothetisch Einwilligung – Prototyp einer neuen Zurechnungslehre im Bereich der Rechtfertigung?, in: ZIS 2013, 18.

*Tag*, Brigitte: Der Körperverletzungstatbestand im Spannungsfeld zwischen Patientenautonomie und Lex artis: eine arztstrafrechtliche Untersuchung, Habil. iur. (Heidelberg 2000), Berlin 2000 (zit.: *Tag*).

Richterliche Rechtsfortbildung im Allgemeinen Teil am Beispiel der hypothetischen Einwilligung, in: ZStW 127 (2015), 523.

*Terbille*, Michael / *Clausen*, Tilmann / *Schroeder-Printzen*, Jörn: Münchener Handbuch Medizinrecht, 2. Auflage, München 2013 (zit.: *Bearbeiter*, in: MHM).

*Teubner*, Gunther: Recht als autopoietisches System, Frankfurt 1989 (zit.: *Teubner*).

*Theile*, Hans: Wirtschaftskriminalität und Strafverfahren, Habil. iur. (Konstanz 2008), Tübingen 2009 (zit.: *Theile*).

- Strafbarkeitsrisiken der Unternehmensführung aufgrund rechtswidriger Mitarbeiterpraktiken, in: wistra 2010, 457.

- Konvergenzen und Divergenzen zwischen Gesellschaftsrecht und Strafrecht, in: ZIS 2011, 616.

*Tiedemann*, Klaus: Die mutmaßliche Einwilligung, insbesondere bei Unterschlagung amtlicher Gelder – OLG Köln, NJW 1968, 2348, in: Jus 1970, 108.

- Untreue bei Interessenkonflikten – Am Beispiel der Tätigkeit von Aufsichtsratsmitgliedern, in: Festschrift für Herbert Tröndle, hrsg. v. Hans-Heinrich Jescheck und Theo Vogler u.a., Berlin 1989, S. 319 (zit.: *Tiedemann*, in: FS-Tröndle).

- Wirtschaftsstrafrecht, 5. Auflage, München 2017 (zit.: *Tiedemann*).

*Tröndle*, Herbert: Selbstbestimmungsrecht des Patienten – Wohltat oder Plage?, in: MDR 1983, 881.

*Tsagkaraki*, Eirini: Die Bildung der sog. „schwarzen Kassen" als strafbare Untreue gemäß § 266 StGB, Diss. iur. (München 2012), Berlin 2013 (zit.: *Tsagkaraki)*.

*Ulsenheimer*, Klaus: Anmerkung zu BGH, Urteil v. 29.6.1995 – 4 StR 760/94 (LG Saarbrücken), in: NStZ 1996, 132.

- Arztstrafrecht in der Praxis, 4. Auflage, Heidelberg 2008 (zit.: *Ulsenheimer*, Arztstrafrecht, 4.Aufl.).

- Arztstrafrecht in der Praxis, 5. Auflage, Heidelberg 2015 (zit.: *Ulsenheimer*, Arztstrafrecht).

*Waßmer*, Martin Paul: Untreue bei Risikogeschäften, Diss. iur. (Heidelberg 1995), Heidelberg 1997 (zit.: *Waßmer*).

*Weimann*, Thomas: Die Strafbarkeit der Bildung sog, schwarzer Kassen gem. § 266 StGB (Untreue), Diss. iur. (Tübingen 1996), Tübingen 1996 (zit.: *Weimann*).

*Wessels*, Johannes / *Hillenkamp*, Thomas: Strafrecht Besonderer Teil 2, 39. Auflage, Heidelberg 2016 (zit.: *Wessels/Hillenkamp*, BT II).

*Wessels*, Johannes / *Beulke*, Werner /*Satzger*, Helmut: Strafrecht Allgemeiner Teil, 46. Auflage, Heidelberg 2016 (zit.: *Wessels/Beulke/Satzger*, AT).

*Wendenhorst*, Christiane: Anmerkung zu BGH, Urteil vom 18. 3. 2003 – VI ZR 266/02 (OLG Zweibrücken), in: LMK 2003, 143.

*Wenzel*, Frank: Der Arzthaftungsprozess, Köln 2012 (zit.: *Bearbeiter*, in: Wenzel-Arzthaftungsprozess).

*Wessing*, Jürgen / *Krawczyk*, Lucian: Grenzen des tatbestandsausschließenden Einverständnisse bei der Untreu, in: NZG 2011, 1297.

*Weyners*, Hans Leo / *Mirtsching*, Wolfram: Zum Stand des Arzthaftungsrechts, in: Jus 1980, 317.

*Wiesner*, Sandra: Die hypothetische Einwilligung im Medizinstrafrecht, Diss. iur. (Augsburg 2010), Baden-Baden 2010.

*Wttig*, Petra: Der rationale Verbrecher, Diss. iur. (Passau 1992), Berlin 1993 (zit.: *Wittig*, der rationale Verbrecher).

- Wirtschaftsstrafrecht, 4. Auflage, München 2017 (zit. *Wittig*).

*Wohlleben*, Hermann Peter: Informationsrechte des Gesellschafters, Diss. iur. (München 1988), Köln 1989 (zit.: *Wohlleben*).

*Wolf*, Gerhard: Die Strafbarkeit des ehemaligen CDU-Vorsitzenden Dr. Helmut Kohl nach § 266 StGB, in: KJ 2000, 531.

*Valerius*, Brian: Anmerkung zu BGH, Urteil v. 20.2.2013 – 1 StR 320/12 (LG Kempten), in: HRRS 2014, 22.

*Velten*, Petra: Untreue durch Belastung mit dem Risiko zukünftiger Sanktionen am Beispiel verdeckter Parteienfinanzierung, in: NJW 2000, 2852.

*Vesting*, Thomas: Kein Anfang und kein Ende – Die Systemtheorie des Rechts als Herausforderung für Rechtswissenschaft und Rechtsdogmatik, in: Jura 2001, 299.

*Vogel*, Joachim / *Hocke*, Peter: Anmerkung zu BGH, Urteil v. 21.12.2005 – 3 StR 470/04 (LG Düsseldorf), in: JZ 2006, 568.

*Voigt*, Stephan: Institutionenökonomik, 2. Auflage, Paderborn 2009 (zit.: *Voigt*).

*Vollhard*, Rüdiger: Die Untreuemode – Ist die Abgabe eines unvollständigen Rechenschaftsberichts einer politischen Parteistrafbar?, in: Festschrift für Klaus Lüderssen, hrsg. v. Cornelius Prittwitz u.a., Baden-Baden 2002, S. 673(*Vollhard*, in: FS-Lüderssen).

*Volk*, Klaus: Verteidigung in Wirtschafts- und Steuerstrafsachen, 2. Auflage, München 2014 (zit.: *Bearbeiter*, in: Volk-Verteidigung).

*v. Heintschel-Heinegg*, Bernd (hrsg): Beck'scher Online-Kommentar zum StGB, 21. Edition, Stand: 1.8.2017, München 2017 (zit.: *Bearbeiter*, in: Heintschel-Heinegg).

*v. Mangoldt*, Hermann / *Klein*, Friedrich / *Starck*, Christian: Kommentar zum Grundgesetz, Band 3, 6. Auflage, München 2010 (zit.: *Bearbeiter*, in: v. Mangoldt/Klein/ Starck-GG).

*v. Münch*, Ingo / *Kunig*, Philip: Grundgesetz Kommentar, 6. Auflage, Band 2: Art. 70 – 146 GG, München 2012 (zit.: *Bearbeiter*, in: v. Münch-GG).

*v. Staudinger*, Julius: Kommentar zum BGB, §§ 164-240 (Allgemeiner Teil), Neubearbeitung 2014, §§ 657-704 – (Geschäftsbesorgung), Neubearbeitung 2006, §§ 823 E-I, 824, 825 (Unerlaubte Handlungen 1 – Teilband 2), Neubearbeitung 2009, (zit.: *Bearbeiter*, in: Staudinger-BGB).

*Vormbaum*, Thomas: Die strafrechtliche Beurteilung des Scheckkartenmißbrauchs – OLG Köln, NJW 1978, 713, Jus 1981, 18.

*Weber*, Ulrich: Zu den Grenzen des strafrechtlichen Denkens in Rechtsmäßigkeitsalternativen, in: Festschrift für Ingeborg Puppe, hrsg. von Hans-Ullrich Paeffgen u.a., S. 1059 (zit.: *Weber*, in: FS-Puppe).

*Wolf*, Gerhard: Die Strafbarkeit des ehemaligen CDU-Vorsitzenden Dr. Helmut Kohl nach § 266 StGB, in: KJ 2000, 531.

*Wolff*, Ernst Amadeus: Die Abgrenzung von Kriminalunrecht zu anderen Unrechtsformen Strafrechtspolitik – Bedingungen der Strafrechtsreform, hrsg. V. Winfried Hassemer u.a. Frankfurt a.M. 1987, S. 137 (zit.: *A.E. Wolff*, in: Hassemer, Strafrechtspolitik).

*Woopen*, Christian: Der Arzt als Heiler und Manager – Zur erforderlichen Integration des scheinbar Unvereinbaren, in: Das Bild des Arztes im 21. Jahrhundert, hrsg. v. Christian Katzenmeier und Klaus Bergdolt, Berlin 2009, S. 180 (zit.: *Woopen*, in: Bild des Arztes im 21. Jahrhundert).

*Yamanaka*, Keiichi: Kritisch-dogmatische Überlegungen zur hypothetischen Einwilligung, Festschrift für Manfred Maiwald, hrsg. von René Bloy u.a., Berlin 2010, S. 865 (zit.: *Yamanaka*, in: FS-Maiwald).

*Zabel*, Benno: Die Einwilligung als Bezugspunkt wechselseitiger Risikoverantwortung, in: GA 2015, 219.

*Zaczyk*, Rainer: Über Begründung im Recht, in: Festschrift für Ernst A. Wolff, hrsg. v. Rainer Zaczyk, Michael Köhler u.a., Berlin 1998, S. 501 (zit.: *Bearbeiter*, in: FS-E.A. Wolff).

*Ziegler*, Hans Berndt: Schwarzkittel und Weißkittel, in: JR 2002, 265.

*Zipf*, Heinz: Einwilligung und Risikoübernahme im Strafrecht, Berlin 1970 (zit.: *Zipf*).

*Zippelius*, Reinhold: Juristische Methodenlehre, 11. Auflage, München 2012 (zit.: *Zippelius*).

Kolibri 360 GmbH
Ferdinand-Jühlke-Straße 7
99095 Erfurt, Deutschland
produktsicherheit@kolibri360.de